Y Winllan Well

America'r Cymry

EIRUG DAVIES

Argraffiad cyntaf: 2015

Dymuna'r cyhoeddwyr gydnabod cymorth ariannol
Cyngor Llyfrau Cymru

Cynllun y clawr: Y Lolfa

Rhif Llyfr Rhyngwladol: 978 1 78461 134 7

Cyhoeddwyd, rhwymwyd ac argraffwyd yng Nghymru gan
Y Lolfa Cyf., Talybont, Ceredigion SY24 5HE
gwefan www.ylolfa.com
e-bost ylolfa@ylolfa.com
ffôn 01970 832 304
ffacs 832 782

Cynnwys

Rhagair

Dᴇᴄʜʀᴇᴜᴀɪs ʏᴍᴅᴅɪᴅᴅᴏʀɪ ʏɴ hanes y Cymry yn America pan oeddwn yn llanw swydd dros dro yn swyddfa EOARD (European Office of Aerospace Research and Development) yn Ewrop ar ddiwedd yr 1980au. Amcan y swyddfa pan ffurfiwyd hi ym Mrwsel ar derfyn yr Ail Ryfel Byd oedd cefnogi Ewrop yn ei hymdrech i ail-gydio mewn ymchwil wyddonol. Yn ddiweddarach symudwyd y swyddfa i Lundain a'i phrif bwrpas wedi hynny oedd cefnogi mwy o gydweithredu rhwng gwyddonwyr y ddau gyfandir. A chyda llythyr o gymeradwyaeth gan yr 'European Co-ordinator for the Strategic Defence Initiative' (enw swyddogol am gynllun amddiffynnol Star Wars a gefnogwyd gan yr Arlywydd Reagan) mentrais innau am adnoddau'r Llyfrgell Brydeinig.

Casglwyd y rhan orau o'r deunydd ar gyfer y llyfr ar ddechrau'r 1990au pan ddychwelais i'm cartref parhaol yn Boston. Yr unig eithriad i hyn yw'r bennod am Efrog Newydd a ychwanegwyd yn ddiweddarach ar anogaeth y diweddar Athro Ken Nilsen, ef ei hun yn enedigol o'r ddinas. Ef oedd y cyntaf o lu o fyfyrwyr Adran Geltaidd Harvard a fu'n gefnogol i'r amrywiaeth o destunau llai uchelgeisiol a gyhoeddwyd yn y cyfamser. Hefyd o gymorth, ac yn enwedig gyda'r gyfrol bresennol, fu'r diweddar Dewi Morris Jones, Gruffydd Aled Williams, ac Aled a Handel Jones o Gymru. Rwy'n ddiolchgar hefyd i Evan ac Elizabeth Davis, Oak Hill, Ohio, ac i'r North American Welsh Foundation, am eu cefnogaeth ariannol gyda'r cyhoeddi.

Yn wahanol i'r ieithoedd Celtaidd eraill ar y cyfandir, cyhoeddwyd amrywiaeth o bethau yn y Gymraeg, ac wedi eu diogelu trwyddynt mae llawer o'r manylion am Gymry'r

7

wlad yn ystod y 19eg ganrif. Rhaid dibynnu ar gyfrolau mwy cyffredinol ar gyfer y ganrif flaenorol, ac oherwydd nad ydynt ar y cyfan yn gyfarwydd i ddarllenwyr yng Nghymru, rhestrwyd y pwysicaf ohonynt ar ddiwedd y gyfrol hon. Mae lle hefyd i ddiolch i George Wright o swyddfa hanes y fyddin, a phrif arbenigwr y wlad ar y Chwyldro, am rannu ei restr hirfaith o gyhoeddiadau yn ymwneud â'r cyfnod.

1

Y Cefndir
Celtaidd a Christnogol

Gwreiddiau'r Iaith

YN Y FLWYDDYN 390 OC cyfeiriodd yr hanesydd Ammianus Marcellinus at fel yr oedd y Pictiaid, y Sacsoniaid, y Scotiaid [sef y Gwyddelod] a'r Antecotti wedi erlid y Brythoniaid yn ddidostur yn 367 OC. Un o'r pethau a wahaniaethai'r Brythoniaid (sef y Cymry cynharaf) oddi wrth y cenhedloedd Prydeinig eraill oedd eu hiaith. Flynyddoedd a chanrifoedd yn ddiweddarach y gred gyffredin oedd i'r Gymraeg darddu o gyfnod codi Tŵr Babel, pan fendithiwyd Gomer, fab Japheth, fab Noah â'r ddawn o fedru siarad ffurf wreiddiol o'r Gymraeg, sef yr 'Omeraeg'. Roedd ymfudwyr i'r Unol Daleithiau yn credu hynny hefyd, fel y dengys 'Englyn i'r Omeraeg' gan Gwilym Llanwyno o Pottsville, Pensylfania. Cyhoeddwyd yr englyn yn y misolyn *Y Cenhadwr Americanaidd* ac fel yr awgryma'r teitl a llinell olaf yr esgyll: 'Heuliog emau hil Gomer', roedd yn adleisio'r hen gamsyniad am wreiddiau ei gyndadau.

Un oedd yn gyfrifol am boblogeiddio'r camsyniad oedd Theophilus Evans yn ei lyfr *Drych y Prif Oesoedd* (1716). Hwn hefyd oedd y gwerslyfr a ddefnyddiwyd yn y 1890au pan ddechreuwyd cynnig gwersi Cymraeg ar draws yr afon o Boston ym Mhrifysgol Harvard. Cafwyd yr un honiadau gan Charles Edwards yn *Y Ffydd Ddiffuant* (1671) a chyn hynny gan abad Llydewig o'r enw Pezron. Rhyngddynt i gyd daethpwyd i gredu bod y Gymraeg yn un o'r ieithoedd hynny y cyfeiriwyd atynt yn Llyfr Genesis, lle y cymysgwyd ieithoedd 'fel na ddeallont iaith ei gilydd'.

Erbyn diwedd y 18fed ganrif roedd eglurhad mwy boddhaol am wreiddiau'r iaith a hynny diolch i William Jones y dwyreinydd. Hanai ei dad, a oedd o'r un enw ag yntau, o Fôn a thra'n anfodlon gyda bywyd fferm datblygodd ddiddordeb mewn mathemateg. Pan adawodd Fôn i ganlyn ei ddiddordeb i Lundain, byddai'n aml yn mwynhau cwmni Newton a Halley. Cyhoeddodd lyfrau mathemategol ac anrhydeddwyd ef, fel y gwnaethpwyd yn ddiweddarach â'i fab, trwy ei wneud yn Gymrawd o'r Gymdeithas Frenhinol. Yn anffodus, bu farw'r tad tra oedd ei fab yn ifanc ac felly nid etifeddodd y mab werthfawrogiad o ddiwylliant Cymru a'r iaith Gymraeg. Un tro pan oedd ar ymweliad â Ffrainc, atgoffwyd ef ei fod yn deall sawl iaith ond nid ei iaith ei hun.

Eto ni chollodd gysylltiad â'i wreiddiau'n llwyr, ac ar un cyfnod bu'n pendroni ynghylch ymuno â chymuned o Gymry a fu'n byw ers diwedd y 1720au yn Swydd New Hanover, North Carolina. Er nad ymunodd â hwy yn y diwedd, mae ei enw i'w weld mewn adroddiad ar y drefedigaeth: 'This colony is said to have been patronized by the celebrated Sir William Jones, himself a Welchman & at that time called the most enlightened man in Europe. The old colonists used to exhibit his letters to them with much pride and satisfaction, expressing for him an affectionate regard.'

Roedd dehongliad William Jones o darddiad ieithoedd yn un o'r rhai mwyaf dadlennol ers amser: 'no philosopher could examine Sanskrit, Greek and Latin without believing them to have sprung from some common source which, perhaps, no longer exists'. Daeth ei ddehongliad yn sylfaen i ddysgeidiaeth newydd ac yn raddol sylweddolwyd bod tebygrwydd rhwng sawl iaith, gyda'r Gymraeg yn eu mysg.

Nid y Cymry yn unig a gredai mai o Dŵr Babel y tarddodd eu hiaith. Ar un adeg credai rhai fel Jacob Grimm, un o'r brodyr oedd yn enwog am gasglu chwedlau gwerin yr Almaen, mai

Almaeneg yr oedd mab Gomer yn ei siarad. Yn ddiweddarach teimlai Grimm foddhad mawr fod yr iaith yn medru sefyll ochr yn ochr â Lladin, Groeg a'r Ieithoedd Celtaidd. Yn raddol, llwyddwyd i ddatgysylltu'r Gymraeg o'r hyn a lefarwyd yng nghysgodion Tŵr Babel.

Er tegwch i Theophilus Evans a'i lyfr *Drych y Prif Oesoedd*, dylid dweud ei fod yn agos ati gyda dau arall o'i ddatganiadau ieithyddol. Soniodd fod y Gymraeg yn un o ieithoedd hynaf Ewrop a'i bod wedi rhagflaenu'r ieithoedd eraill a siaradwyd ar wahanol gyfnodau ym Mhrydain – o'r Saesneg cyfoes i ieithoedd y Normaniaid, y Llychlynwyr, y Sacsoniaid a'r Rhufeiniaid. Gwir yw ei sylwadau ar natur gymysglyd y Saesneg hefyd ac erbyn hyn cydnabyddir i gynifer â phedwar o bob pump o eiriau gwreiddiol yr iaith ddiflannu. Benthyciwyd yn helaeth o'r Ffrangeg ac nid yw hynny yn syndod o gofio mai Ffrangeg ac nid Saesneg oedd iaith llywodraeth, masnach a chyfraith Lloegr am sawl canrif ar ôl dyfodiad y Normaniaid.

Celtiaid Oll

Er mor braf yw gweld yr holl ddiddordeb mewn safleoedd archeolegol Prydeinig, gyda'r amrywiaeth o raglenni teledu amdanynt, mae'n siom cyn lleied o sylw a roddir i'r rhai a fu'n byw unwaith yn y lleoedd hyn. Anaml y ceir unrhyw drafodaeth am eu hiaith; y cwbl a ddywedir gan amlaf yw eu bod yn siarad 'amrywiaeth o dafodieithoedd'. Os dyna'r gorau o weledigaeth yr 20fed ganrif, deallai yr hanesydd Cornelius Tacitus yn y ganrif gyntaf oc fod cysylltiad cryf rhwng yr iaith Brydeinig ac iaith y Cyfandir. 'Nid yw iaith y ddwy genedl yn gwahaniaethu llawer' oedd ei farn, a'r ddwy genedl oedd ganddo dan sylw oedd trigolion Gâl neu Ffrainc ac yna'r Brythoniaid. Dyma oedd prif iaith Ewrop cyn-Rufeinig a defnyddiwyd hi yn amlach na'r Lladin yn y gwledydd gogleddol. Yna, gan y siaredid hi yn ardaloedd dwyreiniol Galicia yng ngorllewin Sbaen, gogledd yr Eidal, ac hefyd yn ôl y Rhufeiniwr Pliny, cyn belled â'r Ddonwy yn Hwngari, mae'n debyg iddi gael ei siarad dros ran helaethach o'r cyfandir nag unrhyw iaith ar ei hôl.

Crefftwaith y gofaint yw'r hyn a erys yn bennaf o fyd ei siaradwyr, ac i fyny at ganol yr 20fed ganrif rhwymo olwynion certi oedd prif ddigwyddiad blynyddol y gof yng Nghymru. Byddai angen cymorth mwy na'r arfer i gynhesu'r cylch haearn oedd yn mesur rhyw bum troedfedd ar ei draws, a byddai galw hefyd am dân mwy na'r cyffredin. Wedi'i osod gerllaw, yn barod i dderbyn y cylch gwynias, yr oedd yr olwyn bren, ac ar ôl y broses hir o gynhesu'r haearn, daeth y gwylltu rhag i'r pren gael ei losgi ar osod y cylch amdani. Yn union wedi gollwng yr haearn cochwyn am yr olwyn bren brysiwyd i ddenu'r gwres i ffwrdd trwy dywallt bwcedi diderfyn o ddŵr arno. Wrth i'r cylch oeri a lleihau, a gyda darnau pren yr olwyn wedi'u gwasgu'n dynn at ei gilydd, llwyddwyd i greu olwyn gadarn.

Yr un fath o olwyn a ddefnyddiwyd tua 50 CC pan wrthwynebwyd Cesar ar ei ymweliad byr a di-groeso i Brydain. O'r certi ymlad oedd ar gael y pryd hynny gellir crwydro'n ôl ymhellach fyth at oes La Tène, fel y dynodir ail ran Oes yr Haearn. Nid yw lled a thrwch cylch olwynion gofaint La Tène ger Llyn Neuchâtel yn y Swistir yn gwahaniaethu llawer oddi wrth y rhai a welwyd yn gyffredin ar ffermydd Cymru hyd at ganol yr 20fed ganrif. Os yw'n rhywbeth dinod ar yr olwg gyntaf, dyna'r crefftwaith a brofodd yn sylfaen i drafnidiaeth dros yr oesoedd ac o un genhedlaeth i'r llall. Mae'n debyg i blant y gofaint Celtaidd ryfeddu at un peth na welid ond yn anfynych iawn: o dro i dro, ac fel o waith rhyw ddewin, byddai cwmwl bychan yn crynhoi uwchben, a hynny o ganlyniad i'r gwrthdaro rhwng y dŵr oer a'r cylch cochwyn.

Nid tan yn gymharol ddiweddar y daeth y Celtiaid i gael eu cydnabod fel yr Ewropeaid dylanwadol gwreiddiol. Yn 1987–8 trefnwyd arddangosfa amdanynt yn Grand Palais, Paris ac o fewn tair blynedd arall canolbwyntiwyd arnynt unwaith eto mewn arddangosfa ehangach yn Palazza Grassi, Venice. Yr hyn oedd yn amlwg o'r ddwy arddangosfa oedd yr elfen greadigol a redai drwy gymaint o'u gwaith a cheir un enghraifft arbennig gyda'r pen anifeilaidd efydd o Brno yn y Weriniaeth Tsiec,

sydd mor drawiadol ond yn annhebyg i unrhyw greadur byw.
O droi i'r cyfeiriad arall, yr un gallu artistig a ganfyddir eto ym
mhatrymau addurno llawysgrifau crefyddol y Gwyddel.

Er y fath barch ar y cyfandir, nid felly yr oedd gan yr
Amgueddfa Brydeinig yn ei harddangosfa hithau, 'The Making
of England 600–900 A.D.' yn 1992. Yng ngolwg yr Amgueddfa
nid oedd yna fawr i'w gymeradwyoo edrych ar y Celtiaid
Prydeinig ar ddiwedd yr oes Rufeinig. Os rhywbeth, gwelwyd
hwy fel cenedl is-radd a fynnai siarad 'Primitive Welsh' yn
hytrach na throi at y Lladin parchus: 'The British Language
had none of the aura of Imperial Rome…'. Mor wahanol oedd
yr argraff a roddwyd am yr iaith mewn darlith i fyfyrwyr
Prifysgol Yale bron i ganrif ynghynt: 'as a vehicle of oratory it is
very far from being harsh and rugged as many have supposed
who have looked at it in its strange combination of characters
on a printed page, but were unable to read it or had never heard
it spoken. It yields to no language in mellifluous sweetness and
melting softness…' Ac wrth gyfeirio at yr iaith yn yr *Atlantic
Monthly* yn 1895 go debyg fyddai barn Edith Brower:

> I myself am nearly certain the god of love must have been Welsh-
> tongued. If so, the gods and goddesses could not have desired a
> more dignified, richly expressive, high sounding language in which
> to converse, quarrel, sing, make love, or fulminate, than the pure
> Cymric affords… Cymric well spoken is not unlike the Greek;
> in fact, the first time I listened to an address in it I was strongly
> reminded of the latter language, so rhythmical was it, so velvety
> smooth, then again so full of resonant, *big-mouth* words…

O gymharu â'r culni parhaol yng Nghymru, a chan gynnwys
barn amgueddfa a ddylai yn ôl yr enw ymfalchio yn etifeddiaeth
Prydain gyfan, mor braf i'r Cymry oedd croesi'r Iwerydd a
chael eu derbyn yn gyfartal â phawb arall. Medrent gysylltu y
ffordd y cawsant eu trin yng Nghymru â phrofiadau ymfudwyr
o wledydd eraill. Daw'r enghraifft ganlynol o erthygl gymharol
ddiweddar (*Boston Globe*, 1992) sy'n trafod gwlad o ben draw'r
byd:

After annexing Korea in 1910, Japan had methodically tried to obliterate its new colony's distinctive culture. Japanese teachers replaced Koreans in the classrooms, and all instruction was conducted in Japanese. Koreans were prohibited from speaking their own language and were forced to adopt Japanese surnames. Land was appropriated, Korean language newspapers banned and Shinto worship enforced.

Yn rhan o draddodiad y Cymry dros yr oesau yr oedd teyrnged a dalwyd i'r arweinwyr gwleidyddol gan y beirdd. Yng ngherdd adnabyddus Gruffudd ab yr Ynad Coch am lofruddiaeth Llywelyn ap Gruffudd yn 1282, rhagwelwyd dyfodol caled, ac adlewyrchir hyn yn y prinder mawl i'r brenhinoedd a'r gwleidyddion estron a orfodwyd ar Gymru. Os na fu'r fath golli parch yn amlwg i'r rhai a olynodd Lywelyn, sylweddolodd un o brif feirdd Hwngari fod neges i'w chael hyd yn oed yn nhawelwch Cymru. Yn y gerdd 'Welski Bardok' o'r 18fed ganrif, trwy gyfeirio at dawelu o'r awen yng Nghymru, tynnodd Janos Arany sylw at ddiffygion gwleidyddol ei wlad ei hun. Mae'r gerdd yng nghyfieithiad yr Athro Jozsef Gyulai o Adran Ffiseg Prifysgol Dechnegol Budapest, yn agor fel hyn:

Paces King Edward of England
   on his royal grey:
Let us see, says he, the Wales Province,
   How much can it pay.

A phan ymwelodd Edward I ei hun â Chymru, gwelodd le i ymholi ymhellach:

'Hey, squires! I need someone,
To say a toast with my drink?
Hey squires, you Welsh hounds,
Don't you welcome the King?

You, squires, disgraceful hounds!
Should not live long Edward?
Where's a man, who recites my deeds,
Where is a Welshian bard?

Yn ôl y gerdd, nid oedd yno'r un; ac ym marn un Cymro o'r 19eg ganrif, Edward oedd 'un o orthrymwyr (tyrants) pennaf yr holl fyd'. Ganrifoedd ar ôl oes Edward, cymaint oedd edmygedd Cymry'r Byd Newydd o'u harweinwyr gwleidyddol fel iddynt ganu amdanynt unwaith eto. Fel Cilmeri gynt, daeth llofruddiaeth Abraham Lincoln yn y 19eg ganrif yn destun nifer o gerddi, a daw'r ychydig linellau canlynol, sy'n cyfeirio at ryddhau'r caethion, o Ganiadau Ionoron a weithiai yn chwareli llechi Talaith Vermont:

> Bu farw'n amddiffyn yr Undeb,
> A gwyneb agored di gudd:
> Bu farw yn elyn caeth-ddeddfau,
> A drylliodd eu rhwymau yn rhydd;
> Bu farw yn rhyddid i'r caethion,
> A dyma ei goron deg wedd,
> Nis gall ei elynion ei chelu,
> Na'i rhoddi i bydru mewn bedd.

Ymhlith eraill y canwyd amdanynt oedd yr Arlywyddion Taylor, Garfield a Grant. Daeth yr olaf yn enwog am ei fuddugoliaeth yn y rhyfela dros achub yr Undeb a rhyddhau'r caethweision:

> Tyr'd allan i ganu, Columbia,
> Gorchestion ein Grant foed yn gân;
> Can's oddiwrth y faner serenog
> Nid oes a'i gwahan...

Er nad y gorau o gerddi o bell ffordd, maent yn pwysleisio'r diffyg canu tebyg yng Nghymru. Ac mewn llythyr dyddiedig Chwefror 1793 a ddanfonwyd gan uned o Gymry a ymgartrefai yn eithafion Pensylfania, mae'r rhyddhad o fod yno yng nghanol pob math o anawsterau yn amlwg:

> Our new Cambria is certainly congenial to health, and the bringing up of a hardy race of virtuous citizens. We were often told it was

impossible to taste the sweets of life in the Back Woods; but now we can assure you, we never enjoyed more felicity in our lives – freed from the oppressor's yoke, and the bussle of your great cities, we can attend to the voice of Nature whistling among the trees the delightful tunes of independence!

Os na ddirywiodd y sefyllfa yng Nghymru i'r cyflwr a ragwelyd yng ngherdd Gruffudd ab yr Ynad Coch, byddai'r anfodlonrwydd yn parhau, a thra bod yr englyn isod o waith Robin Ddu yn dyddio o gyfnod arall, yr un yw'r gŵyn a glywir yn ei Fôn ar ddechrau'r 21ain ganrif:

Daw i Fôn greulon oer gri – dialedd
    A adeilada ynddi
    Daw aliwns di a weli
    Creulondeb i'w gwyneb hi.

Gwrthdaro Eglwysig

Yn yr arddangosfa 'The Making of England 600–900 A.D.' a drefnwyd gan yr Amgueddfa Brydeinig, ail-fynegwyd yr hen gŵyn canoloesol am ddifaterwch y Cymry ynghylch Cristioneiddio'r Saeson. Unwaith eto methwyd ystyried yr ymyrryd ar yr Eglwys Geltaidd ac yn 1730 tynnwyd sylw at ddechrau'r fath helbul gan Enoch Morgan, gweinidog y Bedyddwyr yng nghyffiniau Philadelphia:

Ac ynghylch y bummed neu'r chweched oes ar ôl Christ daeth
Awstin y Monach drosodd o Rufain, a mynnei ef i'r Britaniaid
i gyd-ffurfio a holl Ddefodau Eglwys Rhufain; ond yr oedd
cennaddon Eglwysydd y Britaniaid, yn ôl ei dyfod ynghyd, yn
gweled fod y Rhufeiniaid wedi newid yr hen arfer Apostolaidd, a
gosod yn ei lle rai newyddion a dynol, gan hynny gwrthodasant
gyd-ffurfio ac ef...

Yn gysylltiedig â'r Eglwys Geltaidd roedd canolfannau addysgol, gyda'r disgleiriaf ohonynt yn Llanilltud Fawr. Yn ôl yr hen hanes, sefydlwyd hi ar ddechrau'r 5ed ganrif gan Tewdrig, Brenin Morgannwg, ac Illtud oedd yr athro gwreiddiol; dywed Buchedd Samson mai ef oedd 'y Prydeinwr mwyaf ei wybodaeth yn yr ysgrythau... ac ym mhob cangen o athroniaeth, barddoniaeth a rhethreg, gramadeg a rhifyddiaeth...' Yma yr addysgwyd Samson (490 oc) a fu mor ddylanwadol yn Llydaw, a Deiniol, a sefydlodd Bangor Fawr ger y Fenai (516 oc) a Bangor Isgoed ger glannau'r Ddyfrdwy. A phan ddifethwyd yr eglwys olaf ar ddechrau'r 7fed ganrif collwyd nid yn unig lyfrgell werthfawr ond llofruddiwyd 1,200 o'r myfyrwyr. I Gymry'r oes rhaid bod y fath weithred mor drychinebus â'r hyn a barodd arswyd byd-eang yn yr 20fed ganrif gyda llofruddiaeth myfyrwyr ar Sgwâr Tiananmen yn China.

Profodd y fath wrthdaro yn fwy nag y gellid ei wrthsefyll yn y pen draw a chan fod tuedd i benodi Saeson anaddas fel esgobion, nid rhyfedd y ddihareb, 'Cas esgob heb ddysg'. O'r 30 o esgobion a benodwyd yn ystod teyrnasiaeth Siôr III (1760–1820), ni fedrai'r un siarad Cymraeg. Yn 1879, pan ymgynullodd yr Eglwys mewn cyngres yn Abertawe, sylweddolai un siaradwr o'r enw Titus Lewis pa mor anfanteisiol ydoedd i gynnig bywoliaeth i rai heb feistrolaeth o'r iaith:

> Our tongue cannot be learned by a stranger; its fire burns only in the native breast. This is why the Welsh, though a duoglott people, linger delightedly on the accents of a speaker, however halting, who addresses them in their own language, while the sublimest thoughts otherwise expressed fail to reach more than the ear, and leave the audience unimpressed.

Difaterwch o'r fath arweiniodd at alltudiaeth druenus Goronwy Owen i Virginia yn y 18fed ganrif. Rhesymau crefyddol hefyd oedd y tu ôl i ymfudo Crynwyr Dolgellau a Bedyddwyr Rhydwilym. Ers dyddiau cynnar Archesgobaeth Caer-gaint, oddi yno ac nid o Gymru y daeth pob penderfyniad o bwys, a thynnwyd sylw at yr anfodlonrwydd mewn pryddest o'r 19eg ganrif gan un o Bensylfania:

Nid oedd yn Mhrydain Fawr gartrefle clyd
I egwyddorion groes i'r Freiniol gred.
Ymdrechid rhwymo pawb wrth gyfyng farn
Yr Eglwys Freiniol – fel y rhwymid oen
Wrth gorn yr allor – a rhaid bod yn fud...

Os bu i'r gormesu gadw'r Cymry rhag cyfrannu mwy at Gristioneiddio'r Saeson, nid felly gyda diwygio'r Byd Newydd. Fel y bu i'r Gwyddel gadw fflam Cristnogaeth yn fyw yn Ewrop, y pregethwyr o Gymru a barodd i lawer adnewyddu eu ffydd yr ochr draw i'r Iwerydd. Yn rhagori dros holl bregethwyr y 18fed ganrif yr oedd Samuel Davies a Jonathan Edwards ac yna, Henry Ward Beecher yn y ganrif ddilynol – pob un ag elfen gref o gefndir Cymreig. Yn 1707, trwy rai o ardal Rhydwilym, rhoddwyd bod i Undeb y Bedyddwyr yn Philadelphia. Ond er cymaint oedd eu dylanwad hwy a rhai tebyg iddynt, dim ond un o bob pymtheg o'r boblogaeth a berthynai i unrhyw fath o eglwys ar ddiwedd y 18fed ganrif.

Erbyn diwedd y ganrif ddilynol, a phan fyddai aelodaeth eglwysig i fyny at bron chwarter y boblogaeth, chwaraewyd rhan amlwg gan y Cymry unwaith eto. Hyd yn oed pan gymerir i ystyriaeth pa mor grefyddol yr arferai Cymru fod, mae'n rhyfeddol fod cynifer o'u hymfudwyr wedi troi at y weinidogaeth.

Ymsefydlodd Dr E. E. Thomas yn Pittsburgh ar ôl gadael ardal Caerfyrddin yn 1832, a dywedwyd bod mab iddo wedi gosod ar ei gof ran helaeth o'r Testament Newydd, y Salmau a'r Diarhebion. Arferai pregethwyr droi ato am adroddiad yn lle'r darlleniad arferol. Aeth pump o'r chwe brawd i'r weinidogaeth.

Un o'r rhai oedd yn adnabyddus am ei bregethu oedd Dr David Edwards a fu'n esgob gyda'r *United Brethren in Christ*. Yn enedigol o Langedwin, ymfudodd gyda'r teulu yn 1821 ac yntau'n bump oed. Eto pregethai yn null tanllyd Cymru a phan ryfeddai'r gynulleidfa wrth iddo ymgolli, tawelai'i lais a'u hatgoffa, 'Brethren, you must remember that I am a

Welshman'. A phan ymwelodd pregethwr arall o'r enw William Owens ag un o drefi bychain Pensylfania yn 1836, aeth ati i bregethu ar lechwedd yn agos i gartref un o'r Cymry. Gyda'i lais yn atseinio dros y dref gyfan pan âi i hwyl, denai lond cae o bobl o wahanol genhedloedd i wrando a mwynhau, hyd yn oed pe na byddent yn deall ei bregethau. A phan ddathlwyd Dydd Gŵyl Dewi yn Eglwys Gadeiriol Saint John the Divine, Efrog Newydd ar ddechrau'r 20fed ganrif, yno i arwain y gwasanaeth yr oedd y Parchedigion John Williams a Robert Ellis Jones.

Yn ôl y *New York Times* bu i Gymro arall estyn y gwirionedd mewn ymgais i ennill galwad. Ail- adroddwyd yr hanes trwy'r gerdd Saesneg sy'n ymddangos ar ddiwedd y bennod, ac os nad oedd gan hwn feistrolaeth o'r ieithoedd clasurol, nid felly gyda'r 'Groegwr Bach', sef Llewelyn Ioan Evans. Ef oedd y disgleiriaf o holl fyfyrwyr Coleg y Bala, a hynny pan nad oedd ond 13 oed. Ymfudodd gyda'i deulu pan oedd yn 16 oed ac o 1863 am 29 mlynedd bu'n athro yn y Lane Seminary yn Cincinnati. Yno hefyd yr oedd yr Athro Thomas E. Thomas ac yna'r Athro Edward Dafydd Morgan a benodwyd i gadair 'Ecclesiastical History and Church Polity'. Bu Cymry o'r math yma yn hynod o ddylanwadol wrth hyfforddi eraill ar gyfer y weinidogaeth.

Er hynny, methwyd â chadw holl drigolion y wlad ar ochr moes a thestun rhyfeddod i lawer Cymro oedd digwyddiadau helbulus yr oes. Yn ystod y Rhyfel Cartref, a chyda'r rhyfela ar ei waethaf yn nwyrain y wlad, syfrdanwyd un o Gymry Virginia City, Nevada gan yr ymateb i gwtogi cyflogau'r rhai a weithiai i gwmni mwyngloddio arian. Mae'r dref hon yn agos at ffin dwyreiniol California ac yn y cyffiniau hyn y seiliwyd yr hen raglen deledu, *Bonanza*. Heddiw nid yw'r dref yn llawer mwy nag un stryd ac mae'r hen balmant uchel o goed yn dal ar ran ohoni. Ceir disgrifiad gan Gymro a ddigwyddai fod yn y fan a'r lle o weithred a fu'n agos iawn at droi'n drychineb:

Cefais fy nychrynu yn fawr trwy glywed canoedd o leisiau yn gwaeddi wrth fyned trwy brif heolydd y ddinas a'r Seindorf yn chwareu o'u blaenau. Meddyliais weithiau fod Grant wedi cymeryd

Richmond, ond yn y man clywais y llais yn fwy amlwg yn gwaeddi *Hwrrah for four dollars y day*; aethym lawr i'r dref. Wel, ni welais y fath olwg yn fy mywyd: tua phum mil o ddynion yn marchio tuag office Charley Bonner, arolygwr y gwaith ardderchog Gould & Curry, a rhaffau newydd ganddynt i'w grogi ef yn y fan...

Yn ffodus llwyddodd i ddianc ond siomwyd y gweithwyr gymaint nes iddynt losgi tŷ'r barnwr (nid oedd yntau gartref chwaith). Bu'r un a gofnododd yr helynt wrthi'n cynorthwyo Cymro arall i gael ei ddodrefn allan o dŷ cyfagos, cyn sylweddoli na fyddai'r tân yn ymledu.

Culni Addysg

Yr enwocaf o ganolfannau addysgol cynnar Cymru oedd yr hen Fangor Illtud, y daeth ei dyddiau i ben pan gollodd ei thiroedd yn 1120 oc. Yna ar ddechrau'r 15fed ganrif, pan ymledai adfywiad addysgol drwy Ewrop gyfan, gellid disgwyl i Gymru fod yn rhan o'r datblygiadau. Dyma pryd y ffurfiwyd nifer dda o brifysgolion cynharaf Ewrop, o'r Alban ogleddol gyda St Andrews yn 1411, ar draws y cyfandir i Leipzig (1409) a Leuven (1425), a hyd at eithafion deheuol y cyfandir gyda'r brifysgol a sefydlwyd yn Catania, Sicily yn 1434. Gweledigaeth Owain Glyndŵr oedd creu dwy brifysgol gyffelyb yng Nghymru a chyfeiriodd at hyn mewn llythyr a ddanfonodd at Frenin Ffrainc yn 1406: 'Item quod Habeamus duas universitates sive studia generalia, videlicet, unum in Northwallia et alud in Swthwallia...' Gydag yntau'n brwydro dros annibyniaeth ei wlad, ni fu i'r un arweinydd arall bwysleisio cymaint ar addysg o dan y fath amgylchiadau. A phan fethwyd â chadw'r annibyniaeth honno, cymerodd oddeutu pum canrif cyn i Gymru fedru efelychu gweddill Ewrop.

Er gwaethaf y sefyllfa addysgol, medrai llawer o'r Cymry fod mor ddysgedig â'r rhai a dderbyniodd bob math o fanteision. Gwelir enghraifft mewn pennill a geir mewn addasiad o lyfr adnabyddus Joshua Thomas a gyhoeddwyd yn Pittsburgh yn 1835 dan y testun *History of the Welsh Baptists from 63 A.D.*

to 1777. Yn pregethu ar ran yr enwad yn Olchon yn ystod ail ran yr 17eg ganrif yr oedd un Thomas Parry adeuai un o ffyddloniaid yr eglwys yn y Gelli i wrando arno o dro i dro. Pan ofynwyd i hwnnw (un o'r enw Price) am ei farn am oedfaon y ddau le, atebodd â phennill:

Y mae Thomas Parry yn well i bregethu,
   Na ffeiriad y Gelli, er torchi'r wysg wen;
Peth rhyfedd bod cryddion, taelwriaid, gwehyddion,
   Yn baeddu 'sgolheigion Rhydychen.

Fel yr awgrymir yn y gerdd 'Atgofion Mebyd' ar ddiwedd y bennod, roedd crefydd yn gyfrifol am ddysg a moes llawer un. Un o'r enw R. R. Williams biau'r gerdd dan sylw: ymgartrefai yn eithaf gogleddol Talaith Michigan ac mae'n cydnabod ei ddyled i'r Capel Coch, Llanberis. Go debyg oedd barn un arall ar ddathliad hanner can mlwyddiant ardal Gymreig yn Wisconsin yn 1897. Roedd un o'r naw preswylydd gwreiddiol yn dal yn fyw y pryd hwnnw, ac achubodd ef ar y cyfle i adrodd sut y bu i un ohonynt gynghori'r wyth arall: '...ar y modd ag yr oeddem wedi cael ein haddysgu yn hen wlad ein genedigaeth; ac mai ein dyletswydd oedd gweithio, a dal i fyny yr egwyddorion hynny, a bod yn oleuni y byd a halen y ddaear yn y wlad newydd hon.'

Yn 1891 tynnwyd sylw at ddiffygion addysg Cymru gan yr Anrhydeddus T. L. James, aelod o gabinet yr Arlywydd Garfield: '...ond pan edrychwn yn ôl dros y Werydd i wlad ein tadau... nid ydynt wedi cael dim o'r manteision addysgol sydd wedi eu rhoddi i'r Ysgotiaid. Nid rhyfedd felly fod y Cymro yn caru awyr rhydd yr Unol Daleithiau a manteision addysgol a gweithfaol y wlad...' Gwlad annibynnol oedd yr Alban pan sefydlwyd nifer o'i phrifysgolion hi ac erbyn 1492, blwyddyn mordaith Columbus i'r Byd Newydd, roedd ganddi ei thrydedd brifysgol yn Aberdeen.

Fel yr awgrymodd T. L. James, derbyniodd nifer sylweddol o Gymry'r 19eg ganrif eu haddysg yn yr Unol Daleithiau ac yn dyst o hyn mae'r farddoniaeth Gymraeg a ysgrifennwyd ganddynt fel myfyrwyr mewn colegau fel Princeton yn Jersey Newydd, Yale yn Connecticut, Marietta ac Oberlin yn Ohio, a Wabash yn Indiana. Ar ddiwedd y 19eg ganrif mae'n ymddangos ei bod yn draddodiad ym Mhrifysgol Yale i dderbyn pump myfyriwr o Gymru bob blwyddyn. Yr oedd 25 o Gymry'n gyd-fyfyrwyr yn Oberlin dros ganrif yn ôl. Yn eu mysg yr oedd George M. Jones o Bensylfania a olygai bapur y coleg (yn 1893) ac yna Benjamin James a roddai Gwernllwyn, Llandysul fel cyfeiriad ei gartref. Nid tan eu cyfnod hwy yn Oberlin, ac ar ôl camdrin un genhedlaeth o Gymry ar ôl y llall, y llwyddwyd i gael prifysgol i Gymru.

Cynefin Newydd

A hwythau heb fwynhau'r un breintiau â llawer o wledydd Ewrop, nid rhyfedd i gymaint o'r ymfudwyr Cymraeg droi yn erbyn Prydain yn ystod y Chwyldro. Yn fuan wedi i America ennill ei hannibyniaeth ysgrifennodd un yn enedigol o Lys-y-fran, Penfro at George Washington i geisio cael swydd yn y llynges. Derbynodd ateb gan y dyn mawr ei hun: 'My young man, we have no navy. We have no government. I hope we may be able to frame a government, and a navy will naturally follow. Then with such testimonials as you bring, there would soon be an opportunity for you'. Gyda phenodiad Thomas Jefferson fel ysgrifennydd gwladol cyntaf y wlad, a mab i'r Reese Meredith a ymfudodd yn 1730 fel trysorydd, yr oedd yno o'r dechrau yn cynorthwyo Washington fwy nag y gellid disgwyl o gefndir Cymreig.

Er mor bwysig i'r wlad oedd nifer o'r Cymry cynnar, medrent hefyd ddangos tosturi tuag at y diweddaraf i gyrraedd o Gymru. Un o brif amcanion Cymdeithas Gymraeg Philadelphia (a'i thebyg) oedd cynorthwyo'r newydd-ddyfodiaid, a'r llywydd ar y gymdeithas hon am 31 mlynedd ar ddiwedd yr 19eg ganrif oedd y Barnwr Horatio Gates Jones. Yn Gymro o'r bedwaredd genhedlaeth, a chyda'i dad-cu yn adnabyddus i Washington trwy ei enwogrwydd fel y 'Fighting Parson' yn y Chwyldro, roedd Gates Jones yn barod iawn i ddefnyddio'r ychydig o Gymraeg a feddai i gyfarch a chefnogi unrhyw ymfudwr o Gymru. Roedd y fordaith ar draws yr Iwerydd yn ansicr iawn, ac nid dyma'r unig berygl o bell ffordd; dyma un enghraifft o'r rhybuddion a gafwyd (1852) gan ymfudwyr cynharach:

> Peidiwch gwrando dim ar y genhedlaeth drofeus sydd yn eich cyfarfod ar y badau ac ar fwrdd y llongau pan byddoch yn dyfod i mewn, y rhai sydd yn eich holi am eich enwau, &c., ac ar ôl ateb y cwbwl iddynt byddant yn dweud fod ganddynt lythyr o'r man a'r man yn gofyn iddynt gymryd gofal am danoch yn Philadelphia, ac ar ôl edrych yn fanwl am y llythyr a methu a'i gael, dywedant ei fod wedi ei adael yn y ty; ac wedi hynny ewch chiban gyda'r dyn i'r ty er mwyn cael y llythyr. Ond och! Eich siomi a gewch, a myned oddi yno efallai heb na geiniog gyda chwi, wedi eu colli yn nhy y twyllwr, fel ag yr ydym wedi gweled amryw wedi ei chael.

Mae'r gerdd gan Henry James a roddir ar ddiwedd y bennod yn dangos i yntau werthfawrogi'r gofal a estynnwyd gan y Cymry a'i rhagflaenai. Ac o ddiwedd y 17eg ganrif pan gyrhaeddodd y Crynwyr bu'r mewnlifiad o Gymry bron yn ddi-dor. Yr unig eithriad oedd cyfnodau'r rhyfeloedd, sef y Chwyldro yn 1776, yr hyn a elwid yn Rhyfel 1812 (â Phrydain eto), ac yna'r Gwrthryfel ar ganol y 19eg ganrif. Gyda cholledion yn yr olaf mor erchyll, nid rhyfedd i draethawd ar 'Ymfudiaeth' yn eisteddfod y Rhyl yn 1863 ganolbwyntio ar naws anffafriol y cyfnod:

> Cyn toriad allan y rhyfel, ymddangosai i bobl y wlad hon yn lled gyffredin mai yr Unol Daleithiau oedd y wlad orau dan haul i ymfudwyr... Nid mor hyfryd y seinia yr enw hwn yn awr, ag yr amser a fu. Mae yr Undeb wedi ei dori, a'r Taleithiau gwahanedig yn brwydro yn erbyn eu gilydd, gyda llidiawgrwydd sydd yn peri agos i'r holl gyfandir Americanaidd gael ei osod ar dân.

Erbyn y 19eg ganrif, caledi bywyd ac nid crefydd oedd y prif reswm am adael Cymru, ac er na fu cynddrwg ar y bobl ag yn Iwerddon (lle gadawyd miloedd i farw o newyn heb angen), ni ellid osgoi tlodi yng Nghymru chwaith. Cyfeiriodd Michael D. Jones at hyn tra oedd yn Cincinnati, cyn troi ei sylw i Batagonia:

...fod canoedd yn Nghymru – heb wybod ar ôl cael un pryd o fwyd gwael, yn mha le y cant y pryd nesaf, ac yn fynych yn gorfod myned hebddo... Mor ddideimlad ydyw y mawrion, fel y maent bron yn mhob man yng Nghymru yn awr, yn rhwystro i'r tlodion i ddal pysgod... Yr oedd amryw yn gallu cael cymorth fel hyn i borthi eu plant, sef drwy bysgota ar ôl eu gwaith... Gallwn enwi 30 neu 40 o deuluoedd mewn amgylchiadau cyffelyb i'r rhai uchod yn mhlwyf bychan Llanuwchlyn... Hyn sydd sicr, faint bynnag o honynt ag sydd ieuanc, a galluog i weithio, pe gellid cael rhyw ffordd i roi eu traed unwaith ar dir America, y gallent wedi hyny fod uwchlaw angen...

Eto ar ôl ymadael â Chymru ni fyddai'n hawdd arnynt, yn enwedig wrth iddynt arloesi ardaloedd amaethyddol o'r newydd. Pan ymwelodd y Parch. Henry Rees â'r capel yn Remsen (gerllaw Utica, Talaith Efrog Newydd) sy'n dyddio o 1839, cafodd wybod am eu helbulon yn y dechrau:

Hynod oedd clywed rhai ohonynt yn adrodd eu hanes yn byw mewn cabanau yn y coedwigoedd; – yn colli eu gilydd, eu hunain, eu tai, a'u hanifeiliaid. Pan y byddai un ohonynt wedi myned ar goll, arferent fyned i gwr yr anialwch, a chwythu mewn corn; ac weithiau byddai'r cyfrgolledig mor ddrysllyd nes methu cyfeirio tua'r corn, er ei fod yn clywed y sŵn. Y maent eto yn rhwymo clychau am yddfau y gwartheg, er mwyn dod o hyd iddynt yn y coedydd. Y mae eto ganoedd o erwau heb eu cyfaneddu yma, a lle yn y wlad i filoedd o drigolion. Pan ystyriwn i'n cyd-genedl ddyfod yma'n dlodion i ddechrau, a chanddynt arloesi, adeiladu, a'r cwbl i wneud, y mae yn rhyfedd eu gweled cystal.

Beth bynnag fu'r rheswm dros ymfudo, yn eu hwynebu roedd tywydd a fedrai amrywio i eithafion na welwyd eu tebyg yng Nghymru. Gallai'r hafau ymddangos yn annioddefol o boeth ac yna gallai droi'n oerach o lawer na dim a wynebwyd o'r blaen. Yn 1795 nid oedd Morgan John Rhees ymhell o'i le gyda'i gyngor sut orau i osgoi y gwaethaf:

> Yr wyf wedi clywed fod rhai o'r Cymry wedi cychwyn i'r rhan ogleddol o dalaith Caerefrog Newydd (New York). Yr wyf yn barnu yr edifarhant cyn Nadolig, canys, yn ôl yr hanes, y mae'r gauaf lawer galetach, a hwy yno, nag ar yr Wyddfa. Ni ddylai y Cymry, yn fy marn i, ddim myn'd i le gwaeth na'u gwlad eu hunain. 'Rwy'n meddwl fod y *climate* goreu yn America i'w gyfarfod o Lat. 37 i 40. Os eir ymhellach i'r de, neu i'r gogledd, mae naill neu'r haf, neu'r gauaf yn rhy hir i'r Europeaid. Mewn perthynas i wres yr haf – mae'n agos mor frwd i'r gogledd a'r de, dros ychydig, yn y wlad hyn: ond nid yw'r oeri ddim felly yn y gauaf. Gan hyny, gwell degygaf, yw sefydlu mewn gwlad iachus, lle byddo'r gauaf yn fyr.

Nid rhan ogleddol Talaith Efrog Newydd oedd yr unig fan a ddioddefai gan aeafauon hir ac yn 1864 dywedai un o Swydd Demoines, Talaith Iowa ei bod 'hi yma y dyddiau hyn [diwedd Rhagfyr] yn eira mwyaf a welais erioed. Buom am dri Sabboth heb allu cyfarfod i addoli'. Roedd yr hafau hefyd yn annioddefol a phrofodd hynny'n rheswm dros i un o Lansford, Pensylfania rwgnach am arafwch y lle:

> Haf bur gynes ar y cyfan ydym wedi gael y ffordd yma eleni. Y mae tymeredd yr hinfesurydd wedi bod yn 100, ac ar brydiau yn 106... Pur araf y mae symudiadau Cymreig yn yr ardal. Y mae pwyllgor er ys dau fis neu chwaneg dan yr enw o baratoi rhaglen ar gyfer eisteddfod fawr Gwener Groglith, 1893. Nis gallwn roddi cyfrif am yr arafwch poenus hwn, os nad yw yn cael ei effeithio gan yr hin boeth.

Cyfeiriwyd eisioes at y chwarelwr Ionoron yng ngogledd-ddwyrain Talaith Vermont, ac mae'n ymddangos na fu i yntau gyfarwyddo â'r tywydd yn llwyr:

Os marw yn ngwres Amerig – a fyddaf,
    Caf fedd yn y goedwig;
A daw gwar adar y wig
A chanant i'm llwch unig.

Yn y rhan hon yr hunaf – yn nhy'r bedd –
    Unryw boed ni theimlaf;
Ni wna tes trwm wres yr haf
Un niwed, na blin auaf.

Mae'r dalaith hon yn parhau bron mor goediog ag erioed a thrwy ran dda o'r 'blin auaf' medrir mentro'n ddiogel ar rew y llynnoedd. Nid ef oedd yr unig un i gwyno, a phan ddanfonodd un arall englyn am y tywydd at Edward Jones yng Nghorwen, atebodd hwnnw â'i englyn ei hun:

Nawd ias oer, nid oes eira – na du-rew,
    Na dur rhwym, ffordd yma;
Nodais ei hin, nid oes ia,
I'w gweled ar dir Gwalia.

Ni fu'r tywydd fawr gwell ychwaith ar y rhai a gadwai, fel Ionoron, rhag camu oddi ar y llwybr union. O ganol y 19eg ganrif daw adroddiad am ddau weinidog a arferai gyfarfod â'i gilydd yng nghanolbarth Talaith Efrog Newydd:

Yn y gaeaf oer a rhewllyd ofnadwy hwnnw, pan oedd troedfedd o eira gwastad ar y ddaear, a'r lluwchfeydd o chwech i wyth trodfedd, a'r ystormydd yn arswydol, cyfarfyddem ein gilydd yn aml... yn ein sleighs, yn ein capiau blewog, a chrwyn buffalos amdanom, bron a rhewi yn yr oerder mawr, a phrin yn gallu gweled ein gilydd...

Ble ond yng Nghymru y medrai'r Hollalluog ganfod y fath ddau was ffyddlon?

Atodiad 1.1
Rhan o ddeuawd o'r 19eg ganrif lle mae un yn rhybuddio'r llall rhag gadael, ac a ganwyd i'r alaw, Nos Galan Newydd.

Robert: Gwell i ti fy nghyfaill gwiwlan
Nid wyf yn datgan unryw dwyll
Aros yn dy wlad dy hunan
Gwrando! bachgen cymer bwys.

Evan: Mae yma yn mynd waeth waeth beunydd
Ar led yn awr trwy'n gwledydd ni
Bob blwyddyn gwaela'r ôll ei gilydd
Am hyn i Ferica'r af i

Robert: Gobeithio daw yn well yn fuan
Gyfaill mwynlandyddan da
Yn dy heini wlady hunan
Gwelir gwiwlan hoywlan ha'

Evan: Fe all y march newynog drengu
Dirfawr g'ledi sy yn ein gwlad
Wrth aros am i'r glaswellt dyfu
Tan orthrymder bryntu brad.

Robert: Peth mawr yw croesi y dyfnderoedd
Maith filltiroedd oddiwrth dir
A gweled mawrion donau'r moroedd
Fel mynyddoedd yno'n wir.

Evan: Er fod y fordaith yn beryglus
Cawn landio'n iach tan nawdd ein Ior
Mewn llestr gref a llongwyr medrus
I'r Americ tros y môr.

Ywain Meirion

Atodiad 1.2
Atgofion Mebyd

Awen! Adrodd fy atgofion
   Am ddelweddau bore f'oes,
Pan yn blentyn yn Llanberis,
   Cyn cyfarfod unryw loes;
Mae'n ymrithro yn y pellter,
   Drwy helyntion chwe deg mlwydd,
Nes wy'n canfod panorama
Llwybrau mebyd yn fy ngwydd.

Prys a Dafydd o Twyn Celyn,
   Lowri a Sionat o'r Coed Mawr,
Rhys Cae'r Fran a Wili Weldon,
   Tom Llanrwst ein beiddiol gawr;
Beti Huws a Begw'r Hafod,
   Jeffra ac Alsi Bwlch y Groes,
Nel a Lora fwyn Cae Esgob
Dd'ont i'm gwydd ar derfyn oes.

Llawer diwrnod dyddan dreuliwyd
   Yn y coed, gysgodol bant,
Chwylio wnaem am nythod adar
   Galwem hwynt ar enwau'r plant,
Yr hwn welai nyth yn gyntaf
   Fyddai berchen yn y fan
Felly'r nythod a adweinid
Drwy y goedwig yn mhob man.

Ni chanfyddir yn Llanberis
   Nemawr un adwaenaf mwy;
Ac mae f'enw yn ddyeithrol
   Drwy holl gyrau fy hen blwy;
Pan yn tramwy drwy'r hen ardal
   Annwyl, rai blynyddai'n ôl,
Syn-ryfeddwn wel'd dyeithriaid
Yn f' hen gartref, Coed y Ddol!

Erbyn heddyw adeiladu
   Sy'n gorchuddio Coed y Ddol,

Lle'r oedd unwaith goedwig eang
   Nid oes yma ddim o'i hol;
Yn lle coed y ceir pinaclau,
   Yn lle nythod, ceir tref fawr;
Yn lle miwsig yn y goedwig,
Twrf masnachol sydd yn awr!

Mae y fraint a roddwyd i mi
   Yn hoff gyfnod boreu oes,
Wedi bod yn gylch am danaf
   I fy nghadw yn mhob croes;
Wrth ddiweddu hyn o gofion
   Diolch wnaf i eglwys Dduw,
Yn hen Gapel Coch Llanberis,
Am gael lle i ddysgu byw.

R. R. Williams

Atodiad 1.3
Profedigaeth un Pregethwr

An unlettered clergyman wanting a place,
(His manners were genial and pleasant his face),
Received a kind letter inviting him down
To preach to a church in a large country town.

The town was uncultered, old fashioned and plain; The principal
business was harvesting grain,
And none of the church members ventured to speak
A word of the Hebrew, or Latin or Greek.

For this very reason they wished even more
A scholar well grounded in classical lore;
While a candiidate might just as well stay away
If he didn't quote Hebrew once a day.

The divine, about whom this odd story was told
By the *Times* of Manhattan, was cunning and bold,
And knowing they wished for a classical man,
Though he didn't know Latin, he hit on a plan;

For he thought, 'We shall see how much shrewdness avails,
Though I cannot read Greek, I'm a native of Wales:
If a few Welsh expressions I cautiously use,
It may rival the Hebrew in pleasing the pews.

On the critical day, with exceptional grace,
With well-attuned voice and well-controlled face,
He read from the Bible a passage or two,
And remarked, 'My dear friends, this translation won't do.

To be sure 'tis correct, but if beauty you seek,
Here the rhythmical sound of original Greek!'
Then boldly a medley of Welsh he recited,
And marked the effect on his hearers benighted.

A still bolder venture he hazarded next,
By a curious way of announcing his text:
'These words, as my hearers have noticed, of course,
Have lost nearly all their original force.

In the Hebrew how clearly the thought flashes out.'
And more of his Welsh he proceeded to spout;
When to his great horror he spied, near the door,
A jolly old Welshman, just ready to roar.

He bravely confronted that dangerous smile,
And coolly continued his sermon awhile,
Till at length without showing the least agitation,
He rallied himself for a final quoatation:

'The rendering here is decidedly wrong,
Quite different thoughts to the Chaldee belong;'
Then Welshman in pulput to Welshman in pew,
In the barbarous dialect they alone knew.

Cried 'Friend! By the land of our fathers, I pray,
As you hope for salvation don't give me away.'
The joke was so rich, the old Welshman kept still;
And the classical parson is preaching there still.

Atodiad 1.4
Mordaith 1854

Pan yn 'madael o Lanelli,
    Dod tua gwlad machludiad Haul,
'Roedd fy nghalon yn hiraethu,
    Ac yn crynnu fel y dail,
A'm gwraig anwyl wrth fy ochr,
    Nid oedd hithau nemawr gwell,
Dod a'madael a'i holl ffrindiau
    Dros y moroedd mawr yn mhell.

Ar ôl morio chwech diwrnod,
    Mi ddymunwn ddweyd y gwir,
Yn yr hwyr cyn myn'd i gysgu
    Coll'som olwg ar y tir,
Pan ddeffroisom boreu dranoeth,
    Edrych dros y bwrdd i ma's,
Nid oedd gwrthddrych idd ei weld
    Ond garw for ac awyr las.

Gwelsom amryw fath o bysgod
    Ar ein taith wrth fynd yn mla'n,
Nid oedd nemawr iawn o honom
    Wedi gwel'd eu bath o'r bla'n;
Cods a dolphins amryw filoedd,
    Hitha'r lefiathan fawr,
Ddaeth i'n golwg amryw weithiau
    Pan yn croesi'r weilgi mawr.

Pan ar wyneb y ddyfnderoedd,
    Meddyliasom lawer gwaith
Mai y gwaelod fyddai'n trigfan
    Cyn cyrhaedd'sem ben y daith.
Cael ein taflu gan y tonau,
    Cael ein chwythu gan y gwynt,
Byw mewn eisiau am ddiwrnodau,
    O mor arw oedd yr hynt.

Ar ôl morio mis o amser,
   'Roe'n ni'n gweled hyny'n hir,
Edrych allan hwyr a boreu
   Am y gorllewinol dir!
Cadw'r ffydd a morio'n wrol,
   Dyfal edrych yn y bla'n,
Fe gaw'd golwg ar y bryniau,
   Coedydd hardd a thywod man.

Wedi cyrraedd Philadelphia,
   O mor hyfryd oedd y lle,
Gwel'd y Cymry yn ein derbyn,
   A'n croesawu 'mewn i'r lle:
'Roedd cael golwg ar hil Gomer
   Yn y Gorllewin fyd
Wedi ymlid pob gofudiau
   O'n mynwesau bron i gyd.

2

Cyn Patagonia: Rhanbarth Crynwyr Pensylfania

Ymfudo Cyn y Crynwyr

O'r holl fordeithiau pwysig i'r America hwyrach nad oes yna'r un a ddylanwadodd gymaint ar Gymru â mordaith William Penn yn 1682. Dyma a arweiniodd at bresenoldeb amlwg y Cymry a gafwyd ym Mhensylfania ar ddiwedd y 17eg ganrif. Crynwyr oedd y mwyafrif ohonynt a phan ysgrifennodd B. F. Lewis amdanynt yn y *Cenhadwr Americanaidd* yn 1865, dywedodd iddynt wynebu 'cynifer o beryglon er mwyn eu cenedl, eu hiaith a'u cydwybodau – er mwyn rhyddid gwladol a rhyddid crefyddol'.

Nid dyma'r Cymry cyntaf i ymgartrefu y tu draw i'r Iwerydd ac yn ystod y rhan fwyaf o'r 17eg ganrif gellid dod ar draws rhyw nifer ohonynt. Gan iddynt dueddu i ymsefydlu yma a thraw, gadawyd hwy heb fawr o gysylltiad â'i gilydd. Felly y bu yn Massachusetts, ac ymysg y cynharaf i fynd yno oedd rhai tebyg i Richard Williams o Forgannwg a ymgartrefodd yn Taunton yn 1637, Joseph Jenks a redai weithfeydd haearn Saugus yn 1642 a Thomas ap Jones a ymsefydlodd yn Weymouth yn 1651. Atynt gellid ychwanegu Josuah Moody, nad oedd yn fwy na phlentyn dwy flwydd oed pan gyrhaeddodd y teulu yn 1635. Erbyn 1653 ef fyddai'r Cymro cyntaf i raddio o Harvard, sef Llanilltud Fawr y Byd Newydd. Yn Boston ei hun agorwyd tŷ coffi cyntaf y ddinas gan Gymraes yn 1670: 'Mrs Dorothy

Jones, the wife of Mr Morgan Jones, is aproved of to keepe a house of publique Entertainment for the selling of Coffee & Chochaletto'.

Gan fod y trefi uchod mor wasgaredig, nid oedd gan y rhai a breswyliai ynddynt fawr o gyfle i gymdeithasu â'i gilydd. Ar ben hyn ni fyddai pawb o blith y rhai a ddaeth i Massachusetts yn wreiddiol yn aros yno'n barhaol. Dyna fu tynged Nicolas Easton a gyrhaeddodd borthladd Boston yn 1634 ond a fyddai'n treulio y rhan helaethaf o'i oes yn Rhode Island. Gydag amser daeth yn llywodraethwr yno a hwyrach mai ef oedd y Cymro cyntaf ers llofruddiaeth Llywelyn yn 1282 i gyrraedd safle llywodraethol o'r fath bwys. Yr oedd ganddo fab a ddyrchafwyd i'r un swydd ond gan bod bwlch o ddeunaw mlynedd rhwng tymor y ddau, mae lle i gredu nad drwy etifeddiaeth yn y dull Prydeinig y cafodd y mab y swydd. Yna trwy borthladd Boston, ddwy flynedd ar ôl Nicolas Easton, daeth un o'r enw James Morgan, ac o gylch 1650 symudodd yntau i London, Connecticut. Ddwy ganrif yn ddiweddarach etholwyd disgynnydd iddo o'r enw Edwin Dennis Morgan yn llywodraethwr Talaith Efrog Newydd. Un arall o'r un teulu oedd llywydd cyntaf y cwmni adnabyddus Wells Fargo. Dilynwyd James Morgan yn y flwyddyn olynol gan y teulu Yale ac mae'r brifysgol o fri (yn New Haven, Connecticut) wedi'i henwi ar ôl y mab mewn ymgais aflwyddiannus i ddenu mwy fyth o arian oddi wrtho.

Llawn mor wasgaredig oedd y Cymry a ymgartrefodd ymhellach i'r de yn Virginia, ac fel y gwelwyd yn achos Massachusetts, gellid enwi rhai a fu yno o'r 1620au ymlaen. Unwaith eto nid oes sôn am unrhyw fan penodol lle y tueddent i gyd ymsefydlu. Tua'r unig eithriad i'r ymsefydlu di-drefn yma oedd pan ddilynodd nifer o Fedyddwyr o gyffiniau Abertawe eu gweinidog John Myles i Massachusetts yn 1663. Rhaid eu bod wedi eu siomi o ddarganfod bod yr hen gulni crefyddol yn parhau cyn gryfed ag yr oedd yn Lloegr ei hun. Er mwyn osgoi trafferthion gyda'r Piwritaniaid bu raid iddynt symud o'u Rehoboth gwreiddiol a chreu y Swanzey sydd ychydig filltiroedd i ffwrdd, ger y ffin bresennol â Rhode Island. Gan na ddilynwyd hwy gan eraill dros y blynyddoedd ni ddatblygodd y fath lefydd i fod yn rhai Cymreigaidd o bwys.

I fan heb eto ei henwi, ond oddeutu tri chan milltir i'r de o Massachusetts, ac i'r gogledd o Virginia, y cyrhaeddodd William Penn ar fwrdd y llong *Welcome* yn 1682. Yno ers 1681 yr oedd Gabriel Thomas o Sir Fynwy, ac yn 1698 ysgrifennodd lyfr am ddatblygiad yr ardal hyd at y flwyddyn honno. Yr oedd gwahanol gymunedau o Lychlyn a'r Iseldiroedd wedi bod yn masnachu â'r Indiaid am ryw hanner canrif cyn iddo gyrraedd. Saeson oedd y rhai mwyaf niferus o'r 1660au ymlaen ac erbyn ei amser ef yr oedd yr Indiaid yn eu diniweidrwydd yn parhau mor awyddus ag erioed i gyfnewid crwyn am rym.

Yr hyn agorodd y drws i ymfudo'r Crynwyr yn 1682 oedd yr hawlfraint a dderbyniodd Penn dros diroedd 'Pensylfania' yn 1681, a hynny yn sgil dyled brawd y brenin i'w dad. O'u clywed yn pregethu yn Iwerddon y daeth Penn i gysylltiad â'r Crynwyr gyntaf ac ymysg y nifer helaeth o Gymry a ymwelodd ag ef unwaith iddo dderbyn yr hawlfraint oedd John ap John. Trwy'r hyn y cytunwyd arno y pryd hynny cododd cyfle iddynt ymfudo y flwyddyn wedyn. Wrth fanteisio ar brofiadau cynharach pobl yn Massachusetts a Virginia gellid disgwyl y byddent mewn gwell sefyllfa i fedru ymgyfarwyddo â dieithrwch y Byd Newydd. Eto dros gyfnod cynharaf y Crynwyr yn y Byd Newydd byddai hyn yn brofi'n hynod o galed.

Y Cam-drin yng Nghymru

Fel sy'n wybyddus, John ap John oedd efengylwr mawr y Crynwyr yng Nghymru ac yn dilyn ei weinidogaeth gynt gyda'r Annibynwyr yn Biwmaris daeth yn un o leisiau disgleiriaf yr enwad. Pan glywodd Richard Davies o Gloddiau Cochion, Maldwyn ef yn pregethu am y tro cyntaf ni fedrai lai nag edmygu ei ddawn: 'A phan glywais ef, tybiwn ei fod yn llefaru fel un ag awdurdod ganddo, ac nid fel yr Ysgrifenyddion; yr oedd ei eiriau mor gadarn ac mor dreiddiol.' Er mor feistrolgar oedd ei Gymraeg, dioddefai i raddau gyda'i Saesneg ac yn ôl Richard Davies: 'though he was not perfect in that language, yet he had the tongue of the learned, to such who were spiritual'. Ac er i John ap John a'i gyffelyb ddylanwadu ar Gymru gyfan, bu eu heffaith yn arbennig o gryf ym Meirion a Maldwyn a dyma'r rheswm pam y bu cynifer o'r siroedd hyn mor amlwg yn yr ymfudo.

Yn ôl Rufus Jones, un o ysgolheigion pennaf Crynwyr Pensylfania ar ddechrau'r 20fed ganrif, bu'r erledigaeth yng Nghymru yn fwy llym a'r cam-drin yn waeth nag yn unman arall: 'nowhere was persecution more severe'. Er eu dymuniad i gael byw fel cymuned Gymreig ar ôl croesi'r Iwerydd, y prif reswm dros eu hymfudo oedd y ffordd yr ymdrinnid â hwy fel enwad. Yn 1677, bum mlynedd cyn i Dr Wynne o'r Fflint gyd-deithio â William Penn ar y *Welcome*, cyhoeddodd lyfryn bach dwyieithog. Testun y rhan Gymraeg ohono oedd *Y llythyr i anerch fy anwyl wladwyr y Cymru*. Gwrthwynebwyd ei syniadau mewn pamffledyn o'r enw *Work for a Cooper* (ei fywoliaeth pan oedd yn ifanc) ac ymatebodd yntau mewn cyhoeddiad arall dan y testun *Anti-Christian Conspiracy Detected & Satan's Champion Defeated* yn 1679. Profodd unrhyw wrthdaro o'r fath yn ormod i awdurdodau'r oes, ac am yn agos i chwe blynedd cyfyngwyd ef i garchar Dinbych.

Un o lyfrau mwyaf dylanwadol yr oes oedd *An Account of the Convincement, Exercises, Services and Travels of that ancient servant of the Lord, Richard Davies*, ac fe geir ynddo lawer o sôn am drafferthion eraill ymhlith y Crynwyr. Tystiolaeth i bwysigrwydd y llyfr yw'r ffaith iddo gael ei ailargraffu dros gyfnod maith o amser, 1710–1844. Cyhoeddwyd cyfieithiad ohono i'r Gymraeg yn 1840 a chafodd ei gynnwys hefyd yn un o'r 14 o gyfrolau yn y gyfres *The Friend's Library* a gyhoeddwyd gan y ddau frawd W. E. Evans a T. Evans yn Philadelphia. Yn achos Richard Davies ei hun, pan ymwelodd â'i rieni am y tro cyntaf ers ei dröedigaeth, yr oedd rhagrith y dydd yn gwneud yr achlysur yn un hynod o anodd iddo:

Yr oedd yn ofid iddynt hwy, i weled nad awn i ar fy nglyniau fel cynt, i ofyn eu bendith hwynt; ac nad ymgrymwn iddynt, a thynu ymaith fy het. Trodd fy nhad ei gefn arnaf yn fuan... o'r diwedd daeth fy mam yn dyner ataf, ac a gymerodd olwg arnaf, gan edrych ar fy ngwyneb, a hi a welodd mai ei phlentyn hi oeddwn...

Un a erlidiwyd gymaint â'r un oedd yr efengyles Elizabeth Williams, ac mewn llythyr rhwng dau o'i chyd-Grynwyr sy'n cyfeirio at rai dan fygythiad y gyfraith, rhoddwyd sylw arbennig iddi hi. Rhybuddiwyd hi i 'fod yn hynod o ofalus, am fod ysgrif allan o'r llys uwchaf yn ei herbyn'. Yn ôl erthygl gan Edward Griffith o Ddolgellau a gyhoeddwyd yn *Y Geninen* yn 1891, mae'n ymddangos iddi lwyddo i ddiflannu am dro; ond yn y diwedd cafwyd hyd iddi yng Nghaergrawnt: 'Gorchmynwyd ei chwipio hyd at waed... a chariwyd hyn allan yn y modd mwyaf creuliawn'. Nid dyna ddiwedd ei herledigaeth: 'cafodd Elizabeth Williams ar ôl hyn ddedfryd yn y Sessiwn fawr yn y Bala, fod iddi gael ei llosgi wrth y stanc; ond ni chariwyd hyn allan'. Ac yn yr un erthygl mae Edward Griffith yn cyfeirio at dynged y Crynwyr yn gyffredin, gan ddweud bod 'carcharau Dolgellau a'r Bala yn cael eu llenwi, y teuluoedd yn cael eu gwasgaru, yr ydlanau eu llosgi, a'r anifeiiliaid eu rhanu rhwng dyhirod... y canlyniad o hyn fu, i'r naill deulu ar ôl y llall ymfudo i Bensylfania.' Gan i Richard Davies ei hun gael ei garcharu, gwyddai yn union sut yr oedd hi ar eraill:

Cadwyd y carcharorion hyn yn gaeth iawn; yr oedd rhai ohonynt yn feddianwyr tiroedd cyfoethog; y rhai a osodwyd mewn lle budr atgas, yn agos i'r marchdy a'r ysgothdy, mewn ystafell isel: yr oedd y lladron a'r drwg-weithredwyr wrth eu penau, a throell-lestri a thom y rhai hynny, yn fynych yn syrthio arnynt. Charles Lloyd, yr hwn ychydig o'r blaen a fuasai yn ynad yr heddwch, a roed mewn ystafell fechan fyglyd, ac a orweddodd ar ychydig wellt...

Erbyn heddiw hwyrach mai'r mwyaf adnabyddus o blith Crynwyr Pensylfania yw Rowland Ellis, a ddarlunnir yn nofelau Marion Eames. Fel eraill o'r enwad, cafodd yntau ei gam-drin cyn iddo ymfudo, ac yn ôl Robert Owen a fu farw ym Meirion, Pensylfania yn 1697: 'He suffered five years close imprisonment for not taking the oath of allegiance and supremacy, being confined to the town of Dolgelly, in Meirionethshire, North Wales, within about a mile of his dwelling house, to which he was not permitted to go during the said time.'

Mewn adroddiad arall adroddir amdano'n cael ei fygwth gan farnwr, ac os byddai ef ac eraill yn dal i wrthod tyngu llw o ffyddlondeb, 'they should be proceeded on against as traitors, the men hanged and quartered, and the women burned'. O wynebu un annhegwch ar ôl y llall, nid rhyfedd i gynifer ohonynt droi eu golwg tua Pensylfania. Yng nghefndir nifer o'r rhai a ddôi'n ddiweddarach yn flaenllaw yng ngwleidyddiaeth Pensylfania yr oedd cyfnod o garchar. A thra yr arferwyd cyfeirio at Virginia fel lle 'where idle vigrants might be sent', nid felly o bell ffordd gyda'r 'troseddwyr' o Gymru ym Mhensylfania. O'u plith hwy y cafodd Pensylfania lawer o'i dynion mwyaf medrus a galluog ac nid oes amheuaeth na fu eu gweithgarwch hwy yn fendithiol i'r gwladychu gwreiddiol yn y parthau hyn.

Y Fintai Wreiddiol

Cyfeiriwyd eisoes at y Dr Wynne o'r Fflint oedd ar fwrdd y *Welcome* gyda William Penn yn 1682. A thra nad oes unrhyw amheuaeth am hyn, nid felly y mae am ymdrechion y Parch. W. R. Evans o Ohio i geisio nodi'r Cymry eraill oedd ar y llong. Yn ei draethawd am Gymry'r wlad yn 1893 dywed fod rhyw ugain o Gymry ychwanegol arni, gan enwi tri o Grynwyr amlwg, Richard Davies, Charles Lloyd a John ap John, pan nad oedd yr un ohonynt wedi gadael Cymru. Er mor drwyadl yw W. R. Evans gyda'i ffeithiau ar y cyfan, nid oes unrhyw le i dderbyn yr honiad hwn. Ar y llaw arall, mae yna sôn am rai o enwau cyffelyb yn byw ym Meirion, Pensylfania yn gynnar iawn ac efallai mai dyma'r rhai sydd dan sylw ganddo. Yr oedd y *Welcome* yn llong 300 tunnell a allai gludo oddeutu 100 o bobl ond collwyd 30 ohonynt i'r frech wen. Ymysg y rhai a gyrhaeddodd yn ddiogel, ac yr ystyrid eu bod o gefndir Cymreig, oedd yr Anthony Morris a benodwyd yn faer gwreiddiol Philadelphia. Dros y blynyddoedd gwelodd y ddinas lawer i faer arall o gefndir Cymreig, megis Griffith Jones, Edward Roberts a Robert Wharton i enwi dim ond tri.

Er cymaint y sylw a roddwyd i fordaith y *Welcome* yn 1682, nid hi oedd yr unig long a gludodd y Crynwyr yn y flwyddyn honno. Yn rhagflaenu'r *Welcome* o rai misoedd oedd llong o'r enw'r *Lion* ac arni, dan arweiniad y meddyg Edward Jones, yr oedd 40 o bobl o ardal y Bala. Trwy lythyr a ddanfonwyd ganddo at ei gyfaill John ap Thomas ceir clywed sut y bu iddi gymryd 11 wythnos cyn iddynt gyrraedd, ac i un plentyn farw ar y fordaith. Wedi croesi gyda hwy yr oedd un yn ei wythdegau y dywedwyd amdano ei fod mewn gwell cyflwr pan gyrhaeddodd nag yr oedd pan adawodd. Mae yna gyfeiriad hefyd at ba mor ddymunol yr oedd hi i fwyta caws a menyn wrth deithio ar y môr, ond gan i rai wrthod y cig eidion oedd ar gael, y tebyg yw ei fod ar fin pydru neu eu bod hwy ar fin dioddef o salwch môr. Mwy annisgwyl efallai yw canfod bod ganddynt y fath ddigonedd o gwrw fel y gellid cadw at y drefn o yfed tri pheint ohono yn ddyddiol. Yr oedd un o ferched Dr Wynne yn briod ag Edward Jones, a chroesodd hithau, ynghyd â'i brawd Jonathan, ar yr un fordaith. Yn y cyfamser bu'r John ap Thomas yr ysgrifennwyd ato farw yn ddisymwth ond cyn y sylweddolwyd hyn – a chan ei fod yntau yn bwriadu ymfudo – yr un peth a ddymunai merch Dr Wynne ganddo oedd dod â thegell haearn iddi.

Dyma'r fordaith a arweiniodd at sefydlu Meirion, neu *Merion* yn ôl y sillafiad presennol. Yn 1806, tua chanrif er pan ddanfonwyd ef gyntaf at berthynas yng Nghymru, cyhoeddodd y Gwyneddigion lythyr gan un yn enedigol o Bensylfania a ragflaenai presenoldeb Edward Jones a'i ddilynwyr. Ymysg pethau eraill y mae'n cyfeirio at gyfnod eu glaniad:

> Yn yr hydrev hwn y daeth amryw o Gymru: Edward ab Rhys, Edward Jones o'r Bala, William ab Edward, ac amryw ereill.

Erbyn [hyn] yr oedd yma gymmydogaeth; er nad oedd vawr i neb i'w wneuthur dros ei gilydd. Yr oeddynt yn gwneuthur bythod hyd y coed weithiau, dan ochr rhyw graig neu geulan, yn nglan rhyw nant: pawb wrth ei fansi yn llechu. Nid oedd na gwartheg, na chefylau, i'w cael am arian: *Os cawn vara, ni yvwn ddwvr ac a ymlyvwn* meddynt hwy; etto ni bu eisieu ar neb; ac yr oedd yn dda wych gan bawb gyffredin am eu gilydd – yn llawer gwell nag ydyw ganddynt, pan ydynt yn cael llawnder a thymhoreiddwch o bob peth.

Er y rhyddhad o gyrraedd yn ddiogel, wynebent yn awr yr her o sut orau i ddechrau cynnal eu hunain. Gan i blentyn un o'r enw Edward ap Rees gael ei eni mewn cwt o gerrig ger afon Schuylkill yn 1683, mae'n ymddangos iddynt orfod wynebu amgylchiadau tra annymunol yn ystod y gaeafau cyntaf. A chan nad oedd yno neb a fedrai estyn cymorth, yr unig ddewis oedd mynd ati eu hunain i glirio'r tir ar gyfer ei blannu. Gyda'u holl egni wedi'i gyfeirio at hynny, gadawyd hwy heb lawer o amser i feddwl am ddim arall. Er gwaethaf yr anawsterau a wynebwyd yn wreiddiol, bu Edward Jones fyw tan 1737 a marw yn 92 oed. Arwydd o'i boblogrwydd oedd bod cannoedd, yn ôl y sôn, wedi ymgynnull ar gyfer ei gladdedigaeth. Yn ei ddyddiadur gwelodd un o'r enw Thomas Chalkley le i gyfeirio ato fel 'a man much given to hospitality, a lover of good and virtuous people and was beloved by them'. Eto, yn ôl safonau'r oes bresennol mae lle i'w feirniadu, a hynny am iddo gadw ambell gaethwas yn ddiweddarach, yn ôl hysbyseb a osodwyd yn y *Pennsylvania Gazette* ychydig ar ôl ei farwolaeth:

TO BE SOLD, A Tract of Land, late the Estate of Dr Edward Jones, deceas'd, lying in Merion, Philadelphia County, about 7 Miles from Philadelphia, and within a Quarter of a Mile of Merion Meeting House, containing 338 Acres, 150 of which is cleared, Twenty Acres of Meadow. The main Road to conestogoe runs through the Middle of the Tract, and within three Miles of the Tract are three Merchant Mills and two Fulling Mills. A Dwelling House, Outhouses, and Orchard. Also a young Peach Orchard of about 150 Trees on said

Tract. Any Person inclining to purchase may apply to John Jones living on the Premises, who has also a Negro Man, and a Woman, and a Boy of about 16 Years of Age, who were brought up to Country Work, to dispose of.

Daw'r un peth i'r golwg unwaith eto trwy ewyllys un o blant Morris Llewelyn, un oedd â'r un enw â'i dad ac a oedd yn flwydd oed pan adawodd Gymru. Wedi'u gosod ar werth ar ei farwolaeth yn 1749 yr oedd 'Negro man £50, negro woman £35, negro child £15'. Yr hyn a welwyd cyn i'r fasnach gaethweision ddod i fri oedd bod meistri yn talu am gludo eu gweision i'r wlad ac yn sgil hynny disgwylid iddynt hwythau weithio er mwyn talu'r ddyled. Cymerai hyn rhwng pedair a chwe blynedd ac nid peth anarferol fyddai clywed amdanynt yn ffoi cyn i'r cyfnod penodedig ddod i ben. Boed yn ddu neu'n wyn, ni wahaniaethwyd rhyngddynt yn aml, ac felly ni ellir bod yn hollol sicr ai caethion oedd gan rai fel Morris Llewelyn. Yn achos Dr Wynne, mae ei ewyllys ef, sy'n dyddio o 1692, yn dangos mai tair punt oedd gwerth gwas ifanc gyda blwyddyn a hanner o wasanaeth yn unig yn dal o'i flaen. Ar y llaw arall, disgwylid cael trigain punt am 'negro man, negro woman', ynghyd â'u plentyn hwy a oedd yn flwydd a hanner.

Wrth ysgrifennu i'r *American Monthly Magazine* am *Merion* yn 1895, atgoffodd Margaret B. Harvey ei darllenwyr mai y Cymry yno oedd Crynwyr cyntaf y dalaith: 'The Quaker State of Pennsylvania was not founded at Philadelphia on the Delaware in October 1862 but in Lower Merion on the Schuylkill, in August 1682'. Nid yn unig yr oeddent wedi rhagflaenu gweddill y Crynwyr ond buont hefyd yn hynod o ffodus i fedru osgoi'r colledion a ddioddefwyd rai misoedd yn ddiweddarach ar y *Welcome*.

Cytundeb Tirol

Ynghyd â llawer agwedd arall, mae lle i gymeradwyo'r Crynwyr o Gymru am y trefniadau a wnaethant ymlaen llaw er mwyn diogelu meddiant eu tiroedd. Ffurfiwyd nifer o gwmnïoedd er mwyn cyflawni hyn ac unwaith y daeth y tir dan eu perchenogaeth, gellid ei ailddosbarthu i'r gwahanol deuluoedd. Y cyntaf o saith cwmni o'r fath, gyda 5 mil o gyfeiriau dan eu gofal, oedd y cwmni a oedd yn gysylltiedig â Dr Edward Jones o'r Bala a'i gymydog, John ap Thomas o Laithgwm, a gafodd ei erlid gan y gyfraith o tua 1672 ymlaen pan ddaeth yn Grynwr. Un tro, ac yntau wedi'i adael â phymtheg punt yn ddyledus i'r llys, gwerthwyd ych a cheffyl o'i eiddo, ac er i'r llys dderbyn un bunt ar ddeg yr un amdanynt, ni chafodd yr un geiniog 'nôl. Ar un adeg bu yntau yn uwch-gwnstabl ei hun ac mae'n debyg iddo wneud ei orau glas i ysgafnhau'r baich ar eraill. O'r 5,000 o gyfeiriau dan enw'r cwmni, neilltuwyd 1,250 ohonynt ar ei gyfer ef. Byddai 625 cyfair ychwanegol yn mynd i Hugh Roberts o Giltalgarth sydd â'i enw'n gysylltiedig â chychwyn rhanbarth Gwynedd yn ddiweddarach. Ar ôl i Edward Jones gymryd 312 ½ cyfair arall yr oedd 2,812 ½ o gyfeiriau yn dal ar ôl, a dyma fel y dosbarthwyd y cyfan rhwng 17 o'r perchenogion gwreiddiol:

1,250 cyfair	John Thomas, Llaithgwm
625	Hugh Roberts, Ciltalgarth
312.5	Edward Jones, Bala
312.5	Robert ap Davis, Gwern Efail Ismynydd
312.5	Evan Rees, Penmaen
312.5	John ap Edwards, Nant Lleidiog
312.5	Edward ap Owen, Doleyserre
156.25	William ap Edward, Ucheldre
156.25	Edward ap Rhys, Ciltalgarth
156.25	William ap John, Bettws
156.25	Thomas ap Richard, Nant Lleidiog
156.25	Rees ap John ap William, Llanglynin
156.25	Thomas Lloyd, Llangower
156.25	Cadwalader Morgan, Gwernefel
156.25	John Watkins, Gwernefel
156.25	Hugh ap John, Nant Lleidiog
156.25	Gainor Roberts, Ciltalgarth

Cymerwyd meddiant o 5,000 cyfair arall gan gwmni dan enwau Charles Lloyd, brawd y Thomas Lloyd a ddewiswyd gan William Penn fel llywodraethwr yn ei absenoldeb, ac yna Marged Davies, gwraig weddw a gartrefai yn yr un Dolobran, Meirion â'r ddau frawd. Yna rhoddwyd dwy fil o gyfeiriau dan ofal John Bevan o Lantrisant a phum mil arall dan ofal Thomas Wynne a John ap John. O'r tair mil o gyfeiriau i ymddangos dan enw Lewis ap David o Benfro, cymerwyd rhan sylweddol ohonynt gan y Morris Llewelyn y clywir mwy amdano eto. Y ddau gwmni olaf, gyda 5,000 cyfair yr un, oedd y rhai yn gysylltiedig â Richard ap Thomas a Richard Davies. Yr oedd 10,000 cyfair arall wedi eu neilltuo ar eu cyfer, ond ni thalwyd amdanynt ar y pryd. Yn y diwedd fodd bynnag, gwaredwyd hwy i eraill dan amgylchiadau'n debyg i'r 'gazumping' y clywyd cymaint amdano pan oedd y farchnad dai ar ei chryfaf yn Lloegr yn ystod yr 1980au.

Trwy'r warant o law Penn yn 1684 ceir rhywfaint o wybodaeth am leoliad y tiroedd uchod ac er nad yw'n glir i ba raddau y gallent ddisgwyl cael rheoli eu tynged eu hunain, mae'n amlwg i Penn fodloni ar eu dymuniad i gael byw fel uned ar wahân:

Whereas divers considerable persons among ye Welsh Friends have requested me ye [?yt] all ye Lands Purchased of me... be layd out contiguously as one Barony... And because I am inclined and determined to agree and favour ym wth any resonable Conveniency & priviledge: I do hereby charge thee & strictly require thee to lay out ye st tract of Land in as uniform a manner as conveniently may be, upon ye West side of Skoolkill river, running three miles upon the same, & two miles backward, & then extend ye parallell wth ye river six miles and to run westwardly so far as till ye sd quantity of land be Compleately surveyed unto them.

Peryglon yr Iwerydd

Nid peth hawdd oedd dod i'r penderfyniad i adael Cymru, yn enwedig pan sylweddolwyd na fyddai'r mwyafrif ohonynt yn debygol o weld eu perthnasau a'u cymdogion mwyach. Ymysg y rhai oedd â hyn yn pwyso'n drwm ar eu meddwl oedd Dafydd Morus o ardal y Bala. Daw'r pennill isod o'r gerdd 'Ffarwel i'r Bala' a gyfansoddodd pan oedd ef ei hun ar fin ymadael. Arferid ei chanu ar y dôn 'Hyd y Frwynen':

Ffarweliwch, mynydd maith a broynnydd,
    A'r gorelltydd hylwydd ha,
Ffarwel bob glanddyn trwy wlad Penllyn,
    Canfod monyn' mwy ni cha;
Ffarwel frodyr oll, a chwiorydd,
    A'm cefndyr hylwydd, ddeddwydd ddawn,
A'n cyfnitheroedd, neiaint, nithoedd
    Sydd yn lluoedd, yma'n llawn;
Ffarwel bellach, fy nghyfathrach,
    Heb gyfrinach eiriach hun
Cofia i donie hwyr a bore,
    Tra bo yn fy ngene ffun.

Yn dilyn tristwch yr ymwahanu roedd rhaid wynebu peryglon y fordaith a thueddir i anghofio nad oedd yna'r un sicrwydd yn yr oes honno y byddid yn cyrraedd pen y daith. Yn achos John ap Thomas y cyfeiriwyd ato'n meddiannu tir ar ôl iddo gael ei erlid gan y gyfraith, dirywiodd ei iechyd gymaint nes iddo farw pan oedd ar fin ymfudo. Bu'n rhaid i'w deulu – sef ei wraig, y plant a'r gweision, ugain ohonynt i gyd – wynebu'r daith hebddo, ar long o'r enw *Y Morning Star* yn 1683. I ychwanegu at y trallod collwyd dwy o ferched y teulu, rhywbeth y cyfeiriwyd ato gan y brawd hynaf, Thomas: 'Bu ein hanwyl chwaer Sydney farw heddyw, sef y 29 o'r 7 mis, 1683; eto, ymadewodd Mary ein hanwyl chwaer a'r byd hwn yr 18fed o'r 8mis 1683, pan ar y môr'. Ar ôl iddynt gyrraedd aethpwyd ati i ddatblygu fferm o 1,250 cyfair ond nid yw'n glir ai ym Meirion neu mewn lle o'r enw Goshen y bu hyn. Mae'r adroddiadau'n amrywio a chan fod tua hanner tiroedd cwmni Edward Jones a John ap Thomas yn Goshen, gallai eu fferm fod yn y naill le neu'r llall. Gelwid y fferm yn 'Gelli y Cochiaid', a chan i'r fam fyw tan 1697, cafodd foddhad o weld y teulu yn gwneud y gorau o adnoddau'r wlad.

Yn 1881, ymron ddwy ganrif yn ddiweddarach, daeth y Parch. H. E. Thomas o Pittsburghh ar draws un arall o wragedd oedrannus y teulu, sef Mrs Levick a oedd yn 92 oed. Rhoddodd hithau gyfle iddo chwilota trwy bentwr o ddogfennau'r teulu yn dyddio 'nôl i'r adeg pan adawsant Gymru gyntaf. Yn ei dro medrai yntau gyfeirio at yr union fan lle claddwyd John ap Thomas ei hun: 'mae gennyf gôf i fy mam, pan oeddwn rhwng chwech a saith oed, fy nghodi dros y clawdd i mi gael myned i'r fynwent. Nid oedd yno yr un garreg fedd hyd y gwelais...' Dywedai H. E. Thomas fod hyn ar bwys mynediad i fferm o'r enw 'Hafodfadog' ac yn cyd-fynd â hyn mae'r darn isod a osodwyd ym Meibl y teulu gan fab hynaf John ap Thomas: 'Fy anwyl dad John ap Thomas... a ymadawodd a'r byd hwn ar y 3d. o'r 3m., 1683, sef y pumed ddydd o'r wythnos, ac a gladdwyd yn Mynwent y Cyfeillion yn Hafod-vadog, y pumed o'r mis'. Ac yntau yn ei fedd ers ymron i dair canrif, bu'n rhaid ymyrryd â'i weddillion yn 1965 pan foddwyd Capel Celyn a phan fu rhaid codi'r beddau a'u symud.

Trwy lythyr a ddanfonwyd gan fab John ap Thomas ceir gwybod am anffawd eraill tra oeddent ar eu mordaith. Cipiwyd llong mintai dan arweiniad un o'r enw Owen Roberts gan Ffrancwyr, a hwythau o fewn wythnos i gyrraedd genau'r Delaware. Danfonwyd hwy naill i Martinique neu Guadeloupe a cheisiwyd gorfodi naw arall i wasanaethu fel morwyr ar long ryfel o'r enw *Monserat*. Yn y diwedd gadawyd i'r rhan fwyaf ohonynt fynd i ynys dan reolaeth Prydain ac oddi yno gallasant hwylio ar long a'u cymerai i Philadelphia.

Daeth anawsterau hefyd i ran Thomas Lloyd o Dolybran, y ceir clywed mwy amdano eto: bu bron i fôr-ladron o Dwrci gipio'r llong *America* roedd yntau arni. Ymysg ei gyd-deithwyr yn 1683 oedd yr Almaenwr Daniel Pastorius sy'n cael ei gydnabod fel sylfaenydd *Germantown*. Gan na fedrent Saesneg, gorfodwyd y ddau i droi at y Lladin ac mae'n debyg iddynt ymdopi â thrafod pob math o bynciau. Ond er mor brofiadol

45

oedd Pastorius fel teithiwr ar hyd a lled Ewrop, rhyfeddodd ef hyd yn oed at yr olwg gyntaf ar y Byd Newydd:

> Mor fawreddus yw'r Afon Delaware fel nad oes ei hail drwy Ewrop gyfan... ym mhobman llenwyd y llwyni a'r tyfiant cysgodol ag adar sydd o'r fath liwiau anghyffredin ac mor amrywiol yn eu nodiadau fel y maent yn gorfeleddu ysblender eu creawdwr.

Un arall i wynebu'r gwaethaf wrth groesi'r Iwerydd oedd Rowland Ellis. Ryw ddeng mlynedd cyn iddo ymgartrefu'n barhaol yn Haverford (yn 1696) penderfynodd ymweld â'r ardal a gadael gwas o'r enw Thomas Owen i gymryd gofal o'i dir yn y cyfamser. Gyda Rowland Ellis ar ei ddwy fordaith yr oedd rhyw gant o bobl o ardal Dolgellau ond bu'r fordaith gyntaf yn hynod o drychinebus. Ar ôl cychwyn o Aberdaugleddau cymerodd bron i chwe mis iddynt gyrraedd Philadelphia. A hwythau yn brin o fwyd ar ôl cyfnod mor faith, bu farw llawer ohonynt o newyn, ac o blith y rhai a lwyddodd i gyrraedd pen y daith bu llawer yn dioddef afiechyd am weddill eu hoes.

Ar yr un llong â theulu John ap Thomas, ond yn gynharach yn yr un flwyddyn, croesodd eraill fel Griffith Owen (y rhagoraf o holl bregethwyr gwreiddiol Crynwyr Pensylfania), Hugh Roberts, John Roberts, William Jones, David Davies, Edward Jones, Richard Thomas, John Edwards, Katherine Roberts, Kadwallader Morgan, Thomas Lloyde, Gayner Roberts, William Morgan a Thomas Pritchard. Byddent hwy ar y môr o Orffennaf 19 hyd at Awst 23 a dilynwyd hon gan fordaith arall a gychwynnodd fis Medi a gorffen fis Tachwedd. Er i eraill gyrraedd ar longau fel y *Vine* yn 1684, roedd hi tua 1687 cyn i lawer ymgartrefu i'r gorllewin o Feirion.

Yn ei *Account of the Province of Pennsylvania* a gyhoeddodd ym mlwyddyn ei hawlfraint i'r tir, sef 1681, y mae Penn yn mynegi ei barodrwydd i adael ei thrigolion i ddilyn eu hewyllys ysbrydol eu hunain. O ystyried natur deddfau fel yr *Edict of Nantes* (1685) yn Ffrainc, erledigaeth y Crynwyr ym Mhrydain, y gwrthwynebiad ym Massachusetts i enwadau ar wahân i'r Piwritaniaid ac yn Virginia i bob enwad ag eithrio'r un dan ofal Esgob Llundain, y mae datganiad Penn yn un hynod o anarferol. Yn ogystal â hyn mae Penn yn egluro sut i fynd i Bensylfania ac yn sôn am y tir rhesymol oedd ar gael, o 50 cyfair i fyny at farwniaeth o 5,000 cyfair. Yn 1682 gwerthwyd ganddo tua 200,000 o gyfeiriau yn ychwanegol i'r hyn a gymerwyd gan y Cymry. Ond er bod 469 o brynwyr, aeth bron hanner y tiroedd hyn i grafangau rhyw 40 o fuddsoddwyr ariannog nad oedd ganddynt unrhyw fwriad i ymfudo. Nid arhosodd William Penn ei hun yn barhaol, a dychwelodd i Lundain o fewn dwy flynedd, yn 1684. Nid rhyfedd felly i'r Athro Dunaway, un o haneswyr mwyaf safonol Pensylfania ar ddechrau'r 20fed ganrif, fedru datgan mai y Cymry oedd 'the most numerous racial element among the immigrants arriving in the province between 1682 and 1700'.

Thomas Sion Evan

Un a ragflaenodd y Crynwyr ym Mhensylfania oedd Thomas Sion Evan, tad yr un y cyfeiriwyd ato eisoes yn danfon llythyr at gefnder yng Nghymru. Er nad oedd y tad yn rhan o ymfudiad y Crynwyr, byddai'n ymgartrefu yn eu mysg yn ddiweddarach, a hynny yn agos i'r ffin rhwng y Rhanbarth a Newtown. Priododd weddw'r bardd Thomas Llwyd o Benmaen, Dyffryn, ac yn rhifyn Mawrth 1824 o'r *Gwyliedydd* ceir peth o waith hwnnw sy'n ymwneud â'i dröedigaeth at y Crynwyr. Yn y llythyr gan fab Thomas Sion Evan, yn ogystal â'i sylwadau am ddyddiau cynharaf y Crynwyr y cyfeiriwyd atynt yn barod, gwelodd le i fanylu am helbulon ei dad dros y cyfnod a ragflaenai'r Crynwyr. Gan na fu'r mab erioed yng Nghymru, a'i fod yn byw mewn oes pan oedd cynifer yn anllythrennog, mae lle i ryfeddu at ei feistrolaeth o'r Gymraeg ysgrifenedig:

> Derbyniais lythyr oddi wthyt, a ysgrivenafid yr 8ved o Vai
> diweddav [1705]; a bu wych genyv vod un o'm ceraint, yn yr hen

wlad y clywais gymmaint o son am dani yn covio am danav vi. Mi
glywais vy nhad yn son am lawer o hen Gymry: ond ve a'm ganwyd
vi yn y wlad goediog yma – y wlad newydd hon.

Mi a'i clywais yn son am blwyv Llan y Cil, Plwyv Llan uwch
y Llyn... Traws Vynydd, y Tai Hirion yn Mignaint, a llawer ereill.
Ve allai nad ydyw ond chwedl cymmysglyd genyt ti henwi yr
holl vanau yma; etto mae yn hof gan i veddwl am danynt, er na
wn pa vath leodd ydynt; ac y mae arnav hiraeth am eu gweledd,
wrth govio am vy nhad, a glywais yn chwedleua am hen bobl
ddiniwed...

Ac weithiau, vy nghar, mi roddav i ti hanes a helynt vy nhad,
a'i vywioliaeth, o'r amser y dychweloedd o Gymru hyn ddydd ei
farwolaeth ev. Tair wythnos i'r amser cyntav y clywoedd son am
Benfylvania, Fair Wyl Bedr yn y Bala, y cymmeroedd ei genad
a'i gymmodogion a'i geraint, y rhai oeddynt yn cymeryd sulw o'i
waith yn myned i'w gychwyn tua Llundain. Ve vu dri mis yn aros
am long... Nhwy vuont ar y môr mewn tywydd blin yn ymboeni
lawer o wythnosau... Yn y daith hir yma, ve ddysgoedd chwedleua
a darllen Saesoneg yn o dda. Yno y daethant vyny i'r afon chwech
ugain milltir, lle mae Philadelphia yn awr; nid oedd yno y pryd
hyny, val y dywed y Cymry, na thy nac ymogor, ond y coed gwyllt...
Ve gyfarvu ar ryw lwybr hen wr o ddyn meddw, na vedrai na
Chymraeg na Saesoneg, a gymmeroedd sulw o ddyn dyeithr, ac
a'i cymeroedd ev adrev gydag ev i'w dy, lle yr oedd ganddo wraig
ac amryw veibion yn deulu o bobl vwynion a llettyugar: Swedwys
oeddynt. Yma gwnaeth ei gartrev hyd nad oedd ganddo dy ei hun...

Yna y prynoedd dyddyn go vychan; ac a briododd wraig
weddw, a vuasai briod a Tomas Llwyd o Ben Maen... Yr oedd yn
beth anaml a gwych iawn glywed ceiliog cymmydog yn canu. Nid
oedd ganddo y pryd hyny ond un ceffyl bychan; a'r wraig yn crynu
o'r cryd tridiau. Nyni allwn dybied vod llawer peth a dreiglai i
veddwl dyn yn y vath gyflwr a hyn; ond ni chlywais mono erioed yn
achwyn ar galedi yr amfer hwnw. Ond yr oedd pob peth yn ddivyr
i'r bobl ddiniwed hyny: er bod ar brinder o ryw bethau presennol;
etto yr oedd ganddynt heddychol gymdeithas a thiriondeb cariad
tuag at eu cilydd yn wahanol yma y pryd hwnw. Ve lwyddoedd
yr ychydig yr oedd yn ei drin, val y daeth i veiddiannu cefylau,
gwartheg, a phob peth ar a oedd raid iddo... Ar ôl byw yn y modd y
soniais bedair blynedd ar ugain, wedi hyn ve aeth yn o vethiantus,
a musgrell, a gwanllyd, a chryn ddifyg anadl arno ddiwedd ei

amser gwaith... ac yna ve ymadewoedd; ac a adawoedd i vy mrawd a minnau bob un dyddyn bychan...

A dyna i ti, vy nghar mwyn, hanes vy nhad a minnau, os bydd divyr genyt ei glywed. Danvon dithau i minnau ryw hanes: os bydd peth newydd hynod, ve vydd wych genyv ei glywed...

Cywydd Huw Gruffydd

Yn sgil cyfieithiad o'r llythyr blaenorol am fywyd Thomas Sion Evan fe ddenwyd sylw a chanmoliaeth llawer un heb wybodaeth o'r Gymraeg. Ond o gymharu ag enwogrwydd y llythyr yma, prin yw'r cyfeiriadau at lythyr arall a'i rhagflaenodd ac a ysgrifennwyd ar ddull cywydd gan un o'r enw Huw Gruffydd. Cyn ymfudo cartrefai ar fferm Llwyn y Brain, Cwmtirmynach, Llanfawr ac ar ddechrau'r gerdd mae'n annerch ei berthnasau yn y gymdogaeth honno. Rhown sylw yma i'r rhan o'r gerdd sy'n ymwneud â sefyllfa pobl fel yntau ym Mhensylfania – 'Gwlad bendith y gwenith gwâr' yn ei farn ef. Cyhoeddwyd y gerdd am y tro cyntaf yn *Almanac Sion Prys* yn 1779 ac yna yn y casgliad *Beirdd y Berwyn* gan O. M. Edwards yn 1902. Mae i'r llawysgrif lle cofnodwyd y gerdd hanes anghyffredin ac wrth gyflwyno'r gerdd mae O. M. Edwards yn nodi: 'codwyd y cywydd hwn o lyfr yn llawysgrif Rowland Huw o'r Graienyn. Aeth William ap Robert Saunderson a'r llyfr hwnnw i'r America tua 1849; boddodd yn afon Alabama, ac aeth ty ei weddw (a'r llyfr ynddo) ar dân':

Addewais roi yn ddiwad,
Hynaws lwydd, hanes y wlad.
Ac felly gwna, mwyndra maith,
Heb wadu fy ngwybodaeth.

Trigolion y tir gwiwlwys,
O amryw barth loewbarth lwys,
Ac yn eu plith, dryfrith dro,
Amryw iaith yn ymrithio;
Er hyn o gywir hanes,

49

Diamau'r llwydd, dyma'r lles,
Brawdgarwch bwriad gwrawl
Sydd yn eu mysg, hyddysg hawl;
Swyddogion dyfnion a doeth
I rannu, nid gwyr annoeth;
Cyfiawn farn uniawn a wnant,
O naws gorwag nis gwyrant;
Da y gwyliant deg olwg,
Rhoi barn drom yn erbyn drwg;
Rhoddi yn rhwydd, a llwydd llon,
I wyr gonest a'r gweinion;
Gwlad i bawb, golud a budd,
Gywir wiw-faes er crefydd;
A chael llonydd, ddedwydd ddawn,
Hawdd achles, a heddychlawn;
Gwlad anfelus gofus gur
I'r rhai swga rhy segur,
Gwlad ethol glyd i weithiwr
A chyflog serchog fe ddenwyd yn siwr;
Gwlad hedd ac amledd o goed,
Da er esgyn dyrysgoed,
Ni feddianna chwitha chwant,
Heb arloesi, fawr lesiant;
Ac wedi hyn fe geid hawl,
Rhywiog arwydd rhagorawl;
Gwlad bendith y gwenith gwâr,
Llawn dw yn llenwi daear;
A phob grawn yd, hyfryd hawl,
Gain addas yn gynyddawl;
A ffrwythydd cedydd cydwiw,
Perion a llawnion eu lliw,
Gerddi hawddgar a gwyrddiawn,
Yn dwyn ffrwyth a'u llwyth yn llawn;
Anifeiliaid, defaid da,
Ac ychen y rhai gwycha;
Meirch nerthol, gwrol eu gwaith,
Grymus i gario ymaith;
Pasgedig, pysg, ac adar,
Hyddod llon gwylltion a gwâr;
Gwyllt bryfed yn haid hoewdeg,

Breision yn ddanteithion teg;
Am amlder brasder ein bro,
Llaweroedd all ei wirio.

Y sawl sydd er cyngor cu
Buredig yn bwriadu
Ymsymud ennyd union
I olud teg y wlad hon,
Cymered, pwysed heb ball,
Drwy ofn Duw, drefn a deall,
Ystyriaeth hwyrfaith hirfor,
Cefais i hyn, cofus hwyl,
Mwy o dasgwaith na'm disgwyl;
Er gorfod, hirfod yrfa,
O Wynedd mewn diwedd da,
Llawer gwas glân gwiw-glan glod,
O'r golwg aeth i'r gwaelod,
Yn mru llaid y môr llydan;
Cyn cael tir, geirwir yw'r gân;
Nid oes dianc grafanc gre,
Loew-ing, o law Ange.

Er y dreuthes ar draethod
Ynghylch y tir, glân eurwir glod,
Nid yw hynt yr helynt hon
Er denu un o'r dynion
O dir eu gwlad wastad wych,
Yn chwannog, oni chwennych.

Weithian ac yn ddiwaethaf,
Gyda pharch eich cyfarch caf,
Ac felly terfynu fydd
Dan gauad hyn o gywydd.

Hugh Gruffydd a'i cant.

Haverford

Am yn agos i ganrif cyfeirid at ranbarth y Crynwyr fel *The Great Welsh Tract of Pennsylvania* ac yn nifer o'r hen lyfrau sy'n ymwneud â dyddiau cynnar y dalaith, tueddir i ymdrin â'r Cymry fel uned ar wahân. Yn ôl yr *Annals of Philadelphia*

& *Pennsylvania in Olden Times* gan John F. Watson (1881), 'They the Welsh, bought up 40,000 acres of land in 1682 and formed settlements after the names of their homes Meirion, Haverford [sef fel yr arferai enw'r dref fod yng Nghymru cyn ychwanegu'r West], Radnor, Goshen and Uwchland'. Er mwyn ymweld â'r fath lefydd rhaid croesi'r Schuylkill o Philadelphia fel yr awgrymwyd yng ngwarant Penn ac yna cadw i fynd tua'r gogledd-orllewin. Enw gan y Llychlynwyr, rhagflaenwyr y Crynwyr, yw Schuylkill ac yn y fan lle mae'n ymuno â'r afon Delaware mae rhan hanesyddol y Philadelphia bresennol.

Tua diwedd y 19eg ganrif yr oedd llyfrau yn ymdrin â hanes y siroedd yn hynod o boblogaidd ac ynddynt ceir llawer o ddeunydd sy'n ymwneud â'r Cymry. Yr unig dair sir a fodolai yn nyddiau gwreiddiol Pensylfania oedd Buckingham, Caer a Philadelphia, ond o ganlyniad i'r holl dwf yn y boblogaeth yn y 18fed ganrif aildrefnwyd hwy fel y gellid ymateb yn fwy effeithiol i ofynion y dydd. Yn 1784 crëwyd Montgomery allan o Swydd Philadelphia a dyma lle mae canfod Meirion, neu 'Merion' yn ôl y sillafiad presennol. Yna ar sail adrannau o Sir Gaer ffurfiwyd Lancaster yn 1729, Berkshire yn 1752 a Delaware yn 1789. Yn Delaware mae Haverford a Radnor erbyn hyn ond rhaid bod yn ofalus rhag cymysgu'r sir a'r dalaith o'r un enw. Oherwydd yr aildrefnu hwn mae'r pytiau o'r hanesion am y Cymry wedi'u gwasgaru rhwng amrywiaeth o siroedd.

Fel y gwelwyd, y lle cyntaf a sefydlwyd gan y Cymry oedd Meirion ond ni fyddai'n hir cyn i eraill fentro ymhellach, i Haverford yn gyntaf, ac yna i Radnor. Yr un sy'n cael ei gydnabod fel y cyntaf yn Haverford yw saer o Narberth, Sir Benfro o'r enw Henry Lewis. Daeth yno yn 1682 gyda'i wraig Margaret, tri o blant, a'i dad oedrannus, Evan. Cyfeiriwyd ato fel 'the loved and trusted friend of William Penn' ac fe gymerodd ef ac un o'r enw William Howell feddiant o fil o gyfeiriau. Cymerodd ofal o 550 ohonynt ei hun ac yn fuan ar ôl hynny ychwanegodd 250 atynt. Cododd dŷ yno, ac unwaith i diroedd Philadelphia gael eu mesur yn Hydref 1682, aeth ati i godi tŷ yno hefyd.

Erbyn ail ddegawd y ddeunawfed ganrif daeth un o'i blant

i chwarae rhan amlwg yng ngwleidyddiaeth Pensylfania. Dros sawl cenhedlaeth ystyrid y teulu yn un o allu anghyffredin a'r mwyaf nodedig ohonynt fyddai'r mathemategwr Enoch Lewis a anwyd yn 1776. Daeth yn awdur nifer o lyfrau ysgol a ddefnyddid i ddysgu'r pwnc a heblaw hyn, ef a olygodd *The Wheat-Sheaf; a suggestive reader, containing germs of pure and noble thoughts for the youthful mind.* Ynddo ceir casgliad poblogaidd o ysgrifau a barddoniaeth y tybid eu bod yn addas ar gyfer darllenwyr ifanc y dydd. Mewn cofiant yn ymwneud â'r teulu yn gyffredinol, ac a ysgrifennwyd gan ei fab yntau, dywedir mai'r rheswm pam y gadawsant Gymru oedd 'persecution from the bigotry and intolerance of the English church, which had not learned the first principles of religious liberty'.

Un arall o'r ymfudwyr o Benfro oedd Morris Llewelyn ac fe gymerodd ef a'i frawd berchenogaeth o 500 o gyfeiriau yn Haverford. Mae ei hanes wedi'i gofnodi mewn llyfr bychan a gyhoeddwyd gan y teulu yn 1935. Yn 1672, rhyw ddeng mlynedd cyn iddo ymfudo, gwrthododd dalu'r degwm ac o ganlyniad i hyn cymerodd offeiriad lleol feddiant o'i ŵlan, un o'i ŵyn, a mochyn. Yna gwelodd offeiriad arall ei gyfle i hawlio ei wair a'i lafur.

Yn Haverford hefyd y gellir canfod y John Bevan hwnnw a fu'n gyfrifol am un o'r cwmnïau tir. Ymfudodd yn 1683 ac yn ei dŷ ef y cynhaliwyd y cyntaf o gyfarfodydd Haverford. Yn ei olwg ef nid oedd y blynyddoedd cynnar o galedi ond yn rhwystr dros dro: 'what hardships we met at the beginning of our settlement, the Lord was our helper and support to go through'.

Er bod ganddo le i lawenhau wrth weld pedwar o'i blant yn briod ac yn sefydlog, penderfynodd gefnu arnynt oll er mwyn cynorthwyo gyda'r achos yng Nghymru. Ynghyd â'i wraig a'r ferch ieuengaf Barbara, hwyliodd ar long a fwriadai fynd â hwy i Lundain. Ond digwyddodd llong arall ddod o fewn cyrraedd, a honno ar ei ffordd i Fryste, ac fe drefnodd i fynd arni yn y bore. Yn anffodus, trodd y môr yn stormus dros nos a chollwyd y cyfle i gael mynd ar ei bwrdd. Yn y diwedd gadawyd hwy gan y llong wreiddiol ymhellach fyth i ffwrdd yn Northumberland. A thra bo un adroddiad yn awgrymu mai yn 1704 yr oedd hyn, dywed adroddiad arall iddo ddychwelyd ar ddau achlysur, yn 1695 a 1698. Un ffaith sy'n fwy sicr yw iddo farw yng Nghaerdydd ar ôl cyfnod arall o garchar.

Un arall a ymunodd â hwy yn Haverford oedd Rowland Ellis, a'r tebyg yw iddo gael ei siomi pan benderfynodd un o'i ferched, a oedd yn briod ag Eglwyswr, beidio ag ymuno â'r nifer a'i canlynodd ar draws yr Iwerydd. Arhosodd hi yng Nghymru gan fyw yn yr hen gartref teuluol, Bryn Mawr, Dolgellau. Yn Haverford enwyd y fferm newydd ar ôl yr hen un yng Nghymru, a phan godwyd coleg i ferched ar ymylon y tir yn 1855 anfarwolwyd yr enw trwy ei ddefnyddio am y coleg hefyd.

Nid dyma'r unig goleg yn y cyffiniau; fe'i rhagflaenwyd yn 1833 gan Goleg Haverford. Y rheswm dros ei sefydlu oedd dyhead am gael coleg lle y gellid addysgu plant y Crynwyr heb orfod troi at goleg a berthynai i enwad arall. Heddiw mae yno neuaddau myfyrwyr ag enwau fel Thomas Lloyd a Meirion, ac fel coleg Brynmawr mae'n cael ei gydnabod yn un o'r goreuon o golegau bychain 'liberal arts' y wlad ac yn lle ardderchog i gwblhau gradd gyntaf.

Yn Haverford, mor gynnar â 1688, y claddwyd Thomas Ellis a bregethodd yn Aberystwyth ar yr achlysur hwnnw pan garcharwyd y gwrandawyr oll. Ynghyd â Richard Davies, plediodd dros gael pawb, ar wahân iddynt hwy eu dau, wedi'u rhyddhau. Pan lwyddwyd yn hyn o beth ceisiodd Richard Davies fynd gam ymhellach trwy gael Thomas Ellis wedi'i ryddhau hefyd. Rhyfeddai'r uwch-gwnstabl a'r is-sirydd gymaint at ei barodrwydd i gymryd yr holl fai fel na chadwyd yr un ohonynt yn y carchar yn y diwedd. Am unwaith yn ei hanes mae lle i ganmol Llys Aberystwyth am godi'i ben uwchben y pwysau gwleidyddol a dyfarnu er lles y gymdeithas yn gyffredinol.

Mor gynnar â 1684 barnwyd bod pymtheg o deuluoedd wedi ymsefydlu yn Haverford, ond oherwydd bod Radnor ymhellach fyth o Philadelphia, mae'n debyg iddi gymryd mwy o amser cyn i rai ymsefydlu yno i'r un graddau. Eto erbyn 1686 yr oedd naw o leiaf wrthi'n ddiwyd gyda'u ffermydd, sef John Jarman, Stephen ap Evan, David Meredith, Richard Miles, John Morgan, Evan Protherah, Richard Omes, William Davis, a Howell James. Roedd y rhain i gyd yn Gymry, a'r cyntaf a anwyd yno oedd mab i John Jarman yn 1684. Enwyd ef ar ôl ei dad, ac ar ran y merched, y gyntaf ohonynt oedd Sarah Evans o deulu Stephen ap Evan.

Brodorion y Cyfandir

Oddeutu tri chwarter canrif cyn ymfudiad y Crynwyr, a phan ffurfiwyd y cyntaf o'r sefydliadau Seisnig yn Jamestown, Virginia, dirywiodd y berthynas â'r brodorion lleol i'r fath raddau nes arwain at ryfela. Yn ddiweddarach yn y ganrif ym Mhensylfania bu'r sefyllfa yn llawer mwy heddychlon a llwyddwyd i osgoi'r fath eithafion. Ac er bod presenoldeb o Indiaid yng nghyffiniau Philadelphia pan ddechreuwyd poblogi'r Rhanbarth, tueddai'r Cymry i gysylltu mwy â'r Llychlynwyr a fu'n byw yno ers cyn y presenoldeb Prydeinig. Dywedai Edward Jones mai hwy oedd y mwyaf niferus pan ddaeth yno gyntaf a gwelsom eisoes i Thomas Sion Evan ymgartrefu dros dro gyda theulu ohonynt.

Yn y llyfr gan Gabriel Thomas y cyfeiriwyd ato uchod ac a gyhoeddwyd yn 1696 mae cyfeiriad at arfer yr Indiaid o werthu cig carw am lai o bris nag a ofynnid yn Philadelphia. Yn gynharach na hyn, yn ei lythyr at John ap Thomas yn 1682, mae Edward Jones hefyd yn cyfeirio at yr arfer o werthu cig carw. Yna daw'r sôn am yr Indiaid yn dwyn ambell fochyn ac yn 1685 bu hyn yn destun cwyn gan Gymry Haverford gerbron y llywodraeth daleithiol. Er y byddai'r Cymry yn fwy tebygol o ddod ar draws yr Indiaid pan ddechreusant ymsefydlu ar eithafion y Rhanbarth, prin yw'r dystiolaeth am hyn hefyd. Eto yn eu cyfarfod ar 27 Tachwedd yn 1687, penderfynwyd peidio â chyfnewid rym tra'n masnachu gyda hwy.

Ceir cyfeiriad hefyd at ymgais Ellen Evans, merch Rowland

Ellis, i gynnal rhyw fath o drafodaeth grefyddol â'r Indiaid. Daethai hi'n hyddysg yn y Beibl ar ôl treulio'i hamser hamdden yn myfyrio ac yn ei astudio, ac adroddwyd ei bod yn awyddus: 'to converse with our uninstructed Indians about their sentiments of the Supreme Being; and often said, she discovered evident traces of divine goodness in their uncultered minds'. Erbyn tua 1698, yn ôl ei thad Rowland Ellis, anfynych iawn y gwelid yr Indiaid yng nghyffiniau ffermydd y Cymry. Dywedai'r Almaenwr Pastorius fod rhai ohonynt yn dal yno ond erbyn 1694 byddai eu niferoedd yn ddim ond chwarter yr hyn oeddent pan gyrhaeddodd ef gyntaf yn 1683.

Un o hen draddodiadau Pensylfania yw'r hanes am Penn yn dod i ddealltwriaeth gyfeillgar â'r Indiaid yng nghysgod llwyfen. Mewn llawysgrif a ganfuwyd yn gymharol ddiweddar gan yr Athro Geraint Jenkins cadarnhawyd bod Dr Wynne yn bresennol ar yr achlysur. Ond er nad yw'r cytundeb dan sylw wedi goroesi (neu dyna a ddywedir yn un o gyfrolau'r *The Friend's Library*), hwyrach nad oedd yn wahanol iawn i'r hyn y cytunwyd arno yn 1728 efo'r Indiaid mwy gorllewinol yng nghyffiniau afon Susquehanna:

> ...all William Penn's people or Christians and all the Indians should be bretheren, as children of one father...that the Indians should in all things assist the Christians and the Christians assist the Indians against all wicked people that would disturb them...

Nid tan 1737 a thwyll y 'Walking Purchase' gan fab llai na dymunol William Penn y diflasodd y berthynas. A phan ddymchwelwyd y llwyfen mewn storm o wynt nerthol yn 1809 cymerwyd mantais o'r traddodiad i greu nwyddau ohoni. Yn 1840 bu un o Gymry mwyaf twymgalon Efrog Newydd, sef y bardd Gwilym ab Ioan, mor ffodus â derbyn anrheg o 'flwch gorweinwaith arddurnedig, a'i brif ddefnydd wedi ei gymeryd o'r hen lwyf-bren o dan gysgod pa un y gwnaeth William Penn gyngair a'r Indiaid, yn 1682'. Yn ei dro byddai Gwilym ab Ioan yn cydnabod Daniel L. Jones am ei haelioni:

Crair a fydd rhyfeddod – am hiroed
Yw'm heuraidd flwch parod;
A thrwy bob tir clywir clod
I Ddaniel a'i rodd hynod.

Amaethu'r Tir

Ar ddiwedd ei hail nofel am y Crynwyr, *Y Rhandir Mwyn*, mae Marion Eames yn troi at ddyddiadur Rowland Ellis: yn ôl ei gofnodion ef ni ellir llai na sylwi pa mor gynhyrchiol oedd eu ffermydd. Ac yntau yn ei wythdegau, ac yn cartrefu gyda'i ferch Ellen erbyn hynny, gwelai'r Rhandir Mwyn 'yn ymestyn o'm blaen yn erwau ffrwythlon, yr haul yn peri i grychion aur i lifo drwy'r afon ir wrth waelod y maes, y perllannau'n drwm dan bwysau ffrwyth, y sguboriau'n orlawn. Gwlad y llaeth a'r mêl yn wir...'

Mewn llythyr o'i eiddo yn 1698, ac yntau heb fod yno'n barhaol am fwy na rhyw ddwy flynedd, mae'n cyfeirio at ddatblygiad ei fferm. Ac er ei fod yn sôn am yr amrywiaeth o goed a dyfai yma a thraw, yr hyn a'i hwynebai yn bennaf oedd tyfiant diffaith a'r angen cyson am ei waredu'n llwyr. Drwy'r cyfan ceid drain mor drwchus fel na ellid marchogaeth trwyddynt. Er mor ddigalon yr oedd wrth wynebu tir yn y fath gyflwr, sylweddolai hefyd ei fod yn dir cymharol sych a bod y pridd o'r ansawdd gorau. Medrai hefyd gymryd cysur o'r ffaith bod ganddo erbyn 1698 rhwng deg a deuddeg cyfair o dir pori, rhywbeth cyffelyb ar gyfer lladd gwair, a chwe chyfair arall at godi gwenith. Yn ychwanegol at hyn yr oedd ganddo'r tir hwnnw nad oedd eto wedi'i gau lle y bwriadai ladd gwair. Bwriadai hefyd baratoi chwe chyfair arall ar gyfer codi ceirch ac yna cymaint o dir ag y medrai ei glirio ar gyfer tyfu ŷd Indiaidd. Dywedai fod y borfa'n ymddangos fel pe bai ar yr ochr fras ond, fel y gellid disgwyl gan ffermwr profiadol, dewisodd godi'i dŷ mewn pant cysgodol, a hynny gerllaw nant y tybiai bod ynddi 'ddŵr ardderchog'.

Gwelir o'i sylwadau mai'r unig ffordd o gael y tir dan reolaeth oedd trwy ddal ati'n ddiddiwedd. Yn ei lyfr *Meirion in*

the Welsh Tract a gyhoeddwyd ar ddechrau'r 20fed ganrif, mae
T. A. Glenn yn cyfeirio at eu gweithgarwch: 'Under the utmost
discouragements they had built up their three townships
[Meirion, Haverford a Radnor], so that they were garden spots
compared with other parts of the Province'.

Un arall i gyfeirio atynt oedd Robert Proud, a fu'n athro mewn
ysgol a enwid ar ôl William Penn. Yn ei lyfr o 1797 gwelodd
yntau le i'w hedmygu hwy: 'Among those early adventurers
and settlers, who arrived about this time, were also many from
Wales, of those who are called Ancient Britons, and mostly
Quakers – Divers of those early Welsh settlers were persons
of excellent and worthy characters...' Bron ganrif ynghynt (yn
1708) yr oedd un o'r enw Oldmixon eisoes wedi tynnu sylw at
eu gweithgarwch:

> This tract is thick of townships... 'Tis very populous, and the people
> are very industrious; by which means this country is better cleared
> than any other part of the country. The inhabitants have many fine
> plantations of corn, and breed abundance of cattle, insomuch that
> they are looked upon to be as thriving and wealthy as any in the
> province – and this must always be said of the Welsh, that whenever
> they come, 'tis not their fault if they do not live, and live well, too;
> for they seldom spare for labor, which seldom fails of success.

Ond er mor addawol yr edrychai'r cyfan, ni fedrai Rowland
Ellis lai na phendroni ynghylch doethineb eu hymfudo: 'Ai da
oedd i ni fod yma? A ddylem fod wedi aros i weld ein hachos yn
wrtaith ysbrydol i'n gwlad?' Ac ar ôl bron chwarter canrif o fyw
yno, mae llythyr o eiddo mab Thomas Sion Evan yn dangos eu
bod yn parhau mor hiraethus ag erioed:

> ...wedi myned i'w gwelyau ni vedrent weithiau lai na galw y naill
> ar y llall, i sôn am ryw ddyn, neu vryn, neu dy, neu ryw greigiau.
> Mae yn anhawdd imi ddangos i ti mor ddivyr gan yr hen bobl
> ddiniwed sôn am y pethau hynny; fel eu hen drigvanau, mamau,
> brodyr, a chwiorydd – ac heb obaith gweled eu gwynebau mwy; ac
> wedi dyvod er ys 24 blynedd oddiyno i wlad bell a dyeithr.

Amrywiaeth o Enwadau

Heb eu rhwystro bellach medrai'r Crynwyr fynd ati i godi tai cwrdd, gan ddechrau gyda'r rhai ym Merion, Haverford a Radnor. Rhai coed oeddynt yn wreiddiol ond at ddiwedd yr 17eg ganrif ailgodwyd hwy â cherrig. Yn 1695 dewiswyd pwyllgor ar gyfer ailgodi yr un yn Haverford, ac er i stablau gael eu hychwanegu yn y flwyddyn honno, ni fyddai'r addoldy ei hun yn barod tan 1702. Yn Radnor, lle bu ganddynt dŷ cwrdd er 1693, byddai'n 1718 cyn i hwnnw gael ei ailgodi.

Gellir gweld hyd heddiw ym Merion yr adeilad a godwyd â cherrig yn 1695, a chan na chodwyd capel hanesyddol Llychlynwyr Philadelphia tan 1700, hwn yw'r cynharaf o addoldai presennol Pensylfania. Cyfrannwyd tir ar ei gyfer gan yr Edward ap Reese a oedd yn un o'r fintai wreiddiol. Dywedir iddo ddychwelyd i bregethu yng Nghymru yn 1721. Am dri chwarter canrif hwn fyddai'r unig addoldy ym Merion ac yn ôl y cofnodion, roedd Dr Edward Jones yn un o'r pedwar a benodwyd i ymchwilio'r ardal am gerrig addas. Unwaith y cyflawnwyd hyn disgwylid i'r un pedwar ddewis eraill i ddod â'r cerrig ynghyd. A phan ddathlwyd ail ganmlwyddiant yr adeilad yn 1895, siaradodd Miss Walker am y dyhead gynt a phan geisiwyd cael gwladfa iddynt eu hunain. Athro hanes yng ngholeg Haverford ar y pryd oedd Dr Allen G. Thomas a chlywyd oddi wrth yntau am *What the Friend has Done*. Hanner can mlynedd yn ddiweddarach, pan ddathlwyd hanner canrif ychwanegol yn hanes yr adeilad (yn 1945), codwyd pabell eang gerllaw i groesawu'r amrywiaeth o ymwelwyr.

Fodd bynnag, nid y Crynwyr oedd yr unig rai i ymgartrefu yn y Rhanbarth ac o'r herwydd gellid canfod ambell addoldy nad oedd yn gysylltiedig â hwy. Fel y ceir gweld yn y bennod nesaf sy'n sôn am weithgareddau'r Bedyddwyr Cymraeg, yr oedd un o'r enw David Evans eisoes wrthi'n pregethu drostynt yn Radnor ers tua 1710. Arferent addoli yn nhŷ Richard Miles o Landdewi, Maesyfed ac ar ôl iddo brynu tir gan Richard Davies, ymfudodd gyda'i frodyr Griffith a Samuel yn 1683.

Naw mlynedd ar ôl hynny, yn 1692, a thrwy gyhoeddiad yng nghyfarfod Haverford, daeth yn hysbys fod y Griffith uchod am briodi Bridget Edwards. Priodwyd hwy ger cartref David Price yn Radnor a dywedwyd bod nifer sylweddol yn bresennol ar yr achlysur. Er bod y Crynwr Ellis Pugh ymysg y tystion, yn y diwedd cafodd y ddau ohonynt eu bedyddio (ef yn 1697 a hithau yn 1709) yng nghapel adnabyddus y Bedyddwyr yn Pennepeck (tu hwnt i'r Rhanbarth).

Mae'r hanes uchod yn arwydd arall o barodrwydd y ddau enwad i gydweithio. Yn 1722 codwyd gan y Bedyddwyr yn Radnor gapel pren, 28 troedfedd sgwâr, gyda'r llofft wedi'i gosod i ddilyn y ddwy ochr a ymunai yn y cornel de-orllewinol. Mae'n ymddangos bod gan y Presbyteriaid hefyd eu capel yn Radnor, neu dyna a awgrymir gan hysbyseb yn 1740, pan osododd un o'r enw David Evans ei fferm ar werth. Dywedai fod y fferm wedi'i lleoli 'in Tredyffrin [Radnor], in the Great Valley, Chester County, near the Welch Presbyterian Meeting House'.

Yn Philadelphia ei hun, ac wedi bodoli yno ers tua 1696, yr oedd Christ-Church. Hon oedd y brif ymgais ar ran yr Eglwys i greu presenoldeb ym Mhensylfania ac yn 1700 fe ddewisodd Esgob Llundain Evan Evans o Garno i gymryd gofal ohoni. Ar ben ei ddyletswyddau yn Philadelphia arferai Evan Evans fynd o amgylch gan bregethu hwnt ac yma. Dywedodd mai 'Montgomery and Radnor, next to my beloved Philadelphia, had the most considerable share of my labours, where I preached in Welsh once a fortnight for four years'. Ac o ddilyn ei sylwadau ynghylch cyflwr yr enwad ym Mhensylfania gwelir ei bod yr un mor anodd y pryd hynny ag y mae yn y Gymru gyfoes i gael rhywun mewn swydd o awdurdod fel Esgob Llundain i ddeall pa mor fanteisiol y medrai fod i'r enwad gydnabod yr angen i bregethu yn y Gymraeg:

There is a Welsh settlement between Appoquinimy and New Castle, to which the Rev. Mr George Ross has preached frequently in the English tongue since his arrival: but that gentleman not understanding their native language, is not so capable to answer the end as the Rev. Mr Jenkins would be, who is going missionary to Appoquinimy, who has competent knowledge in the Welsh tongue...

O droi unwaith eto at y Crynwyr, mae'n ymddangos bod nifer sylweddol ohonynt hwy wedi mynd ati i bregethu. Un a gydnabyddir ymhlith y rhagoraf ohonynt oedd Griffith Owen, meddyg o ardal Dolgellau a ymfudodd pan oedd yn 35 oed gyda'i wraig, tri o blant, ei rieni a saith o weision a morynion. Ar ôl cartrefu dros dro ym Meirion symudodd i fyw i Philadelphia ac yno cododd dŷ mor fawreddog fel bod William Penn ei hun yn genfigennus ohono. Chwaraeodd ran amlwg yng ngwleidyddiaeth y dalaith ac ef, yn amlach na pheidio, a gadeiriai Gyfarfod Blynyddol y Crynwyr yn Philadelphia. Daw ei enw i fyny ryw gant o weithiau yng nghofnodion yr enwad a bernir mai ei sylwadau ef yn bennaf oedd y tu ôl i *Our Ancient Testimony Renewed* a gyhoeddwyd ar ran y Crynwyr yn 1695.

Un arall a bregethai'n rheolaidd oedd yr Ellis Pugh sydd â'i enw'n gysylltiedig â'r llyfr Cymraeg cyntaf a gyhoeddwyd ar y cyfandir. Ac yntau'n blentyn amddifad ar ôl colli ei dad cyn ei enedigaeth ac yna'i fam dridiau'n unig ar ôl ei eni, dylanwadwyd arno gymaint â'r un gan John ap John. Ymfudodd rhyw gant o gyffiniau Dolgellau ar yr un pryd ag ef yn 1686 ac ymhen 20 mlynedd wedyn dychwelodd i bregethu yng Nghymru. Treuliodd dros flwyddyn yno a phan ddychwelodd drachefn i Bensylfania profodd brofedigaeth enbyd trwy golli tri phlentyn o fewn mis i'w gilydd. Dyma'r amser hefyd (tua 1708) pan ysgrifennodd ei lyfr *Annerch ir Cymru* ond ni chyhoeddwyd hwn tan 1721, dair blynedd ar ôl ei farwolaeth. Er yr oedi gyda'r cyhoeddi, fe ragflaenodd y cyntaf o lyfrau Almaeneg y wlad, sef y *Das Buechlein vom Sabbath* a gyhoeddwyd wyth mlynedd yn ddiweddarach. O ran natur cynnwys y llyfr gan Ellis Pugh, ni raid edrych ymhellach na'r crynodeb o'r testun sy'n ymddangos ar ei flaen dudalen: 'Anerch y Cymry, i'w galw oddi wrth y llawer o bethau at yr un peth angenrheidiol er mwyn cadw ei heneidiau'. Gyda mwy o wrandawyr di-Gymraeg yn mynychu'r cyfarfodydd dros amser, cyfieithwyd ef gan Rowland Ellis yn 1727.

Dinas Philadelphia

Gan i Bensylfania chwarae rhan mor arweiniol yn natblygiad llywodraeth y wlad gellir deall pam y mae wedi ddenu mwy o sylw haneswyr na bron unrhyw dalaith arall. Rhagflaenydd yr amrywiaeth o lyfrau a gyhoeddwyd tua diwedd y 19eg ganrif a dechrau'r 20fed ganrif oedd *An Historical & Geographical Account of Pensilvania & of West-New-Jersey* y cyfeiriwyd ato eisoes ac a gyhoeddwyd yn Llundain yn 1698.

Ganwyd awdur y llyfr, Gabriel Thomas, ym Mhontfoel ger Mynydd Drynoes, Gwent, yn 1661 a thuddir i gredu mai ei dad oedd y Crynwr Lewis Thomas a gyfyngwyd i Garchar Mynwy am gyfnod cyn y flwyddyn 1671. Fel yn achos Thomas Sion Evan, mae'n ymddangos bod Gabriel Thomas wedi rhagflaenu gweddill Crynwyr Pensylfania a'i fod wedi cyrraedd pan oedd yn 21 oed yn 1681. Dilynwyd yntau gan amryw o'r un teulu, a rhwng priodas ei chwaer Rachel ag un Thomas Wharton ac yna priodas brawd hwnnw, sef Robert Wharton, â merch Thomas Ellis, gellir gweld pam y daeth y cyfenw hwn yn un mor amlwg ymysg Cymry'r cylch. Yn ddiweddarach, yn 1798, etholwyd un o'r enw Robert Wharton yn Faer Philadelphia ac ynghyd â phedwar arall, byddai hefyd yn arwyddo papurau corffori Cymdeithas Gymraeg Philadelphia.

Gan fod Gabriel Thomas wedi byw yn Philadelphia ers cyn mesur ei thir yn 1682, ac yna hyd at yr adeg pan gyhoeddwyd ei lyfr yn 1698, mae'n bur debyg fod ganddo gystal dealltwriaeth â'r un am dwf y ddinas. Dywedai y gellid cyflogi crefftwyr o bob math at ddiwedd y cyfnod yma a medrent hwythau ennill deirgwaith y cyflog a delid ym Mhrydain. Yn ystod y cyfnod hwn codwyd nid yn unig ddwy fil o dai ond hefyd amrywiaeth o siopau a werthai bron unrhyw beth dan haul, a hynny am bris rhatach nag yn Lloegr. Dywedai Thomas fod yno sawl ysgol dda a thri neu bedwar bragdy, a phrawf o ragoriaeth y cwrw oedd y gellid ei werthu yn Barbados am fwy o bris na chwrw Lloegr. Ond ar wahân i gyfeirio at bentrefi gwledig 'Harford, Meirioneth and Radnor in Cambry', anwybyddodd y Cymry bron yn llwyr. Er gwaethaf ei esgeulustod yn hyn o beth, roedd ganddo ambell ddarn o ffraethineb sy'n cyferbynnu â natur iachus a heddychol y lle:

> Of Lawyers and Physicians I shall say nothing, because this Countrey is very Peaceable and Healthy; long may it so continue and never have occasion for the Tongue of the one, nor the Pen of the other, both equally destructive to mens Estates and Lives...

Ni chyfyngwyd y Cymry i'r Rhandir o bell ffordd a chyfeiriwyd eisoes at dŷ mawreddog y meddyg Griffith Owen yn Philadelphia. Yno ar yr un pryd yn ennill eu bywiolaeth fel yntau yr oedd nifer o feddygon eraill o gefndir Cymreig ac yn ogystal â hwy roedd amrywiaeth o fasnachwyr llwyddiannus. O dan ofal Hannah Roberts ar *High Street*, a'r drws nesaf i dŷ cyfarfod y Crynwyr, roedd y *Pole Parrot*. Un o'r straeon amdani sydd wedi goroesi yw am ymddangosiad ei pharot pan oedd hi ymysg yr addolwyr, gan dorri ar y tawelwch trwy sgrechian 'Hannah Roberts, Polly wants her breakfast'.

I'r rhai hynny sydd wedi ymweld â'r Philadelphia gyfoes bydd enwau fel Bala Cynwyd, Narberth, Bryn Mawr, St David's a Berwyn yn hen gyfarwydd. Yn wahanol i'r Meirion, Haverford a'r Radnor gwreiddiol neu'r Dyffryn Mawr ac yna'r Uwchlan, nid oedd yna fawr o sôn am enwau Cymreig tan yn agos at ddiwedd y 19eg ganrif, a'r sawl oedd yn gyfrifol amdanynt oedd George Roberts, pennaeth y Pennsylvania Railroad a osododd enwau Cymreig ar orsafoedd y rheilffordd a redai drwy hen diroedd y Rhanbarth. Ac er nad yw'r cysylltiad Cymreig yn amlwg bob tro, roedd ganddo ei resymau dros y dewis: enw cartref teulu'r meddyg Thomas Wynne yw'r Wynnewood a ddaw ar ôl Gorsaf Narberth a chartref un o'r enw Rees Thomas yw'r 'Rosemont' sy'n dilyn Gorsaf Bryn Mawr. Allan o barch i gadfridog Cymraeg yn y Chwyldro yr enwyd Gorsaf Wayne heb fod ymhell o Orsaf St David's. Yn achos ardal Athenville a ailenwyd yn Ardmore ar ôl y dref Wyddelig, efallai bod yma elfen o dynnu coes rhyw Wyddel. Wedi'r cyfan, nid yw'r enw ond yn drosiad i'r Wyddeleg o'r Bryn Mawr Cymraeg.

Ceid hefyd enwau Cymreig ar rai o longau'r cwmni American Line, enwau megis *Merion* a *Haverford*. Ffurfiwyd y cwmni hwn yn 1873 a'r amlycaf o'r buddsoddwyr oedd y Pennsylvania Railroad. Erbyn 1882, a naw mlynedd er pan ffurfiwyd y cwmni, byddai tair o'u hagerlongau yn hwylio o Lerpwl yn wythnosol, gan gludo 17,000 o ymfudwyr bob blwyddyn i Philadelphia.

O ystyried bod cyndeidiau George Roberts wedi ymfudo ddwy ganrif cyn ei ddyddiau ef, mae'n braf gweld ei fod ef yn parhau i ymddiddori yn ei gefndir Cymreig. Y cyntaf o'i gyndeidiau ym Mhensylfania oedd y John Roberts a groesodd ar y *Morning Star* yn 1683, a'i briodas ef y flwyddyn wedyn oedd y gyntaf ymhlith y Cymry ym Meirion. Gan mai un o Lwyndedwyn ger y Bala oedd y briodferch, Gainor Pugh, roedd gan George Roberts reswm da dros osod enw'r dref ar yr orsaf agosaf at yr hen ffermdy teuluol, Bencoyd. Ddwy ganrif ar ôl codi'r tŷ yr oedd un o'r teulu, sef George Roberts, yn dal i fyw yno. Er cymaint y cyfrifoldeb o redeg un o gwmnïoedd rheilffyrdd mwyaf y byd, byddai'n llawn brwdfrydedd dros ymuno â Chymdeithas Gymraeg Philadelphia i ddathlu Dydd Gŵyl Dewi. Yn yr olaf oll o'i lythyron mae'n ymddiheuro am y salwch a'i rhwystrodd rhag bod yn bresennol. Yn anffodus, bu farw cyn i'r llythyr gyrraedd.

Mae'r gymdeithas hon wedi bodoli er 1729 a dyma'r gyntaf o'i bath gan y Cymry yn unrhyw gwr o'r byd. Ffurfiwyd hi cyn diwedd oes llawer o'r sefydlwyr gwreiddiol a thrwy'r *Pennsylvania Gazette* yn 1734 y ceir gwybod am sut y dathlwyd Dydd Gŵyl Dewi y flwyddyn honno:

Friday last being St DAVID'S Day, the Society of Ancient Briton's had a sermon in Welch by the Rev Mr Hughes, at Christ-Church, and an Elegant Feast at Mr Owen Owen's. Our Hon. Proprietor, Governor, and principal Gentlemen of the City were present, and a greater Number of People than ever herethfore on the like Occasion. It being also the Birthday of her most sacred Majesty Qu. CAROLINE, the Governor entertained the Company at his House before Dinner, where all the Loyal Healths were Drank under several Discharges of Cannon on the Hill.

Gan fod llawer o swyddogion di-Gymraeg yn eu mysg, mae'n werth nodi iddynt fod yn ddigon boneddigaidd i aros a gwrando ar bregeth a draddodwyd yn y Gymraeg. Cymdeithas lai adnabyddus na'r gymdeithas uchod oedd honno lle'r arferent ddod ynghyd bob yn ail ddydd Gwener yn yr haf i bysgota. Cododd ei haelodau, ger rhaeadr adnabyddus afon Schuylkill, yr hyn y cyfeiriwyd ato fel Fort Saint Davids, adeilad o bren y gellid agor ei furiau trwy eu plygu fel eu bod ochr yn ochr â'i gilydd. Gyda'r afon yn byrlymu o bysgod, nid rhyfedd bod yna gyfeiriadau atynt yn coginio hyd at ddeugain dwsin o forgathod (*catfish*) ar y tro. Ar un o'r muriau gosodwyd dau ddarlun fel y byddent yn amlwg iddynt tra'n gwledda, sef un o'r Brenin George III ac yna'r Brenin Hendrick ar y llall. Un o benaethiaid Llwyth y Mohawk oedd yr olaf ac roedd y llun ohono, o waith un o'r enw William Williams, wedi'i arlunio fel ei fod o'r un maint â llun y brenin George III. Un tro daethpwyd i ben â chael y Brenin Hendrick ei hun i ymuno â hwy yn yr hwyl. Yn fwy anarferol na dim, yn ôl y llyfr *Early History of the falls of Schuylkill* gan Charles V. Hagner yn 1869, oedd y dull o drefnu'r fath achlysuron:

It was organised and governed in the manner of a garrison or fortification; it had its commander-in-chief, governor, captains, lieutenants, &. The commander issued his orders, proclamations, &c, in regular military style... For beautiful scenery, romantic beauty, and fine fishing, there was no place in the vicinity of Philadelphia could in the least compare with Fort Saint Davids.

Cenfigen Caer

Pan ddychwelodd William Penn i Lundain yn 1684 yr un a benodwyd ganddo i gymryd at yr awenau llywodraethol oedd Thomas Lloyd, brawd y Charles Lloyd a sicrhaodd berchenogaeth o 5,000 o gyfeiriau ym Mhensylfania. Er iddo gefnogi'r fenter ym Mhensylfania, nid ymfudodd ef ei hun, a chyfeiriwyd eisoes at ba mor anfaddeuol fu'r driniaeth ohono yng ngharchar. Digwyddodd hyn tra oedd Thomas Lloyd yn astudio meddygaeth yn Rhydychen a phan ddychwelodd er mwyn cynorthwyo ei frawd, carcharwyd yntau hefyd.

Y nod gan Penn pan ddaeth i weithredu ei hawlfraint oedd ffurfio dau gorff llywodraethol, a'r ddau yn etholedig gan y perchenogion tir. Dewiswyd Dr Wynne fel llefarydd dros y 'Gynullfa', a'u lle hwy oedd naill ai dderbyn neu wrthod yr hyn a geisiai'r 'Gynghorfa' ei wneud dan lywyddiaeth Thomas Lloyd. Dewiswyd Thomas Lloyd hefyd i lanw swyddi fel *Master of the Rolls*, *Member of the Board Propriety* ac yna *Keeper of the Great Seal*. Yr hyn a ddisgwylid ganddo fel *Master of the Rolls* oedd cofnodi pa diroedd a werthwyd ac yna osod allan ar bapur y cyfreithiau y cytunwyd arnynt. Am wyth o'i un ar ddeg mlynedd ym Mhensylfania Thomas Lloyd oedd y pwysicaf a'r mwyaf pwerus o'u gwleidyddion.

Un arall a fu'n hynod weithgar yng ngwleidyddiaeth y dalaith oedd Dr Griffith Owen: bu ef yn aelod o'r Gynullfa dros y cyfnod 1686–90 ac yna o'r Gynghorfa tan ei farwolaeth yn 1717. Fel Thomas Lloyd yntau, cefnogai'r Cymry yn y Rhanbarth, a chyda'r fath gynrychiolaeth gellid disgwyl y byddai'r Cymry mewn gwell sefyllfa wleidyddol nag y buont ers canrifoedd yng Nghymru ei hun.

Dros y ddwy flynedd gyntaf yn hanes y *Great Welsh Tract of Pennsylvania* ni wrthwynebwyd eu cymuned yno mewn unrhyw ffordd, ac o ganlyniad medrent fynd ati â'u holl egni i baratoi'r tir ar gyfer plannu cnydau. Nid tan y drydedd flwyddyn y dechreuwyd achosi trafferth iddynt, a hynny, yn gyfleus iawn, tra digwyddai i Thomas Lloyd fod i ffwrdd yn Efrog Newydd. Yr un a lywyddai dros y Cyngor yn ei absenoldeb (yn 1685) oedd y prif dirfesurydd Thomas Holme, a manteisiodd dau Sais arall ar y cyfle i geisio aildrefnu'r terfynau sirol fel bod Haverford a Radnor yn rhan o'u Swydd Gaer hwy. Canlyniad hyn fyddai rhwygo'r Rhanbarth yn ddwy, gan adael Meirion yn rhan o Swydd Philadelphia. Diffyg mawr Caer oedd eu methiant i godi'r trethi angenrheidiol er mwyn datblygu'r ardal, a'r hyn oedd ganddynt mewn olwg oedd i gael y Cymry i gyfrannu at y fath ddyledion. Nid oedd angen llawer o grebwyll i sylweddoli nad oedd eu ffermydd hwy mor raenus â rhai'r Rhanbarth ac mae C. H. Browning, nad oedd yn Gymro nac yn Grynwr, yn mynd cyn belled ag awgrymu yn ei lyfr *Welsh Settlement of Pennsylvania* (1912) fod yna fwy na'r wedd ariannol y tu ôl i gynllun Caer: 'Less than three years after the successful settlement of the great Welsh Tract, the English of the province became jealous of its advancement, and started to wreck it.'

Ymateb Thomas Lloyd ar ddychwelyd o Efrog Newydd oedd anwybyddu'r cyfan, a hynny er i Thomas Holme ddanfon llythyr o gŵyn at William Penn. Yn y cyfamser ni thalwyd yr un dreth nac i Philadelphia nac i Gaer ac fe gymerwyd gofal o'u hanghenion ariannol eu hunain trwy'r cyfarfod misol. Oherwydd bod bwlch anffodus yng nghofnodion y cyfarfod, rhaid aros tan 1693 cyn dod ar draws unrhyw fanylion. Yn Awst y flwyddyn honno gwelir mai'r rhai a ddewiswyd i gasglu arian ar gyfer talu'r un a gyflogwyd i'w gwaredu o'r bleiddiaid oedd William Howell a William Jenkins yn Haverford a David Meredith a Stephen Bevan yn Radnor. Ac er llwyddo i osgoi'r hyn y ceisiai Caer ei wneud am y tro, cawsant drafferth hwy mewn ffyrdd eraill. Fel un o'r swyddogion a gynrychiolai Caer, ceisiodd Charles Ashcom hawlio gwahanol adrannau o'r Rhanbarth, a'r fwyaf gwarthus o'i ymdrechion oedd pan fesurodd 4,000 o gyfeiriau er mwyn eu rhoddi i T. Barker & Co. Yno i dystio yn ei erbyn pan orfodwyd ef i ymddangos gerbron y Cyngor yn Philadelphia oedd Edward Jones, Rowland Ellis a Griffith

Owen, a dyfarnodd Thomas Lloyd fod esboniad Charles Ashcom yn hollol anfoddhaol.

Yn y cyfamser yr oedd William Penn yn mwynhau bywyd moethus yn Llundain, ac yn symud mewn cylchoedd a gynhwysai'r brenin. Er mwyn codi arian i gael byw'r fath fywyd ceisiodd godi treth ar y rhai a redai felinau dŵr. Yn y Rhanbarth dechreuwyd sôn am godi melinau gwynt ond bygythiodd Penn hwy â charchar. Yna'n ddiweddarach yn 1694 cododd anghytundeb ynghylch Nathaniel Mullinax, a gyflogwyd i fynd â chynnyrch eu ffermydd ar draws y Schuylkill i farchnadoedd Philadelphia. Er i Penn werthu'r hawlfraint i un arall (a'i enw o bopeth yn Philip England), penderfyniad y cyfarfod misol oedd cadw at y trefniadau blaenorol, a hynny er gwaethaf rhybudd Penn ynghylch 'using anie other ferrie within foure miles distance on either side of the river, of the proprietors ferrie'. Anwybyddwyd hyn yn llwyr ac yn ôl cofnodion Haverford yn yr un flwyddyn: 'David Evans & Daniel Humphrey are ordered by this meeting to collect twenty shillings out of each of the meetings of Haverford & Radnor and the rest yt are unpaid of the subscriptions towards the ferry. To pay Nath: Mullenex's wages.'

Parhawyd i'w gyflogi tan o leiaf 1699 a rhwng popeth, nid rhyfedd i fab Thomas Sion Edward ddyfynnu yn ei lythyr y cwpled canlynol o waith un Edward Morys:

Ni chadwoedd yr henddyn [Penn] o'i synwyr vriwsionyn
Hi giliodd i ganlyn y golud.

Jacob Jones a Choleg Haverford

Yn ystod y 17eg a'r 18fed ganrif sefydlwyd nifer o golegau yn gysylltiedig â'r gwahanol enwadau, ond ni ffurfiwyd dim cyffelyb gan y Crynwyr tan y 19eg ganrif, a hynny i raddau oherwydd y modd y cawsant eu rhwystro rhag mynychu colegau fel Rhydychen a Chaergrawnt. Erbyn y 19eg ganrif byddai mwy a mwy o'u plant yn cael eu denu i golegau enwadol eraill, gan gynnwys yn Maryland un a berthynai i Eglwys Rufain. Yn 1833 cymerwyd y cam cyntaf i gywiro'r sefyllfa, a hynny trwy brynu tir ar gyfer codi Coleg Haverford.

Talwyd 18,000 o ddoleri am fferm o 200 cyfair ond barn llawer ar y pryd oedd bod hyn yn bris afresymol o uchel. Eto byddai ganddynt bron y cyfan a gymerai i godi'r adeiladau, sef chwarel gerrig ac yna gallt o 20 cyfair ar derfyn gogleddol y fferm. Byddai carreg filltir yn cadarnhau bod y coleg 10 milltir yn union o Philadelphia a byddai'r rheilffordd a gynlluniwyd i redeg ger ymylon y fferm yn profi o fantais i'r myfyrwyr yn ystod y blynyddoedd i ddod. Ac o fwrw golwg dros gwymp y tir tua'r de-ddwyrain ni ellir llai na rhyfeddu at brydferthwch y perllannau a fu yno ers dyddiau cynharaf Haverford.

Y nod wrth ddewis lleoliad y coleg oedd ei gael o fewn cyrraedd i Dŷ Cwrdd Haverford. Dywedwyd bod Penn ei hun wedi pregethu ynddo ar ei ail ymweliad â Phensylfania ond, yn ôl traddodiad, nid oedd mwyafrif y gynulleidfa yn deall ei Saesneg. Adnewyddwyd y tŷ cwrdd, a oedd eisoes wedi'i ailgodi â cherrig, yn 1800 ac ail-osodwyd y to i greu mwy o rediad. Ond er iddo gael ei estyn hefyd ar ei ochr ogleddol, yn y pen draw byddent yn codi adeilad arall a fyddai yn fwy cyfleus i'r myfyrwyr.

Un tro tra oeddynt yn cydaddoli â'r hen deuluoedd Cymraeg, cafodd y myfyrwyr le i ryfeddu at ystwythder gŵr oedrannus o'r enw Samuel Jones. Cartrefai ar fferm o'r enw Rhos y Mynydd a fel llawer ohonynt, defnyddiai'i geffyl i fynd i'r gwasanaeth. Gyda'r addoldy'n orlawn, a'i geffyl yn dechrau aflonyddu y tu allan, byddai gofyn i lawer godi er mwyn iddo ddirwyn ei ffordd allan. Ond daeth i ben ag osgoi hynny trwy gymryd afael yn y ganllaw ar flaen yr oriel, ac yna er syndod i bawb, llwyddodd i neidio dros y ganllaw a disgyn ar y llawr mor ysgafn â phluen.

Mor hael â neb pan oedd angen cyfrannu'n ariannol at y coleg oedd Jacob Jones, mab y Samuel uchod. Bu'r teulu hwn yn Haverford ers bron y cychwyn cyntaf, gyda theulu'r fam o linach y John ap Thomas hwnnw a fu farw'n ddisymwth pan oedd ar fin ymfudo. Yn 1863 graddiodd mab i Jacob o'r coleg, sef ŵyr y Samuel Jones uchod, ac yn ogystal â bod yn boblogaidd yr oedd yn hynod o ddisglair. Yn ei flwyddyn olaf ef a ddewiswyd i draddodi darlith flynyddol cymdeithas y myfyrwyr a'i destun oedd 'The Literary Genius of America'. Ond o ran ei iechyd yr oedd braidd yn wanllyd, a bu farw chwe blynedd yn ddiweddarach.

Sefydlodd Jacob Jones, ynghyd ag un o'r enw Israel Morris, gwmni masnachu yn 1836 dan yr enw MORRIS & JONES. Roedd y ddau ohonynt gyda'r cynharaf i gynhyrchu haearn yn y dalaith ac ar ben hyn gwahoddwyd Jacob Jones i ddod yn gyfarwyddwr i nifer o gwmnïoedd, gan gynnwys y Bank of North America am ddeugain mlynedd. Wynebodd lawer profedigaeth gan iddo golli ei fab, ei ferch-yng-nghyfraith ac yna ei ferch, ac arweiniodd hyn ef i ddosbarthu ei gyfoeth i wahanol achosion, gan gynnwys y swm angenrheidiol i ychwanegu neuadd arall at y coleg. Ar ei farwolaeth, ac o dan enw ei fab Richard, derbyniodd y coleg gyfraniad hael arall a arweiniodd at greu ysgoloriaethau ar gyfer 16 o fyfyrwyr. Yna'n hollol annisgwyl, ar farwolaeth ei weddw Mary Thomas yn 1897, bu'r coleg yn hynod ffodus unwaith eto. Rhwng y tir a gyfrannwyd ac yna'r chwarter miliwn mewn arian, byddai'r cyfanswm yn codi i dros filiwn o ddoleri. O gofio bod y coleg wedi'i orfodi i gau am gyfnod oherwydd trafferthion ariannol, profodd cyfraniad Jacob Jones yn allweddol i'w achub.

Tu hwnt i Meirion, Haverford a Radnor

Yn ffinio ar ochr ddeheuol Radnor mae Newtown, a gan fod cynifer o Gymry wedi ymsefydlu yno, gellid meddwl ei fod yn rhan o'r Rhanbarth. Ond am nifer o resymau mae'n anodd penderfynu ai felly yr oedd, a'r gorau y gellir ei wneud yma yw dilyn honiad Samuel Hotchkin yn ei lyfr *Rural Pennsyvania* a gyhoeddwyd yn 1897: 'Newtown was not in the Welsh Tract, though mostly settled by the Welsh'.

Ers o leiaf ddiwedd y 1680au yr oedd rhai fel Joseph Humphrey, Jenkin Griffith, David Thomas, Lewis Lewis a

William Bevan wedi bod yn datblygu ffermydd ar diroedd a redai hyd at y ffin â Radnor. Wrth grwydro o'r ffin ar hyd a lled Newtown daw enwau Cymreig i'r golwg unwaith eto. Yn 1696 cefnogwyd y Cymry gan Gyfarfod Misol Haverford i ddechrau meddwl am drefnu eu cyfarfod eu hunain ac mae hyn eto yn tueddu tystio i luosogrwydd y Cymry yn Newtown. Ond yn anffodus iddynt, daeth y fath gefnogaeth â chyfle arall i Gaer ddangos ei chenfigen. Yng Nghyfarfod Blynyddol Philadelphia mynnent mai gyda hwy ac nid Haverford oedd yr hawl i benderfynu ar dynged Crynwyr Newtown. Er bod Haverford a Radnor yn rhan o Gaer erbyn hyn, penderfynwyd 'that the Newtown Meeting may remain as it is, and may belong to Philadelphia'.

Talwyd pris uchel am y fuddugoliaeth: 'for the future the Welsh Friends are not to set up any more meetings in the county of Chester without the consent of the Quarterly Meeting'. O ganlyniad bu raid iddynt gydnabod awdurdod Caer pan ddaeth hi'n fater o ddechrau Cyfarfod Goshen, a hynny er iddo gael ei gydnabod fel rhan o'r Rhanbarth. Ond mor haelionus y medrai'r Crynwyr fod, pan godod galw am gynorthwyo un mewn angen, nid oddi wrthynt hwy yng Nghaer ond o Haverford y derbyniwyd y swm o 11 punt ar gyfer codi'r tŷ lle dechreuwyd cynnal cyfarfod Goshen. Y mae'n debyg mai'r un a gartrefai yno oedd Robert William ond mae sôn amdanynt hefyd yn ymgynnull yn nhŷ un o'r enw Griffith Jones. A phan gollod Cadwalader Ellis a'i frawd eu tŷ oherwydd tân yn Goshen, prin iawn fu haelioni Caer unwaith eto ac nid oddi wrthynt hwy ond o Haverford y daeth y swm o 12 punt ar gyfer yr ailadeiladu.

Ac eithrio'r tri addoldy a leolwyd ym Meirion, Haverford a Radnor, prin yw'r hyn sydd wedi'i gofnodi am adeiladau eraill a godwyd gan y Crynwyr Cymraeg. Yr unig un ychwanegol y cyfeiriwyd ato gan yr Athro Hartmann yn ei lyfr *Americans from Wales* yw'r un sydd i'r gogledd o afon Schuylkill yn Gwynedd. Eto gan Grynwyr Newtown yr oedd y tŷ cwrdd a godwyd yn 1711 a hynny sawl blynedd cyn ailgodi â cherrig y tŷ cyfagos yn Radnor. A thrwy adroddiad arall sy'n ymwneud â

Goshen yn bennaf, ceir tystiolaeth am eu gweithgarwch mewn ambell fan arall, e. e. soniwyd am gefnogi'r rhai 'that lives at a place called Youchlan to have a meeting at the house of John Cadwaladers'. Daeth hyn ar yr amod na fyddent yn cynnal eu cyfarfodydd hwy ar yr un amser â'r cyfarfod yn nhŷ James Thomas o'r Dyffrin Mawr. Rhwng awgrymiadau o'r fath mae lle i gredu bod dylanwad a gweithgarwch y Crynwyr Cymraeg yn helaethach nag a gydnabyddir yn aml.

Y mae un enw amlwg na fyddai'r di-Gymraeg fyth yn ei feistroli, sef Uwchlan. Gorwedd ar eithafion gorllewinol y Rhandir ac yn ôl llyfr taith o ddechrau'r 20fed ganrif, profodd yr ynganu a'r sillafu ohono yn fwy o benbleth na'r un enw arall:

> Uwchlan! the township with the un-pronouncable name as someone has not improperly called it. Orthoepically, Uwchlan is without peer, while orthographically, it has but one formidable competitor in Chester Co. For years – as many a hapless student knows – it has been used as a test question at examinations; for years, as can be proved by documentary evidence, it has appeared under the various aliases of Uchland, Vchlan, Ywchland and Youghland. Even now the Postal Department of the Government and the inhabitants of these townships find themselves unable to agree, and so we continue to address our letters to Uwchland Post Office, in Uwchlan township.

Ni ddechreuwyd mynd yma tan oddeutu 1712 a'r rhai cyntaf â hanes amdanynt yno oedd y ddau frawd Griffith a Samuel John a arferai bregethu dros yr enwad. Un a gymerodd feddiant o fwy o dir na neb yn Uwchlan oedd Evan Evans o Dre-eglwys, Trefaldwyn, ond ni ddaeth yno tan 1722. Yr un a werthodd y tir i'r mwyafrif ohonynt oedd David Lloyd, a gododd yn un o wleidyddion pwysicaf Pensylfania. Ymysg y rhai a brynodd dir oddi wrtho yn 1715 oedd John David a ddaeth yno o Sir Faesyfed ac yna John Cadwalader y dywedyd ei fod o Giltalgarth, Plwyf Llanfor, Meirionnydd. Pan gyrhaeddodd yr oedd gan Cadwalader lythyr o gymeradwyaeth gan Gyfarfod

Chwarterol Penfro wedi ei ddyddio 1697. Am gyfnod bu'n athro yn y Friends Public School yn Philadelphia ac yna tua diwedd ei yrfa bodlonodd i baratoi ar gyfer y wasg y Mynegair Ysgrythurol cyntaf a gyhoeddwyd yn y Gymraeg. Gwaith y Bedyddiwr Abel Morgan ydoedd ac argraffwyd ef yn 1730 ar wasg Samuel Keimer a Dafydd Harry yn Philadelphia. Yn ôl atodiad gan John Cadwalader ar ei ddechrau, derbyniodd gymorth nifer o weinidogion y Bedyddwyr:

Gan fod y canlynol lyfr o lafurus a thra-phoenus waith y parchedig Awdur Abel Morgan, wedi ei gyfan-foddi a'i gwpplhau er lleshad ein cydwlad-wyr a chwedi ei adel, ar ôl ei farwolaeth ef, megys ymddifad, truan a di-gymmorth, gwelodd Rhagluniaeth yn dda annog y rhag-ddywedig Enoch Morgan, Elisha Thomas, Jenkin Jones a Benjamin Griffith Gwenidogion yr Efengyl a John Davis, i adfywio ac adnewyddu'r gwaith da hwn; y rhai drwy Gost-fawr drael ai dygasant drwy'r Argraphwasc: A chan ir vnrhyw wyr parchus weled yn dda ei rhoddi dan fy llaw a ngofal i, yw lythyrennol ad-gyweirio a'i olygu yn ei fynediad drwy'r Argraphwasc...

Ceir yn y gyfrol *Beirdd y Berwyn* gerdd dan y teitl 'Carol Haf' o waith un o'r enw John Cadwalader ac ef ar un adeg oedd athro ysgol Llangwm. Gan fod dyddiad y gerdd, sef 1724, yn cyfateb i gyfnod yr athro o'r un enw ym Mhensylfania, mae lle i ymholi ymhellach ai yr un oedd y ddau. Dyma'r pennill olaf:

Duw Ion a'th rad, Duw un a thri,
Y cadarn dŵr, Duw cadw di,
A'th law rhagorol ffrwythlon ffri
I foli yn 'glwysi'n gwlad;
Rhag i'n gelynion greulon gri
Yn Lloegr hon i llygru hi,
I fyny dal d' efengyl di,
I'n llenwi a phob gwellhad.

Er i drigolion Uwchlan gynnal eu cyfarfodydd yn nhŷ John Cadwalader am gyfnod byr, gwerthodd bron y cyfan o'i dir o fewn blwyddyn ond cadwodd yn ei feddiant ddarn o dir a gyfrannodd ar gyfer creu mynwent. Ailgodwyd tŷ cwrdd Uwchlan yn 1756 a'r tebyg yw iddo gael ei leoli ger y fynwent. Mae'r dyfyniad isod yn cyd-fynd â'r honiad cynharach mai'r Cymry oedd yn gyfrifol am drefnu cyfarfod Uwchlan:

> ...a Friends' Meeting-house was established. The preaching and exhortation were in Welsh. The first preachers here were Samuel and Griffith John, brothers; neither of whom could ever speak English free from a strong tincture of their native tongue.

Yng nghyfnod y Chwyldro y mae'n ymddangos bod un o'r enw Daniel John wedi ceisio osgoi canlyniadau troseddu yn erbyn y gyfraith trwy ddianc. Yn ogystal â disgrifio'i wisg, mae'r hysbyseb a osodwyd yn y *Pennsylvania Gazette* yn awgrymu bod y Gymraeg yn dal i gael ei siarad hyd at o leiaf yr amser hynny:

> Uwchlan Township, Chester County, March 5, 1776 EIGHT DOLLARS Reward,
> ABSCONDED from his BAIL, a certain man, named Daniel John, about 5 feet 8 or 9 inches high, brown curled hair, talks much upon the Welsh tongue, has a very loud voice, and likes spirituous liquor well; he is about 50 years of age, and a Turner by trade; had on when he went away, an old beaver hat, striped cotton hankerchief, a light coloured surtout coat, a lightish coloured close body coat, with sleeves of other cloth, white drilling breeches, white woollen stockings, old shoes with strings. Whoever takes up the said Daniel John, and secures him of his Majesty's goals, and gives notice to the subscriber, shall have the above reward, and all reasonable charges.

Anhrefn Llywodraethol

Gyda'r naill anghytundeb yn dilyn y llall ym Mhensylfania ni fu'n hawdd arnynt ei rheoli a'i chynnal yn ariannol. Cymhlethwyd y sefyllfa fwy fyth yn 1688 pan glywodd Penn fod Thomas Lloyd am roi'r gorau i'w ddyletswyddau llywodraethol:

I am sorry that Thomas Lloyd, my friend, covets a quietus, that is young, active, and ingenious; for from such it is that I expect help, and such will now sow in vain; but since 'tis his desire, I do hereby signify his dismiss from the trouble he has borne...

Wrth ymateb i hyn dechreuodd Penn feddwl am ddychwelyd i Bensylfania ond yn y diwedd danfonodd is-lywodraethwr yn ei le. Er mwyn osgoi unrhyw wrthwynebiad o du'r rhai dylanwadol yn Llundain penderfynodd benodi un nad oedd yn Grynwr; yr un a ddewisodd oedd y Capten John Blackwell o Massachusetts, ac wrth iddo gyrraedd disgwyliai Blackwell weld holl drigolion Philadelphia yn dod at ei gilydd i gydnabod ei bwysigrwydd.Yn lle hynny anwybyddwyd ef yn llwyr ac ni fu fawr gwell arno yn ystod y misoedd wedyn. Dau oedd yn fwy na pharod i'w rwystro ar unrhyw gyfle oedd Thomas Lloyd, a David Lloyd y tybir ei fod yn gefnder iddo. Ceisiodd Blackwell dorri ar eu dylanwad ond wrth iddo gymryd y naill swydd oddi ar David Lloyd, yno y byddai Thomas Lloyd yn cynllwynio i greu swydd arall iddo. Yn un o lythyron Blackwell at Penn y mae'n dweud am Thomas Lloyd:'[he] thrusts his oare in every boat'.

Wrth i Blackwell gymryd at y swydd dechreuwyd ail-godi'r hen gwestiwn am y terfynau sirol. Y rheswm unwaith eto oedd methiant Caer i godi'r trethi angenrheidiol; trwy gael Haverford a Radnor yn rhan ohoni, 'the County of Chester may be in some measure able to defray their necessary charge'. Yn ôl astudiaeth Irma Corcoran o'r prif dirfesurydd Thomas Holme mae'n ymddangos bod gan Caer reswm arall dros geisio dinistrio'r Rhanbarth:

During Blackwell's governship (12 July 1688 – 12 August 1689), the land was divided for political reasons, Radnor and Haverford Townships being included in Chester County, allegedly to prevent election of a disproportionate number of Welsh members from Philadelphia County to the assembly and council.

Dibynnai Blackwell i raddau ar Eglwyswyr Philadelphia, a gwelai hyn fel ffordd arall o gwtogi ar ddylanwad y Crynwyr. Yn y cyfamser yr oedd nifer o'r Cymry wedi ymgynnull gerllaw yr adeilad llywodraethol a dywedwyd bod Thomas Lloyd mor uchel ei gloch y tu allan fel y methai Blackwell gyflawni ei ddyletswyddau oddi fewn. Dro arall ceisiodd Blackwell rwystro Thomas Lloyd a dau arall rhag cael mynediad i'r Cyngor ac wrth i'r tri lwyddo i wthio'u ffordd i mewn bu'r gweiddi yn erbyn Blackwell mor fyddarol fel mai ef a orfodwyd i adael yn y diwedd. O fewn tri mis ar ddeg byddai Blackwell ar ei ffordd yn ôl i Massachusetts, ond bu ei gyfnod yn gwbl ddinistriol ac fe ddifethwyd y Rhanbarth fel uned.

Ar hynny cymerodd Thomas Lloyd at y llyw unwaith eto, fel llywydd y Cyngor hyd at 1691, ac yna fel is-lywodraethwr. Fodd bynnag, collodd Penn ei ddylanwad yn 1693 ac aethpwyd dros ei ben i benodi Colonel Fletcher yn llywodraethwr milwrol. Fel Blackwell, disgwyliai yntau gael ei gyfarch fel rhyw is-frenin pan gyrhaeddodd: 'Fletcher came dressed in all the pomp and splendor of royalty, attended by a numerous retinue, gorgeously bedecked with feathers and gold lace'. Prin fu ei groeso yntau, a fel Blackwell, methodd yntau ennill cydweithrediad y ddau Lloyd, Thomas a David. Gwrthwynebwyd ef yn gyffredinol gan y Crynwyr ac fe'i gorfodwyd i droi at yr Eglwyswyr am gefnogaeth. Ceisiodd leihau ei drafferthion trwy uno Pensylfania gydag Efrog Newydd lle roedd yn llywodraethwr yn barod, ond yn hyn eto llwyddodd Thomas Lloyd i'w rwystro.

Fel yn achos y Cymry, byddai gweddill y Crynwyr yn cael y gwaethaf ohoni dan reolaeth Blackwell ac yna Fletcher. Cyrhaeddodd y methiant i fyw'n gytûn ei uchafbwynt yn 1704 pan rannwyd Pensylfania i greu talaith ychwanegol Delaware. Yn 1694, ac yntau prin dros hanner cant, bu Thomas Lloyd farw'n ddisymwth a chyda hynny diflannodd unrhyw obaith o ailuno'r Rhanbarth. Er nad oedd yn byw yno, bu'n un o'i chefnogwyr pennaf ac arferai fynd atynt i bregethu. Mae un adroddiad yn cyfeirio ato fel 'a great preacher amongst the Quakers'. Awgryma teitl ei unig lyfr, sef *An Epistle to my dear and well beloved Friends of Dolobran*, ei fod wedi cadw mewn cysylltiad cyson â'i deulu ym Meifod ger y Trallwng. Ymysg y rhai i alaru ar ei ôl yr oedd y Daniel Pastorius o'r fordaith wreiddiol, ac ugain mlynedd ar ôl marwolaeth Thomas Lloyd, a'r Almaenwr yn hyddysg yn y Saesneg erbyn hynny, ysgrifennodd gerdd i atgoffa merched Thomas Lloyd am ddatblygiad y cyfeillgarwch arbennig hwnnw rhyngddo ef a'u tad:

> I'm far from flattering! and hope ye read my mind,
> Who can't nor dare forget a shipmate true and kind,
> As he, your father, was to me, (an alien) –
> My lot being newly cast among such Englishmen,
> Whose speech I thought was Welsh, their words a canting tune,
> Alone with him, I could in Latin then commune;
> Which tongue he did pronounce right in our German way,
> Hence presently we knew what he or I could say –
> Moreover, to the best of my rememberance,
> We never disagreed, or were at variance, –
> Because God's sacred truth (whereat we both did aim)
> To her endeared friends is every where the same –
> Therefore 'twas he that made my passage short on sea...

Frankenland

Cyfeiriwyd eisoes at helbulon Thomas Lloyd ar ei fordaith yn 1683, a hynny pan oedd ar long a gludai nifer o Almaenwyr gan gynnwys y dawnus Daniel Pastorius. Tua diwedd y flwyddyn honno dilynwyd hwy gan ddeuddeg o deuluoedd dan arweiniad Jacob Telner o Crefeld a rhyngddynt i gyd sefydlwyd Frankenland. Dyna fel y cyfeirid ato gan Penn ond gydag amser newidiwyd yr enw i'r Germantown a ddefnyddir hyd heddiw. Bwriad Pastorius oedd cymryd meddiant 'for my High-German Company fifteen thousand acres of land in one piece... that we High-Germans may maintain a separate little province, and thus feel more secure from oppression'. Yn ei 'Sichere Nachricht' a gyhoeddwyd yn Zürich yn 1684, mae'n ymddangos nad oedd Penn yn orawyddus iddynt gael byw felly wedi'r cyfan:

> ...but after I had repeatedly represented to him both orally and in writing that it would be prejudicial to us and our German successors to be so completely wedged in among the English, and likewise that B. Fury had communicated to the (Frankforters) his, William Penn's, letter in which he had promised otherwise to our nation, etc., he finally gave me a warrant, to have our land in one tract.

Er iddynt gael byw yn ôl eu dymuniad dros dro, methwyd â denu mwy na rhyw hanner cant o deuluoedd yn ystod y pum mlynedd gyntaf. Ac er i hyn amharu ar dwf y sefydliad, mae'r llythyr a ddanfonodd Pastorius at ei dad yn yr Almaen yn 1691 yn dangos ei fod mor obeithiol am y dyfodol ag erioed:

> I inform you further that William Penn has sent us High-Germans certain concessions from England, and appointed me to be the first mayor and justice of the peace in this town, so that now we have our own council and laws, provided they are in accordance with the laws of England... In the meantime we live peaceably and contentedly, with no desire for transitory riches; provided we have sufficient food and clothing for this our pilgrimage, for the rest we turn our eyes ever toward the heavenly Jerusalem, our true fatherland.

Fel y Cymry, ni chawsant eu ffordd yn y pen draw ac yn ôl yr hyn a ysgrifennwyd gan Pastorius ym Mehefin 1693, diflaswyd hwythau gan bresenoldeb y Llywodraethwr Fletcher:

> Indeed in all these years, we have not been obliged to pay a farthing for war or other taxes, until about five weeks past, the new governor, Benjamin Fletcher, arrived in Philadelphia, with the royal decree and authority to govern this province... I hope, and wish from my heart, that our former ruler William Penn, may soon clear himself... and that he will shortly return...

Mae lle i gydnabod yr Almaenwyr hefyd am fynegi eu

gwrthwynebiad i gaethwasiaeth. Er na wnaethant ddim byd penodol, hwy yng Nghyfarfod Misol Germantown yn y flwyddyn 1688 fyddai ymhlith y rhai cyntaf i ddangos eu parodrwydd i ddod â'r arferiad i ben:

> There is a liberty of conscience here which is right and reasonable, and there ought to be likewise liberty of the body, except for evil-doers, which is another case. But to bring men hither, or to rob and sell them against their will, we stand against.

A thrwy yr un Daniel Pastorius ceir gwybod am ddigwyddiad anghyffredin iawn ym mywyd Mordecai Lloyd, un o ddau fab Thomas Lloyd a oedd yn fasnachwyr llwyddiannus yn Philadelphia. Bu un ohonynt farw yn Jamaica yn 1692 ac fe gafodd y llall, Mordecai, anffawd yn Jamaica ym Mehefin 1692, pan laddwyd cynifer gan ddaeargryn. Cyfeiriodd Pastorius at y digwyddiad:

> ...such a terrible earthquake in the island of Jamaica that it destroyed the greater part of the capital city, Port Royal, and annihilated about twenty five hundred people, aside from the natives who had been buried by the mountains and the hills. Among others my good friend and former fellow traveller, Mardochai Loyd, was swallowed up in a hollow mountain, yet even in these circumstances he was saved through the miraculous providence of God; for he crept out again by means of a hole below, bringing forth his own life, as it were a booty.

Rhyw ddwy flynedd ar ôl hyn collwyd pob sôn amdano tra oedd ar fordaith arall.

Gwynedd

Am ryw reswm neu'i gilydd, a chyn y dechreuwyd ymsefydlu yn Uwchlan yn 1712, rhagwelwyd yr angen i greu ardal Gymreig arall. Dewiswyd man y tu draw i'r afon o'r Rhanbarth ac o gylch 20 milltir i'r gogledd-orllewin o Germantown lle roedd yr Almaenwyr. Dyma'r Gwynedd sy'n dal i gael ei alw felly, ac yn gyfrifol am greu diddordeb yn y fenter yr oedd Huw Roberts, un o'r 17 gwreiddiol ym Meirion. Dywedid ei fod yn hynod o boblogaidd gyda'i bregethu, ac y medrai droi o fod yn anghyffredin o ddifyr i fod yn danllyd i'r eithaf. Arferai bregethu y tu hwnt i ffiniau Pensylfania, gan deithio o amgylch Maryland, Ynys Hir a hyd yn oed cyn belled â Lloegr Newydd. Yn rhyfeddol iawn cychwynnodd ar ei daith i Gymru yn 1698 trwy ymweld â rhai o Grynwyr Virginia, ac yna hwylio oddi yno. Ac er mai Eglwys Lloegr oedd yr unig enwad a ganiateid yn swyddogol yn Virginia, mae ei ddyddiadur yn dangos bod yna ryw nifer o Grynwyr yno hefyd, yn eu mysg ambell un ac iddo gyfenw Cymreig:

In the year 1697, the 15th of ye 12th/mo I set out from home to visit Friends in England and Wales... And I went to Edward Thomas at James River [Virginia]. Charles Fleming coming along with me. Next day we went from thence to a Quarterly Meeting at Tenbigh where we had a blessed meeting, and after meeting that same day we came to Alexander Llywelyn. We traveled that same day 46 miles besides keeping ye Meeting... From thence on board ye ship, which was to ye mouth of James River... upon 7th day of ye 3rd month we sailed out of ye Capes of Virginia... in the 22nd of ye said month [4th] we arrived in Plymouth... Here [Bristol] we met our dear friend William Penn & were not a little glad to see one another.

Un o'r afonydd hynny sy'n ymarllwys i fae enfawr Chesapeake yw'r James ac mewn llythyr o'i eiddo mae'n cyfeirio unwaith eto am sut y cysylltodd â William Penn wrth gyrraedd, a hynny tra oedd ym Mryste. Unwaith y cyrhaeddodd Gymru dechreuodd deithio o amgylch y wlad, gan fynd o Fynwy i Gaerdydd, Abertawe a Phenfro, cyn mentro i'r gogledd i gyrraedd ei hen gynefin. Wrth fynd o'r naill fan i'r llall medrai siarad o brofiad am fanteision Pensylfania, gyda'r tir ffrwythlon ger glannau'r Delaware, y digonedd o geirw gwyllt a physgod, yr Indiaid cyfeillgar, a Chymraeg yr ysgol. A phan oedd ar fin dychwelyd i Bensylfania dywedai iddo gael:

cyfarfod da yn Nhŷ James Lewis, ac oddiyno aethum i Dolobran, lle y cefais fy llwytho a chroesaw gan Charles Lloyd a'i wraig. Aethum yn ôl i Penllyn, i gyfarfod yn nhy Robert Vaughan. Yr oedd y tŷ yn un o'r rhai mwyaf yn y sir, ond ni chynwysai, mi gredaf, haner y bobl. Felly cawsom ef tu allan, a chyfarfod bendigedig ydoedd.

Eto Eglwyswyr ac nid Crynwyr fyddai'r mwyafrif pan ddechreuwyd ymsefydlu yng Ngwynedd (Pensylfania). Yr oedd yno ar eu cyfer 7,820 o gyfeiriau a'r ddau yn gyfrifol am wneud y trefniadau yr oedd dau gefnder y cyfeiriwyd atynt naill ai fel William Jones a Thomas Evan neu fel William ap John a Thomas ap Evan. Cymerodd yr wyth canlynol berchenogaeth ar ddarnau sylweddol o'r tir dan sylw: Robert Evan, Owen Evan, Cadwallader Evan, Hugh Griffith, Edward Foulke, Robert Jones, John Hugh a John Humphrey. Gan mai'r ddau olaf yn unig oedd yn Grynwyr, mae'n dilyn nad yr erledigaeth arferol oedd yn gyfrifol am ymfudiad y rhan fwyaf ohonynt.

Talwyd chwe phunt am bob 50 cyfair ac yno ymlaen llaw i gymryd gofal o'r trefniadau lleol yr oedd y ddau gefnder y cyfeiriwyd atynt yn barod. Fe'u dilynwyd gan oddeutu 150 ar long o'r enw *Robert & Elisabeth* yn 1698: ar ôl bod am yn agos i fis yn Iwerddon, cymerodd un ar ddeg wythnos arall iddynt gyrraedd. Ymysg y rhai ar fwrdd y llong yr oedd Edward Foulke, gŵr ifanc 27 oed, ac yn ôl hwnnw bu farw 45 o'r ymfudwyr yn ystod y fordaith. O ganlyniad gadawyd y gweddill i wynebu'r gorchwyl o orfod taflu dau neu dri o gyrff i'r môr yn ddyddiol. Yr oedd Edward Foulke felly ymysg y rhai ffodus a oroesoedd y fordaith ac fe gymerodd ef a naw o'i blant feddiant o 700 o gyfeiriau.

Ar y dechrau arferid cynnal gwasanaeth eglwysig yn nhŷ Robert Evans, gyda'i frawd Cadwallader yn rhoi darlleniad. Un tro, gyda'r olaf ar ei ffordd i'r gwasanaeth, mentrodd dalu ymweliad â'r Crynwyr ac er mai dim ond o ran chwilfrydedd y gwnaeth hyn byddai ei farn amdanynt mor ffafriol fel i'r gweddill o'i gyd-Eglwyswyr gymryd yr un cam. Dywedir mai hyn a'u harweiniodd hwy i droi at y Crynwyr a mwy na thebyg iddynt oll wneud eu rhan pan godwyd Tŷ Cwrdd Gwynedd yn 1702. Ailgodwyd hwnnw â cherrig yn 1712 ac fe'i defnyddiwyd nes i adeilad arall gymryd ei le yn 1823.

Yn 1702, rhyw dair neu bedair blynedd ar ôl iddynt gyrraedd, cyfeiriodd un ymwelydd at fethiant yr ymfudwyr hyn i siarad fawr o Saesneg. Ar y llaw arall, bu'n hynod o anodd i'r rhai di-Gymraeg geisio ymganu rhai o'r enwau lleol a gellir cydymdeimlo â hwy yn achos Uwchlan. Nid felly gydag ambell ymdrech i ddehongli gwreiddiau enw. Yn achos tref Lampeter, a oedd ymhellach i'r gorllewin a heb eto ei sefydlu, ceisiwyd priodoli'r enw i un Peter a ddigwyddai hefyd fod yn gloff, trwy ymresymu mai ffurf wreiddiol yr enw oedd Lame-peter! Llawn mor ddiflas yw'r eglurhad gan un hanesydd lleol am yr enw Gwynedd:

The original emigrants spent the first night after their arrival in a tent: the next morning one of them rose early, and looking out, observed the ground covered with snow; he gave notice thereof to his companions, by exclaiming in the Welsh language, Gwyn-edd! Gwyn-edd!

Gan fod rhai pobl o'r farn mai un o deulu Cadwallader Evans oedd mam Abraham Lincoln, mae teulu hwnnw wedi derbyn mwy o sylw na'r cyffredin, ac un o'r ychydig bethau sy'n wybyddus amdano yw ei fod wedi cymryd at bregethu dros ei enwad newydd. Cyn-Eglwyswr arall y clywir amdano'n pregethu oedd Edward Foulke, a dywedir i hwnnw 'lwyr ymroddi i grefydda yn ôl y goleuni newydd a gafodd'. Un arall a fu'n pregethu yng Ngwynedd ar ôl symud yno tua diwedd ei oes oedd Ellis Pugh, awdur *Annerch ir Cymru* ac un arall a symudodd yno yn ei henaint oedd y Rowland Ellis a gyfieithodd ei lyfr i'r Saesneg; bu hwnnw farw yn nhŷ ei ferch Ellen a'i fab-yng-nghyfraith John Evans.

Mae eraill hefyd yn deilwng o gael eu cydnabod am eu gallu pregethwrol, sef nifer o wragedd Gwynedd, o Ann Roberts a

Mary Evans (gwraig Owen Evans) i Ann Griffith (gwraig Hugh Griffith), Jane Jones ac Ellen Evans (gwraig John Evans), i enwi dim ond pump. Ceir hanes am Ann Roberts yn teithio o amgylch y wlad yng nghwmni ei ffrind Susanna Morris, gan bregethu dros gylch eang yn ymestyn o New Jersey a Maryland i Virginia a'r Carolinas. Dywedir ei bod wedi dychwelyd unwaith hefyd i bregethu yng Nghymru, ond gydag amser, ac yn enwedig ar ôl colli ei gŵr, daeth ei hanner can mlynedd o bregethu i ben. O ystyried fel y mae rhai yn parhau i wrthwynebu penodi offeiriaid benywaidd, mae lle i edmygu arweiniad y Crynwyr unwaith eto. Ac os nad eu cyfnod hwy yng Ngwynedd oedd oes y santesau, mae'n sicr bod cyfraniad Ann Roberts a'i chyffelyb wedi chwarae rhan bwysig wrth i Dŷ Cwrdd Gwynedd ddod i gael ei gydnabod fel Ysgol y Proffwydi.

David Lloyd

Ar ôl marwolaeth Thomas Lloyd, y mwyaf amlwg o blith y Cymry yng ngwleidyddiaeth Pensylfania oedd David Lloyd. Er y tueddir i gredu ei fod ef a Thomas Lloyd yn gefnderwyr, yr unig dystiolaeth dros hyn yw'r un cyfeiriad at hynny gan yr olaf, ac mae'r honiad iddo ddod yn wreiddiol o Manafon, Maldwyn, yn cyd-fynd â hyn. Eto, mewn traethawd ar *Enwogion Sir Aberteifi* yn Eisteddfod Aberystwyth yn 1865, mae'r awdur Benjamin Williams yn awgrymu ei fod yn enedigol o bentref yng Ngheredigion sy'n enwog am eu defaid arbennig, sef Llanwenog. Er bod hyn yn gwahaniaethu o'r gred gyffredin, mae gweddill sylwadau Benjamin Williams yn cyfateb i'r hyn a ddywedir amdano'n gyffredinol:

> Lloyd, David, fel y tybir, oedd yn enedigol o Lanwenog. Ymfudodd i America, ac a ymsefydlodd yn nhalaeth Pensylfania. Daeth ymlaen yn fawr mewn cyfoeth, dysg, a dylanwad, fel y cafodd yn y diwedd ei benodi yn brif ynad y dalaeth. Iddo ef y cyflwynwyd Mynegair yr enwog Abel Morgan.

Beth bynnag yw'r gwirionedd am fan ei eni, mae'n

ymddangos iddo arfer gwerthu tir ar ran Penn yn Llundain cyn iddo ymfudo yn 1686. Ar ddechrau ei yrfa yn Pensylfania cydweithiai â'r Thomas Ellis o Sir Benfro sy'n cael ei gydnabod ymhlith y cyntaf o'r Cymry i farddoni ar y cyfandir. Gan i hwnnw gael ei garcharu tra oedd yn dal yng Nghymru, nid rhyfedd iddo alw' ei gerdd o 1683 yn 'Cân o Lawenydd i Bensylfania'. Ac o weld bod David Lloyd wedi ei ddewis i gynorthwyo Rowland Ellis i gyfieithu *Annerch ir Cymru*, gellir tybio y câi ef hefyd ei ystyried yn ŵr dysgedig.

Nid tan yr adeg y cafodd ei benodi'n brif farnwr y daeth David Lloyd yn Grynwr, a thros amser byddai'n cilio oddi wrth yr hen ddulliau Prydeinig ac yn dod yn wrthwynebwr pennaf iddynt. Bellach ni fyddai mor barod i gynrychioli Penn a'r hawlfraint a ddaeth iddo trwy'r brenin. Hyd yn oed cyn i Thomas Lloyd farw gwrthododd David Lloyd drosglwyddo cofnodion y llys i Blackwell a thrwy ymddwyn felly rhoddodd hwnnw ar ddeall bod terfynau i'w awdurdod. A chan na fyddai Pensylfania ar ei hennill yn ariannol gwrthododd ddilyn y gyfraith i orfodi'r Alban annibynnol i dalu treth i borthladd Seisnig am fewnforio baco. Pan ail-drefnwyd y siroedd fel bod Radnor a Haverford yn dod o dan ofal Caer yn 1689, llwyddodd i rwystro Caer rhag casglu'r trethi yn ôl hyd at 1685 pan ddechreuodd y gynnen.

Bwriadai Fletcher, yn ystod ei dymor fel llywodraethwr, waredu nifer o'r cyfreithiau a sicrhawyd trwy weledigaeth rhai fel Thomas a David Lloyd; nid yn unig llwyddwyd i osgoi hynny ond aeth David Lloyd gam ymhellach trwy greu yr un hawl i'r Gynullfa â'r Gynghorfa i ychwanegu cyfreithiau o'r newydd. Ar un achlysur, gyda Fletcher yn cwyno ynghylch yr arafwch wrth godi arian at gynnal y Frenhiniaeth, roedd gan David Lloyd ei ateb parod: 'To be plain with the Governor, here is the money bill but the Assembly will not pass it until they know what is to become of the other bills sent up'. Roedd Fletcher dan bwysau i fodloni'r brenin a'i unig ddewis oedd derbyn telerau David Lloyd ac arwyddo 30 o'r 39 o gyfreithiau dan sylw.

Ar ôl marwolaeth Thomas Lloyd bu David Lloyd yn aelod o'r Gynullfa yn amlach na pheidio. Yna yn 1698, ac wrth dynnu sylw at lun o'r brenin, bu mor fyrbwyll â chyfeirio ato fel y baban na ddylid ei ofni. Fe'i cynhyrfwyd ar y pryd gan ymgais ar ran yr *Admiralty* i hawlio nwyddau oddi ar long y tybid ei bod yn perthyn i fôr-ladron ond heb brawf credadwy o hynny. Ond yna, gyda Penn yn ôl mewn ffafr unwaith eto, rhoddwyd ef yn y sefyllfa o orfod mynd â'u swyddi oddi ar David Lloyd a'r Barnwr Anthony Morris. Bellach nid oedd un amheuaeth ynghylch pwy a gymerai Pensylfania ymhellach o'r hen drefn Brydeinig a thuag at reolaeth gan y trigolion lleol, ac wrth drafod datblygiadau'r oes ni fedrai Benjamin Franklin lai na chyfeirio at y gwrthdaro a fu rhyngddo a James Logan, ei brif wrthwynebwr:

> In all matters of public concern something personal will interfere. Thus we find during this turbulent period two names frequently occur, as opposites, in principle and purpose and the oracles of their respective parties: To wit David Lloyd, speaker of the Assembly and James Logan, secretary to the governor and council.

Fel yr awgrymwyd gan Franklin, nid oedd fawr o gariad rhwng y ddau a phan etholwyd David Lloyd, Anthony Morris, Griffith Jones a Samuel Richardson i gynrychioli Philadelphia yn y Gynullfa yn 1702, ymateb Logan oedd na ellid canfod pedwar mwy styfnig. Dro arall aeth David Lloyd mor bell ag awgrymu i'w brif wrthwynebwr na châi fyth wared â'i ddylanwad ac y byddai Logan yn dal i glywed ei lef hyd yn oed o'i fedd. Un arall na chytunai â David Lloyd oedd llywodraethwr o'r enw Sir William Keith a'r hyn a gofir yn bennaf wrth edrych yn ôl ar hen adeilad y llywodraeth ar Stryd y Farchnad yw mai yno yr arferai'r ddau gorddi eu dadleuon gwleidyddol ('fomented their political feuds'). Fodd bynnag, er mor annymunol oedd David Lloyd o safbwynt Seisnig yr oes, daeth i ben â chadw ei swydd fel prif farnwr Pensylfania o 1717 hyd ei farwolaeth yn 1731. Ac wrth annerch y Pennsylvania Bar Association yn 1910 gwelodd H. F. Eshleman yn dda gyfeirio ato fel 'advocate, legislator, councillor, statesman, judge and justice, all nurtured in the breast of a man for the good of the common people and the liberty of the race'.

Y Goleuni Gwleidyddol

O bopeth sy'n ymwneud â'r Crynwyr o Gymru ym Mhensylfania hwyrach mai'r un peth sy'n parhau o ddiddordeb yw eu hymdrechion dros greu gwladfa Gymreig. Heddiw tueddir i ragfarnu amcanion y Cymry, nid o safbwynt sefyllfa'r cyfandir ar y pryd, ond yn ôl fel y datblygodd yn wleidyddol ar ôl eu dyddiau hwy. Yr oedd Ffrainc a Sbaen heb eto golli rheolaeth dros adrannau helaeth o Ogledd America, ac nid oedd felly mor afresymol â hynny i feddwl y medrai'r Cymry gyd-fyw fel rhyw uned gyda'i gilydd lle byddai'r Gymraeg yn bodoli fel un o nifer o ieithoedd Ewropeaidd y cyfandir. A phwy a ddychmygai yn eu dyddiau hwy sut y byddai'r mân sefydliadau Seisnig yn nwyrain y cyfandir yn ymuno ac yn troi yn erbyn y famwlad?

Cymhlethwyd sefyllfa'r Cymry gan yr ansicrwydd a gododd oherwydd nad oedd y cyfan y cytunwyd arno gyda William Penn wedi ei fynegi'n eglur yn y cytundeb. Pan ymwelodd John ap John â Penn yn 1681 yr oedd Charles Lloyd, Richard Davies a'r meddygon Griffith Owen, Thomas Wynne ac Edward Jones gydag ef. Mae'n annhebygol felly fod camddealltwriaeth ar eu rhan hwy. Yn un o'i lythyron mae Penn yn cyfeirio at ei barodrwydd i alw ei hawlfraint yn 'New Wales' – rhywbeth na fyddai'n debygol o ystyried ei wneud oni bai bod hynny'n unol â'r hyn oedd mewn golwg gan y Cymry.

Yn y diwedd methodd Penn â chael ei ffordd hyd yn oed gyda'r enwi, ac ymhlith y mwyaf penderfynol yn ei erbyn oedd Cymro o Ysgrifennydd Gwladol, un a oedd, yn ôl pob tebyg, heb fwy o sylwedd na'r Sir Lionel Jenkin y cyfeiriwyd ato yn ei lyfr gan Richard Davies. Yn ei anwybodaeth awgrymodd hwnnw i Richard Davies na ellid bod yna air Cymraeg ar gael am 'Quakers' am nad oedd yr enwad yn dyddio o oes y Rhufeiniaid. Y mae'n amlwg ei fod yn medru'r Gymraeg gan iddo ddenu'r ymateb canlynol gan Richard Davies: 'Mae yn ddrwg gennyf fod un o hiliogaeth yr hen Frytaniaid; yr rhai a dderbynnodd y grefydd Gristnogol yn gyntaf yn Loeger, yn erbyn y rhai fydd gwedi derbyn y wir Grisianogol Grefydd yr awr hon'. Bryd hynny neu heddiw, nid oes dim mwy diflas na Chymro yn anwybyddu'i wreiddiau i gyfiawnhau ei le yn y gyfundrefn wleidyddol.

O fwrw golwg dros ddirywiad eu hamgylchiadau yn y Rhanbarth, a hynny o fewn ychydig flynyddoedd, mae lle i ofyn a ddylent fod wedi eu datgysylltu eu hunain yn fwy llwyr oddi wrth weddill y dalaith, gan fynnu mai hwy yn unig oedd yn gyfrifol am eu tynged. Ond wrth ofyn hyn ni ddylid anghofio pa mor galed y bu arnynt yn y dechrau wrth geisio osgoi'r math o newyn a wynebwyd gan arloeswyr cynharaf Virginia. A chan na fu gwrthwynebiad iddynt yn y *Great Welsh Tract of Pennsylvania* am gyfnod, a bod Cymry dylanwadol a chefnogol yn byw yn Philadelphia, nid oedd un rheswm ganddynt i beidio ag ymddiried yn llwyr yn nhrigolion y ddinas. Yn ogystal, pan geisiodd Caer rwystro Haverford a Radnor rhag parhau i fod yn rhan o gyfarfod chwarterol Philadelphia, yr oedd Crynwyr y ddinas yn barod i'w cefnogi yn y Rhanbarth.

Ysywaeth, collwyd llawer o'r manylion sy'n ymwneud â'r ymdrechion i gadw'r Rhanbarth yn uned adefnyddiwyd tudalennau cofnodion Tŷ Cwrdd Haverford am y cyfnod rhwng Gorffennaf 1686 ac 1693 i gynnau tân. Yr oedd rhywfaint o gofnodion Cyngor Pensylfania ar gael yn y Llyfrgell Brydeinig nes i dân eu difetha adeg yr Ail Ryfel Byd. Eto nid oes lle i feddwl bod y Cymry wedi colli eu hawydd am y Rhanbarth. Cyfeiriwyd eisoes at eu hymdrechion i gadw Haverford a Radnor rhag dod yn rhan o Swydd Gaer, ond daeth y perygl gwaethaf oll yn 1690 pan ganiatawyd i eraill heblaw Cymry ymgartrefu yn y Rhanbarth. Yr un a lefarodd yn erbyn hynny yn y Gynghorfa oedd y meddyg Griffith Owen ac yn ei olwg ef nid oedd y fath anwybyddu o'r Cymry fawr gwell na:

> ... to shutt that Door against our Nation, which the Lord had opened for them to come to these countres, for we can declare with

an open face to God and man that we desired to be by ourselves
for no other End or purpose, but that we might live together
as a Civill Society to endeavour to deside all Controversies and
debates amongst ourselves in Gospel order, and not to entangle
ourselves with Laws in an unknown Tongue, as also to preserve
our Language, that we might ever keep Correspondence with our
friends in the land of our nativity. Therefore our request is that
you be tender not only of violating the Governor's promise to us,
but also of being instrumentall of depriving us of the things which
were the chief motives and inducments to bring us here.

Ceisiwyd cyfiawnhau yr ail-drefnu trwy fynnu bod prinder
o Gymry i lanw'r Rhanbarth. Os felly, mae lle ofyn pam fod
cynifer o Gymry wedi ymgartrefu y tu hwnt i'r Rhanbarth
fel yn achos Newtown. Ac os oedd prinder o Gymry pam y
cododd angen am greu sefydliad o'r newydd ar draws yr afon
yng Ngwynedd? Ar sail hyn gellir casglu bod y Cymry yn dal
i ymfudo yn eu niferoedd o gylch 15 mlynedd ar ôl i'r fintai
wreiddiol adael eu mamwlad.

Bwriad yr Almaenwyr hwythau oedd glynu at eu traddodiadau
ond, fel y Cymry, cawsant hwythau eu camarwain yn y diwedd.
Rhan o'r diffyg oedd methiant ar ran Penn i ragweld cyn lleied
y medrai gyflawni heb gefnogaeth llywodraeth Llundain.
Rhwystr arall i'r Cymry oedd cenfigen Caer tuag atynt –
rhywbeth y cyfeiriwyd ato gan Edward Griffith mewn erthygl
a ddanfonodd i'r *Geninen* yn 1888: 'Ni chawsant fwynhau y tir
mewn llonyddwch, mwy na chafodd eu hynafiaid lonyddwch
gan deulu rheibus Hengist a Horsa.'

O ran Penn ei hun, dim ond unwaith y dychwelodd ar ôl
ei daith wreiddiol a digalonnodd droeon am yr anghytundeb
a gododd ynghylch rheoli Pensylfania. Cyfeiriodd at hyn
mewn llythyr a ddanfonodd at Thomas Lloyd mor gynnar ag
1686. Bu farw yn 1718, a hynny ar ôl dioddef ers tro o salwch
meddwl. Yn ôl Rowland Ellis daeth 'cwmwl o wendid dros
ein Llywodraethwr nad oedd o'r corff. Diweddodd ei oes fel
plentyn diniwed...' Deallai Rowland Ellis hefyd na fedrai, gyda
gofynion llywodraeth o Lundain, sicrhau'r hyn y gobeithiwyd

amdano: 'Pe buasai William Penn gystal a'i addewidion... ac eto dyn da ydoedd hwn, a'r pwerau yn ei erbyn yn drech na'i weledigaeth.' Hwyrach fod hyn yn amlwg i un o allu Thomas Lloyd, a welodd fel y gallai yntau sarnu gobeithion y Crynwyr trwy ddiystyru hawliau'r Cymry.

Er gwaethaf pob anghytundeb ynghylch y Rhanbarth, yr oedd ganddynt o'r diwedd y ffermydd gorau, heb yr un offeiriad i drachwantu am eu cynnyrch. Ni fygythiwyd hwy â charchar chwaith a rhwng popeth, gellid rhagweld dyfodol disglair nid yn unig iddynt hwy, ond i'r cenedlaethau i ddod. Yn 1893, pan anerchodd Dr J. J. Levick o deulu John ap Thomas Gymdeithas Hanesyddol Pensylfania, yr oedd bron y cyfan o'r hen deuluoedd yno'n ei gefnogi – disgynyddion i Dr Wynne, Thomas Lloyd, John Bevan, Edward Jones, Rowland Ellis, Ellis Pugh, Hugh Roberts, a llawer un arall. Trwy gadw at un o draddodiadau'r Crynwyr byddai gan lawer ohonynt gofnodion o hanes eu teuluoedd a thrwyddynt byddent yn hen gyfarwydd â'r hyn a arweiniodd at haneswyr fel Glenn i ddatgan:

In education, industry and practical ability the Welsh planters had no superiors and few equals among the early colonists. All their national pride and all their personal interests impelled them to undertake those enterprises from which their fellow settlers seem to shrink.

Byddai eu parodrwydd i wneud eu rhan dros y gymdeithas ac i barhau i wella eu hamgylchiadau eu hunain yn nodweddiadol ohonynt am genedlaethau. Awdur ymchwiliad meddygol cyntaf y wlad oedd Thomas Cadwalader, mab i'r John Cadwalader a arferai gynnal cyfarfodydd gwreiddiol Uwchlan yn ei gartref. Sylweddolodd yr awdur fod cysylltiad rhwng un o glefydau'r dydd â'r defnydd o bibau plwm i gynhyrchu rym yn Jamaica. Ar dudalen flaen ei waith ceir y geiriau hyn: 'An Essay On the West-Indian Dry-Gripes' a 'To which is added An Extraordinary Case in Physick'. Philadelphia: Printed and sold by B. Franklin MDCC.XLV. Roedd meddyg adnabyddus arall yn gefnder iddo, sef y John Jones a gyhoeddodd *Plain Concise Practical Remarks on the Treatments of Wounds and Fractures; to which is added an Appendix, on Camp and Military Hospitals*. Fe'i cyhoeddwyd yng nghyfnod y Chwyldro Americanaidd.Hwn oedd llyfr meddygol cyntaf y wlad ac mae'n gyflwynedig i Thomas Cadwalader:

> To you, whose whole life has been one continued scene of benevolence and humanity... to whose excellent precepts, both in physic and morals, I owe the best and earliest lessons of my life; and if I have attained to any degree of estimation with my fellow citizens, it is with the most sincere and heartfealt pleasure, that I publickly acknowledge the happy fource. That your virtuous life may be long continued as a blessing to yourself, your friends and your country...

Bu'r teulu hwn yn adnabyddus am genedlaethau ac aelod arall a haeddai gael ei gydnabod am ei waith oedd gor-ŵyr i Thomas Cadwalader a fu farw yn 1879:

> Nos Sabbath, Ionawr 26ain, symudodd angau y dyn da John Cadwallader, Prif Farnydd yr Uchaflys yn y ddinas hon oddiwrth ei waith at ei wobr... Yr oedd ei swydd yn un bwysig, ond yr oedd yn gyfatebol iddi yn mhob ystyr – ei lygaid craff, ei feddwl treiddgar, ei resymau cedyrn, a'i farn gywir ar bob achos a ddeuai ger ei fron, yn peri hyd yn nod i'w wrthwynebwyr ei edmygu... Bu am dros hanner can mlynedd yn gyfreithwr yn Llys Philadelphia, ac am un mlynedd ar hugain o hynny yn Brif Farnydd yr Uchaflys... Gohirwyd yr holl lysoedd oherwydd yr amgylchiad galarus ddydd ei gladdedigaeth, a darfu i holl aelodau y llys fyned yn un orymdaith i dalu y gymwynas olaf i'w weddillion a ddaearwyd yn y fynwent ar Fifth ac Arch Street, lle mae beddrod y teulu.

Er bod bron dwy ganrif wedi mynd heibio ers i'r teulu ddod i'r wlad, arferai ei frawd, os nad yntau, ymuno ar dro gyda'r Gymdeithas Gymraeg i ddathlu Dydd Gŵyl Dewi. Ni chyfyngwyd gweithgarwch y Cymry i'r gyfraith neu feddygaeth chwaith: yn 1858 cyhoeddodd William Parker Ffoulke ei *Account of remains of a fossil extinct recently discovered at*

Hattonfield, New Jersey. Dyma lle y darganfuwyd esgyrn deinosor am y tro cyntaf yn yr Unol Daleithiau ac roedd teulu'r awdur yn un o'r rhai cynharaf i gyrraedd Gwynedd yn 1698. Yn cydoesi â William Parker Ffoulke, ac yn berthynas iddo, oedd Daniel Foulke, y dywedwyd amdano ar ei farwolaeth yn 1888, ei fod o'r chweched genhedlaeth i addoli yn Nhŷ Cwrdd Gwynedd.

Un arall o ddisgynyddion y Crynwyr cynharaf ym Mhensylfania oedd y Josuah Humphries a benodwyd i oruchwylio adeiladu chwech o longau rhyfel ar adeg ar ôl y Chwyldro pan oedd y wlad yn rhy dlawd i greu llynges o'r un faint â llynges Prydain. Yr un cyntaf o'i deulu i ymfudo i'r cyfandir oedd Daniel Humphries o Borthwen, Meirionnydd, afeddiannodd 200 cyfair o dir yn Haverford yn 1682. Yn Awst 1695 priododd Hanah, un o ferched Dr Wynne, ac ymysg eu perthnasau yr oedd gwraig Rowland Ellis, Bryn Mawr. Ganwyd Josuah Humphries – a gariai'r un enw â'i dad – yn 1751; enw ei fam oedd Sarah Williams. Pan orffennodd brentisiaeth fel saer llong dechreuodd adeiladu llongau ei hunan ac yn 1796 cynlluniodd long y byddai'i chyflymdra yn un o'i phrif nodweddion. Trwy wneud ei hyd a'i lled ychydig yn fwy na'r cyffredin medrai osod arni yr un nifer o ynnau ond heb ychwanegu'r ail lawr arferol. O ganlyniad gorweddai'r llong yn is yn y dŵr a rhwng hyn a bod y mast canolog yn 220 troedfedd o uchder (a 16 troedfedd yn hwy na hyd y llong), yr oedd lle i daenu mwy o hwyliau arno a modd felly i godi ei chyflymdra i tua 13 o notiau. A thrwy ddefnyddio'r 'live oak' a dyfai yn y Carolinas, yr oedd ei choed yn gryfach na'r dderwen gyffredin ac o ganlyniad byddai'n llawer mwy anodd i'w suddo.

Adeiladwyd un o'r llongau hyn, sef yr *United States*, yn Philadelphia gan Josuah Humphries ei hun; yr enwau a roddwyd ar weddill y llongau oedd *The Chesapeake, The Congress, The Constellation, The President,* a *The Constitution* ac yn rhyfeddol iawn, mae'r olaf yn parhau yn un o longau swyddogol y llynges. Adeiladwyd hi yn 1797 a phan ddathlwyd dauganmlwyddiant un fuddugoliaeth nodedig ar 19 Awst 2012, fe'i hwyliwyd hi'n hamddenol o amgylch harbwr Boston. Hon oedd yr eilwaith mewn can mlynedd i rai o'i hwyliau gael eu hagor. Cafodd y llong hon ei chyfle i ddangos ei rhagoriaeth pan fethodd Prydain â chadw at y cytundeb a arwyddwyd ar ôl y Chwyldro a phan ailgychwynnwyd y rhyfel (sef Rhyfel 1812). Bu'n fuddugoliaethus wrth wynebu HMS *Guerriere* ac yr HMS *Java* cyn diwedd yr un flwyddyn. Ymladdodd ei brwydr olaf yn Chwefror 1815 pan lwyddodd i gymryd meddiant o ddwy long ryfel, sef HMS *Cyane* a HMS *Levant*. Fodd bynnag, bu ei gyrfa bron â diweddu'n gynamserol ar ei mordaith gyntaf pan ganfu ei hun ynghanol niwl, a hithau wedi angori'n ddamweiniol yn ymyl nifer o longau Prydeinig . Heb awel, llusgwyd hi i ffwrdd trwy osod yr angor mewn cwch ai ollwng dro ar ôl tro rai llathenni o'i blaen.

Er bod lle i gydnabod eraill o bwys wrth olrhain datblygiad y wlad, prif gyfraniad y Cymry oedd yr arweiniad gwleidyddol a darddodd o'u hymdrechion i amddiffyn y Rhanbarth. Yn hyn o beth dylid cydnabod David Lloyd unwaith eto. Ei weithgarwch ef yn anad neb a arweiniodd at sefydlu prif amcan y llywodraeth, sef dilyn ewyllys y thrigolion yn hytrach nabod yn feistr arnynt. Nid carcharu'r bobl alluocaf yw'r ffordd fwyaf effeithiol o redeg gwlad ac eto dyna a gafwyd yn eu Cymru gynt – o'u dyddiau hwythau yn y 17eg ganrif hyd at safiad Cymdeithas yr Iaith yn ystod ail hanner yr 20fed ganrif. Ac er i Gymry Pensylfania dderbyn cydnabyddiaeth am wrthwynebu cyfreithiau megis crogi am ddwyn, tueddwyd i gysylltu'r fath ddaliadau rhyddfrydig â'u crefydd yn hytrach nag â'r anfodlonrwydd a gododd, er enghraifft, pan grogwyd y telynor Sion Eos ar gam yng Nghymru:

> Sorrais wrth gyfraith sarrug
> Swydd y Waun, Eos a ddug
> Y Swydd, pam na roit dan sêl
> I'th Eos gyfraith Hywel.

Eisoes cyfeiriwyd at Nicolas Easton yn cyrraedd Boston yn

1634; bum mlynedd ar ôl hynny ef fyddai'r cyntaf i godi tŷ yn Newport, Rhode Island, lle unwaith arferid hwylio am yr *Americas Cup*. Barcer ydoedd wrth ei alwedigaeth. Ymunodd â'r Crynwyr ar ôl clywed amdanynt yn 1657, a phan oedd yn llywodraethwr Rhode Island gwnaeth ei orau glân i sicrhau tegwch i un o'r Indiaid a gyhuddwyd o lofruddiaeth trwy fynnu bod hanner y rheithgor yn Indiaid. Eto, yng Nghymru'r 20fed ganrif rhwystrwyd tri Chymro amlwg rhag sefyll eu prawf yng Nghaernarfon a thrwy eu gorfodi hwy i ymddangos gerbron llys yn Llundain sicrhawyd y byddai'r rheithgor yn ddi-Gymraeg.

Yn 1863 daeth teulu disgynyddion Philip a Rachel Price ynghyd; roeddent wedi gadael Sir Benfro 180 mlynedd ynghynt. Yn eu mysg yr oedd Eli Price a ddaeth yn wleidydd a chyfreithiwr amlwg; ef hefyd a fu'n gyfrifol am y cofiant i'r teulu sy'n trafod y rhesymau dros ymfudo ac yn mentro mynegi barn am y sefyllfa lywodraethol ym Mhrydain:

The legislation and government of England have vastly improved by the experience and education of the nearly two hundred years since our ancestors came to this country. But England only makes her reform slowly and under compulsion, as the people become enlightened and exact them. England, in law and practice, is yet bigoted and unenlightened; and that in the face of the theoretical enlightenment of her own best writers and statesmen for many years past.

Mae astudiaeth ddiweddar a gwblhawyd gan Brifysgol Zürich a'r ganolfan *Wissenschaftszentrum Berlin fur Sozialforschung* (WBC neu Social Science Research Center yn Berlin) yn ceisio dangos i ba raddau mae egwyddorion rhyddid yn bodoli mewn amrywiaeth o wledydd Ewropeaidd. Rhoir sylw i amodau megis faint o reolaeth sydd gan ddinasyddion dros eu llywodraethau ac i'r cydraddoldeb y gellid ei ddisgwyl wrth ymdrin â dinasyddion o gefndiroedd gwahanol. Y cyfnod dan sylw yn yr astudiaeth yw 1995 tan 2005, ac o'r 30 o wledydd

Ewropeaidd a gymharwyd, barnwyd mai dim ond y 26ain oedd Prydain.

Un o'r rhai oedd yn bennaf gyfrifol na fyddai rhaid i drigolion Pensylfania lynu at ddymuniadau Prydain oedd David Lloyd. Yn ddiamau ef oedd areithiwr mawr ei oes ac nid gwag oedd ei fygythiad i Logan na fyddai ei farwolaeth yn rhoi taw ar ei lais. Dros amser datblygwyd ei syniadau gan rai fel Thomas Jefferson: 'The care of human life and happyness, and not their destruction, is the first and legitimate object of good government'.

Yn ôl yr Athro Rufus Jones medrai David Lloyd ddibynnu ar gefnogaeth unfrydol y Rhanbarth: 'He marshalled the country Friends against the aristocratic tendencies of the propriety party, and opposed with vigour and success any increase in its prerogatives'. A chan fod *Y Mynegair Ysgrythyrol* o waith y Bedyddiwr Abel Morgan yn gyflwynedig iddo, mae'n ymddangos eu bod hwythau fel enwad mor gefnogol iddo â'r Crynwyr eu hunain. Ond, ac eithrio ymhlith y Cymry, bu raid aros tan yr 20fed ganrif cyn troi oddi wrth ragfarnnu Seisnig a chydnabod ei wir fawredd. Ym marn yr Athro Dunaway, 'The dominating political leader in the province at this time was unquestionably David Lloyd.' Ac wrth drafod ffrwyth ei lafur o flaen rhai o gyfreithwyr mwyaf dylanwadol Pensylfania ar ddechrau'r 20fed ganrif, ac wrth ei gymharu â mawrion eraill yr oes, gwelai H. F. Eshleman ef yn aros ar ei ben ei hun: 'rising above his fellows, in solitary stateliness, there stood David Lloyd, rugged, defiant, gnarled and knotty, as the unwedgable hickory'.

3

O Rydwilym
i Genhadaeth y Shawnees

Dechrau'r Ymfudiaeth

CYN EU HYMFUDIAETH i America, bu'r driniaeth a gafodd y
Bedyddwyr yng Nghymru yn debyg i'r hyn a ddioddefwyd
gan y Crynwyr a gydoesai â hwy yn Pensylfania. Pan oedd yr
erledigaeth ar ei gwaethaf yn ystod ail hanner y 17eg ganrif
bu raid iddynt gadw eu cyfarfodydd yn ddirgel, ac mewn llyfr
a gyhoeddwyd yn Pittsburgh yn 1835 sonnir sut yr arferent
gyfarfod yng nghyffiniau Dolau yn Sir Faesyfed:

> The church had to meet in the most secret places by night,
> somewhere in the woods, or on the Black mountain, or the rough
> rock. They were obliged to change the place every week, that
> their enemies might not find them out. Often the friends of the
> internal foe diligently sought them, but found them not. While the
> wolves were searching in one mountain, the lambs were sheltering
> under the rock of another. But not withstanding all their care and
> prudence, they were sometimes caught, and most unmercifully
> whipped and fined. Their cattle and household furniture were
> seized to pay the fines and expenses of the executioners of the law.
> The safest place they ever found was in the woods, under a large
> rock, called Darren Ddu, or the Black Rock. It is the most dreadful
> steep, and the roughest place we have ever seen.

Y llyfr dan sylw yw *History of the Welsh Baptists from
the year '63 to the year 1770.* Dywed yr awdur, J. Davis, mai

cyfieithiad o lyfr adnabyddus Joshua Thomas ydyw, ond iddo ei gwtogi er mwyn manylu mwy am y Bedyddwyr ar ôl iddynt ymfudo i America. Awgrymir mewn un man mai Jonathan Davis oedd enw llawn yr awdur ac yn *The Ilston Book*, NLW (1996), awgryma B. G. Owens mai Jonathan Davies, myfyriwr cyntaf Micah Thomas ym Mhont-y-pŵl, ydoedd.

Gan eu bod wedi'u cyfyngu i fyw o dan y fath amgylchiadau, nid rhyfedd i lawer o Fedyddwyr ddiflasu ar y drefn Brydeinig a phenderfynu ymadael â Chymru. Y cyntaf o'r enwad i ymfudo oedd John Miles, gweinidog yng nghyffiniau Abertawe, ond ni fu fawr gwell arno ef a'i ganlynwyr wedi cyrraedd Boston yn 1663. Oherwydd rhagrith Piwritaniaid dylanwadol Massachusetts gorfodwyd y Bedyddwyr i symud ymhellach i'r de o'u Rehoboth gwreiddiol, gan sefydlu'r Swansey sy'n agos i ffin bresennol Talaith Rhode Island. Ddeunaw mlynedd yn ddiweddarach dywedwyd bod John Miles yn rhy oedrannus a gwanllyd i gadw at ei ddyletswyddau – 'very aged and feeble' ac 'often incapable of his ministerial work'. Blwyddyn ar ôl ei farw yn 1683 graddiodd ei fab Samuel o Harvard ond yn lle dychwelyd i gymryd gofal o eglwys ei dad, penderfynodd hwnnw aros yn Boston. Tebyg mai hynny a barodd i eglwys ei dad, y gyntaf gan y Bedyddwyr yn Massachusetts, golli ei Chymreictod yn gymharol fuan. Yn rhyfedd iawn, trodd Samuel Miles ei hun at Eglwys Loegr ac o 1696 hyd ei farwolaeth yntau yn 1728/9, ef oedd rheithor King's Chapel, Boston. Mae'r adeilad presennol yn dyddio o 1749, a rhwng hynny a'r ffaith mai hwn oedd y cyntaf oll o gapeli'r Undodiaid yn y wlad (daeth dan eu rheolaeth hwy yn ystod y Chwyldro), mae'n cael ei weld yn un o drysorau mwyaf hanesyddol y ddinas.

Gweinidog Bedyddwyr Philadelphia yn ystod chwedegau'r ddeunawfed ganrif oedd Morgan Edwards o Trefethin ger Pont-y-pŵl, ac ef yn fwy na neb sy'n cael ei gydnabod yn sylfaenydd Prifysgol Brown yn 1764. Symudwyd y brifysgol enwog honno i'w safle presennol yn 1770 ac mae i'w chanfod ar lechwedd sy'n codi o ganol Providence, Rhode Island. Yn yr un flwyddyn ag y symudwyd y brifysgol cyhoeddodd Morgan Edwards ei hanes am Fedyddwyr Pensylfania, ac yn ogystal â chyfrif bod y Bedyddwyr ymysg y cynharaf o arloeswyr y dalaith honno, dywed ymhellach mai 'the first constituents of those churches were chiefly emigrants from Wales or their offspring'. O gymharu â'r Crynwyr, prin yw'r sylw a roddwyd iddynt ac yma cymerir golwg ar yr hyn a gyflawnwyd ganddynt. Symudodd Morgan Edwards ei hun i'r 'Welsh Tract' sydd bellach yn Nhalaith Delaware ac ar ei farwolaeth yn 1795 claddwyd ef dan ystlys y capel a godwyd gan y Cymry yno.

Capel Pennepek a Mynegair Ysgrythurol

Ymhlith eglwysi gwreiddiol y Bedyddwyr yn Pensylfania mae un â'r enw anghyfarwydd Pennepek. Er bod ambell gyfeiriad ati fel 'Pen-y-parc', enw Indiaidd yn hytrach na Chymraeg ydyw, yn dynodi afon Pennepek gerllaw. Roedd yr eglwys 11 milltir y tu allan i Philadelphia – nad oedd bryd hynny yn llawer mwy na Stryd y Dociau a Strydoedd Cyntaf, Ail a Thrydydd. Dyma'r eglwys gyntaf o bwys parhaol i'r enwad yn y dalaith, gydag ymfudwyr o Nantmel a Dolau yn Sir Faesyfed mor ddylanwadol â neb yn ei sefydlu. Er i lawer ohonynt ddod yno yn 1684 – o fewn dwy flynedd i'r adeg y cyrhaeddodd William Penn ei hun – ni chodwyd y capel tan 1707. Nid Cymry oedd y gweinidogion gwreiddiol chwaith, ond hwy oedd yr arweinwyr ar droad y 18fed ganrif. Wedi'u cyd-ordeinio yn 1706 fel y cyntaf o'r gweinidogion Cymreig yr oedd Evan Morgan, Crynwr a newidiodd ei enwad, a'r Samuel Jones a gyfrannodd y tir ar gyfer y capel. Er pan ddechreuwyd yr achos yr oedd gan yr eglwys Feibl Cymraeg a argraffwyd yn 1678 a phan ymwelodd Dr Thomas Price o Aberdâr â'r capel yn 1869, manteisiodd ar y cyfle i gofnodi'r canlynol ynddo:

> Sarah, daughter of Peter Davies, Baptist minister, Dolau,
> Radnorshire, South Wales, came over and settled in Penepec,
> in the year 1680, and through her letters, induced to follow her,
> George Eaton, John Eaton, and Jane Eaton, together with Samuel
> Jones, a preacher in Dolau, and they were amongst those who

founded the church in Penepec, in 1688. This Bible was brought
over by them and has been preserved ever since in the Penepec
Church, now called Lower Dublin. May God continue to bless and
prosper this dear old church.

O hyn canfyddir bod Samuel Jones yn bregethwr profiadol
cyn ei ordeinio yn Pennepek. Ymysg gweinidogion eraill yr
eglwys yr oedd George Eaton, mab i John Eaton a Mary Davies,
gyda'r olaf yn chwaer i'r Sarah uchod. Roedd gan George Eaton
frawd o'r enw Joseph a aeth hefyd i'r weinidogaeth. Nid oedd ef
ond plentyn saith mlwydd oed pan gyrhaeddodd y wlad. Ei fab
ef, Isaac Eaton, oedd yr enwocaf o'r teulu. Wedi iddo gymryd
gofal eglwys yn Hopewell, New Jersey, arferai hyfforddi eraill
ar gyfer y weinidogaeth – y cyntaf o Fedyddwyr y wlad i wneud
hynny.

Yn wahanol i'r eglwysi Bedyddiedig eraill sy'n gysylltiedig â
Chymry Pensylfania, ni fu Pennepek erioed yn eglwys Gymraeg
uniaith. Arferai nifer o Saeson a Gwyddelod gydaddoli â'r
Cymry, a chan fod yr iaith wedi dechrau dirywio mewn rhannau
o Sir Faesyfed erbyn hynny, nid yw'n glir faint o feistrolaeth o'r
Gymraeg oedd gan y Cymry a ymfudodd o'r sir. Bu'r Bedyddwyr
yn weithgar fel enwad yng nghanolbarth Cymru o tua 1646
ymlaen, ac arferent ddenu gwrandawyr o dair sir, sef Cwm
a Llanddewi ym Maesyfed, Pentref ym Mrycheiniog a Garth
yn Nhrefaldwyn. Ar y dechrau cynhaliwyd y cyfarfodydd yng
Nghwm ac yna yn 1721 penderfynwyd troi tŷ o'r enw Rock yn
gapel. Roedd hwn wedi'i leoli ger Pen-y-bont a Saesneg oedd
iaith gyntaf y mwyafrif yno erbyn hynny. Yn ddiweddarach
codwyd capel ganddynt ar dir fferm o'r enw Dolau a chan fod
y Gymraeg yn dal yn ei grym yn y cyffiniau hynny, mae lle i
feddwl bod gan y mwyafrif o'r ymfudwyr o leiaf ddealltwriaeth
o'r Gymraeg.

'May God continue to bless and prosper this dear old
church' oedd dymuniad Dr Thomas Price ar ei ymweliad yn
1869 ac nid oes fawr o amheuaeth mai dyna a welwyd o'i
ddyddiau cynharaf, yn enwedig wedi i Abel Morgan ddod atynt

yn weinidog yn 1712. Wedi'i eni yn Llanwenog, Ceredigion yn 1673, dechreuodd bregethu'n 19 mlwydd oed, a hynny yn Llanwenarth. Tua 1696 derbyniodd alwad i Flaenau Gwent a bu'n hynod o boblogaidd yno tan iddo ymfudo i America yn 1711. Bu ei dad, Morgan ap Rhydderch, yn weinidog ar gangen Glandŵr o Eglwys Rhydwilym; ac ewythr iddo oedd y Sion ap Rhydderch a gyhoeddodd *Geiriadur Cymraeg* yn 1725 a *Gramadeg Cymraeg* yn 1728. Roedd gan y ddau yma frawd arall o'r enw Rhys ap Rhydderch a oedd wedi byw yn Pensylfania am ddeng mlynedd cyn ymfudiad Abel Morgan yn 1711. Bu mordaith Abel Morgan ei hun yn hynod o anodd a thrychinebus yn ôl adroddiad sy'n dyddio o'r 19eg ganrif:

> Ar yr 28fed o Fedi yn y flwyddyn hono [1711], aeth ef a'i deulu i'r môr mewn llong o Gaerodor [Bryste]; ac o herwydd gerwindeb yr hin, gorfu iddynt droi i Aberdaugleddyf, lle y buont am dair wythnos. Wedi hwylio oddi yno, gyrwyd hwy gan dymmestl i Cork, lle y buont bum wythnos yn flin eu cyflwr ar amryw ystyriaethau. Mordwyasant oddi yno drachefn ar y 19ydd o Dachwedd; ac aethant yn glaf iawn ar y môr. Bu farw ei fab bychan ar y 14ydd o Ragfyr; ac ym mhen tri diwrnod ar ôl hynny bu farw ei wraig. Bu am un ar ddeg o wythnosau rhwng yr Iwerddon a thir America, a hyny yn nyfnder y gauaf.

Nid rhyfedd felly iddo fethu cyrraedd Philadelphia tan 14 Chwefror 1712. Bu'r eglwys dan ei ofal o'r flwyddyn honno hyd ei farwolaeth yn 1722. Yn ogystal â'i weinidogaeth yno arferai bregethu yn gymharol gyson yn Philadelphia. Clywid amdano'n bedyddio hwn ac arall tra oedd yn ymweld â'r gwahanol ardaloedd yn y cylch ond yr hyn a gysylltir â'i enw yn bennaf yw ei fynegair ysgrythurol a gyhoeddwyd yn Philadelphia gan wasg Samuel Keimer a Dafydd Harry yn 1730. Mae'i deitl llawn yn cyfleu yr hyn a fwriadwyd ohono: *Cyd-gordiad Egwyddorawl o'r Scrythurau: neu Daflen Lythyrennol o'r Prif Eiriau yn y Bibl Sanctaidd. Yn Arwain, dan y Cyfryw eiriau, i fuan ganfod pob rhyw ddymunol ran o'r Scrythurau.* Gan mai hwn oedd y cyntaf o'i fath i ymddangos yn y Gymraeg, daeth yn sylfaen nid yn unig i waith cyffelyb gan Peter Williams yng Nghymru, ond i eraill hefyd. Cydnabyddir hyn gan T. Jenkins a D. C. Evans ar ddechrau'r *Mynegair* o'u heiddo hwy a gyhoeddwyd yn Utica, Talaith Efrog Newydd yn 1859:

> Yr ydym yn ostyngedig yn cydnabod y gweithiau y casglasom allan ohonynt – sef eiddo y Parch. Abel Morgans, yr hwn oedd y cyntaf a gasglodd Fynegair Cymraeg, ac a gyhoeddwyd yn y wlad hon yn 1730; a thrwy gymorth pa un yr anrhegodd y Parch. P. Williams y Cymry a *Mynegair*, y fu ac y sydd yn wasanaethgar iawn iddynt...

Er mor bwysig oedd llyfr Abel Morgan yn weledol, nid oedd mor drawiadol â hynny. Ac nid oes unrhyw wirionedd yn yr honiad mai Benjamin Franklin a fu wrthi yn gosod llythrennau'r *Cyd-gordiad*. Mae'n wir i Benjamin Franklin gael ei gyflogi ar un adeg gan Samuel Keimer, yr argraffydd, ond daeth hynny i ben wedi iddi fynd yn gynnen rhyngddynt ryw ddwy flynedd cyn cyhoeddi'r *Cyd-gordiad*. Yn y cyfamser roedd Franklin wedi dechrau gwasg arall mewn partneriaeth â Chymro o'r enw Huw Meredith. Ar ôl marwolaeth Abel Morgan yn 1722 aeth wyth mlynedd heibio cyn y daethpwyd i ben â'i gyhoeddi; ac yn ôl atodiad sydd wedi'i ddyddio 31 Mawrth 1730, bu llawer un wrthi yn ei baratoi ar gyfer y wasg:

> Gan fod y canlynol lyfr o lafurus a thra-phoenus waith y parchedig Awdur Abel Morgan, wedi ei gyfan-foddi a'i gwpplhau er lleshad ein cydwlad-wyr a chwedi ei adel, ar ôl ei farwolaeth ef, megys ymddifad, truan a di-gymmorth, gwelodd Rhagluniaeth yn dda annog y rhag-ddywedig Enoch Morgan, Elisha Thomas, Jenkin Jones a Benjamin Griffith Gwenidogion yr Efengyl a John Davis, i adfywio ac adnewyddu'r gwaith da hwn; y rhai drwy Gost-fawr drael ai dygasant drwy'r Argraphwasc: A chan ir vnrhyw wyr parchus weled yn dda ei rhoddi dan fy llaw a ngofal i, yw lythyrennol ad-gyweirio a'i olygu yn ei fynediad drwy'r Argraphwasc...

Nid gan Fedyddiwr y ceir y sylwadau uchod ond gan Grynwr

o'r enw John Cadwaladr. Gan fod y llyfr yn gyflwynedig i Grynwr arall, sef gwleidydd blaenllaw o'r enw David Lloyd, mae'n ymddangos bod cydweithrediad rhwng y ddau enwad. Ac wrth ysgrifennu cyflwyniad i'r llyfr mae Enoch Morgan (brawd Abel) yn mynegi barn sy'n cyffwrdd ag egwyddorion gwrthryfelgar y Crynwyr:

> ...mae llyfrau yn fwy angenrheidiol mewn llywodraeth nac Arfau, o herwydd nid yw Arfau ond amddiffynfa rhag anrhaith Gelynion, ac i [*sic*] mae Llyfrau, mewn rhan fawr, yn feddiginiaeth rhag mwy peryglys haint cyfeiliornadau, canys ni ddichon gelynion ddestrywio ond y Corph... Ac o herwydd ein bod yn chwennychu gosod allan y Llyfr hwn er cyffredinol leshad, mi feiddiais ei sefydlu dan gysgod eich parchedig Enw, heb yr amheuaeth leiaf, o'ch mawr allu, nac etto o'ch hael barodrwydd i'w gynnorthwyo a'i osod ymlaen, nac o'ch haeddol barch a chymmeriad ym mhlith ein cyd-wladwyr o bob gradd a chyfenwad, nac etto o'ch cariad a'ch ewyllys da tuac at y Britanniaid. Ac o'r mawr gariad sydd gennych, a'ch aml dystoliaeth o honi, tuac at y cyffredinol leshad: I'r [*sic*] wyf yn llawn gredu, y bydd i'ch anrhydedd annog y gwaith gwneuthuriad yr hyn a dderchafa eich mawr glod, ac a fydd i'ch Anrhydedd yn achos o enw mawr digoll, nid yn vnic yn hon, ond hefyd yngwlad ein Genedigaeth.

Er gwaethaf yr holl ragfarnau yn erbyn David Lloyd gan y Saeson yn Pensylfania, nid oes lle i amau ei boblogrwydd ymysg ei gyd-Gymry. A thra oedd yn cyflwyno'r llyfr iddo manteisiodd Enoch Morgan ar y cyfle i fynegi barn am arddull y Beibl ei hun: 'Gwir yw, fod yr scrythur mor gryno, nad eill gwyno nad oes hamdden iw ddarllen.' Ceir ganddo hefyd farddoniaeth am ei frawd Abel sy'n agor â'r llinellau:

> Gwasanaeth ei feistr fe gymmerth mewn llaw
> Yn gynnar, fel Usher cyn bod yn ddau-naw;
> Rhedodd ei yrfa, gorphennodd ei waith,
> Canlynodd ei bennaeth, hyd ddiwedd y daith...

Chwaer Eglwys Rhydwilym

Er mor flaenllaw fu eglwys Pennepek, dan ddylanwad Abel Morgan ac eraill a'i canlynodd, nid hon oedd yr eglwys fwyaf dylanwadol o safbwynt y Cymry. Am y rhagoraf oll o eglwysi'r enwad, rhaid troi at yr un a darddodd yn uniongyrchol o Rydwilym, yr eglwys wledig honno yn Sir Gaerfyrddin, ar ymyl y Cleddau sy'n ffin â Sir Benfro. Go brin fod yno'r un a fedrai ragweld pa mor ddylanwadol a fyddai'r 16 ohonynt a ymwahanodd i ffurfio chwaer eglwys, gan droi eu golwg tua'r Byd Newydd. Nid tan flwyddyn eu hymfudiaeth yn 1701, ac ar ôl 33 blynedd o gyfarfodydd cudd, y llwyddwyd i godi Capel Rhydwilym ei hun. Adeiladwyd ef yn brin o ffenestri er mwyn cwtogi ar dreth y golau, a chan ei fod ar y ffin rhwng Penfro a Chaerfyrddin, gyda Cheredigion yn gymharol agos, denwyd gwrandawyr o dair sir. Felly yr oedd pethau yng nghyfnod yr erlid, ac erbyn y flwyddyn 1689 cyfrifwyd bod 59 o'r aelodau o Sir Benfro, 35 o Sir Gaerfyrddin a 19 o Geredigion.

Treuliodd yr 16 a hwyliodd o Aberdaugleddau ar y *James & Mary* yn 1701 tua blwyddyn a hanner i'r gogledd o Philadelphia yng nghyffiniau Pennepek. Yna, oherwydd anghydfod yn ymwneud ag arddodiad dwylo, aethant hwy, ynghyd â 22 ychwanegol, i ymsefydlu rhyw 45 milltir i'r de o'r ddinas. Dyma'r ail ardal yr arferwyd cyfeirio ati fel y 'Welsh Tract' oherwydd dyna oedd enw'r rhanbarth i'r gorllewin o Philadelphia a gysylltir yn bennaf â'r Crynwyr. Er bod y Bedyddwyr yn dal i fod yn Nhalaith Pensylfania ar ôl iddynt symud yn 1703, newidiodd hynny pan grëwyd Talaith Delaware allan o dair sir fwyaf deheuol Pensylfania. Yn ddiweddarach cymhlethwyd eu lleoliad yn fwy fyth pan aildrefnwyd y ffiniau taleithiol i ddilyn rhediad y 'Mason Dixon Line'. Barnwyd bod tua chwarter o'r rhanbarth yn perthyn nid i Delaware fel y gweddill ohoni, ond i Cecil County, Maryland. Am y trydydd lle a alwyd yn 'Welsh Tract', ni ddechreuwyd sefydlu yno tan y 1720au ac mae'r rhanbarth hon yn fwy fyth i'r de, yn ardal Cape Fear, North Carolina.

Heb orfod malio am faint y ffenestri, adeiladwyd capel ganddynt yn 1703 ac erbyn heddiw mae'n cael ei gydnabod fel y cyntaf o gapeli'r enwad yn Delaware. Deuir ato wrth deithio i'r de o Newark, tref Prifysgol Delaware, ac mae i'w weled gerllaw godre'r Iron Hill lle unwaith mwyngloddiwyd haearn. Yno yng ngolwg y capel mae Christiana Creek sy'n gysylltiedig â'r Llychlynwyr a ragflaenodd y presenoldeb Prydeinig yn y cylch. Cyfrannwyd chwe chyfer o dir ar gyfer y capel gan Huw Morris, a chodwyd stablau gerllaw, lle y clymid y ceffylau a gludai'r addolwyr yno. Adeilad pren oedd y capel gwreiddiol a defnyddiwyd hwnnw tan i'r capel presennol o frics gael ei godi yn 1746. Yn yr adeilad brics hwn y dathlwyd ail ganmlwyddiant yr achos ym mis Hydref 1903.

Tebyg mai'r hynaf o'r aelodau gwreiddiol oedd ewythr i'r brodyr Abel ac Enoch Morgan, sef Rhys ap Rhydderch a ddaeth yno o'r Allt-goch, Llanwenog, lle y magwyd hwythau hefyd. Er iddo ymfudo ym mlwyddyn mordaith y *James & Mary*, nid yw cofnodion y capel yn ei restru ymhlith y rhai a oedd arni. Gan ei fod dros 'oedran yr addewid' adeg yr ymfudo yn 1701, prin y byddai'r teulu yn orawyddus i'w weld yn cymryd at y fath daith ac efallai mai gwrthwynebiad o'r fath a'i rhwystrodd rhag teithio gyda'r gweddill. Mae ei garreg fedd yn cadarnhau iddo gael byw am chwe blynedd arall, ac wedi'i gosod arni yn y Lladin mae'r geiriau: 'NATUS, APUD. FFANWENOG IN. COMITATU CARDIGAN ET HIC SEPULKUS FUIT AN. DOM. 1707 AETATIS FUSE 87'.

Yn wahanol i Pennepek, Cymry oedd y gweinidogion yma o'r dechrau. Y cyntaf ohonynt oedd y Parch. Thomas Griffiths a'u harweiniodd ar draws yr Iwerydd yn 1701, a bu ef yn weithgar yn eu mysg tan ei farwolaeth yn 1725. Gan ddechrau gydag Elisha Thomas, a fu farw ym mis Tachwedd 1730, rhai o ardal Rhydwilym oedd ei bedwar olynydd. Wedi'u gosod ar ei garreg fedd ef mae dau bennill yn y Gymraeg a dyma'r cyntaf ohonynt:

Dyma garreg sydd yn cuddio
Ein bugail mwyn sydd wedi'n gado;
Dyma'r lle mae'i gorff yn gorffwys
Nes cael galwad i Baradwys.

Ei olynydd oedd Enoch Morgan, brawd Abel, ac yn wahanol i'w ewythr oedrannus, Rhys ap Rhydderch, mae ei enw yn ymddangos ymhlith y fintai wreiddiol. Magwyd nifer o weinidogion nodedig gan yr eglwys hon yn Delaware, ac yn eu plith roedd mab i Enoch o'r enw Abel a ordeiniwyd yn Middletown, New Jersey yn 1739. O'r dechrau bu cynnydd cyson yn yr aelodaeth. Yn 1709 ymunodd ugain â hwy o eglwys Pennepek, dau o ddwyrain New Jersey, a phump o Gymru. Dilynwyd hwythau yn y flwyddyn ganlynol gan naw o Rydwilym, deuddeg o Gilcam, naw o Lanteifi, ac wyth o Langennech. Ymysg y rhai a gyrhaeddodd yn 1713 yr oedd un o deuluoedd gwreiddiol Eglwys Pennepek, sef John, Jane, Joseph, Gwenllian, George a Mary Eaton. Ymhlith y rhesymau iddynt adleoli o ardal Pennepek oedd y ffaith fod cymaint o genhedloedd eraill yn mynychu'r cyfarfodydd. Wedi dau fis yno, ar 12 Ebrill 1712, danfonodd Abel Morgan lythyr at eu cyn-gydaelodau ym Mlaenau Gwent yn datgan: 'The English is swallowing their language'.

Yn Delaware ei hun cedwid holl gofnodion y capel yn y Gymraeg tan 1732 – rhywbeth na wnaed yn Rhydwilym ei hun bryd hynny! Yna, gan ddechrau ym Mawrth 1733, defnyddiwyd chwech o wahanol lyfrau ar gyfer y cofnodion, gyda materion yn ymwneud â gwrywod yn y cyntaf, menywod yn yr ail, marwolaethau yn y trydydd, y rhai nad oeddynt yn deilwng bellach o fod yn aelodau yn y pedwerydd, y rhai a symudodd eu haelodaeth yn y pumed, ac unrhyw beth arall o bwys yn y chweched.

Ymysg y nifer helaeth i gydnabod daucanmlwyddiant yr achos yn 1903 oedd yr Historical Society of Delaware, a thrwy eu hymdrechion hwy cyhoeddwyd y cofnodion. Wrth eu cyflwyno dywedwyd: 'The gospel was preached in the Welsh language in this meeting until about 1800.' Un o'r rhai a bregethodd yn y Gymraeg am 30 mlynedd tan ei farwolaeth yn 1769, oedd y Parch. David Davis a aned yn Sir Benfro yn 1708. Eto ni fyddai pethau'n parhau felly, ac yn ôl Morgan Edwards fe'u diflaswyd gan un o'r enw John Boggs yn ystod wythdegau'r ganrif, a hynny mae'n debyg oherwydd ei ymdrech anfohaddol i bregethu yn Gymraeg:

> He is popular among one class of hearers, and were he to labor at finding out the fixed meaning of words, the right way of pronouncing, accenting, and tacking them together in concords, he might be tolerable to classes of some refinements. As it is, he grates their ears so with barbarisms as to check their attention and hurt their feelings.

O fwrw golwg dros y cofnodion canfyddir nad oedd mor anarferol â hynny i rywun neu'i gilydd gael ei dorri allan gan yr eglwys. Yn Ebrill 1714 cawn ddwy enghraifft o'r fath. Collodd Magdalen Morgan ei pharchusrwydd trwy fod mor ffôl ag anwybyddu cyngor yr eglwys 'relative to unseemingly dress which even the world thought to be unbecoming.' Ar y llaw arall, disgyblwyd Joseph James oherwydd 'his associates are godless men and he spends his time with loud talkers and in the midst of disorderly nights carried to great extreme.' Yna yn y flwyddyn 1736, gwelwn drwy hysbyseb a osodwyd yn y *Pennsylvania Gazette*, fod rhywun wedi dwyn Beiblau o'r capel:

> BETWEEN the second and third Sunday in June past, there was stolen three Bibles out of the Baptist Meeting-Houses: Two out of the Meeting-House on Christiana, near the Iron-Works in the Welsh Tract, in New-Castle County: One whereof is a good English Bible in Quarto, not claspd... The other a Welsh Bible in Quarto, of the Impression that was printed in the Year 1690, not claspd, being in good Order, having Lewis Joness Name therein... Whoever gives Notice of the said Bibles, and secures them so that they may be had again, shall have Fifteen Shillins Reward by Rees Jones, near

the Iron-Works in the Welch-Tract, or Jenkin Jones in Philadelphia, or Benjamin Griffith in Montgomery. If offered to be pawnd or Sold, pray stop them. Philad. July 8. 1736.

Er mor ddylanwadol fu aelodaeth yr eglwys, nid oes sicrwydd ynghylch sut y daethant i fod yn yr ardal yn y lle cyntaf. Yn y llyfr *A History of the Baptist Churches in the United States* a gyhoeddwyd fel yr ail gyfrol yn y gyfres *American Church History* yn 1894, dywedodd yr Athro A. H. Newman: '...in 1703 they received a large grant of land on the Delaware, known as the Welsh Tract, where they greatly prospered, and were able to furnish the denomination with some of its ablest ministers...'. Dyna fwy neu lai yr hyn a fynegwyd hefyd mewn llyfr arall, *The Early Baptists of Philadelphia* gan David Spenser, a gyhoeddwyd yn 1877: '...the newly-settled body from Wales removed to Delaware, purchased a tract of land, and named the place Welsh Tract'. Eto nid yw enwau'r tri a dderbyniodd yr hawlfraint gan William Penn yn 1701 yn ymddangos ymysg y rhai a hwyliodd ar y *James & Mary* yn y flwyddyn honno. Ac o'r prif berchenogion tir, sef William Jones (2,747 cyfer), John Morgan (2,053 cyfer), James James (1,250 cyfer), John Welsh (1,091 cyfer), David Price (1,050 cyfer), a Howell James (1,040 cyfer), nid yw eu henwau hwythau na'r 22 ychwanegol a symudodd yno gyda hwy yn 1703 yn ymddangos ymhlith y rhai ar y *James & Mary*. Yr unig un o'r perchenogion tir uchod y mae sicrwydd ynghylch pa enwad y perthynai iddo yw James James, a hynny trwy ei fod wedi arwyddo *Cyffes y Ffydd* y Bedyddwyr yn 1716.

Prin yw'r wybodaeth hefyd am y rhai a fu wrthi yn mwyngloddio haearn yn agos i'r capel ac ar odre'r Iron Hill. Yn 1723 rhoddodd James James (a enwyd uchod) 200 cyfer o dir dan enw ei fab, Samuel James. Yn ogystal â chodi gefail ar y tir, ceisiodd gael eraill i fuddsoddi mewn menter i gynhyrchu haearn. O'r saith a'i cefnogodd, dim ond un a gartrefai ar y rhandir, sef Reese Jones. Yr unig un arall ag enw Cymreig ganddo oedd Evan Owen a ddisgrifiwyd fel masnachwr yn

Philadelphia. Adeiladwyd yr Abbington Furnace, fel y gelwid hi, yn 1726 a hynny ger y Christiana Creek. Gan i'r llys orchymyn i Samuel James werthu'i eiddo yn 1734, mae'n debyg i'r fenter droi'n fethiant ariannol. Beth bynnag am ei drafferthion ariannol, yr oedd yn dal yn ei feddiant adeg ei farwolaeth yn 1769 nid yn unig blanhigfa ond wythfed ran o'r gweithfeydd haearn hefyd.

Capel Welsh Neck, South Carolina

Er i lawer mwy ymuno â'r capel yn Delaware dros y blynyddoedd, collwyd ambell aelod hefyd ac yn 1721 gwelwyd 11 ohonynt yn symud i Wynedd, yr ail o'r ddwy ardal sy'n gysylltiedig â'r Crynwyr Cymreig yn Pensylfania. Yna yn 1736 gadawodd mwy fyth ohonynt, gan fynd i Dde Carolina y tro hwn. Dilynwyd y 22 gwreiddiol a ymsefydlodd yn Ne Carolina gan 15 arall yn y flwyddyn ddilynol, dau arall yn 1739 ac yna wyth arall yn 1741. Ymysg y fintai wreiddiol yr oedd rhai â chyfenwau megis James, Devonald, Evans, Jones, Wilds a Harry. Mae'r eglwys a ffurfiwyd ganddynt yno yn dyddio o Ionawr 1738. Yn ôl Morgan Edwards, a ymwelodd â hwy yn 1772:

> They met in the house of John Jones, till they built the old meeting-house in 1744, which yet stands: in 1769 they built another house, 45 feet by 30 feet, on a lot of two acres, the gift of Daniel Devonald, just by the old meeting house.

Yn ddiweddarach eto symudwyd i Society Hill gerllaw. Y cyntaf o weinidigion 'Welsh Neck', fel y cyfeiriwyd at yr eglwys yn ddiweddarach, oedd Philip James, a ddaeth yno yn rhan o'r fintai wreiddiol yn 1736. Ordeiniwyd ef yn 1743 pan oedd yn 42 oed a bu'n weinidog arnynt am ddeng mlynedd. Er mai yng nghyffiniau Pennepek y ganed ef yn 1703, un o Gymru ei hun oedd un arall o weinidogion yr eglwys, sef Joshua Edwards, a ordeiniwyd yn 1751. Wedi'i eni yn Sir Benfro yn 1703–4, treuliodd oddeutu 30 mlynedd yn Delaware cyn symud i Dde Carolina yn 1749. Ŵyr i un arall o'i gweinidogion, sef Robert

107

Williams, oedd y Cadfridog David Williams a fu'n llywodraethwr De Carolina ar un adeg.

Yn un o'r adroddiadau Saesneg amdanynt camgyfeirir at y *Cyd-gordiad* gan Abel Morgan fel y Beibl a ddefnyddiwyd ganddynt. Os dim arall, mae'n cadarnhau eu bod hwythau wedi manteisio ar ei waith. Fel yn Delaware, bu'r Bedyddwyr Cymreig yn hynod o ddylanwadol ar grefydd yr ardal, yn enwedig wrth iddynt symud ymhellach, gan ffurfio eglwysi eraill yn London Tract (1780), Duck Creek a Cowmarsh (1781), Mispilion (1783) a Wilmington (1785). Nid rhyfedd felly i ddiwinydd o'r enw S. D. Saunders a gartrefai yn Texas fynd cyn belled â mynegi mewn llythyr yn 1808: 'I regard the settlement of The Welsh Neck Baptists fully as important to American goodness and greatness as I do the settlement of the Pilgrim Fathers at Plymouth Rock.' A chan i'r hysbyseb a ganlyn ymddangos yn y *Pennsylvania Gazette* yn 1739, mae'n amlwg fod y Bedyddwyr Cymreig wedi creu argraff ffafriol ar lywodraeth y dalaith hefyd:

CHARLESTOWN in S. CAROLINA.
July 2. By an Order of the Governor and _____ of this Province, the following Provisions are given as an Encouragment to the Welch that come from Wales, to settle in this Province, on their Arrival here, viz.

For every one above 12 Years of Age:
12 Bushels of Indian Corn
200 lb. of Rice,
300 lb. of Beef,
50 lb. of Pork,

For every Male above 13 Years of Age:
1 Falling Ax
2 Hoes, one broad the other narrow,

Those under 12 to have half the above Provisions.
One Cow to each Family.
Daniel James to have 200 l. Bounty on building a Water Mill. And, Jacob Buchholts to have 200 l. Bounty on building another Water Mill.

Mae'r *Historical Sketch of the Welsh Neck Baptist Church, Society Hill, S. C., together with addresses at the One Hundred and Fiftieth Anniversary, April 21, 1888,* a gyhoeddwyd yn 1889, yn trafod yn fyr y rhai du eu croen a gartrefai yn yr ardal. Er bod lle i amau cywirdeb yr honiad isod, nad oedd gan y Cymry yr un caethwas pan ddaethant yno'n wreiddiol (gw. ysgrif D. Hugh Matthews, 'Bedyddwyr Cymraeg a Chaethwasiaeth', *Y Traethodydd*, Ebrill 2004), mae'n dangos bod aelodaeth yr eglwys yn fwy na pharod i geisio troi caethweision at Gristnogaeth:

> The first settlers of the Welsh Neck probably did not bring slaves with them, but in less than fifty years they had become numerous in this community... It is within limits to say that one-third of the record from 1780 to 1861, is devoted to the concerns of the colored membership. They were encouraged to attend public worship, and to receive the same instruction from the minister that the others received... Many hundreds of them were hopefully evangelised through the agency of this church, and baptized by her ministers. In 1865, the last year they were reported on the roll of the church, eight hundred and six were in the fellowship of the church... these withdrew of their own motion, and organized a separate church.

Capel y Dyffryn Mawr

Nid Delaware a Pennepek oedd yr unig fannau lle gellid dod o hyd i Fedyddwyr Cymreig. Erbyn 1702, clywid am Fedyddwyr yn agos i Philadelphia, yn yr ardal sy'n gysylltiedig â'r Crynwyr Cymreig. Mae'r enw Nant yr Ewig a roddwyd ar y nant gerllaw yn awgrymu bod digonedd o'r fath greaduriaid a redai'n wyllt drwy'r holl ardal ar un adeg. Cyn iddynt godi'r capel yn 1722 arferent addoli yn nhŷ Richard Miles ac oddeutu'r flwyddyn 1710 yr oedd dyn o'r enw David Evans yn bregethwr yn eu plith. Mae'r capel, Capel Tredyfferin neu Gapel y Dyffrin Mawr, tua 18 milltir i'r gorllewin o Philadelphia. Gweinidog cyntaf yr achos oedd un arall o ffyddloniaid Rhydwilym, sef Hugh David, neu Davis, a ymfudodd o Geredigion yn 1711. Adeilad pren, 28 troedfedd sgwâr, oedd y capel cyntaf a godwyd ganddynt a'r hyn a'i gwnâi yn anarferol oedd y ddwy lofft a osodwyd ynddo, nid i wynebu ei gilydd, ond i ymuno ar y gornel dde-orllewinol. O ganlyniad gosodwyd y pulpud yn y gornel agored gyferbyn â hwy. Codwyd hefyd stablau (fel yn Iron Hill) ac ysgol yn gysylltiedig â'r capel. Yng nghyfnod y chwyldro edrychid yn anffafriol ar y capel gan y Frenhiniaeth, a hynny oherwydd brwdfrydedd y gweinidog dros ennill hunanlywodraeth i'r trefedigaethau.

Yn rhyfedd iawn, ni fu gan y capel ond tri gweinidog dros yr holl gyfnod o 1711 hyd at 1820, a hynny heb fwlch yn y weinidogaeth. Gan Morgan Edwards y ceir hanes tra anarferol am y cyntaf ohonynt. Fel yr heneiddiai, parlyswyd ei fraich ac roedd mewn poenau enbyd. Heb iddo dderbyn unrhyw wellhad o'r triniaethau meddygol a gafodd, trôdd at eiriau Epistol Iago 5:14: 'A oes neb yn eich plith yn glaf? Galwed ato henuriaid yr eglwys; a gweddient hwy drosto, gan ei eneinio ef ag olew yn enw yr Arglwydd'. A dyna'n union a ddymunodd o henuriaid ei eglwys ei hun ac yn ôl un ohonynt (neb llai na'i olynydd John Davis) cafodd lwyr wellhad.

Un oedd yn enedigol o Lanfyrnach, Sir Benfro, oedd y John Davis hwn, a brawd iddo oedd y Thomas Davis a ordeiniwyd yn Nhredyffrin ond a symudodd i gymryd gofal eglwys yn New Jersey. Yn ddiweddarach eto symudodd yntau i le o'r enw Oyster Bay sydd ar yr Ynys Hir. Un arall a fu'n gwasanaethu'r enwad y tu allan i'r cylch lle y magwyd ef oedd David Thomas a fu'n efengylu am 30 mlynedd yn Virginia. Wedi'i eni yn Delaware yn 1732, hyfforddwyd ef ar gyfer y weinidogaeth gan Isaac Eaton yn Hopewell, New Jersey. Dywedyd bod ganddo ddawn arbennig i bregethu: nid anarferol fyddai clywed am rai yn teithio cyn belled â hanner can milltir i wrando arno. Ef hefyd oedd awdur y gyfrol *The Virginian Baptist* a gyhoeddwyd yn Baltimore yn 1774. Ynddi mae'n trafod egwyddorion a threfniadaeth yr enwad, cyn cynnig atebion i gwestiynau y byddai rhai o'r cylch yn debygol o'u gofyn. Gan mai Eglwys Loegr oedd yr unig enwad a ganiatawyd yn Virginia, gwrthwynebwyd ef gan lawer a bu rhai mor fyrbwyll â thaflu nadroedd a hyd yn oed nyth cacwn i blith ei wrandawyr.

Y Presbyteriaid

Er cymaint y sylw a roddwyd i Fedyddwyr Delaware, Presbyteriaid oedd dau o'r tri a dderbyniodd yr hawlfraint i'r rhanbarth gan William Penn, sef William Davies a David Evans. Oddi ar 1710 bu ganddynt hwythau eu heglwys a thueddir i gredu mai mab i'r olaf, o'r un enw â'i dad, oedd y gweinidog gwreiddiol. Beth bynnag oedd ei gefndir, y David Evans hwn oedd y cyntaf o dair cenhedlaeth o weinidogion. Ordeiniwyd ef ar ôl iddo gwblhau'i addysg yng Ngholeg Yale yn 1714. Gan mai Albanwyr oedd llawer o Bresbyteriaid amlwg y cyfnod, gadewid ef i gydweithredu â thri ohonynt pan ddaeth y Presbyteriaid ynghyd i drefnu'r enwad yn 1716. O'r Cymry a bregethai iddynt, nid Presbyteriaid oedd llawer ohonynt ond Annibynwyr. Un felly oedd Howell ap Powell a blannodd un o eglwysi'r Presbyteriaid yn Maryland yn 1713. Dyna hefyd yn wreiddiol oedd Malachai Jones a geisiodd greu eglwys Annibynnol 11 milltir o Philadelphia, yn Abingdon; ond heb fawr o gefnogaeth gan ei enwad ei hun, erbyn 1714 yr oedd wedi troi at y Presbyteriaid.

Er i gapel y Presbyteriaid yn y rhanbarth a leolwyd yn Delaware gael ei alw'n Pencader, fel Glasgow yr adwaenid yr ardal yn y pen draw. Yr ail o'u gweinidogion yn 1723 oedd Thomas Evans a hyfforddwyd gan y Presbyteriaid yng Nghaerfyrddin. Mae'n debyg iddynt gadw at bregethu yn y Gymraeg tan i un o'r enw Samuel Eakin ddod atynt yn weinidog yn 1776. Ail godwyd y capel hwn â briciau yn 1782 ac mae'r adeilad presennol yn dyddio o 1852. Er nad oes tystiolaeth bendant yn ei gylch, mae lle i gredu y bu gan y Presbyteriaid ail gapel Cymreig yn Delaware ar un adeg a bod hwnnw wedi dod i fodolaeth yn 1707. Credir iddo fod mewn lle o'r enw St George's, sy'n nes at afon Delaware. Pan dorrwyd camlas i gysylltu afonydd Elk a Delaware yn 1829, cadarnhawyd fod yno fynwent ond ni chanfuwyd adfeilion unrhyw gapel.

Fel gyda'r Presbyteriaid, mae lle i gredu y bu gan y Bedyddwyr Cymreig gapel arall yn Delaware hefyd. Prin yw'r dystiolaeth ynghylch hwn eto, ond ymddengys iddo gael ei alw'n Brynseion ac i un o'r enw Griffith Jones fod yn weinidog yno. Bu hwnnw farw yn 1754 a dywedir i'r emynydd, Benjamin Francis, ganu marwnad iddo. Yng Nghymru roedd y Benjamin Francis hwn yn adnabyddus am ei lais nerthol a cheir hanes amdano'n pregethu i gynifer â 15 mil yng nghyfarfodydd blynyddol y Bedyddwyr.

Yr oedd Presbyteriaid yn Nhredyffrin yn ogystal â Delaware; ond fel hwy, nid oes fawr o wybodaeth amdanynt. Ymhlith y rhai a gartrefai yn agos i gapel y Prebyteriaid roedd dyn o'r enw David Evans, a cheir cyfeiriad at hynny mewn hysbyseb yn y *Pennsylvania Gazette*, pan oedd ar fin gwerthu ei fferm yn 1740:

> To be Sold by Publick Vendue, Beginning at 10 a Clock, on the 12th Day of June next, at the House of David Evans, in Tredyffrin, in the Great Valley, Chester County, near the Welch Presbyterian Meeting House: THE Houses and Land whereon he dwells, and his half Part of Thomas Lloyd's Grist Mills; also Cows, Calves, Sheep, a Mare or Mares, Swine, Bees, Implements of Husbandry, and several Houshold Goods; where such as buy above the Value of 20 s. giving good Security, shall have six Months Credit, by the above said David Evans. N.B. Such as incline to buy the said Tenement and Moiety of the Mills, may view them at any proper Time beforehand.

Ar wahân i gadarnhau bodolaeth y capel Presbyteraidd, y mae'r hysbyseb yn dangos eu bod yn dal i fagu yr un amrywiaeth o greaduriaid ag yng Nghymru. O ran y capel ei hun, siomwyd nifer o'r aelodau gwreiddiol pan drowyd ef yn un Saesneg wedi i'r Scots-Irish ddod i'r cylch. Nid dyna'r unig dro yr anwybyddwyd yr ochr Gymreig gan y Presbyteriaid ac yn y 1750au rhwystrwyd un Cymro rhag pregethu oherwydd ei fethiant i wneud hynny yn Saesneg: 'John Griffiths, a Welshman, whose ordination some members of the church desired, though at first he could preach only in Welsh, it was refused by the Presbytery.' Un arall y bu gwrthwynebiad iddo oedd John

Rowland, a ddisgrifiwyd fel 'a powerful man, having a voice like thunder'. Cymaint fu'r gwrthwynebiad nes iddo orfod troi i bregethu mewn ysguboriau. Yn y diwedd derbyniodd alwad gan gapel yn Charlestown, De Carolina – cam a orfodwyd arno oherwydd cenfigen yr hen do o bregethwyr a redai'r enwad. Cadarnhawyd hynny gan y Parch. Robert Patterson o Philadelphia mewn cyfres o erthyglau a gyhoeddwyd ganddo yn y cylchgrawn *The Cambrian* yn 1896:

> About the years of 1740, 1741, 1742 there was a great revival of religion by the instrumentality of Mr. John Rowland, a powerful preacher, who could preach in both languages, Welsh and English. His preaching was with power, and took great effect on many. The old legal preachers took the alarm, and shut the church door against him.

Tyfiant y Bedyddwyr

Nid y capeli ym Mhennepek a Thredyffrin oedd yr unig rai â chysylltiadau Cymreig yn Pensylfania ac adroddwyd am y cyntaf o'r ddau Abel Morgan yn teithio o amgylch, gan fedyddio hwn a'r llall yn yr ardaloedd lle codwyd Capel Brandywine yn 1718 a Chapel Montgomery yn 1719. Rhai o'r cyntaf i ymsefydlu yn yr ardal lle codwyd Capel Montgomery oedd John a Sarah Evans o Sir Gaerfyrddin yn 1710 ac yn y flwyddyn ganlynol ymunwyd â hwy gan deulu o Sir Benfro a oedd, fel hwythau, yn gyn-aelodau o Rydwilym neu'r gangen ohoni yng Nglandŵr, ger Llandysul. Ar wahân i'r ffaith ei bod yn daith hir i Pennepek, nid oedd ganddynt ddigon o feistrolaeth o'r Saesneg i werthfawrogi awyrgylch ddwyieithog yr eglwys yno. Pregethwyd iddynt o dro i dro yng nghartref y cyntaf o'r ddau deulu, a thrwy gefnogaeth Abel Morgan a Samuel Jones daethpwyd i ben â sefydlu achos uniaith Gymraeg ar eu cyfer ym Mehefin 1719.

Daeth Benjamin Griffiths, hanner brawd i Abel ac Enoch Morgan, a fu'n byw yn Delaware er 1710, atynt yn weinidog yn 1725. Ef oedd awdur *A Short Treatise of Church Discipline* a argraffwyd ar wasg Benjamin Franklin yn 1743, ac yna *Essay on the Authority and Power of an Assoc. of Churches,* 1749. Maent yn cael eu hadnabod fel dogfennau pwysicaf Bedyddwyr Pensylfania yn ystod y 18fed ganrif. Yn ei bregeth ganmlwyddiant mae Samuel Jones yn cyfeirio at Benjamin Griffiths fel un a oedd yn hynod fedrus yn gosod egwyddorion yr enwad ar bapur. Er y tueddir i gydnabod Morgan Edwards yn unig am gadw cofnodion yr enwad, Benjamin Griffiths a fu'n gyfrifol amdanynt tan i Morgan Edwards ei olynu yn 1761.

Cymry hefyd a gyfrannodd y tir ar gyfer y capeli a godwyd yn Southampton a Tulpohkin. Mae'r olaf wedi'i enwi ar ôl nant gerllaw, a dyma'r eglwys y bu tad yr ail Samuel Jones yn weinidog arni. Ar un adeg arferid adnabod y gymdogaeth hon fel 'Cymru'. Ymrannodd Capel Tredyffrin ei hun yn 1726 gan fod rhai yn credu mai ar y seithfed dydd y dylid addoli. Pregethwyd iddynt yn French Creek, East Nantymel gan Philip Davis a Lewis Williams, ond ni chodwyd y capel a geir yno tan 1762. Yn achos un arall o'r capeli, sef yr un yn New Britain, rhai yn enedigol o Nantmel (Sir Faesyfed), Castell-nedd a Phenfro oedd y tri gweinidog cyntaf. A bu gan eglwys Pennepek ei hun weinidog dwyieithog mor ddiweddar â 1860. Hwn oedd y Parch. Alfred Harris a arferai gyfrannu at gylchgronau Cymraeg y cyfnod.

Er i'r *Philadelphia Baptist Association* gael ei ffurfio yn 1707, gyda changen o Gapel Pennepek yn y ddinas er 1698, ni fu gweinidog sefydlog yng nghapel yr enwad ar yr Ail Stryd am yn agos i 40 mlynedd arall. Y cyntaf ohonynt oedd un arall o bobl Rhydwilym, sef Jenkin Jones, a oedd yn enedigol o Landudoch ac a ymfudodd i gyffiniau capel hanesyddol Iron Hill yn 1710. Yno yr ymgartrefodd tan iddo dderbyn galwad gan eglwys Pennepek yn 1726. Er iddo gymryd gofal o'r eglwys honno am 20 mlynedd, fel 'Gweinidog Rhandir y Cymry' yr adwaenid ef pan symudodd i Philadelphia yn 1746. Ef a ddechreuodd yr arfer o ddefnyddio afon Schuylkill i fedyddio yn Philadelphia – rhywbeth a roddodd lawer o bleser i'r trydydd gweinidog, yr hanesydd Morgan Edwards:

Jesus master O discover
Pleasure in us, now we stand
On this bank of Schuylkill River
To obey thy great command...

Un o ddyletswyddau blynyddol cyfundebau tebyg i'r *Philadelphia Baptist Association* oedd talu cydnabyddiaeth i deulu William Penn, ac ni ellir llai na sylwi mai Cymry oedd pob un o'r rhai a lofnododd y ddogfen yn 1732 – Nathaniel Jenkins, Jenkin Jones, Owen Thomas, Joseph Eaton, John Davis a John Evans [gw. Atodiad 3.1]. Yng nghofnodion y cyfundeb, a gyhoeddwyd yn 1851, mae'r enwau Cymreig yn amlwg unwaith eto. Hwy, yn amlach na pheidio, a bregethai yn y cyfarfodydd blynyddol: 'We have appointed brother Enoch Morgan to preach the sermon next year [1732]; and, in case of failure, brother Owen Thomas.' Dilynwyd hwythau y flwyddyn ganlynol gan y Jenkin Jones y cyfeiriwyd ato eisoes. Yn 1777, a'r ddinas bryd hynny dan reolaeth y Fyddin Brydeinig, penderfynwyd gohirio'r cyfarfod blynyddol yn gyfan gwbl. Yn 1807, ar ôl 100 mlynedd o gyfarfodydd blynyddol, yr un a anrhydeddwyd trwy ofyn iddo draddodi'r bregeth ganmlwyddiant oedd Dr Samuel Jones, yr ail o'r enw hwnnw i'w benodi'n weinidog yn Pennepek. A phan gyfeiriodd at bump eglwys wreiddiol yr enwad, yr un a gafodd y mwyaf o sylw gan Samuel Jones oedd Capel Iron Hill, Delaware:

The last of the five was the church of the Welsh-Tract, who had for their first Minister Thomas Griffith. He came to this country from Wales with the church, for they were constituted there, and was very useful among them to the day of his death, which came to pass in 1725. He was succeeded by Elisha Thomas and Enoch Morgan. Besides the above, this church was blessed with four others at the same time, that were men of first rate abilities: Jenkin Jones, who became minister of Lower Dublin and then of Philadelphia; Owen Thomas, who settled at Vincent in Chester County; David Davis, who succeeded Enoch Morgan at the Welsh-Tract; and above all the great Abel Morgan, who moved to

Middletown. These were men of shining talents, with whom we have had few if any since, that will bear a comparison.

Un a aned yng Nghefn Gelli, Morgannwg, oedd Samuel Jones a thra oedd yn blentyn derbyniodd ei dad alwad oddi wrth un arall o eglwysi'r Bedyddwyr yn Pensylfania, sef Tulpohkin. Fel ei dad, aeth Samuel i'r weinidogaeth ac ordeiniwyd ef yng Ngholeg Philadelphia yn 1763. Pregethwyd ar yr achlysur gan Morgan Edwards a thraddodwyd y siars gan ei gyn-athro, Isaac Eaton. A phan fu Isaac Eaton farw naw mlynedd ar ôl hynny, yr un y galwyd arno i draddodi'r bregeth angladdol oedd Samuel Jones. Nid oes fawr o amheuaeth nad oedd Samuel Jones yn un o bregethwyr mwyaf dylanwadol ei oes a bu eglwys Pennepek dan ei ofal am gyfnod o 51 mlynedd. Yn ogystal â'i weinidogaeth, cynhaliai athrofa ar ei fferm, lle hyfforddwyd nifer o weinidogion amlwg yr enwad.

Sefydlu Prifysgol

Y cyntaf oll o'r enwad i gymryd at hyfforddi rhai ar gyfer y weinidogaeth oedd yr Isaac Eaton a grybwyllwyd uchod. Yn fab i un o'r teuluoedd gwreiddiol hynny a ddaeth o Faesyfed, bu wrthi'n cynnal athrofa yn Hopewell, New Jersey am 11 mlynedd. Dechreuodd ar y gwaith yn 1756 ac mae cofnodion yr enwad yn sôn am ei gefnogi'n ariannol. Ymysg y rhai a addysgwyd ganddo yr oedd James Manning, llywydd cyntaf Prifysgol Brown; David Howell, yr athro cyntaf a benodwyd gan y brifysgol; a Samuel Jones.

Ar ddechrau'r bennod hon cyfeiriwyd yn fyr at berthynas Morgan Edwards â Phrifysgol Brown, prifysgol a ddatblygodd gydag amser yn un o oreuon yr Unol Daleithiau. Mae cofnodion y Philadelphia Association yn dangos i Edwards ddechrau sôn am brifysgol o'r fath yn 1762, ac erbyn 1767 byddai ar ei ffordd i Brydain i godi arian ar ei chyfer. Yn y flwyddyn ddilynol mae'r *Pennsylvania Gazette* yn cyfeirio ato fel teithiwr ar long a oedd newydd ddychwelyd i Philadelphia o Brydain:

On Tuesday last the Ship Phoebe, Captain Davidson, arrived
here from London with whom came Passenger the Reverend Mr
Morgan Edwards, Minister of the Baptist Church in this City. On
the 3rd of October, in Lat. 37:44, Long. 52:30, he spoke a Ship,
Captain Trueman, from Carolina for London, 4 Weeks out, all well.

Nid dyna'i unig fordaith ac yn Chwefror 1772 ceir cyfeiriad
ato'n hwylio am Georgia: 'The Brig Georgia Packet, Captain
Souder, is arrived in Georgia from this Place [Philadelphia];
with whom went Passenger the Rev. Mr Morgan Edwards.'

Teithiodd lawer i gasglu gwybodaeth am eglwysi'r enwad,
a hynny ar gefn ceffyl gan amlaf. Bwriadai gyhoeddi'r hanes
amdanynt mewn deuddeg o gyfrolau ac mae ei ymdriniaeth
ohonynt yn Pensylfania i'w gweld yn y gyfrol gyntaf (1770), New
Jersey yn yr ail (1792), Delaware yn y drydedd, a Rhode Island
yn y bedwaredd. Mae'r cyfan a ysgrifennodd am Rhode Island,
hyd at frawddeg ar ei hanner, wedi'i gynnwys yn y chweched
gyfrol o *Collections of the Rhode Island Historical Society* (1867).
Yno mae'n egluro pam y dewiswyd y dalaith hon yn hytrach nag
unrhyw le arall ar gyfer y coleg. Gan fod yno nifer o Fedyddwyr
a oedd hefyd yn wleidyddion dylanwadol, barnwyd mai yno y
byddent yn fwyaf tebygol o ennill y gefnogaeth angenrheidiol.
Ymhellach, mae'n sôn fel y teithiodd am yn agos i 300 milltir
o Philadelphia yng nghwmni Samuel Jones a Robert S. Jones,
a hynny er mwyn cynorthwyo gyda'r trefniadau. Am ryw
reswm ni soniodd pa mor anfoddhaol oedd siartr y coleg yn ei
ffurf wreiddiol. Fe'i hysgrifennwyd yn wreiddiol i gynrychioli
safbwynt y Presbyteriaid yn hytrach nag eiddo'r Bedyddwyr,
a bu'n rhaid i Samuel Jones ei ddiwygio er mwyn iddi fod yn
dderbyniol gan y Bedyddwyr.

Erbyn 1769 roedd y dosbarth cyntaf o fyfyrwyr yn barod i
raddio, a thrwy gais unfrydol y myfyrwyr a'r rhai a'u hyfforddai,
gwahoddwyd Morgan Edwards i bregethu ar yr achlysur.
I wneud y diwrnod yn fwy hanesyddol fyth o safbwynt y
Cymry, pedwar o'u plith hwy a ddewiswyd i dderbyn graddau
er anrhydedd gan y coleg – Abel Morgan (mab Enoch), John

Davis, Samuel Jones a Morgan Edwards. Yn 1771, ac ar ôl 11 mlynedd o wasanaethu'r eglwys yn Philadelphia, rhoddodd Morgan Edwards y gorau i'w weinidogaeth yno a symud i gyffiniau Newark, Delaware. Blwyddyn wedi hynny gwelir ei enw mewn hysbyseb sy'n gosod planhigfa gerllaw y dref honno ar werth. Gan y dywedir iddo aros yn y cyffiniau am weddill ei oes, dichon nad ar y blanhigfa hon y cartrefai wedi'r cyfan ond mai cynorthwyo rhywun arall i'w gwerthu yr oedd:

> To be SOLD, A PLANTATION containing about 150 acres in Welsh tract, New Castle county, seven miles from Christiana Bridge, and three from the head of the Elk. Enquire of the Rev MORGAN EDWARDS in Second street, or ABEL EVANS, Esq, in Arch street.
>
> N B. Should the purchaser take immediate possession, he may make a considerable quantity of hay and cyder this year.

Tra oedd yn byw yng nghyffiniau Newark arferai Morgan Edwards ddanfon llythyrau at Samuel Jones yn Pennepek, ac wrth agor un ohonynt mae'n ceisio ei ddifyrru: 'I have no news from New Ark or Old Ark, either by raven or dove.' Saesneg yw iaith y cyfan o'r llythyrau sydd wedi'u diogelu ym Mhrifysgol Brown, ond mae'r gair 'cryhyr' yn ymddangos yn un ohonynt. Defnyddiwyd ef gan Morgan Edwards i gadarnhau ei fod yn gyfarwydd â Joshua Thomas, hanesydd y Bedyddwyr yng Nghymru. Nid yw'n glir ai at Joshua neu ei frawd Timothy y mae'n cyfeirio wrth ddweud: 'he had a remarkable long neck and therefrom went by the name of Cryhyr or Crane – an honest soul!' Yna, wrth droi i drafod cynnwys llyfr adnabyddus Joshua Thomas, dywed Morgan Edwards nad oedd ynddo 'more information from the records of the Welshtract than he has in my book'. Er mai yn Saesneg yr ysgrifennai, medrai gydnabod rhagoriaeth y cyfieithiad Cymraeg o'r Beibl yn ôl yr hanesydd J. Davis: 'he preferred the ancient British version above any version he had read; observing that the idiom of the Welsh fitted those of Hebrew and Greek like hand in glove.'

Trwy eiriadur Cymraeg a ddanfonwyd yn rhodd i Dr

Manning, llywydd cyntaf Prifysgol Brown, gwelir bod ochr ychwanegol i'r berthynas Gymreig â'r Brifysgol. Cyhoeddwyd y geiriadur yng Nghaerfyrddin yn 1798 a danfonwyd ef gan yr un a fu'n gyfrifol amdano, sef William Richards. Ar ei farwolaeth yntau yn 1819 derbyniodd Prifysgol Brown ei lyfrgell gyfan, ac yn ôl adroddiad sy'n ymdrin â chasgliadau cynnar y llyfrgell, 'by far the largest gift to the library during this period was the Richards Legacy'. Ar wahân i'r geiriadur, cyhoeddodd William Richards ddwy gyfrol sy'n ymdrin â hanes Lynn, a chan fod yna dref o'r un enw yn ffinio â Boston ac o fewn hanner can milltir i'r coleg ei hun, naturiol oedd meddwl mai dyma'r dref oedd dan sylw ganddo. Ond y Lynn yr ysgrifennwyd amdani yw'r King's Lynn a geir yn Swydd Norfolk yn nwyrain Lloegr, lle bu William Richards yn weinidog.

Yn ôl y cofiant amdano a gyhoeddwyd yn 1819, cafodd William Richards ei eni ym mhlwyf Penrhydd, Sir Benfro, yn 1749. Pan oedd yn naw oed symudodd y teulu i Sanclêr, Sir Gaerfyrddin. Fel llawer un arall yn y cyfnod, hyfforddwyd ef ar gyfer y weinidogaeth ym Mryste ac oddi yno derbyniodd alwad i King's Lynn yn nwyrain Lloegr. Tra oedd yno arferai ysgrifennu at Dr Samuel Jones, Dr William Rogers a Morgan John Rhees yn Pensylfania ac o'i gyfeillgarwch â hwy datblygodd y cysylltiad â Dr Manning ym Mhrifysgol Brown. Yn un o'i lythyrau ato mae'n dweud: 'I have long been partial to your country, and at a very early period of my life was on the point of removing from Britain thither [but] The War deterred me.' Mewn llythyr arall a ddanfonodd at Samuel Jones yn 1796, daw'n amlwg ei fod ymhell o fod yn gartrefol yn King's Lynn:

...my fervent prayer accompanies them [Simon Jones a'i wraig] on this long voyage, whether I shall ever in person follow them cannot now be said – I often wish it. I am half inclined sometimes to pitch my tent once more in my dear native country, but it is not certain that providence will therein co-operate with my inclinations. I have left Lynn ever since the beginning of last September and would stay here [Sanclêr] till September come again if certain

119

circumstances would admit it. It seems now that I shall be forced to return to hateful England much sooner than I could wish...

Cafwyd copi o'r llythyr uchod, ynghyd ag un ychwanegol, trwy deulu yng Nghalifornia sy'n ddisgynyddion i'r Theophilus Rees y cyfeirir ato gan William Richards yn yr ail o'r ddau lythyr:

He [Theophilus Rees] is a very old acquaintance, one of the most intimate friends of my youthful days. We were originally members of the same church, that of Rhydwilym, and afterwards when Salem was formed we were among its original members... He has the disadvantage of knowing but little English and therefore will stand in greater need of your protection...

Ymysg y rhai a hwyliodd gyda Theophilus Rees ar long o'r enw *Amphlion* yn 1796 yr oedd un o'i gymdogion ym Meidrim, sef Thomas Phillips. Gan i fab yr olaf gyhoeddi pamffled yn 1787 a oedd yn feirniadol o'r drefn Brydeinig, bu raid i hwnnw ffoi o'r wlad. Alltudiaeth y mab yma a arweiniodd at ymfudiaeth y ddau deulu i America a hwy a blannodd sefydliad Cymreig Granville yn Ohio. Erbyn dechrau'r ganrif nesaf, a thrwy gymorth y Parch. David Jones o Gapel Tredyffrin, byddai ganddynt hwythau eu capel yng nghanolbarth y dalaith newydd hon.

Rhwng ei gefnogaeth i'r rhai a groesai'r Iwerydd ac yna'r rhodd adeg ei farwolaeth o'i lyfrau i Brifysgol Brown, mae'n ymddangos bod gan William Richards werthfawrogiad arbennig o ysbryd rhyddfrydig yr Unol Daleithiau. Mae'r cyfan o'i lyfrau ym Mhrifysgol Brown wedi'u rhestru mewn llyfryn bychan o 29 tudalen sydd ymhlith papurau yr Athro Messer, un a fu'n Llywydd y Brifysgol o 1804 i 1826. Geiriaduron Cymraeg yw deg ohonynt a'r rheini wedi'u cyhoeddi rhwng 1632 a1809. O ystyried mai yn Lloegr roedd William Richards yn gweinidogaethu, mae'n hynod nad oedd yr un Beibl Saesneg ymhlith y nifer o Feiblau a gyfrannodd i'r Brifysgol. Rhai

Cymraeg yw tri ohonynt a chyhoeddwyd hwy yn 1689 (dau gopi) a 1734. Ymysg y llyfrau sy'n ymwneud â Chymru mae gramadeg Siôn Dafydd Rhys (1592). Fel y mae'n wybyddus i lawer, yn Lladin yr ysgrifennwyd hwn ac mewn llawysgrifen daclus ceir ynddo nifer o gywiriadau a ychwanegwyd gan un o Fôn yn 1707.

Cenhadaeth y Shawnees

O adael Prifysgol Brown a throi yn ôl at gofnodion Bedyddwyr Philadelphia, deuir o hyd i un peth trawiadol iawn yn y flwyddyn 1772: 'A certificate was given to Brother David Jones who intends to visit the Western tribes of Indians the next winter – to ascertain his good standing with us.' Yna daw'r hyn a fynegodd y 'Brother David Jones' ei hun, 'By reading of the Scriptures it appeared, that the gospel is to be preached to all nations...' Un yn enedigol o Gymru oedd ei dad, Morgan Jones, a chan fod ei fam-gu, Esther, yn chwaer i Abel ac Enoch Morgan, mae'n dilyn ei fod yntau yn un arall o deulu adnabyddus Morgan ap Rhydderch. Cafodd ei eni yn Delaware yn 1736 ac yno y bedyddiwyd ef yn 1758. Hyfforddwyd ef ar gyfer y weinidogaeth gan ei berthynas galluog, Abel Morgan yn Middletown, New Jersey, a hynny ar ôl iddo dreulio cyfnod gydag Isaac Eaton yn dysgu Lladin a Groeg. Er iddo ofalu am un o gapeli'r enwad yn New Jersey dros dro, â Chapel Tredyffrin y cysylltir ei enw yn bennaf.

O fwrw golwg drwy ei ddyddiadur daw'n amlwg ar unwaith fod ei daith genhadol yn un anghyffredin o anodd ac yn llawn peryglon. I ddechrau, cymerai dwy i dair wythnos i gyrraedd eithafion gorllewinol Pensylfania, lle'r oedd Caerfa Pitt (Pittsburgh heddiw). Dyna'r rhan gymharol rwydd o'r daith ac yn dal o'i flaen roedd gwlad anghyfarwydd na theithiwyd iddi ond gan ambell un a fasnachai gyda'r Indiaid. Yn gynnar ar y daith daeth o hyd i fasnachwr o'r enw David Owens a fedrai gyfieithu iddo; a chan un o'r swyddogion milwrol yng Nghaerfa Pitt derbyniodd anrheg o groen arth i'w arbed rhag oerni'r nos.

A thebyg i hyn brofi'n fendith pan ddaeth yn amser i geisio cwsg: 'This night my bed was gravel stones by the river side.' Yn anffodus, nid oedd ei gorff yn gymwys i'r gorchwyl ac o fewn dau fis gorfodwyd ef i roi'r gorau i'w genhadaeth ymhlith llwyth y Delaware.

Er gwaethaf ei salwch cymerodd ati yr ail waith cyn diwedd y flwyddyn a'r tro hwn ymunodd y Parch. John Davis o Ail Gapel y Bedyddwyr yn Boston ag ef. Gan fod hwnnw'n fab i David Davis, pumed gweinidog Capel Delaware, gellir tybio bod y ddau yn hen gyfarwydd â'i gilydd. Wedi'i orfodi gan afiechyd i roi'r gorau i'w weinidogaeth yn Boston, gwaethygodd ei gyflwr yn gyflym a bu farw yn fuan wedi cychwyn ar y daith. O ganlyniad dechreuodd David Jones bendroni ynghylch doethineb y cyfan, a bu rhwng dau feddwl ai gwell fyddai rhoi'r gorau i'r daith yn gyfan gwbl. Ar ôl digwydd cwrdd â dyn o'r enw John Irwine a fasnachai â'r Shawnee, penderfynodd ddal ati, a llwyddodd i fynd gydag ef ar ganŵ, 60 troedfedd o hyd ac wedi'i orlenwi â nwyddau. Nid dyna'r ffordd fwyaf boddhaol o deithio, yn enwedig pan gafwyd tywydd garw a hyd yn oed eira: 'by the assistance of a large fire, slept more comfortably than could be imagined, by those, who are strangers to such lodging.' Dro arall, a chyda gwynt nerthol yn eu herbyn drwy gydol y dydd, methwyd â chychwyn tan iddi nosi:

> This night was severely cold... the canoe was loaded near eighteen inches above its sides: on this was my lodging. Though well furnished with blankets, was afraid my feet would have been frozen. It may be well supposed that the thoughts of sleep in such apparent danger were not the most pleasing; for moving a few inches in sleep, would have made the bottom of Ohio to be my bed...

A dyna sut y dilynwyd rhediad afon Ohio am 350 o filltiroedd i'r gorllewin o Gaerfa Pitt, nes cyrraedd cangen lai o'r afon a'u cymerai i gyfeiriad gogleddol. Dyma'r Afon Flewog neu'r *Scioto*, a chymaint oedd lluosogrwydd y ceirw ger ei cheulan yn ôl traddodiad y Shawnee nes i'w blew guddio wyneb ei dyfroedd yn y gwanwyn. Yn gynharach ar y daith cyfeiriodd David Jones at weld bualod (buffalo) wrth y cannoedd ac wedi cyrraedd y rhan hon o'r daith mae'n sôn am hela twrcod gwyllt. O'u cymharu â'r penbyliaid dof a ddatblygwyd ohonynt, roeddent yn greaduriaid hynod o gyfrwys; fe'i harweiniwyd ef i ffwrdd o'r afon a bu bron â cholli ei ffordd 'nôl i'r canŵ. Yn ogystal â physgod, dyma oedd eu cynhaliaeth ac am frecwast un bore bu raid iddo gymysgu siocled 'using rum as an ingredient instead of milk, and seemed very useful here in the wilderness, where flesh was our chief provision'. Cyn dod i gysylltiad â'r Indiaid bu raid iddo ymadael â'r afon, a thrwy Indiad o'r enw Cutteway cafodd fenthyg ceffyl fel y medrai ei ganlyn ef a'i deulu tuag at ganolfannau'r llwyth. Byddai'n crwydro o amgylch nifer o fân bentrefi, tua 100 yn cartrefu yn un, a rhyw 12 o dai pren mewn un arall. Prif ganolfan y Shawnee oedd Chillicothee lle'r arferent gael eu halen ac mae'r enw yn parhau yn yr ardal (Shawannes a Chillicaathee yn ôl sillafiad David Jones). Yno'n cartrefu yn eu mysg oedd ambell fasnachwr gwyn, ac yn briod ag un o'r masnachwyr yr oedd merch o gefndir Ewropeaidd a fagwyd gan yr Indiaid. Nid hi oedd yr unig un o'i bath ac mewn pentref arall sylwodd David Jones fod tŷ gan y masnachwr John Irwine a'i cynorthwyodd ar y daith.

Bu'n hynod o anodd arno pan geisiodd ddarganfod rhywun a fedrai gyfieithu iddo. Nid oedd ei gyfieithydd o'r daith gyntaf ar gael – yr oedd ef, yn ôl yr Indiaid y tu hwnt i raeadr adnabyddus islaw'r afon y teithiwyd arni yn wreiddiol. Clywodd David Jones am fasnachwr arall a chanddo gefndir crefyddol ond methodd gysylltu ag ef. Daeth i gytundeb ag un arall, ond ni ddaeth dim o hwnnw yn y diwedd, er iddo addo. Yn y cyfamser aeth David Jones ati i grynhoi geirfa: '...formed a method of spelling this language from the Greek and the Welsh'. Er iddo gyfrif yr 'ch' yn fendith, cwynai: 'dipthongs, triphongs, nay, even four vowels are used in a word'.

I gymhlethu'r cyfan, roedd angen geirfa ddiwinyddol arno, a gadewid ef i bendroni ynghylch pa air y medrai ei ddefnyddio i gynrychioli rhywbeth mor sylfaenol â 'Duw'. Trwy ddefnyddio 'ouessa' a olygai 'da', tybiai mae'r cynnig mwyaf derbyniol fyddai 'Ouessa Monneeto', 'the word Ouessa signifying good, but could find no particular signification for the word Monneeto'. Yn eu hiaith hwy yr oedd *Monneeto* da a *Monneeto* drwg ac i gyfleu'r olaf dodwyd y gair *mauchee* yn lle'r *ouessa*. Ond medrai *monneeto* hefyd gynrychioli nifer o bethau annifyr gan gynnwys nadroedd. Yna, gan un o'r penaethiaid, clywodd am y gair *weshellequa* sy'n cyfleu rhyw fath o syniad am yr 'un a'n gwnaeth ni oll'. Felly, nid peth hawdd oedd eu cael hwy i ddeall rhywbeth mor ddieithr â Christnogaeth.

Os prin oedd ei lwyddiant cenhadol, dylid cofio na fu yn eu mysg ond am gyfnod cymharol fyr. Peth anghyffredin, er hynny, oedd cael rhywun mor llengar ag ef i fyw ymhlith yr Indiaid, a thrwy ei gofnodion ceir golwg ar ddull o fyw a wahaniaethai yn fawr oddi wrth yr un yr oedd wedi arfer ag ef. Cyfrannodd sylwadau am eu hiaith a'u harferion, am y modd y gwisgent a'r hyn yr arferent ei fwyta. Eto, ac er cystal y derbyniad a gafodd yn eu plith, roedd hefyd i ddarganfod ochr annifyr, yn enwedig pan oeddent wedi derbyn diod gan y masnachwyr. Cafodd y profiad o weld un yn tynnu cyllell arno dan ddylanwad y ddiod. Gwelodd hwy ar eu gorau hefyd, yn enwedig pan fyddent yn cwrdd er mwyn diddanu ei gilydd. Eu harferiad yn y gaeaf oedd dawnsio hyd at oriau mân y bore a hynny i gyfeiliant curiad drymiau a ffrwythau a wnaed yn gau y tu fewn cyn eu hanner llenwi â grawn llafur. A thros bellteroedd y gwastadedd gellid clywed aceniad y gerddoriaeth yn torri ar dawelwch y nos.

O dan y pennawd *A Journal of two visits made to some Nations of Indians*, cyhoeddodd David Jones ei sylwadau am y daith yn 1774 a hynny ychydig ar ôl iddo ddychwelyd [gw. Atodiad 3.2]. Ar y ffordd adref, tra oedd yn croesi Mynyddoedd Allegheny yn Pensylfania, bu raid iddo frwydro drwy naw modfedd o eira, a chymerwyd ef yn sâl unwaith eto. Llwyddodd i gael gorffwys yng nghartref dyn o'r enw David Bowen a chan y barnwyd ei fod yn dioddef o *pleurisy*, penderfynwyd tynnu'i waed. Syrthiodd yntau i gwsg hamddenol ond ar ôl dihuno, mynnai ei fod wedi cael gweledigaeth a barodd iddo feddwl bod ei fab wedi marw. Cadarnhawyd y gwaethaf wedi cyrraedd adref, sef bod ei fab wedi marw yr union amser y cafodd yntau ei weledigaeth: '... had buried two children before, but as Jacob's heart and life was bound up in Benjamin, so was mine in this son. At this time, life seemed a burden, and all the world a mere empty nothing. Sleep was only obtained with weeping...'

Yn wahanol i'r Crynwyr a gydoesai â hwy yn Pensylfania, ehangu a dylanwadu fyddai hanes y Bedyddwyr. O gyfrif yr Almaenwyr a'r amrywiol genhedloedd eraill, byddai gan yr enwad 40 o gapeli yng nghyffiniau Philadelphia yn unig erbyn diwedd y 19eg ganrif. Yn wyneb y fath dwf tueddir i golli golwg ar yr ochr Gymreig gynnar – o'r cynharaf o eglwysi'r cylch i'r gweinidogion a hyfforddwyd gan Isaac Eaton, Abel Morgan a Samuel Jones. Nid peth anarferol oedd clywed am rai ohonynt a bregethai'r efengyl cyn belled i'r gogledd â'r Ynys Hir a Boston, a chyn belled i'r de â Virginia a De Carolina. Hwy hefyd a greodd y Philadelphia Baptist Association a efelychwyd gan Fedyddwyr gweddill y wlad yn y ganrif ddilynol. Mor ddylanwadol oedd hon fel y daeth yn arferiad i gyfeirio ati fel y 'Philadelphia Tradition'. Ac wrth fwrw golwg dros y fath weithredu, a'r cnewyllyn hwnnw a roddodd fod i'r cyfan, ni ellir llai na rhyfeddu at ddylanwad y capel bach hwnnw yn ymyl afon Cleddau.

Atodiad 3.1

PHILADELPHIA, 5 Octob. 1732

Last Week the Baptists, (it being the Time of their yearly Meeting) made the following Address to the Proprietor,   viz.

To the Honourable THOMAS PENN, Esq; one of the Proprietors of the said Province of Pensylfania, &c.

The humble ADDRESS of the Baptist Ministers of the said Province and Territories.

May it please your Honour.

THOUGH we are the last in Addressing, yet we assure your Honour, we have had our Share in the Joy that affected the other Denominations of Christians in this Province at your safe Arrival. The Season for our annual Meeting together, not being come, was the reason we present our selves so late; which Failure we hope your Honour's Candour will overlook.

We so from our Hearts congratulate your happy Arrival here; and we do sincerely desire to acknowledge the Goodness of GOD, and under him his most excellent Majesty, and your Honourable Family, for our Religious Liberties and Privileges; founded at the Settlement of this Province, by your worthy and never to be forgotten Father, and since continued unto us under several Governors unto this Time of the wise and prudent Administration of the Honourable Governour Gordon, and hope will be continued unto us under your Protection; so we doubt not of your virtuous Inclination to promote and encourage Piety and Goodness, and that your Care will be to countenance such as have a tender Regard to God and Religion, so as they may be ever excited to a dutiful Respect and Subjection to your Honourable Family.

That Almighty God may preserve you under the Wings of his powerful Providence, and grant unto you lasting Tranquility and undisturbed Peace in this World, and an happy Entrance into the Glory of that to come, is and shall be the Prayers of Your humble and obedient Servants.

Signed in the Name and behalf of our Association, Septem. 25. 1732. Nathaniel Jenkins, Jenkin Jones, Owen Thomas, Joseph Eaton, John Davis, John Evans.

Atodiad 3.2

Un o brofiadau David Jones yn ystod ei ymweliad â'r Shawannes:

Among their diversions their mock-devils are none of the least... These they call Monneetoes. Not long before my departure, three of these made their appearance, in consequence as they said of a dream. Being premonished, went out of the cabin, while they were distant near one hundred yards. 'Tis more than probable that the Monneetoes knew me, and intended to scare me. The foremost stooped down by a tree and took sight as if he designed to shoot at me: but I could see that he had only a pole in his hand. Each had a pole in his hand to keep off the dogs, which on this occasion seem frightened almost out of their senses. As they approached their noise was shocking, nor were their actions to be easily imitated. Each had a false face, and all dressed in bearskin with the hair on, so that the only resemblance of their species consisted in walking. The foremost had a red face, with a prodigious long nose, and big lips; the others had black faces with long chins resembling bears. All had tortoise shells, with artificial necks – grains of corn are put into these, to make a gingle – and many other trinkets are used to complete the noise. With all these frantick capers I was by them surrounded – asked what they wanted ? but Monneetoes can't speek. After some time they produced a pipe, by which it was understood that tobacco was acceptable. Upon the reception of any donation, some kind of obeisance is made, and as they depart, the scene is ended with a kind of dance resembling the actions of a bear.

4

Cymry Cyfnod y Chwyldro

Y Philadelphia Ddiwylliedig

'TUA CHAN MLYNEDD yn ôl,' meddai un wrth gyfeirio at Gymraeg
y cyfnod yn arwain at y Chwyldro, 'yr oedd yn cael ei siarad yn
groyw ar yr heolydd ac yn y marchnadoedd.' Heb amheuaeth,
y Philadelphia hon oedd un o ddinasoedd mwyaf diwylliedig a
dylanwadol yr oes. Yr oedd y rhai a siaradai'r iaith mor flaenllaw
â neb o'i thrigolion, a chyfeiriodd un ohonynt at bwysigrwydd
arweiniol y ddinas: '... and whether inferior to others in wealth
or number of houses, it far excels in the progress of letters,
mechanical and the public spirit of its inhabitants'. Dyma farn
Lewis Evans o blwyf Llangwnadl, Sir Gaernarfon a ddaeth yn
enwog am ei fapiau cynnar a chywir o'r wlad. A thra ei fod ef
o Gymru, rhai yn enedigol o Pensylfania, ond yn ymwybodol
o'u cefndir Cymreig, oedd llawer o'r rhai a ychwanegodd at
ragoriaeth y ddinas.

Rywbryd cyn 1736 yr ymfudodd Lewis Evans i Philadelphia
ac yn fuan wedi hynny clywyd amdano'n darlithio i drigolion
y ddinas. Arferai drafod pob math o bynciau, yn amrywio o'r
tywydd i drydan, a chyda'r mwyaf selog o'i wrandawyr oedd
Benjamin Franklin. Tua'r un amser ymwelodd yr ysgolhaig a'r
gwyddonydd o fri, yr Athro Peter Kalmar o Lychlyn, â'r ddinas,
a chyfeiriodd hwnnw at Lewis Evans fel 'ingenious engineer'.
Y cyntaf o'i fapiau oedd *A map of Pennsylvania, New Jersey,
New York and the Three Delaware Counties* a gyhoeddwyd yn
1749. Ers 1743 bu'n crwydro'r wlad am wybodaeth, gan fynd y
tu hwnt i sefydliadau'r arfordir, a chael golwg ar yr agosaf o'r

llynnoedd mawrion, sef Llyn Ontario. Flwyddyn cyn i'r map ymddangos tynnwyd sylw at yr ymchwiliadau ar ei gyfer gan y *Pennsylvania Gazette*:

> The Map of Pennsylvania, New Jersey and New York Provinces, by Mr Lewis Evans, is now engraving here, and in great Forwardness. The long Time it has been in Hand, the Opportunity the Author has had of seeing and adjusting the vast Variety of Places and Materials entering into this Composition, his Accuracy, the Assistance he has received from most of our Mathematicians, and his having his Map engrav'd by a good Artist, under his Eye, give us Reason to expect the Geography of these Parts of America will be render'd sufficiently exact.

Er iddo helaethu'r cynnwys cyn ei ailgyhoeddi yn 1752, ei brif gampwaith oedd ei *Geographical, Historical, Political, Philosophical, and Mechanical Essays* a gyhoeddwyd gan Benjamin Franklin yn 1755. Fel yr awgryma'r teitl, ceid ganddo'r tro hwn, yn ogystal â map cywirach, sylwadau ar amrywiaeth o bynciau yn ymwneud â'r cyfandir. Mae'r manylu ynghylch yr afonydd yn canolbwyntio ar bwysigrwydd trafnidiaeth, a thra gellid tramwyo afon Potomac i gyrraedd Alexandria, Virginia (gyferbyn â'r fan lle y codwyd Washington), yno i rwystro canlyn afon Schuylkill i fyny o Philadelphia yr oedd rhaeadr ychydig filltiroedd i ffwrdd. Nid peth anarferol fyddai dod ar draws rhosydd hallt yn ymestyn ar y naill geulan i aber yr afonydd. Rhoddwyd eglurhad hefyd o'r mân gywiriadau a ddaeth yn angenrheidiol ar ôl i'r mapiau cynharach ymddangos. Ymysg y lleoedd y bu raid iddo eu hailosod, gan eu dangos yn fwy deheuol, oedd yr Albany a geir i fyny afon Hudson o Efrog Newydd. Mae'r map ei hun yn canlyn yr arfordir i'r de o Massachusetts, gan wahaniaethu rhwng y trefedigaethau fel Efrog Newydd, Pensylfania a Virginia trwy eu dangos mewn gwahanol liwiau nad ydynt mor bur unliwiog ag a geir ar fapiau cyfoes. Ar wahân i'r afonydd, yr unig beth sy'n ymddangos i'r gorllewin o sefydliadau'r arfordir yw lle yr arferai gwahanol frodorion y cyfandir gartrefu. Y mwyaf nodedig o'r afonydd yn y parthau gorllewinol yw afon Ohio ac yn ymddangos i'r gogledd ohoni y mae dau o'r llynnoedd mawrion, sef Llyn Ontario a Llyn Erie.

Yn ôl y Llywodraethwr Pownall yn 1776 bu cywirdeb ei fap yn fodd i'w gadw fel yr un safonol am gyfnod maith. Rhan o weledigaeth Lewis Evans pan gyhoeddwyd ei fap mwy cywrain yn 1755 oedd dilyn hwnnw gyda map a ddangosai natur ddaearegol y wlad. Yn anffodus, bu farw'r flwyddyn ganlynol a chyn cwblhau'r gwaith. Yn rhyfedd iawn, a than yn gymharol ddiweddar, ni ddeallwyd ei fod o Gymru, a hynny er bod yn ei feddiant amryw o bethau yn yr iaith:

The *Pennsylvania Gazette*. Philadelphia, 18 June 1759.

To be SOLD,

At the late Dwelling house of Lewis Evans deceased, opposite the Church Burial Ground, in Arch street, SUNDRY Sorts of Houshold Furniture, Wearing Apparel, Books, and Mathematical Instruments; amongst which are a handsome Clock, with a Mahogany Case, a large Dutch Copper Oven, never used, black Walnut Tables, some Pewter, a Writing Desk, &c. A new General Atlas, in one very large Folio Volume, containing a great Number of curious Maps of all Parts of the World; New Dictionary of Arts and Sciences, 4 Vols. Octavo; Don Quixotte, 2 Vols. Octavo; Independent Whig, 4 Vols. Twelves, quite new; sundry small Tracts, written in the ancient British or Welsh Language...

Un arall o allu anghyffredin yn y ddinas oedd George Morgan, yr olaf o naw o blant i Evan Morgan a ymfudodd o Went yn 1717. A fel a ddigwyddai yn aml gyda'r Cymry yn Philadelphia, daeth y tad yn un arall o'r masnachwyr amlwg. Yr oedd yn berchen nifer o ddarnau o dir a sawl tŷ, gan gynnwys ei gartref ei hun ar Water Street. Dywedwyd ei fod hefyd yn un o brif gefnogwyr ariannol y fenter haearn a leolwyd yn Mount Holly, Jersey Newydd. Ymfudodd ei dad yntau fel rhan o'r teulu ond dychwelodd ef i Gymru yn gymharol fuan.

Am George Morgan ei hun, un o'r pethau cyntaf y clywir amdano yw'r bartneriaeth fasnachol Bayton, Wharton a

Morgan: ymysg pethau eraill llogwyd ugain o wagenni ganddynt yn 1765 i gario nwyddau ar draws Pensylfania hyd at Fort Pitt (Pittsburghh). Ar ddadlwytho gosodwyd yr holl gynnwys ar gychod i fynd i lawr afon Ohio hyd at y Mississippi, ac yna canlynwyd hithau i'r gogledd nes dod at diroedd yr Illinois. Y bwriad oedd cyfnewid y nwyddau am grwyn, ond am ryw reswm ni chafwyd y llwyddiant y gobeithid amdano. Er hynny, daeth George Morgan yn hyddysg yn nulliau'r Indiaid a medrai gynnig cymorth pan dderbyniodd Washington gais gan Catherine II o Rwsia am fanylion yn eu cylch ar gyfer gwyddoniadur. Ac mewn oes pan feddylid bod brodorion y cyfandir yn hollol anwaraidd, ceisiodd George Morgan ddangos y gellid eu haddysgu yn null traddodiadau gorau Ewrop. Arhosodd tri o'u plant dros dro yn ei dŷ, yn eu plith George Morgan White Eyes, mab i bennaeth pwysig llwyth y Delawares. Er y medrai ddarllen rhywfaint ar waith Fyrsil pan ddychwelodd adref, mae lle i amau gwerth y fath hyfforddiant pan ddaeth ei dro yntau i fod yn bennaeth.

Gan fod George Morgan yn aelod o'r *American Philosophical Society* byddai'n adnabyddus i lawer o'r rhai mwyaf diwylliedig yn y ddinas. A thebyg iddynt hwythau fod yn ymwybodol o'r modd y manteisiodd yntau pan oedd ymysg yr Illinois i nodi'r math o ffrwythau a choed na chanfyddid mohonynt ger yr arfordir. Dyna a arweiniodd at ei gyfraniad i'r gyfrol *Topographical Discription of Virginia, Pennsylvania, Maryland and North Carolina*. Erbyn y Chwyldro yr oedd yn byw ar fferm o'r enw Prospect ger Princeton, Jersey Newydd, a phan feddiannwyd Philadelphia gan y fyddin Brydeinig gan orfodi'r llywodraeth leol i ffoi i Princeton, yn ei dŷ ef y byddent yn cyfarfod am y tro cyntaf yn yr ardal. Ar ei dir ef hefyd yr adeiladwyd cartref llywydd y brifysgol adnabyddus a enwyd ar ôl y dref.

Cydnabyddir George Morgan yn bennaf am ei ymdrechion i wella dulliau amaethyddol yr oes. Ato ef y byddai'r *Philadelphia Society for the Promotion of Agriculture* yn troi am gyngor ynghylch y trefniadau am ddechrau fferm arbrofol. Ar ei fferm ei hun neilltuodd ddarn o dir ar gyfer codi cnydau o hadau a gasglwyd o leoedd cyn belled â Chanada a'r Caribî. Ymysg yr amrywiaeth o wenith a dyfwyd ganddo yr oedd 'yellow-bearded wheat' ac un o'r rhai a dderbyniodd had oddi wrtho oedd Washington. Yr oedd yn berchen hefyd ar 64 o gychod gwenyn a dywedai Benjamin Franklin fod ei fêl ef yn rhagori ar gynnyrch pawb arall. Yn 1786, pan ddechreuodd rhai farnu nad oedd y ffermydd Americanaidd mor gynhyrchiol â'r rhai Prydeinig, enillodd fedal aur am draethawd yn cynnwys awgrymiadau ynghylch sut orau i drefnu clos fferm.

Yn ystod y Chwyldro difethwyd llawer o gnydau'r wlad gan yr 'Hessian Fly', gwybedyn y tybid iddo ddod i'r wlad yng ngwellt ceffylau'r milwyr Almaenig a gyflogwyd gan Brydain. Ni welwyd y gwybed ar fferm George Morgan tan ar ôl y rhyfel a thybiai ef mai'r ffordd orau o geisio gweld pa mor niferus oeddynt oedd trwy agor ffenestr ystafell led y pen gyda channwyll yn ei goleuo. Canfu bron yn syth fod o gylch 500 ohonynt wedi ymgasglu mewn gwydr nad oedd wedi ei olchi ar ôl yfed cwrw ohono. Yna ceisiodd ddilyn eu datblygiad o'r amser pan oeddynt yn wyau. Rhwng popeth nid rhyfedd iddo gael ei ystyried yn un o arbenigwyr amaethyddol pennaf yr oes.

Yr hyn oedd yn gyfrifol gymaint â dim am ragoriaeth Philadelphia fel dinas oedd y cyfoeth a gafodd ei greu trwy'r drafnidiaeth fasnachol a lifai trwy'r porthladd. Yma y dadlwythid rhan dda o'r nwyddau a fewnforid o Brydain, cyfandir Ewrop, a mân ynysoedd y Caribî. Un o'r cwmnïoedd masnachol pwysicaf oedd yr un a berchenogid gan Robert Morris, ac arwydd o'i ddylanwad oedd y modd y cafodd ei gynnwys mewn darlun enfawr o drigolion cynnar y ddinas. Mae'r darlun i'w weld ar un o furiau adeilad llywodraethol Pensylfania yn Harrisburg, gyda Morris a Benjamin Franklin y tu blaen i eraill, bron ysgwydd wrth ysgwydd, ond ychydig yn fyr o fod ar y naill ochr i William Penn ei hun. Er ei fod yn enedigol o Lerpwl, ystyriai Cymry Philadelphia ef yn Gymro ac mae'r Gymdeithas Gymraeg, sydd wedi bodoli ers 1729, yn dal i gynnig gwobr flynyddol dan ei enw. Mae rhai o lythyrau'r teulu yn awgrymu eu bod o ardal Caerfyrddin, ac yn 1770, 20 mlynedd ar ôl iddo golli ei dad, derbyniodd Robert Morris lythyr gan Henry Morris a fu'n faer Caerfyrddin. Er yr ansicrwydd ynghylch ei wreiddiau, nid oes lle i amau ei allu masnachol a hynny dros gyfnod o bron 40 mlynedd. Ar fin y Chwyldro yno yr oedd yn is-lywydd i Benjamin Franklin ar Bwyllgor Diogelwch Pensylfania. Yna yn 1781, ac ar ôl ei wyrthiau ariannol yn ystod y Chwyldro, cymerodd ati i drefnu banc cyntaf y wlad. Ymysg ei gwsmeriaid yr oedd rhai fel Thomas Jefferson a Franklin.

Crynwyr Rhyfelgar

Er bod y Crynwyr yn y mwyafrif pan sefydlwyd Philadelphia gyntaf, nid felly yn 1776 pan nad oeddynt ond y seithfed ran o'r boblogaeth. Yr hyn oedd yn gyfrifol am y newid oedd yr holl ymfudo a ddigwyddodd yn y cyfamser ac ymysg yr amrywiaeth wleidyddol a chrefyddol a welwyd yn y cylch yr oedd nifer fechan o Gymry a berthynai i Eglwys Loegr. Dechreuwyd clywed amdanynt bron o ddechrau'r 18fed ganrif a thrwy eu gweithgarwch hwy y codwyd yr eglwys a enwyd ar ôl nawddsant Cymru yn Radnor, Pensylfania yn 1717. Llawr pridd oedd iddi tan 1765 ac nid ychwanegwyd ei llofft tan 1772. Mae'r fath ehangu yn cadarnhau ei bod yn dal i fynd o nerth i nerth dros y blynyddoedd hyd at y Chwyldro ei hun. Yn rhyfedd iawn, mae'r grisiau sy'n rhoi mynediad i'r llofft wedi eu gosod ar du allan yr adeilad, a phan ymwelodd Longfellow â'r lle yn 1880 ysbrydolwyd ef i ysgrifennu'r gerdd 'Old St David's at Radnor':

> Were I a pilgrim in search of peace
> > Were I a pastor of Holy Church
> More than a Bishop's diocese
> Should I prize this place of rest and release
> > From further longing and further search...

Y cyntaf i gynrychioli'r enwad yn Philadelphia oedd Eglwyswr eithriadol o'r enw Evan Evans, ac o 1700 hyd at 1718 bu'r eglwys a gafwyd yno, sef Christ Church, dan ei ofal.

Yn enedigol o Garno, derbyniodd ei addysg yn Rhydychen lle'r ystyrid nad oedd yn well na 'thlodyn'. Ar gael ei ben yn rhydd yn y Byd Newydd bu'n hynod o effeithiol ac ef a gychwynnodd nifer o eglwysi'r cylch. Yn 1707 cyfeiriodd at sut yr arferai fynd i Radnor bob yn ail Sul, gan bregethu iddynt yn Gymraeg. Deallai hyd yn oed y di-Gymraeg pa mor effeithiol y pregethai yn ei famiaith ac fel y dylanwadodd ar lawer i droi'n ôl at yr Eglwys. Yna yn 1733 daeth Griffith Hughes atynt yn Radnor. Ganed ef yn Nhywyn tua 1707, ac arferai fynd o amgylch gan bregethu mewn nifer o leoedd eraill. Yn y diwedd profodd y gorchwyl yn ormod iddo ac yn 1736 cynghorwyd ef i ailsefydlu yn y Caribî. Yn ystod ei gyfnod yn offeiriad yn Barbados cyhoeddodd lyfr swmpus 324 tudalen, *Natural History of Barbados* (1750).

Yr oedd y Bedyddwyr o Gymru yn fwy dylanwadol fyth fel enwad, ac fel y nodwyd eisoes, eu gweithgarwch hwy a arweiniodd at ffurfio'r *Philadelphia Baptist Association* yn 1707. Y cyntaf o'u gweinidogion ar Ail Stryd, Philadelphia oedd Jenkin Jones o Landudoch a hyd at 1777 arferent gynnal eu cyfarfodydd blynyddol yn rheolaidd. Gan fod y ddinas dan feddiant y Fyddin Brydeinig y flwyddyn honno, penderfynwyd gohirio'r cyfarfod. Tua'r un amser denodd un o gapeli'r enwad, sef Capel Tredyfferin, sylw anffafriol yr awdurdodau Prydeinig, a hynny oherwydd cefnogaeth frwdfrydig y gweinidog i'r achos Americanaidd. Ei enw oedd David Jones, a daeth dan sylw'r holl wlad pan gyhoeddwyd y bregeth 'Defensive War in a just cause, Sinless' a draddododd beth amser ynghynt i gynulleidfa o filwyr yn ei gapel.

Felly, a heb edrych tu hwnt i'r Cymry, canfyddir bod gan Philadelphia ochr ar wahân i un y Crynwyr a'u tueddiadau heddychol. Eto byddai nifer o blith y Crynwyr yn barod i gefnu ar egwyddorion yr enwad a chymryd rhan yn y rhyfela. Yn bresennol mewn cyfarfod amddiffynnol a gynhaliwyd yn Neuadd Carpenter, Philadelphia ar 18 Mehefin 1776 yr oedd y Milwriad (Col.) Richard Thomas, y Milwriad Hugh Lloyd, Evan Evans a William Evans a benodid yn filwriad maes o law. Un o deulu'r Richard ap Thomas a brynodd 5 mil cyfair o dir ar ran y Crynwyr yn 1681 oedd y cyntaf ohonynt a thebyg bod yna sawl Crynwr arall ymysg y gweddill. Milwriad arall oedd Lambert Cadwalader, a chyda'i frawd John Cadwalader y clywir mwy amdano eto fe'i dyrchafwyd yntau'n gadfridog. Un arall a gymerodd ran yn y rhyfela oedd y Milwriad Algermon Roberts o'r Philadelphia Militia ac mae ei achau ef yn arwain yn ôl at deulu o Grynwyr a gymerodd feddiant o 150 o gyfeiriau yn 1683. A thra bod rhai o'i fath dan fygythiad o gael eu diarddel gan yr enwad, ni fu hyd yn oed hynny yn ddigon i gadw llawer ohonynt rhag cymryd rhan yn y brwydrau i sicrhau annibyniaeth.

Ni fu'n haws chwaith ar y rhai a benderfynodd lynu at egwyddorion yr enwad. Un a gosbwyd am wrthod ymladd oedd Jonathan Evans yr Ieuangaf. Gor-ŵyr ydoedd i'r Thomas Evans a fu'n berchen ar 1,049 o gyfeiriau yng Ngwynedd, Pensylfania o'r adeg pan ddechreuwyd sefydlu yno. Bu ef fyw hyd at ei wythdegau diweddar ac yn enedigol o Gymru fel yntau yr oedd mab iddo o'r enw Evan Evans (1684–1747) a bregethai dros yr enwad. Yr oedd ganddo yntau fab o'r un enw a ddaeth yn fasnachwr llwyddiannus ar ôl symud i Philadelphia yn 20 oed. Bu ef fyw o 1714 i 1795 a phan wrthododd mab iddo o'r enw Jonathan Evans ymladd yn 1779 derbyniodd bedwar mis o garchar.

Meddygaeth y Byd Newydd

Ni ellir llai na sylwi mai Cymry oedd llawer o feddygon mwyaf nodedig Philadelphia. Mewn anerchiad ger bron yr 'Association of Resident Physicians of the Pennsylvania Hospital' yn 1885 tynnwyd sylw at hyn gan feddyg arall o gefndir Cymreig, sef J. J. Levick: 'During the first two decades in the history of Philadelphia all the physicians of the city were natives of Wales.' Dan ystyriaeth ganddo yr oedd rhai fel Edward Jones, Thomas Wynne, Griffith Owen a Thomas Lloyd. Ac fel yn achos meddygon canoloesol Myddfai, byddai eu plant hwythau'n cadw at yr un alwedigaeth.

Yr un a fu'n gyfrifol am drefnu Ysbyty Pensylfania yn 1751 oedd Thomas Cadwalader a ddisgrifir yn y gyfrol *Who was Who in America* fel 'one of the most noted 18th century American Physicians'. Ei dad oedd yr un a gywirodd broflenni'r *Mynegair* ysgrythurol a gyhoeddwyd yn Philadelphia yn 1730, ac fel y ceir gweld, eu wyrion yntau oedd y John a Lambert Cadwalader a chwaraeodd ran mor arwrol yn y Chwyldro oedd i ddilyn. Nid meddygaeth oedd unig gyfraniad Thomas Cadwalader at fywyd Philadelphia; ymysg pethau eraill, a thrwy ei gydweithrediad â Benjamin Franklin y rhoddwyd bod i lyfrgell hanesyddol Philadelphia.

Un a fyddai'n dod yn un o feddygon mwyaf blaenllaw cyfnod y Chwyldro oedd Dr John Jones, a aned ar Ynys Hir, Efrog Newydd yn 1729. Tad-cu iddo oedd Dr Edward Jones o'r Bala a briododd ferch i Dr Wynne (ef oedd ar y *Welcome* gyda William Penn). Trwy gysylltiad priodasol medrai John Jones hawlio Dr Thomas Cadwalader fel ewythr. Ar Ynys Hir, lle'r oedd ei dad yn feddyg o'i flaen, y cychwynnodd Dr John Jones ar ei yrfa feddygol. Yna daw'r sôn amdano fel un a oedd ymhlith y cyntaf i hyfforddi myfyrwyr meddygol yn King's College, Efrog Newydd (Prifysgol Columbia erbyn hyn). Ef oedd awdur llyfr meddygol cyntaf y wlad (yn 1775) ac yn ddiweddarach symudodd i Philadelphia lle cafodd swydd yn ei hysbyty hithau. Yn 1787 dewiswyd ef yn is-lywydd ar y 'College of the Physicians of Philadelphia' a thrwy ei gyfeillgarwch â George Washington galwyd arno i drin salwch hwnnw yn 1790.

Un arall o feddygon adnabyddus y cyfnod oedd Dr John Morgan (1735–89), brawd y George Morgan y soniwyd amdano eisoes. Ar ôl bod yn rhan o ddosbarth cyntaf Prifysgol Pensylfania, cychwynnodd am Ewrop yn 1760 gyda llythyr o gymeradwyaeth gan Benjamin Franklin. Ar ôl iddo ehangu ei addysg yno dychwelodd i Philadelphia ac erbyn 1765 ef oedd pennaeth yr ysgol feddygol a gafwyd yno (o hon y datblygwyd rhan feddygol Prifysgol Pensylfania). A chan i draethawd o'i eiddo, *Discourse upon the Institution of Medical Schools in*

America, fod mor ddylanwadol, arferid cyfeirio ato fel 'Tad Addysg Feddygol yr Unol Daleithiau'. Yn Ewrop gwahoddwyd ef i ddod yn aelod o Gymdeithas Frenhinol Llundain, yr Académie Royale de Chirurgie de Paris a Chymdeithas *Belles-Lettres* Rhufain. Ac yntau'n weithiwr diarbed, ato ef y byddai'r llywodraeth yn troi am *Physician in Chief* i'r fyddin. Ar hynny cefnodd ar y byd academaidd ac ar ôl teithio i'r gogledd a chroesi'r afon o Boston i Cambridge, daeth yn rhan o'r fyddin o'i chychwyn yn 1775.

Yr oedd nifer o'r trigolion yn y parthau gogleddol hyn wedi dechrau aflonyddu dan reolaeth Lloegr, ac er i ambell wleidydd yn Llundain ragweld y perygl o fod yn rhy fyrbwyll wrth ymdrin â hwy yn 'Lloegr Newydd' (enw am chwe thalaith y gogledd ddwyrain), ofer fu'r ymgynghori. Wrth annerch aelodau Tŷ'r Cyffredin yn 1775 gwelodd Edmund Burke le i gyfeirio at ba mor anfoddhaol fu'r canlyniad wrth geisio darostwng y Cymry dros y canrifoedd:

This country [Wales] was said to be reduced by Henry III. It was said more truly to be so by Edward I. But then though conquered, it was not looked upon as any part of the realm of England... the people were ferocious, restive, savage, and uncultivated; sometimes composed, never pacified... Sir, during that state of things, Parliament was not idle. They attempted to subdue the fierce spirit of the Welsh by all sorts of rigorous laws. They prohibited by statute the sending of all arms into Wales, as you prohibit by proclamation the sending of arms to America. They disarmed the Welsh by statute, as you attempted to disarm New England by an instruction. They made an act to drag offenders from Wales into England for trial, as you have done with regard to America. They made acts to restrain trade as you do; and they prevented the Welsh from the use of fairs and markets, as you do the Americans from fisheries and foreign ports... Is America in rebellion? Wales was hardly ever free from it. Have you attemped to govern America by penal statues? You made fifteen for Wales.

Dechrau'r Rhyfela

Ar 19 Ebrill 1775, gerllaw tref fychan Concord i'r gogledd o Boston, y taniwyd yr ergyd gyntaf o'r hyn a ddatblygodd yn alwad am annibyniaeth. Digwyddodd hyn pan deithiod uned o filwyr Prydeinig i'r cyffiniau gyda'r bwriad o feddiannu'r arfau oedd yn nwylo'r trigolion lleol. Mae'r hen bompren gerllaw'r fan lle saethwyd yr ergydion cyntaf wedi ei hadnewyddu ac mae'r dyddiad, 'Patriots Day', yn parhau yn ŵyl leol i drigolion Boston a'r cyffiniau. Dyma'r achlysur pan saethwyd yr ergyd 'a glywid o amgylch y Byd' ac ers 1897 mae'r 'Boston Marathon' wedi bod yn rhan o ddathliad y dydd.

Ychydig fisoedd wedyn, ar gomin Cambridge, byddai George Washington wrthi'n ceisio creu byddin o'r newydd. Nid yw'r dref hon ond lled afon i ffwrdd o Boston lle'r oedd presenoldeb cryf o filwyr Prydeinig. Ymysg y rhai i ddod ynghyd yr oedd y meddyg John Morgan y cyfeiriwyd ato eisoes, ac yna Otho Williams a Daniel Morgan, y ddau ohonynt o gefndir Cymreig ac yn rhai a ddyrchafwyd yn gadfridogion cyn diwedd y rhyfel. Addawol oedd gweld presenoldeb rhai o'u bath, oherwydd rhai yr oedd dwyn a meddwod yn batrwm bywyd iddynt oedd mwyafrif y rhai a ymgynullodd ar y comin. O'r ychydig a oedd yno am resymau gwladgarol, prin oedd eu dealltwriaeth o'r hyn oedd yn angenrheidiol i wrthsefyll nerth milwrol Prydain. Felly cyn mentro ar ddim arall yr oedd yn rhaid i Washington ddewis rhai y medrai ymddiried ynddynt fel is-swyddogion.

Cymhlethid y cynllunio milwrol gan y ffaith nad gwlad unedig oedd y tu ôl i'r cyfan ond casgliad o diriogaethau heb draddodiad o gydweithredu. Eto erbyn 4 Gorffennaf 1776 roedd y tiriogaethau yn gytûn ac yn galw am annibyniaeth. Ychydig fisoedd cyn hyn, ar 17 Mawrth 1776, cafwyd gwared o'r presenoldeb milwrol yn Boston ac o hynny ymlaen Efrog Newydd fyddai'r brif ganolfan Brydeinig yn eu hymdrech i gadw rheolaeth dros y cyfandir. Trwy'r haf byddent yn cadw at y nod o gryfhau eu presenoldeb, gan ddod â 32,000 o filwyr ar 400 o fordeithiau o Brydain. Erbyn diwedd Awst, yng nghyffiniau Efrog Newydd, methwyd yn lân â'u gwrthsefyll a thybiai llawer y byddai'r gwrthwynebiad i reolaeth Prydain ar ben cyn yr hydref.

Er mor druenus oedd y sefyllfa, gyda nifer o'r milwyr dibrofiad wedi troi a rhedeg, daeth tro ar fyd yn y brwydrau a ymladdwyd yn Trenton, Jersey Newydd, ar 26 Rhagfyr 1776 ac wedyn yn Princeton yn yr un dalaith ar 3 Ionawr 1777. Yn ddiweddarach yn yr un flwyddyn, pan gychwynnodd y Cadfridog Howe gyda 18,000 o filwyr tuag at Philadelphia lle cyfarfyddai'r llywodraeth, daeth y tiroedd a boblogwyd gan y Crynwyr Cymreig dan fygythiad. Sylweddolai Washington mai ffolineb fyddai ceisio wynebu byddin mor brofiadol yn uniongyrchol ac yn ei dro ofnai Howe gael ei amgylchynu unwaith y croesai afon Delaware. O ganlyniad newidiodd Howe ei feddwl, ac yn lle cadw at groesi Jersey Newydd, dychwelodd i Efrog Newydd. Wedi iddo ailgychwyn penderfynodd fynd â'r milwyr ar longau, ond yn lle dilyn afon Delaware a amddiffynnid yn drwm, tiriodd yn fwy deheuol mewn man na ragwelwyd unrhyw angen i'w amddiffyn.

Yr oedd angen i Howe groesi yn ôl am y gogledd drwy'r rhanbarth Cymreig arall sy'n gysylltiedig â Bedyddwyr Rhydwilym yn Delaware. Yno'n cartrefu yn ogystal â hwy yr oedd nifer o Bresbyteriaid Cymraeg ac am gyfnod gwersyllai cangen o'r fyddin dan arweiniad Arglwydd Cornwallis yng nghyffiniau capel yr enwad, sef Capel Pencader. Yna ar 3 Medi bu rhywfaint o ryfela wrth odre Iron Hill, lle'r oedd chwaer eglwys i'r un yn Rhydwilym. Collwyd tua hanner cant o fywydau ac aeth pelen magnel trwy un o furiau'r capel ac allan trwy'r ochr arall. Er na fu i'r ysgarmes effeithio llawer ar ganlyniadau'r rhyfel, dywedir mai yma yng ngolwg y capel y codwyd y 'Stars & Stripes' ar faes y gad am y tro cyntaf. Hefyd yn y cyffiniau yr oedd y felin flawd a godwyd gan un o'r enw William James yn 1702 ac y gofalwyd amdani hyd 1737 gan un o'r enw Philip James. Lladratwyd y blawd gan y Fyddin Brydeinig a chyn iddynt adael llosgwyd y felin.

Troedio Tua Philadelphia

Pan adawodd y Fyddin Brydeinig diroedd y Bedyddwyr
Cymraeg yn Delaware i weithio eu ffordd tuag at Philadelphia,
ceisiwyd eu rhwystro gerllaw afon Brandywine sy'n gangen
o afon Delaware. Os croesid hon, a chymryd meddiant o'r
bryniau y tu cefn i Washington, ni fyddai yna fawr ddim i
rwystro Howe rhag mynd yr holl ffordd i Philadelphia. Dyma'r
rheswm pam y bu i Washington osod cymaint o'i filwyr gerllaw
Chad's Ford a sawl rhyd arall am ddwy fillir i fyny'r afon.
Ac er mor synhwyrol oedd lleoli milwyr ger Brinton's Ford,
Jones's Ford, Wintar's Ford a hefyd Buffington's Ford lle'r
ymunai dwy gangen afon Brandywine â'i gilydd, cynlluniodd
Howe i'w hosgoi hwy oll trwy anfon rhan o'r fyddin ar gylch
ehangach fyth. O dan arweiniad Cornwallis, ac am saith y bore,
cychwynnodd saith mil ohonynt ar daith o 16 milltir. Croeswyd
yr afon ger rhyd arall, sef Jefferis's Ford, ac erbyn dau o'r gloch
yn y prynhawn byddent wedi eu lleoli eu hunain y tu cefn i
George Washington. Er i Washington gael ei rybuddio ynghylch
y datblygiad, penderfynodd ymddiried yn nhystiolaeth un arall
na wyddai am hyn. Fis a hanner wedyn cyfeiriodd Washington
at yr anffawd:

> The misfortune which happened to us on the 11th of September
> I ascribe principally to the information of Major Spear... The
> major's rank, reputation and knowledge of the country, gave him
> a full claim to credit the attention. His intelligence... was a most
> unfortunate circumstance...

Ar 26 Medi, tra oedd yn gwersylla am rai diwrnodau yn
Nhredyffrin cyn cyrraedd Philadelphia, anfonodd Howe
uned o filwyr i ddinistrio efail o'r enw Valley Forge. Y cyntaf
i berchenogi'r tir lle codwyd hi, gyda dwy fil o gyfeiriau yn ei
feddiant, oedd gŵr o'r enw Evan ap Evan a ymfudodd o Gymru
yn 1686. Y rhai oedd yn gyfrifol am godi'r efail, yn ogystal â'r
felin lifio ar ei phwys, oedd Stephen Evans a Daniel Walker,
dau ffermwr o Radnor, Pensylfania, ac yna Joseph Williams,

melinydd yn y Meirion cyfagos. Yna yn 1751 cyhoeddodd Stephen Evans a Joseph Williams fod yr efail, ynghyd â'r felin a 375 cyfair o dir, ar werth.

A Howe yn mwynhau pleserau bywyd yn Philadelphia, gadawyd Washington a'i filwyr i wynebu gaeaf arswydus 1777 trwy wersylla y gorau fedrent gerllaw Valley Forge. Ceisiwyd creu lle i gysgodi trwy ddefnyddio'r coed a dyfai ar y llechweddau cyfagos i godi pebyll. Llosgwyd gweddill y coed i dorri ar yr oerfel a'r mwyaf ffodus oedd yr ychydig a wersyllai yn nhŷ cwrdd Crynwyr Radnor. Yn ôl cofnodion yr enwad, ni bu addoli yno am y tro 'in consideration of its being occupied by soldiers'. A phan ddaeth eu tro i gadw llygad dros ddiogelwch y gwersyll, a hwythau heb hosanau a chyda'u blancedi'n garpiog, yr unig ffordd o gadw eu traed rhag rhewi oedd sefyll yn eu hetiau. Rhwng wynebu'r oerfel a'r ysgadan hallt y dibynnwyd arnynt am gynhaliaeth, nid rhyfedd i enw Valley Forge gael ei anfarwoli yn hanes y wlad.

Yn ddiweddarach yn y gaeaf penodwyd saith i edrych am ffyrdd o wella'r sefyllfa ac ymysg y rhain yr oedd y Milwriad Thomas, y Milwriad Evan Evans a'r Milwriad William Jones. Penderfynwyd cael y trigolion lleol i drosglwyddo am dâl unrhyw flancedi oedd ganddynt dros ben a pha beth bynnag arall a fedrai fod o gymorth. Yna gorchymynnwyd i ffermydd y cylch ddyrnu hanner eu cnydau cyn 1 Chwefror a'r gweddill cyn 1 Mawrth. Os methid gwneud felly medrai'r fyddin hawlio'r ysgubau a adawyd ar ôl am bris llawer llai. Gan mai ffermydd y Cymry oedd y rhan fwyaf o'r rhai a amgylchai Valley Forge, arnynt hwy yr effeithiwyd yn bennaf ond ni chlywyd yr un grwgnach ar eu rhan.

Mor wahanol oedd eu hymateb pan ymwelodd nifer o filwyr Prydeinig â Haverford a Radnor o 10 i 12 Rhagfyr 1779. Yn ogystal â gyrru'r anifeiliaid i ffwrdd aethpwyd ati i ladrata o'r tai, gan fynd â beth bynnag oedd ar gael, heb falio a oedd iddo unrhyw werth milwrol. Yno'n dyst o'r cyfan yr oedd yr Arglwydd Cornwallis, ac yn Philadelphia ei hun, cyfeiriodd merch Benjamin Franklin mewn llythyr at ei thad yn Paris at fel y bu iddynt ysglyfaethu o dŷ'r teulu. Cymerwyd meddiant o hyd yn oed ei 'delyn Gymreig', a chan fod hyn yn beth cyffredin, nid rhyfedd i un o'r 19eg ganrif sylwi, 'for unfeeling brutality they scarcely have a parallel in civilized warfare'.

Gwaeth eto oedd y modd yr ymdriniwyd ag uned o filwyr yng nghyffiniau Capel Dyffrin Mawr, a hwythau wedi ildio eu harfau. Gan fod yna dafarn o'r enw Paoli ar bwys, cyfeirir at y weithred fel y 'Paoli Massacre', Medi 1777. Ymosodwyd ar y milwyr ynghanol nos ac er iddynt gysgu gyda'u harfau o dan eu blancedi, ni fu hyn o fantais iddynt, gan i danau'r gwersyll oleuo eu symudiadau. Ar ôl eu gorfodi i ildio, dywedodd un o'r milwyr o Hesse yn yr Almaen a gyflogwyd gan Brydain eu bod wedi dal i'w saethu fel pe baent yn foch. Lladdwyd 150 i gyd, a phan ganfu un o'r ffermwyr lleol 53 o gyrff yn ei gae drannoeth, gadawyd ef a'i gymdogion i'w claddu.

Methiant Gogleddol Lloegr

Er i Howe gyrraedd Philadelphia yn gymharol rwydd ar ôl y fuddugoliaeth ger afon Brandywine, mae lle i holi ai dyma'r cam doethaf o safbwynt milwrol. Er mai dyma'r fan lle yr arferai'r Llywodraeth Americanaidd gyfarfod, ni fyddai'n anodd iddynt ymgynnull yn rhywle arall. Yn y cyfamser yr oedd y Cadfridog Burgoyne yn dirwyn ei ffordd o Ganada a thrwy ogledd Talaith Efrog Newydd, a chan fod Howe yn Philadelphia yn hytrach nag yn Efrog Newydd, byddai ymhellach i ffwrdd os codai angen am ei gymorth. Hefyd gellid beirniadu'r Cadfridog Burgoyne am y modd yr anogodd yr Indiaid i boeni a lladd y trigolion gwledig. O ganlyniad i hyn byddent hwythau'n troi yn erbyn Burgoyne a hyd yn oed yn ymuno â'r fyddin a'i gwrthwynebai. A chyda Howe yn mwynhau'r gorau o fywyd Philadelphia, ni fedrai Burgoyne droi ato am gymorth dros nos.

Tua chanol Awst 1777, pan sylweddolwyd bod Burgoyne ar ei ffordd o Ganada tua'r de, anfonodd Washington gatrawd o filwyr a arbenigai fel rhych-ddryllwyr i ymuno a chryfhau'r fyddin dan arweiniad y Cadfridog Gates. Yn gyfrifol amdanynt yr oedd y Daniel Morgan y cyfeiriwyd ato yn Cambridge pan ddechreuwyd creu'r fyddin, ac mae un adroddiad yn awgrymu ei fod o'r un teulu â'r Sion ap Rhydderch o Lanwennog a gyhoeddodd eiriadur Cymraeg yn Amwythig yn 1725. Tybir yn gyffredinol ei fod o gefndir Cymreig a'i fod yn fab i'r James Morgan a redai'r Durham Ironworks i'r gogledd o Philadelphia. Er iddo ddangos ochr afreolus tra oedd yn ieuanc, gwelai Washington ef fel un y medrai ymddiried ynddo, ac ato ef y byddai'n troi pan ragwelwyd yr angen i ychwanegu at y fyddin yng nghanolbarth Talaith Efrog Newydd.

Am dri y prynhawn ar 7 Hydref 1777 byddent, ynghyd ag eraill, yn wynebu Burgoyne ar dir Freeman's Farm, Saratoga. Yr oedd un o dair rheng y fyddin dan ofal Daniel Morgan, a bwriad Gates oedd eu gosod hwy ar y blaen. Profodd cynllun Daniel Morgan yn allweddol. Cynlluniodd i osod rhan o'i gatrawd ar lechwedd a guddiwyd gan goed, a disgwylid iddynt, ar glywed yr ergydion cyntaf, garlamu i ganol y maes, gan yrru'r gelyn yn ddiarwybod fel eu bod o fewn cyrraedd y 600 o rych-ddryllwyr arbennig. A thra byddent yn ail-lenwi'r drylliau trefnwyd cyrch gyda bidogau a achosodd i'r gelyn chwalu. Erbyn hynny byddai'r rhych-ddryllwyr yn barod i saethu atynt unwaith eto.

Y medrusaf o'r Fyddin Brydeinig oedd y Cadfridog Frazer. Pan sylweddolodd fod hynt y frwydr yn eu herbyn, ceisiodd newid y sefyllfa trwy ei ail-leoli ei hun yng nghanol yr ymladd. Ymateb Daniel Morgan oedd gorchmyn i 12 o'i saethwyr mwyaf cywrain aros am gyfle i'w saethu: cyflawnwyd hyn ar y drydedd ergyd. O fewn 20 munud o ddechrau'r frwydr yr oedd canlyniadau'r dydd eisoes yn amlwg.

Gyda'r Indiaid a'r ffyddloniaid Prydeinig o Ganada wedi cefnu ar Burgoyne, a'i fyddin ond yn hanner yr hyn a fu ac wedi ei hamgylchynu'n llwyr, cymerodd ddeng niwrnod iddo gydnabod y golled. Cynhaliwyd gwledd i ddathlu'r fuddugoliaeth gyda phrif swyddogion y ddwy ochr yn bresennol ac eithrio Daniel Morgan. Am resymau nad oeddynt yn amlwg, ni wahoddwyd ef, ond pan ddaeth Burgoyne ar ei draws, ni fedrai lai na chydnabod ei allu: 'Sir, you command the finest regiment in the world'. Er i Gates anwybyddu Morgan, deallai ei ddyled iddo, a phan ddaeth gorchmyn gan Washington i Daniel Morgan ailymuno ag ef, cwynodd Gates am golli 'the corps the army of Gen. Burgoyne are most afraid of'.

O ganlyniad i'r frwydr hon collodd Lloegr ei rheolaeth dros ogledd y wlad. Oddeutu chwe mis wedyn, ac ar ôl ei fethiant i gynorthwyo Burgoyne, parchwyd dymuniad Howe i ddychwelyd i Loegr. Cyn iddo ymadael trefnwyd gwledd mor fawreddog ar ei gyfer nes i drigolion Philadelphia ddechrau meddwl na fu ei bath ers dyddiau'r Hen Destament. Yr un a gymerodd le Howe oedd Sir Henry Clinton a'r cyntaf peth a ofynnwyd ohono oedd iddo ddychwelyd y fyddin i Efrog Newydd. Dechreuwyd ar y daith a'u harweiniai trwy Jersey Newydd ym Mehefin 1778, ac yn ddiweddarach yr haf hwnnw pan fu bron iddynt gael eu hamgylchynu'n llwyr, daethant i ben â dianc ynghanol nos.

Stony Point

Er i Clinton a'r fyddin allu eu cyfrif eu hunain yn gymharol ddiogel unwaith y byddent yn Ninas Efrog Newydd, nid felly yr oedd hi yn gyffredinol. Nid oedd sicrwydd am eu diogelwch yn Stony Point – man o bwys milwrol i fyny afon Hudson o Efrog Newydd. O'r gaer a godwyd ar graig Stony Point sy'n ymledu i'r afon gellid rheoli'r drafnidiaeth ar y dŵr. A chan mai yma hefyd yr oedd y King's Ferry a gysylltai Boston â gweddill y wlad, nid rhyfedd i'r graig gael ei gweld gan y Prydeinwyr fel 'Gibraltar y Byd Newydd'.

Yr un a benodwyd i arwain yr ymgyrch yn eu herbyn, fel y gellid croesi'r afon heb rwystr unwaith eto, oedd y Cadfridog Anthony Wayne. Er bod y *Dictionary of American Biography* yn honni mai rhai a ymfudodd o Iwerddon oedd ei deulu, arferai Cymry'r wlad ei ystyried yn un ohonynt hwy. Ac er mor drwyadl ac awdurdodol yw'r cyhoeddiad a nodwyd, mae lle i feddwl bod y Cymry yn nes at y gwirionedd yn hyn o beth.

Ers iddynt ymfudo bu'r teulu yn gysylltiedig ag Eglwys

Dewi Sant yn Radnor, Pa. a phenodwyd tad-cu Anthony Wayne, sef yr un yr enwyd y Cadfridog ar ei ôl, yn ŵr-festri yno yn 1725. Un a ddaeth yn offeiriad i'r cylch yn 1733 oedd Griffith Hughes, a chan i hwnnw sôn fod gwir angen am lyfrau Cymraeg, mae'n ymddangos bod yr eglwys yn parhau'n un Gymraeg ei hiaith. Yn 1763 daw'r cysylltiad rhwng y teulu a'r eglwys i'r golwg unwaith eto, gyda'r cofnodion yn sôn fel y bu i un o'r enw Robert Jones godi côr ar bwys côr teulu Wayne. Pan ychwanegwyd llofft yn 1771 cafodd y gwaith ei oruchwylio gan Isaac Wayne, tad y Cadfridog. Ar derfyn y rhyfel penodwyd Wayne i olynu Washington fel pennaeth y fyddin a bu farw wrth gyflawni ei ddyletswyddau yn eithafoedd gogledd-orllewin Pensylfania. Ychydig flynyddoedd ar ôl iddo farw yn 1796 ailgladdwyd ei weddillion yn y llonyddwch hwnnw a ganfuwyd gan Longfellow yn St Davids: 'What an image of peace and rest / Is this little church among its graves!'

Mewn darlith a draddodwyd gan H. B. Dawson o flaen Cymdeithas Hanes Efrog Newydd ar 1 Ebrill 1862 ceir gwybod fel y bu'r Cadfridog Wayne ar un o nosweithiau mwyaf terfysglyd ei fywyd. Seiliwyd y ddarlith ar y llythyrau a'r papurau a gadwyd yn daclus gan Anthony Wayne ei hun. Dechreuwyd y drafodaeth trwy gyfeirio at fel y digwyddai Wayne fod gartref pan dderbyniodd lythyr ar fyr rybudd gan Washington: 'I request that you will join the Army as soon as possible.' Bwriad Washington oedd ailfeddiannu'r gaer ar Stony Point a derbyniodd Wayne y neges pan oedd wrthi'n prynu bwyd ar gyfer fferm y teulu. Ymysg yr hyn a ddewisodd yr oedd rhywbeth sydd braidd yn anarferol erbyn hyn, sef hanner casgen o dafodau eidion. Heb ddychwelyd adref hyd yn oed, cychwynnodd ar ei daith ac ar ddiwedd y nodyn o eglurhad a anfonodd at ei wraig dymunodd iddi beidio ag esgeuluso addysg y ddau blentyn, rhywbeth sydd braidd yn hynod o ystyried ei blentyndod ef ei hun. Nid oedd ei awydd am ddysg i'w gymharu â'i frwdfrydedd dros drefnu'r ffug ryfela a gymerai le yn ystod cyfnodau chwarae yr ysgol. Cynhyrfwyd ei gyd-ddisgyblion i'r fath raddau nes i'r terfysg fynd yn drech na'r ddisgyblaeth, a mynnodd ei ewythr oedd yn bennaeth yr ysgol iddo gadw draw am gyfnod. Rhwng y fath helbul a'i duedd i fod yn fyrbwyll daeth yn arferiad i gyfeirio ato fel *Mad Anthony*, ffugenw a'i canlynodd trwy gydol y Chwyldro.

Yr oedd y *Light Brigade* yn ymarfer cyn i Wayne gyrraedd gwersyll Washington a'r bwriad oedd iddo ef arwain ymosodiad ar Stony Point. Gan fod yna Dorïaid rhonc yn yr ardal, sylweddolai'r ddau fod angen gofal anghyffredin i gadw'r trefniadau yn gyfrinachol. Mae cynllun yr ymosodiad yn llawysgrifen Wayne ei hun ond ni nodwyd arno amser cychwyn. Er mwyn osgoi rhybuddion cyfarth cŵn anfonwyd rhai milwyr o amgylch ymlaen llaw i ladd cymaint â phosib. Y dydd penodedig oedd 15 Gorffennaf 1779, a chan nad oedd sicrwydd am y canlyniad, aeth Wayne ati i ysgrifennu llythyr at ei frawd yng nghyfraith:

> This will not reach your eye until the writer is no mor... if ever a great and a good man was surrounded with a Choice of Difficulties it is Gen Washington... I fear the consequences... I fear their tender Mother [am ei wraig] will not Survive this Stroke... do go and Comfort here...

Wedi ei nodi ar ben y llythyr yr oedd un ar ddeg y nos a'r cyfeiriad sy'n ymddangos arno yw 'Nr the hrs and scene of carnage'. Mae'n amlwg o'r cynnwys fod Wayne yn amheus am y canlyniad a bwriadai i'r llythyr gael ei anfon os na ddychwelai. Hanner awr ar ôl iddo ddechrau ysgrifennu'r llythyr daeth ei orchymyn i'r milwyr ffurfio dwy golofn. Gosododd ei hun ar flaen un ohonynt a chychwynnwyd arni trwy fracsio drwy'r dŵr ger ymylon yr afon. Darganfuwyd hwy ynghynt na'r disgwyl, ond yn ffodus iddynt anelwyd yr ergydion yn y fath fodd fel i'r mwyafrif ohonynt fynd yn ddiniwed dros eu pennau ac i'r dŵr a'r rhosydd ar y glannau. Ar ôl dod at odre'r graig bu Wayne wrthi gyda phicell yn cyfeirio'r milwyr at y man mwyaf addawol i ddringo. Yna, pan gafodd ei daro gan belen mwsged a methu â chodi, barnwyd na fyddai fyw. Eto gorchmynnodd i ddau filwr ei lusgo i fyny'r graig, ac o'i weld mor benderfynol, ysbrydolwyd y milwyr gymaint nes i'r gaer ddod o dan eu rheolaeth o fewn dwy awr. Cymerwyd 500 o garcharorion ac yn y cyfamser sylweddolwyd mai dim ond wedi ei syfrdanu yr oedd Wayne wedi'r cyfan.

Am ddau o'r gloch y bore aeth Wayne ati i ysgrifennu llythyr arall, wedi ei gyfeirio at Washington. Trwy fendith dyma'r un, ac nid y llythyr at ei frawd yng nghyfraith, a welodd olau dydd yn y diwedd. Gan na feddyliwyd y byddai Wayne fyw dair awr ynghynt, mae'n ddealladwy pam nad oedd y llythyr yn hwy na dwy frawddeg. Pan ddarllenwyd ef o flaen y Gyngres pleidleisiwyd i fathu medal aur ar ei gyfer. Ar un ochr yr oedd y geiriau 'Antonio Wayne duci Exercitus' ac yn amgylchu llun o'r graig ar y llall yr oedd y geiriau 'Stoney Point Expugnatum'. Gyda'r wlad wedi digalonni ar y pryd, nid rhyfedd i'r gwladgarwr Benjamin Rush dalu teyrnged iddo:

> Our streets rang for many days with nothing but the name of General Wayne. You are remembered constantly next to our good and great Washington, over our claret and Madeira. You have established the national character of our country; You have taught our enemies that bravery, humanity, and magnanimity are the national virtues of the Americans.

Cafodd y Cadfridog Wayne ran mewn nifer o frwydrau eraill, yn eu plith Brandywine a Germantown yn 1777, Mynwy (Jersey Newydd) yn 1778, a Yorktown ar derfyn y rhyfel. Clywid amdano trwy gydol y rhyfel ac yn y cyfnodau rhwng y rhyfela defnyddiai ffermdy cyfaill ysgol fel swyddfa i'r gatrawd. Yr oedd hwn, Dan Evans, yn un o chwech o blant (ganwyd un ohonynt ar y llong) i grydd o Sir Gaernarfon a ymfudodd i Vincent Township, Pensylfania. Beth amser wedyn symudasant i Uwchlan lle codwyd yn 1766 y tŷ a ddefnyddiwyd dros dro gan Wayne. Gyda Dan Evans ac yntau yn gyfarwydd â'i gilydd o'u dyddiau ysgol, tybed beth a feddyliai hwnnw o sylweddoli nad ffug ryfela gyda phlant ysgol yr oedd Wayne yn awr?

Un arall o gysylltiadau Cymreig Wayne oedd caplan y gatrawd, sef David Jones a fagwyd dan ddylanwad capel Cymraeg y Bedyddwyr yn Delaware. Cyfeiriwyd eisoes at ei daith anturus ar yr afon Ohio pan fu'n cenhadu ymlith yr Indiaid. Dyma'r amser pan oedd y berthynas â Phrydain yn gwaethygu'n gyflym, ac ar ôl iddo ddychwelyd i'r capel dan ei ofal yn Jersey Newydd, collodd gefnogaeth y rhai nad oeddynt mor gefnogol ag ef i annibyniaeth. Er mor anwaraidd y tybid i'r Indiaid fod yn ei ddydd, nid oddi wrthynt hwy y bu raid iddo ffoi ond oddi wrth y Torïaid rhonc a gartrefai yng nghyffiniau ei gapel.

Dyma a arweiniodd at ei weinidogaeth gyda'r Bedyddwyr yn y Dyffrin Mawr, Pensylfania yn 1775. Cyfeiriwyd eisoes at ei bregeth *Defensive War in a just cause, Sinless* ac yn y diwedd profodd ei gefnogaeth amlwg yn fwy nag y medrai'r awdurdodau Seisnig ei dderbyn. Ymateb Howe oedd anfon uned o filwyr ar ei ôl a'i gymryd i Philadelphia ar gyfer ei grogi. Yn ffodus iddo bu'r trigolion lleol yn ddigon craff i gamarwain y milwyr, ac ar sail yr anwireddau a ddywedwyd pan gawsant eu croesholi, cipiwyd pregethwr arall yn ei le. Ni ddeallwyd hyd at y funud olaf nad David Jones oedd ganddynt, a'r un a fu bron â chael ei grogi ar gam oedd gweinidog o Sais o'r enw Miller.

Fel caplan yr oedd David Jones yno gyda'r milwyr mewn nifer o'r prif frwydrau ac o'r braidd y dihangodd â'i fywyd ar y noswaith pan lofruddiwyd cymaint yn Paoli. Pan ymwelodd y gelyn â'i gapel aethant ati i ladrata hyd yn oed y llestri cymun. Mae ei anerchiad i'r milwyr cyn y frwydr a ymladdwyd yn Ticonderoga, Talaith Efrog Newydd, tua diwedd 1776, yn adleisio'r dynged a ragwelai Gruffudd ab yr Ynad Coch am ddyfodol Cymru. Gyda'r milwyr yn ymwybodol bod byddin nerthol yn nesáu, ceisiodd eu hysbrydoli:

... Such is our present case, that we are fighting for all that is near and dear to us, while our enemies are engaged in the worst of causes, their design being to subjugate, plunder and enslave a free people that have done them no harm... Look, oh! look therefore,

at your respective states, and anticipate the consequences if
these vassals are suffered to enter! It would fail the most fruitful
imagination to represent, in a proper light, what anguish, what
horror, what distress would spread over the whole! See, oh! see, the
dear wives of your bosoms forced from their peaceful habitations,
and perhaps used with such indecency that modesty would forbid
the description... See your children exposed as vagabonds to all
the calamities of this life...

Troi'r Sylw Tua'r De

Tua diwedd 1779, a'r gwrthwynebiad i reolaeth Prydain yn
dal i gryfhau, sylweddolai Clinton mai ei siawns orau i ennill
cefnogaeth y trigolion lleol oedd troi ei olygon tua'r de at y
Carolinas lle tueddai agweddau fod yn fwy Seisnig. Daeth
Charleston dan reolaeth Clinton pan orchfygodd fyddin o
5,500 ym Mai 1780 a dilynwyd hyn gan fuddugoliaeth fwyaf
nodedig Lloegr. Er i Clinton ddychwelyd i Efrog Newydd
bron yn union wedi hyn, yr oedd byddin o 8,000 dan ofal
yr Arglwydd Cornwallis yn dal yn y de. Yr oedd y Cadfridog
Gates, yn ddiarwybod i Washington, wedi ei benodi gan y
llywodraeth i amddiffyn y De, ond profodd y golled honno yn
Camden, De Carolina ar 15 Awst 1780 yn ddigon o ergyd i gael
gwared ohono. Rhwng y ddwy golled dinistriwyd bron y cyfan
o'r fyddin leol, a'r gorau y medrid ei wneud yn y cyfamser oedd
ceisio arafu'r fyddin Brydeinig trwy fân ryfela yma a thraw.

Yn hyn eto fe geid Cymry yn barod i gymryd at yr awenau,
gydag Isaac Shelby, mab i ŵr o Dregaron, yn gyfrifol am
y fuddugoliaeth yn King's Mountain ar 7 Hydref 1780 ac
yna Daniel Morgan, y cyfeiriwyd ato eisoes, yn Cowpens ar
17 Ionawr 1781 (mae mwy am y ddwy frwydr yn *Helyntion
y Cymry yn Virginia*). Yr olaf o frwydrau'r Carolinas oedd
yr un a ymladdwyd yn Eutaw Springs ar 8 Medi 1781, pan
fethwyd gwrthsefyll cyrch gyda bidogau. Er hynny, teilyngai
catrawd o Maryland dan arweiniad y Cadfridog Otho Williams
ei chydnabod ac fe gofnodwyd ei gyfraniad ef mewn darlith
gan Osmond Tiffany a draddodwyd gerbron Cymdeithas

Hanes Maryland ar ddechrau ail hanner y 19eg ganrif. Yn ôl Tiffany, 'His parentage was highly respectable, his ancestors emigrating from Wales and he being of the second generation after their settlement in Maryland'. Yn gynharach yn ystod y rhyfel cafodd Williams ei garcharu gan y gelyn a chyfyngwyd ef i gell 16 trodfedd sgwâr gydag arwr mawr talaith Vermont, Ethan Allen. Cadwyd hwy yno heb lanhau'r gell am saith i wyth mis. Er i hyn amharu ar ei iechyd, ailymunodd â'r fyddin ar ôl iddo gael ei gyfnewid am Sais a garcharwyd ar ôl colled Burgoyne. Yno yn Eutaw yn ogystal â'i gatrawd ef o Maryland yr oedd eraill o Ogledd Carolina a Virginia, a dyma ddisgrifiad Otho Williams o'u hamgylchiadau:

> By easy marches we arrived... 7 miles from Eutaw... At 4 o'clock next morning we were under arms and moving in order of battle about 3 miles, where we halted, and took a little of that liquid which is not unnecessary to exhilarate the animal spirits upon such occasions. Again we advanced and soon afterwards our light troops met the van of the enemy who were marching out to meet us... and without regarding or returning the enemy's fire, charged and broke their best troop. Then indeed we fired and followed them into their camp... our losses in officers killed and wounded was very considerable... to have an idea of their vivacity and intrepidity, you must have shared their danger and seen their charge, which exceeded anything of the sort I ever saw before.

Er i'r ddwy ochr hawlio'r fuddugoliaeth, gadawyd Lloegr heb yr adnoddau milwrol a fu ganddi gynt a hon fyddai'i hymdrech olaf o bwys. Ar derfyn y rhyfel gwrthododd Otho Williams gynnig gan Washington i'w olynu ef fel pennaeth y fyddin (fel y gwnaeth ei gyfaill Daniel Morgan). Bu farw yn gymharol ifanc, heb fawr o gyfle i ddilyn y cyngor a roddodd i'w frawd: '...and whoever considers the true source of his happiness, will find it in a great degree, arising from a delicate concern for those dependent upon him, useful employments and the approbation of his friends.'

Rhanbarth Gymreig North Carolina

Gwelir tystiolaeth i frwdfrydedd y Cymry dros ennill hunanlywodraeth i'r golwg llawysgrif sydd ym meddiant Prifysgol Gogledd Carolina yn Chapel Hill, un a astudiwyd gan John A. McGeachy o Brifysgol Talaith Gogledd Carolina yn Raleigh. Yn ei dyb ef yr un a fu'n gyfrifol am y llawysgrif oedd John D. Jones (1790–1854), mab i'r David Jones a gymerodd ran ym mrwydrau Brandywine a Germantown ym Mhensylfania. Gan fod y mab yn gyfreithiwr tra adnabyddus yn Wilmington, North Carolina, mae lle i gredu ei fod yn gyfarwydd â nifer o Gymry'r cylch a chwaraeodd ran yn y Chwyldro ei hun. Ers y 1720au bu yna gymuned o Gymry ychydig filltiroedd i fyny'r afon o borthladd Wilmington.

Mae'r llawysgrif yn cyfeirio at yr amser ar ddechrau 1781 pan wersyllai 300 o filwyr Prydeinig yn Wilmington. Y rheswm am eu presenoldeb,o dan arweiniad gŵr o'r enw Major Craig, oedd crynhoi gwartheg a chnydau o ffermydd y cylch fel y gellid porthi'r brif ran o'r fyddin pan gyrhaeddai dan arweiniad y Cadfridog Cornwallis o Charleston, South Carolina. Un o'r rhai i wneud ei orau glas i'w rhwystro oedd William Jones o ardal Long Creek ac oherwydd i'r milwyr Prydeinig ddechrau meddwl amdano fel y 'diafol ei hun', arferid cyfeirio ato hyd ddiwedd ei oes fel 'Devil Bill Jones'.

I do not recollect the year precisely, but the British held possession of Wilmington – a long time under the command of Major Craig. They had been much harassed by several gallant spirits amongst the Whigs, who hung upon the outskirts of the town, particularly by Captain James Love of Sampson County and William Jones of the Welch tract near South Washington, two of the most daring men that ever lived...

Love and Jones mounted on swift horses would ride up to the borders of the town, and sometimes dash into the town itself, shooting down the sentinels and such of the military as came within reach of their rifle barrelled carbines: and instead of flying directly into the woods, would wait patiently in the suburbs for the British Dragoons: keeping just far enough ahead to be out of the reach of their pistols, and as they decoyed one or two of their members in advance of the rest, turned suddenly upon them, giving the contents of their carbines, or cutting them down with their broad swords manufactured in the blacksmith shops of the country.

Mewn llyfr gan James Sprunt sy'n ymwneud â North Carolina ceir ychydig o'r hanes am ymdrech Cymro arall i gwtogi maint y fyddin Brydeinig: 'During the Revolutionary war, while the town of Wilmington was in possession of the British troops under Major Craig, an American soldier in ambush on Point Petre or Negro Head shot with a long-range rifle a number of British troopers standing at Market Dock'. Os nad oedd ei weithred o bwys arbennig, mae'n un o ddigwyddiadau mwyaf hynod y Chwyldro ac er mwyn gwerthfawrogi ei gyfraniad rhaid troi at y llawysgrif uchod unwaith eto.

Ymhlith y mwyaf medrus o ofaint y cylch yr oedd Thomas Bloodworth, brawd y Timothy a gynrychiolodd North Carolina yn Senedd yr Unol Daleithiau ar ôl annibyniaeth. Ar hap daeth ar draws ffau cadno a arweiniai at wagedd y tu mewn i foncyff anferth o goeden cypreswydd. Nid oedd yr un awgrym allanol o hyn a'r unig fynediad i wagedd y goeden oedd trwy dwll bychan a wnaed gan y cadno sawl llathen i ffwrdd. Tyfai'r goeden ar bigyn o dir rhwng uniad y North West a'r North East Cape Fear River ac yn y golwg chwarter millir i ffwrdd yr oedd y milwyr Prydeinig a wersyllai yn Wilmington.

O feddwl am gynllun i fanteisio ar gyflwr y goeden aeth Thomas Bloodworth ati i greu dryll o hyd anghyffredin a fedrai anfon ergyd gyda chywirdeb dros bellter cyffelyb i'r hyn a oedd rhwng y goeden a Wilmington. Ar ôl ymarfer saethu at fras ddarlun o ddyn ar ddrws ysgubor cychwynnodd tua'r goeden gyda'i fab Tim a gwas o'r enw Jim Paget. Unwaith yr oeddynt y tu mewn i'r goeden codwyd y mab ar ysgwyddau'r ddau arall ac aeth yntau ati i dorri twll ar gyfer y gwn. Codwyd llwyfan bychan fel y medrid sefyll arno i anelu'r gwn, ac ar weld y rhai yn eu cotiau cochion yn mynd am eu gwydraid dyddiol o ddiod, rhoddwyd 'Old Bess', fel y gelwid y gwn, ar waith. Gan i wynt y môr chwalu mwg yr ergydion methwyd â chanfod o ble y saethwyd. Parhaodd y saethu am oddeutu wythnos ond yn y diwedd rhoddodd un o Dorïaid y cylch ar ddeall i'r fyddin na welwyd Thomas Bloodworth ers iddo ddiflannu gydag anferth o wn ar ei ysgwydd. A chyn i'r fyddin Brydeinig adael y cylch clywid am un arall o drychinebau diangen y rhyfel:

> Poor Polly Rutledge! She was a Welch girl named Rivenbark, who had been betrothed to a young man whom the British murdered at the massacre at Rouses. The day had been fixed for her nuptials, when she received the sad intelligence of the massacre. Overcome by her feelings she left home, it was thought partially demented, and was found by two Tories a few days afterwards weeping over the grave of her lover. The brutal wretches conveyed her forcibly to Wilmington and delivered her to an officer named Rutledge, whose hated name she ever after bore. He soon abandoned her and she was cast friendless upon the world.
>
> As was to be expected, she now lost her mind entirely, and concealed herself for years in the bays and pine forests which abound near Wilmington. She had been a beautiful woman, her long black hair almost enveloped her, which now with a few scanty rags formed her only covering. Often have I seen her in my youthful days, gliding like a spirit among the pine trees, looking wildly and anxiously around, as if fearful of being persued; and when first seen by me, I asked a negro boy accompanying me, who that was and & he replied with much indifference, 'It is only crazy Polly Rutledge'.

Cefnogi Washington

Ymysg y rhai a beryglodd eu bywydau trwy arwyddo'r Datganiad Annibyniaeth yr oedd Francis Lewis, a anwyd yn Llandaf yn 1713. Mab iddo oedd y Cadfridog Morgan Lewis a fu'n llywydd ar Gymdeithas Gymraeg Efrog Newydd, a phan oedd ei frawd hynaf ar fin priodi, gwrthwynebwyd y briodas gan frodyr y briodferch, am nad oeddynt am ei gweld yn priodi ag un y byddai ei dad yn siŵr o gael ei grogi.

Collodd Francis Lewis ei rieni pan oedd yn ifanc, a threfnodd ewythr iddo fynd i un o'r ysgolion mwyaf Seisnig a oedd ar gael, sef Ysgol Westminster. Mynnai modryb Francis Lewis siarad ag ef yn Gymraeg ac oni bai am hynny tebyg y byddai wedi colli ei Gymreictod yn llwyr. Tra oedd yn dal yn ifanc treuliodd rywfaint o amser yn yr Alban a manteisio ar y cyfle i ddysgu peth o'i hiaith hithau. Medrai hefyd dosturio â'r Albanwyr yn eu tlodi a thrwy brofiadau o'r fath arweiniwyd ef o ffyrdd ei gyd-ddisgyblion. Tynnwyd sylw at hyn gan Julia Delafield wrth gyfeirio at ei hen dad-cu yn 1877: 'He received the orthodox English training with a full determination if we may judge from his conduct, never to serve England or be an Englishman'.

Pan ddeallwyd ei fod ymlith y rhai i arwyddo'r Datganiad Annibyniaeth anfonwyd un o longau'r llynges Brydeinig i saethu at ei dŷ ar Ynys Hir. Chwalwyd y cartref, ac fel ym Mangor Isgoed gynt, difethwyd llyfrgell eang a gwerthfawr. Gwaeth eto oedd y driniaeth a ddioddefodd ei wraig pan garcharwyd hi. Pan fethwyd â'i chael yn rhydd cynlluniodd Washington i gipio gwragedd dau Sais amlwg yn gyfnewid amdani. Er iddi gael ei rhyddhau bron yn syth, ni fu hi fyth yr un fath ar ôl misoedd o ddiffyg gofal.

Fel y derbyniodd Francis Lewis gymorth Washington, cafodd gyfle i dalu'r gymwynas yn ôl pan geisiwyd disodli Washington yn ystod y 'Conway Cabal'. Ni chytunai Washington â'r Gyngres pan benodwyd Conway yn gadfridog; ym marn Washington, yr oedd eraill a oedd yn fwy teilwng o'r dyrchafiad. Anfantais i Washington ar y pryd oedd sawl methiant ar faes y gadar ôl llwyddiant poblogaidd y Cadfridog Gates yn Saratoga. Ceisiodd Conway fanteisio ar hyn trwy greu awyrgylch a fyddai'n ffafrio disodli Washington gan Gates. Ofnai Lewis y canlyniadau pe ceid pleidlais gan y llywodraeth, ac anfonodd negesydd ar frys i sicrhau presenoldeb ei gyfaill a'i gyd-Gymro, Gouverneur Morris. Gan nad oedd sicrwydd y cyrhaeddai mewn pryd, bodlonodd aelod arall o'r enw Duel godi o'i wely er mwyn pleidleisio, er i feddyg ei gynghori y byddai'n siŵr o farw os mentrai godi. Trwy fendith cyrhaeddodd Gouverneur Morris mewn pryd.

Mae'n debyg bod y Cadfridog Daniel Morgan yn gyfeillgar â Washington hefyd, yn enwedig gan i'r ddau gymryd rhan cyn y Chwyldro mewn brwydr yn erbyn uned nerthol o Indiaid a Ffrancwyr. Mae lle i feddwl mai'r fath gyfeillgarwch oedd wrth wraidd anwybyddu Daniel Morgan gan Gates ar ôl y fuddugoliaeth gofiadwy yn Saratoga.

Yn ystod y Chwyldro, pan ddigwyddai Washington groesi afon Delaware, yno'n barod i grasu bara iddo ar unrhyw awr o'r dydd yr oedd y pobydd bach o Bont-y-pŵl. Ffefryn arall Washington oedd Reese Meredith a adawodd Gymru yn 1730 ac a ddigwyddodd ddod ar draws Washington yn un o dai coffi Philadelphia yn 1755. Er nad oedd ond 23 oed ar y pryd, creodd Washington y fath argraff ar Reese Meredith fel y gwahoddodd ef i'w gartref am bryd o fwyd. Byth er hynny, pan ddigwyddai Washington fod yn Philadelphia, arferai ymweld â'r cartref. Trwy'r cyfeillgarwch hwn daeth Washington i adnabod ei fab Samuel Meredith a benodwyd yn drysorydd y wlad ar derfyn y rhyfel.

Bu'r un Samuel Meredith yn llywydd ar Gymdeithas Gymraeg Philadelphia. Brawd yng nghyfraith iddo oedd y Cadfridog John Cadwaladr, un o feibion y meddyg Thomas Cadwaladr. Cymaint oedd ffydd Washington yn ei ddawn filwrol fel y ceisiodd osod holl feirchfilwyr y fyddin dan ei arweiniad:

12th Sept 1778

His Excellency General Washington having recommended to Congress the appointment of a General of Horse, the house took that subject under consideration the 10th. inst when you were unanimouusly elected Brigader & Commander of the Cavalry in the services of the United States...

Henry Laurens

President of Congress

Er i John Cadwaladr ganlyn Washington o un frwydr i'r llall, o Princeton i Brandywine ac o Germantown i Fynwy, gwrthododd y cynnig hwn, penderfyniad yr edifarhaodd amdano yn ddiweddarach. A phan ofynnodd Washington am farn 17 o'i gadfridogion ynghylch ymladd Brwydr Mynwy, dim ond ef a Wayne oedd o blaid. Tebyg iddi fod yn siom iddo pan rewodd y Delaware a'i rwystro rhag ymuno â Washington gydag un o dair rheng y fyddin.

Tad-cu i'r cadfridog oedd y John Cadwaladr hwnnw a fu mor haelionus yn 1716 â chyfrannu 'a piece of ground on ye side of the King's Road which ye sd John Cadwaladr alloted for a buring place and to set a meeting house on, for ye use of ye people called Quakers'. Eto ni fyddai'r fath gefndir crefyddol yn rhwystr i'r ŵyr ymladd nid yn unig mewn brwydrau ond hefyd mewn gornest. Achos y gynnen oedd gwrthwynebiad Conway i Washington ac er i nifer o'r cadfridogion gynnig cynrychioli Washington mewn gornest, John Cadwaladr oedd dewis Washington. Saethwyd Conway trwy ei geg ac am ddiwrnodau ofnid na fyddai fyw.

Yn ogystal â'r sefyllfa filwrol yr oedd angen cynnal y wlad yn ariannol ac yma eto byddai George Washington yn troi at Gymro, sef y masnachwr Robert Morris y soniwyd amdano eisoes. Yn agos at ddiwedd 1776 anfonodd Washington neges ato yn egluro na fedrai gadw'r fyddin ynghyd os na dderbyniai arian dros nos i dalu'r milwyr. Digwyddodd Morris gyfarfod â masnachwr o Grynwr ar y ffordd adref, a heb ddim i'w gynnig ond ei air, llwyddodd i fenthyca deng mil o ddoleri a anfonodd ymlaen yn ddi-oed. Robert Morris hefyd a fu wrthi'n prynu cafnau plwm Philadelphia ar gyfer eu troi'n ergydion ac oni bai am y ddwy weithred hyn prin y byddent wedi sicrhau'r fuddugoliaeth annisgwyl honno yn Trenton, Jersey Newydd ar 26 Rhagfyr 1776.

Erbyn diwedd 1780 byddai trysorfa'r wlad yn wag . A phan fethwyd â benthyca o Ewrop yn Chwefror 1781 gosodwyd holl anghenion ariannol y wlad dan ofal Robert Morris. Cytunodd i gymryd y cyfrifoldeb ar yr amod y medrai wneud fel y mynnai, rhywbeth a fu'n achos i un gwyno: 'dazzling the public eye by the same piece of coin multiplied by a 1000 reflectors'. Er mor druenus oedd yr amgylchiadau, llwyddodd i sicrhau bod y cylchoedd masnachol yn dal i ymddiried ynddo. Yn aml ar ei longau masnachol ceid plwm yn lle'r balast arferol, a phan wrthododd llynges Ffrainc ar y funud olaf i gludo milwyr ar gyfer y frwydr derfynol yn Yorktown, benthyciodd filiwn a hanner o ddoleri i dalu am eu cario. Nid rhyfedd felly iddo gael ei gydnabod fel 'Financier of the Revolution'.

Tua dechrau'r rhyfel, pan oedd Howe yn dirwyn ei ffordd ar draws Delaware, disgwyliai dderbyn cefnogaeth unfrydol y trigolion lleol. Rhan o'i fyddin oedd y *Welsh Fusiliers*, a chan mai Cymry a gartrefai ger capeli Iron Hill y Bedyddwyr a Phencader y Presbyteriaid, mae lle i feddwl bod ganddynt well syniad am bwy y cefnogent. Trwy arweiniad gŵr o'r enw Thomas Jones bodlonodd 129 ohonynt i arwyddo'r hyn a elwir yn 'Pencader Oath of Fidelity'. Yn eu mysg yr oedd pum Jones a thri Evans ac o'r 17 a osododd farc gyferbyn â'u henwau, dim ond un ohonynt, sef Evan Morgan, oedd ag enw Cymreig.

Mynnent mai eu lle hwy oedd cefnogi Talaith Delaware ac nad oeddynt bellach am ddangos unrhyw deyrngarwch at y frenhiniaeth. Hyd yn oed o le mor ogleddol â Massachusetts medrai John Adams (a fu'n Arlywydd ar ôl y rhyfel) ddeall pwysigrwydd dylanwad y Bedyddwyr Cymraeg ac fel y bu iddynt achub Delaware 'from the Gulf of Toryism to the platform of patriotism'. Ar y cyfan tueddai agweddau'r Cymry gyfateb i'r hyn a fynegwyd am y gymuned Gymraeg yn North Carolina:

They were poor, but not unenlightened; industrious and moral; with strong national feelings; regarding themselves as the pure and original Britons, whom the Anglo Saxon race had driven from their homes and despoiled of their property; they therefore held the English in utter abhorrence; and when the war of the revolution broke out, joined the patriots to a man. It used to be a common saying amongst the Whigs, that you might as soon expect to discover a mare's nest, as to find a Welch Tory.

Cymreigio'r Hanes

Washington gwron hygaraf – erioed
A chadfridog penaf
Gwladgarwr trwy glod gwiraf
Heb ofn oedd, bu fyw i'w Naf.

Dyna'r farn ynghylch Washington yn y ganrif wedi'r Chwyldro ac erbyn hynny medrai Cymry'r wlad edrych yn ôl gyda balchder at eu cyfraniad i'r Chwyldro. Ym misolyn *Y Cyfaill* o gylch 1840 ceid nifer o erthyglau yn ymwneud â'r unigolion gwladgarol y manylwyd amdanynt yma. Ar y llaw arall, peth anfynych iawn oedd dod ar draws unrhyw un a gefnogai'r frenhiniaeth. Un o'r mwyaf nodedig o'r rheiny oedd y Bedyddiwr dylanwadol, Morgan Edwards, ac oherwydd hyn gwrthodai'r capeli Cymraeg iddo bregethu. Pan gytunodd o'r diwedd i newid ei ffyrdd, gorfodwyd ef i gyffesu'i dröedigaeth wleidyddol ar bapur.

Yn *The Cymry of '76*, llyfr bychan a gyhoeddwyd yn 1855, cafodd yr hanes ei Gymreigio ymhellach eto o'i gymharu â'r hyn a gafwyd yn *Y Cyfaill*. Gan yr arferwyd cyfeirio at y llyfr heb yr un eglurhad am ei gynnwys, mae'n ymddangos ei fod yn dra adnabyddus yn ei ddydd. Oherwydd ei boblogrwydd daeth enw'r awdur, Dr Alexander Jones, i fod yn gysylltiedig â'r Chwyldro ac mae'r cynnwys wedi ei seilio ar anerchiad Dydd Gŵyl Dewi (1855) yn Efrog Newydd.

Un o Dde Carolina, lle'r oedd planhigfa gan ei dad, oedd Alexander Jones, a derbyniodd hyfforddiant fel meddyg yn Ysgol Feddygol Prifysgol Pensylfania. Cychwynnodd ar ei alwedigaeth ym Mississippi, ond oherwydd afiechyd gorfodwyd ef i roi'r gorau iddi. Yna ceisiodd gynllunio gwell ffyrdd o dyfu cotwm a chyn hir ystyriwyd ef yn arbenigwr yn y maes.

Cyflogwyd ef dros dro gan lywodraeth Prydain a'r disgwyliad oedd y medrai eu cynghori sut orau i dyfu'r planhigyn yn yr India. Rywsut diflasodd ar y driniaeth a gafodd yn Llundain a thebyg mai'r profiad annifyr hwn a'i hysbrydolodd i droi'n ôl at ei etifeddiaeth.

Dychwelodd i Efrog Newydd lle bu'n gweithio am ei fara menyn trwy ysgrifennu colofn i bapur newydd. Ysgrifennai dan yr enw *Sandy Hook* a'i adroddiad ef am lansiad y llong ryfel *Albany* yn Brooklyn oedd y neges gyntaf a ddanfonwyd dros y 'wire service' yn Efrog Newydd. Trwy ei barodrwydd i ddefnyddio'r fath dechneg yr oedd mewn sefyllfa ffafriol i ysgrifennu'r llyfr *Historical Sketch of the Electric Telegraph* a gyhoeddwyd yn 1852. Ef hefyd oedd awdur *Cuba 1851* ac yn ogystal â'i araith yn *The Cymry of '76* ysgrifennodd nifer o fân bethau eraill, o grynodeb o hanes y Cymry fel cenedl i gymhariaeth o eiriau Cymraeg â'r rhai y tybiwyd eu bod yn cyfateb mewn amryw o ieithoedd eraill. Tua diwedd yr un llyfr mae traethawd sylweddol am fawrion Cymru gan Samuel Jones, un a adawodd Gastellnewydd Emlyn am Philadelphia yn 1800. Gan ei fod o deulu brawd hynaf Abel ac Enoch Morgan (Bedyddwyr amlwg ym Mhensylfania yn yr 17eg ganrif), yr oedd yn perthyn o bell i David Jones, caplan y Cadfridog Wayne. A chyn iddo symud i fyw gydai fab yn San Francisco, ystyrid ef ymhlith y mwyaf deallus o Gymry Philadelphia.

Yn Efrog Newydd oddeutu cyfnod y ddarlith [1855] yr oedd pedwar o gapeli Cymraeg eu hiaith a chyhoeddid yn y ddinas ddau bapur wythnosol Cymraeg. Felly yr oedd y gynulleidfa a ymgynullodd ar Ddydd Gŵyl Dewi 1855 yn barod i wrando am weithredoedd eu cenedl ar y cyfandir, a hynny os dyrchafwyd hwy i'r un gogoniant ag yr ysgrifennwyd am eu tebyg yng Nghymru gan Sieffre o Fynwy. A thrwy gyfreithiau honedig Dyfnwal Moelmud (!) a ragflaenai y rhai Rhufeinig fel y tybiai Alexander Jones, cedwid y Cymry rhag merthyru ei gilydd fel cenhedloedd eraill: 'When civil liberties and religious despotism deluged the rest of the world, in the home of the Briton [Y

Cymry], as if in a citadel appointed by God, was preserved the seed of civil and religious liberty'.

O ddod at destun ei drafodaeth, yr oedd ganddo dystiolaeth fwy credadwy a dechreuodd arni trwy gyfeirio at y 14 cadfridog a honnai eu bod o dras Cymreig. Yn eu mysg yr oedd y Cadfridog Morgan Lewis a fu'n llywydd am chwe blynedd ar y gymdeithas yr oedd yn ei hannerch. Gan iddo fyw i'w nawdegau ac wedi marw 11 mlynedd ynghynt yn unig, byddai Morgan Lewis yn adnabyddus i lawer o'r gwrandawyr. Atgoffodd Alexander Jones hwy am ei ran ym muddugoliaeth fawr Saratoga ac fel y bu iddo dderbyn cleddyf Burgoyne ar ran Gates (yn narlun adnabyddus Turnbull sydd yn Rotunda y Capitol, dangosir ef yn dal pen ceffyl fwy at gefn y llun). Deuai ei gleddyf, sydd mor amlwg yn y darlun hwnnw, maes o law i feddiant Daniel L. Jones a ddaeth yn llywydd ar y gymdeithas yn 1863 (blwyddyn marwolaeth Alexander Jones). Mor dderbyniol felly fyddai teyrnged Alexander Jones i Morgan Lewis a'i gyffelyb: 'Rome and Greece in their purest and brightest days, produced no patriots more heriocally devoted to liberty than the Cymry of the American Revolution'. Rywsut methodd gyfeirio at y ffaith mai Morgan Lewis a gafodd yr anrhydedd o farchogaeth ar flaen yr orymdaith drwy Efrog Newydd pan arwisgwyd Washington yn Arlywydd cyntaf y wlad.

Un o'r pethau y gofynnwyd i Morgan Lewis eu cyflawni yn gynharach yn ystod y Chwyldro oedd teithio fel negesydd, ac ar ôl llawer taith hirfaith ar geffyl, yr unig le ar gael iddo orffwys oedd trwy rannu ystafell â Washington. Chwaraeodd ran fwy amlwg yn Rhyfel 1812 a thebyg mai dyna'r pryd, ac nid yn ystod y Chwyldro, y dyrchafwyd ef yn gadfridog. Wedyn etholwyd ef yn llywodraethwr Talaith Efrog Newydd ac ef hefyd a olynodd Washington fel llywydd y gymdeithas a gynorthwyai gynfilwyr. Pan ymwelodd Louis Napoleon Bonaparte â'r wlad yn 1835 aeth i weld Lewis yn ei gartref. O'i brofiadau yn ystod y Chwyldro deallai Morgan Lewis yn well na'r un gyfraniad allweddol y Cymry a dyma pam yr ymfalchïodd gymaint pan wahoddwyd ef i ddod yn llywydd Cymdeithas Dewi Sant Efrog

Newydd. Mor wahanol oedd ei yrfa i'r anobaith a ddarluniwyd am Gymru gan R. S. Thomas:

> We were a people wasting ourselves
> In fruitless battles for our masters
> In lands to which we had no claim
> With men for whom we felt no hatred...

Yn ôl Alexander Jones arwyddwyd y Datganiad Annibyniaeth gan 17 o dras Gymreig, gydag un ohonynt, sef tad Morgan Lewis (Francis Lewis) yn enedigol o Gymru. Ar restr gyffelyb a gyhoeddwyd yng Nghymru yn 1848 mae'r ymffrost beth yn llai, gyda 14 o lofnodwyr yn cael eu henwi. Tebyg fod hyn eto yn ymestyn rhywfaint ar y gwirionedd ac nid yw'n hollol glir ychwaith a oedd gan y 14 cadfridog a enwyd gan Alexander Jones naill ai gefndir Cymreig neu eu bod wedi eu penodi yn gadfridogion yn ystod y Chwyldro. Eto nid oes unrhyw amheuaeth am gefndir Cymreig nifer o'r cadfridogion fel Wayne, Cadwaladr, Shelby, Morgan a Williams, nac am eu rhan allweddol yn y fuddugoliaeth.

Gan fod rhai o'r fath yn enedigol o'r Unol Daleithiau, mae lle i holi pa mor ymwybodol fyddent o'u cefndir Cymreig. Cyfeiriwyd eisoes fel y bu Samuel Meredith a Morgan Lewis yn llywyddion ar gymdeithasau Cymraeg a gellir ychwanegu atynt hwy y ddau aelod o'r gymdeithas yn Philadelphia a fodlonodd arwyddo'r Datganiad Annibyniaeth. Ceir o leiaf un cyhoeddiad sy'n gefnogol i'r Chwyldro, sef *Pregeth ar Helynt Bresennol America*. Er mai cyfieithiad oedd y bregeth hon, mae un peth yn ei chylch sy'n haeddu sylw, sef ei bod wedi ei chyhoeddi (1775) trwy orchymyn y Milwriad Ioan Cadwaladr. Yr oedd eto i gael ei benodi yn gadfridog, a'i obaith oedd y byddai'r cyhoeddiad 'yn foddion i helaethu achos rhydd-did a rhinwedd'. A phan ddathlwyd cael gwared â phresenoldeb Prydain yn Philadelphia am y 123ydd tro yn 1901, yno'n cynrychioli'r teulu yr oedd Richard McCall Cadwalader.

Amlwg i'r sawl sy'n ymweld â Neuadd Dinas Philadelphia

yw'r unig gofeb hanesyddol a osodwyd ger y brif fynedfa.
O dan y pennawd *Welsh Society of Philadelphia* dywedir i'r
gymdeithas gael ei ffurfio ar 1 Mawrth 1729. Yn dilyn ceir
rhestr o enwau'r rhai o dras Gymreig a chwaraeodd ran
mor allweddol dros y cyfnod yn arwain at y fuddugoliaeth
olaf yn Yorktown, Virginia, o Robert Morris a'r Prif Farnwr
John Marshall ('Father of American Constitutional Law') i'r
Arlywydd Thomas Jefferson a Gouvernor Morris. Yr oedd y
cyntaf ohonynt, sef Robert Morris, yn aelod o Gymdeithas
Gymraeg y ddinas a hyd heddiw dyfernir gwobr yn flynyddol
dan ei enw. Un o wragedd y gymdeithas hon a roddodd loches i
Thomas Jefferson ysgrifennu'r Datganiad Annibyniaeth a thrwy
gyfieithiad ohono ar ddechrau'r 19eg ganrif rhoddwyd cyfle i'r
ymfudwyr diweddarach o Gymru werthfawrogi ei frawddeg
ogoneddus: 'Yr ydym yn dal y gwirioneddau hyn yn hunan-
arddangosedig, – fod pob dyn wedi eu geni yn gydradd; eu bod
wedi eu cynysgaeddu gan eu Creawdwr a hawliau neillduol
anwahanadwy; fod yn mhlith y rhai hyn fywyd, rhyddid ac
erlydiad dedwyddwch'. Eto trist yw meddwl cyn lleied yw'r
rhai ledled y byd a gafodd y cyfle i ddilyn eu hewyllys. Am y
Gouvernor Morris a enwyd, cyflogwyd ef ar un adeg gan Robert
Morris ac ef a lafuriodd dros gael cyfansoddiad y wlad yn ei
ffurf derfynol. Dywedwyd ei fod mor barod â'r un i fynegi ei
farn o flaen y Gyngres ac edrychai plant Francis Lewis ymlaen
at dreulio eu hafau gyda'i deulu ef. Dan eu henwau ar y gofeb,
a heb gyfieithiad, mae'r geiriau: 'GOGONIANT I DDUW'.

5

O Ganolbarth Ceredigion i Dde Ohio'r 19eg Ganrif

Ymweld â'r Ardal

O DRO I dro yn y 1980au, tra oeddwn innau yn gweithio mewn labordy micro-electronig yng nghyffiniau Boston, codai'r angen i ymweld â chwaer labordy yn Dayton, Ohio. Yn ystod un ymweliad o'r fath bu raid aros yno tan yr wythnos ganlynol cyn gallu dod â'r gwaith dan sylw i ben, gan fy ngadael i dreulio'r penwythnos yn y cylch. Ac eithrio'r amgueddfa awyrennau ardderchog a geir ar Wright Patterson Air Force Base (lle'r oedd y labordy), nid oes gan yr ardal fawr ddim i'w gynnig. O ganlyniad dechreuais feddwl am yrru i un o hen ardaloedd Cymraeg y dalaith.

Ddim ymhell iawn i ffwrdd, ac i'r de i gyfeiriad Cincinnati, yr oedd Paddy's Run, y cyntaf o'r sefydliadau o'r fath sy'n dyddio o flynyddoedd cynharaf y 19eg ganrif. Ymhellach i ffwrdd wrth fynd i'r gogledd yr oedd lle o'r enw Gomer a sefydlwyd gyntaf yn 1833 gan rai a fu gynt yn byw yn Paddy's Run. Yn y cyffiniau yr oedd lle arall o'r enw Vanwert. Yna i'r dwyrain o Dayton tuag at ganolbarth y dalaith, yr oedd ardaloedd eraill fel Welsh Hills, Granville a Newark, i gyd o fewn ychydig filltiroedd i'w gilydd. A thra bod y llefydd yma i'r dwyrain o Columbus, prifddinas y dalaith, i'r gogledd iddi yr oedd Radnor gyda rhyw bump i chwe chant o Gymry. Ni chartrefai ond rhyw fil ar y mwyaf yn y llefydd a enwyd ac yn y diwedd penderfynais yrru tua'r de-ddwyrain, i gyffiniau afon Ohio, lle dywedwyd bod cynifer â chwe mil o Gardis yn byw ar un adeg.

Nid dyma fy unig ymweliad â'r cylch ac ar dro arall pan geisiais ddechrau ymgom â gwraig oedrannus, gofynnais iddi a oedd ganddi wreiddiau Cymreig. Pan gadarnhaodd hynny holais ymhellach a dalodd ymweliad â Chymru erioed. Atebodd yn gadarnhaol unwaith eto ac ar glywed hynny ni fedrwn lai na gofyn pa fath lefydd yr ymwelodd â hwy, gan ddisgwyl iddi enwi Caerdydd neu efallai Caernarfon. Er syndod yr ateb a gefais oedd 'Llansanffraed', sef y casgliad bychan hwnnw o fythynnod sy'n gorwedd gerllaw'r môr ond eto'n rhan o bentref Llan-non yng Ngheredigion. Gan i'r bythynnod fod o fewn golwg i'n cartref teuluol gynt yn y pentref, ni fedrwn lai na cheisio canfod mwy am bobl fel hithau, gyda'u gwreiddiau mewn teuluoedd a benderfynodd adael pentrefi'r sir am dde Ohio ganrif a hanner ynghynt.

Tu Hwnt i'r Arfordir

Ar ôl y fuddugoliaeth filwrol yn Yorktown, Virginia yn 1781, a'r annibyniaeth a ddilynodd, nid oedd unlle a edrychai'n fwy addawol i ymfudo iddo na Thalaith Pensylfania. Unwaith y croeswyd yr Iwerydd yn ddiogel ni chymerai lawer i fordwyo i fyny afon Delaware nes cyrraedd Philadelphia, y fwyaf a'r bwysicaf o ddinasoedd y dalaith. Gyda'i phoblogaeth yn 42,000, hi oedd dinas fwya'r Byd Newydd (dim ond tri chwarter ei maint oedd Efrog Newydd). I'r gorllewin o'r ddinas yr oedd amrywiaeth o sefydliadau gwledig ac erbyn diwedd y 18fed ganrif byddai'r fath lefydd wedi ymledu hyd at eithafoedd pellaf y dalaith. Yr oedd Almaenwyr wedi ymsefydlu yn llawer o'r mannau agosaf at Philadelphia, a cheid presenoldeb amlwg Albanwyr o Ogledd Iwerddon wrth fynd beth ymhellach eto. O ganlyniad i'r fath boblogi gorfodwyd i rai o'r Cymry fynd cyn belled â 250 o filltiroedd i'r gorllewin o Philadelphia cyn dod o hyd i dir heb ei berchenogi a fyddai'n eu bodloni. Dyma'r ardal amaethyddol sy'n dyddio o 1796 ac mae tref Ebensburg yn Swydd Cambria yn ganolog iddi. Er na fethodd y fenter, prin fu'r ychwanegiad atynt, ac ar droad y ganrif newydd, Ohio ac nid Pensylfania fyddai'r prif atyniad.

Y d`uedd hon i fynd i'r gorllewin oedd un o brif ddatblygiadau'r oes ac at y 13 talaith wreiddiol ychwanegwyd Kentucky yn 1794, Tennessee yn 1796 ac Ohio yn 1803. Ac er mor frwydfrydig y bu'r Parch. Morgan John Rhees ar un adeg dros greu sefydliad Cymreig o'r enw Beulah gerllaw'r Ebensburg, ni fu'n hir cyn i yntau sylweddoli pa mor fanteisiol y gallai ymsefydlu ymhellach o'r arfordir fod. Mewn llythyr o'i eiddo yn 1795, gwelai le i argymell Ohio fel y man y dylai'r Cymry anelu amdano:

O Kentucky mi es i'r sefydliadau newydd, draw i'r afon Ohio. Mi hwyliais i fyny, ac i wared i'r afon hon, o gylch tri chan miltir. Y mae peth mawr o'r tir i'r gogledd orllewin i'r afon, mor fras, a ffrwythlon, o bosibl, ag un rhan o'r byd, ac mewn amryw ystyriaethau yn well lle, i wneud sefydliad, na'r deheu orllewin i'r afon. Y mae'r gogledd-orllewin i'r afon hefyd yn cael ei dwfrhau yn well na Chentucky. Y mae'r holl afonydd sydd yn rhedeg i'r Ohio o'r gorllewin ogledd yn tarddu yn agos i'r llynau gogleddol, yr hyn a wnaiff y wlad mewn ystyr masnachol yn werthfawr i ryfeddu, am y gellir dwyn pob math o ddefnyddiau i mewn ac allan o'r wlad, ar hyd yr afonydd. Y mae yn y wlad hon hefyd, yn ôl myned yn mhell i mewn iddi, y fath wairglodydd, a meusydd mawrion, fel na fydd mewn ystyriaeth ddim trafferth ar y sefydlwyr i lanhau a chwrteithio'r tir, &c.

Os bydd y Cymry yn chwennych gwladychu gyd a'u gilydd, ac yn dewis myned i'r gorllewin – yr wyf wedi golygu tyddin o dir, ar yr afon *Ohio*, a'r afon, *Big Miami*, o gylch *Lat.* 38 ½ . Y mae yna le i gael dau can mil o erwi, heb yr un erw ddrwg o bosibl, ynddynt – ac ni bydd y pellaf ddim chwaneg na deg milltir oddiwrth un o'r ddwy afon. Y mae mewn sefyllfa rhagorol i osod tref neu ddwy, i lawr: ac y mae i lawer math o gelfyddydwyr yn barod, fwy o anogaeth yn y wlad hon, nag un lle arall yn America, ac mae cyflogau da yn gyffredin i bob math o weithwyr, a'r ymborth am lai na hanner y pris y ceir ef yn nhrefydd yr *Atlantic*. Nid oes dim golwg y bydd yr ymborth yn ddrud yn y wlad hon, yn ein hoes ni: canys y mae'r tir mor ffrwythlon, ac y dyg pob erw gymmeint a dwy neu dair, mewn un lle arall a wn i am dano.

Ymysg yr ychydig ffyrdd tuag yma oedd yr un a gysylltai Philadelphia â Pittsburghh ym mhen draw Pensylfania. Ar ôl y tri chan milltir gymharol rwydd i gyrraedd yno, a chyn dod at y rhan o Ohio y cyfeiriwyd ati gan Morgan John Rhees, byddai rhaid teithio drwy wlad anial am o gylch 300 milltir arall. Ac ar wahân i'r ychydig filwyr a ofalai am Fort Washington lle mae Cincinnati heddiw, ychydig iawn a fyddai'n mentro'r fath daith yn ystod y 18fed ganrif. Eto byddai'r boblogaeth yno'n codi i dros 100 mil erbyn 1860, gan wneud Cincinnati yn un o'r tair dinas fwyaf yn y wlad. Yn ei lyfr *Inside U.S.A.* cyfeiriodd John Gunther at y dref fel hyn: 'three distinct and highly civilised groups converged... Virginia younger sons, Welsh Quakers, and New Englanders'. Yn ogystal â'r Crynwyr o gefndir Cymreig yn Pensylfania ychwanegwyd atynt yr ymfudwyr diweddaraf i gyrraedd o Gymru, a byddent oll i chwarae rhan yn natblygiad Ohio. Fel y ceir gweld, bu ambell Gymro yn ddigon mentrus i deithio yno cyn i'r coed gael eu gwaredu a phan nad oedd ond ychydig o dai cyffion (log house) yn amgylchynu Fort Washington.

Ar dderbyn Ohio yn dalaith o'r Undeb yn 1803 fe'i henwyd hi am yr afon sy'n ffurfio rhan sylweddol o'i ffin i'r dwyrain a'r de. Rhwng yr afon a therfyn gogleddol y dalaith ar draethau Llyn Erie (un o'r llynnoedd mawr sy'n ffinio rhwng yr Unol Daleithiau a Chanada) ceid gwlad o wastadedd bum gwaith maint Cymru. A chan y gellid mordwyo'r afon Ohio i'r gorllewin, chwaraeodd yr afon ei hun ran yn natblygiad y dalaith. Rhyw 38 mlynedd ar ôl i'r ymsefydlwr cyntaf gyrraedd y dalaith, ceir disgrifiad o'r Ohio gan Gymro a wynebai'r afon o ben cnwc hirgrwn lle codwyd cofeb i'r Arlywydd Harrison: 'chwech neu saith milltir i fyny ac i lawr, a'r dolydd gwyrddion ar ei glannau, ac agerddfadau (steamboat) yn rhwygo trwy ei dwfr grisalaidd'. Ond er pwysigrwydd yr agerfadau o ddiwedd y 1830au ymlaen, mae'n ymddangos ei bod yn hynod o swnllyd:

...ceiff yr edrychydd ei ddychrynu yn fawr, os na welodd agerddfad o'r blaen, am eu bod yn gwneud swn ofnadwy fel po b'ai yr elfenau yn ymgyfarfod ynghyd, yn peri twrf, neu forfil mawr o'r eigion yn chwythu i entrych awyr, neu seirph tanllyd yr anialwch yn chwythu eu gwreichion yn ddychrynllyd; ond y mae y bobl yma yn ddigon cyfarwydd a hwynt – obledig bod yma weithiau, ar unwaith, o gylch 30 o agerddlestri, yn gorwedd wrth ochr ein dinas [Cincinnati], yn disgwyl am alwad i wasanaethu.

Wedi mordwyo'r afon flynyddoedd cyn dyddiau sŵn byddarol yr agerfadau yr oedd dau gefnder o Lanbrynmair, Ezekiel Hughes ac Edward Bebb. Hwy oedd arweinwyr gwreiddiol nifer o gyd-bentrefwyr a benderfynodd ymgartrefu yn Ebensburg ond, yn hytrach nag ymuno â hwy, treuliodd y ddau hyn flwyddyn yn Philadelphia, a chan fod y llywodraeth heb symud eto i Washington, arferai Ezekiel Hughes ddiddori'i hun trwy wrando ar drafodaethau llywodraethol. Ar un achlysur cafodd y fraint o gael ei gyflwyno i George Washington ac ar sail y fath brofiadau hwyrach fod ganddo well syniad na'r mwyafrif am y modd y byddai'r wlad yn debygol o ddatblygu. Yna, unwaith i'r ddau benderfynu gadael Philadelphia fe ymwelwyd ag Ebensburg, a hynny cyn mentro ymhellach (mae un adroddiad yn honni bod un o'r enw George Roberts wedi cyd-gerdded o Philadelphia gyda hwy). O gyrraedd Ebensburg byddent o fewn cyrraedd i Pittsburghh lle mae afonydd Allegheny a Monongahela yn uno i greu afon Ohio, ac ar honno y byddai'r ddau gefnder yn dilyn eu hynt tua'r gorllewin.

Er mai yr Ohio oedd yr afon y teithiodd y Parch. David Jones arni wrth genhadu ymysg y Shawnees yn y 1770au, dilynwyd hi lawer ymhellach gan y cefnderwyr, ac er iddynt ystyried ymsefydlu yn y Marietta presennol ar ôl dim ond tridiau o deithio, dal ati a wnaethant nes teithio'r holl ffordd i Cincinnati. O ddilyn holl droadau'r afon byddai eu taith yn agosach at 500 milltir na'r 300 milltir uniongyrchol.

Er mai un o Gwm Carnedd Uchaf, Llanbrynmair, oedd Ezekiel Hughes, arferai weithio mewn siop glociau ym Machynlleth a phan gyrhaeddodd Cincinnati yn 1796 tybiai fod y ddwy dref dan sylw yn debyg o ran maint. Yna yn 1801 prynodd dir ryw 25 milltir i'r gogledd-orllewin o Cincinnati ac yn gymharol agos at y ffin bresennol ag Indiana. Ddwy flynedd yn ddiweddarach, ac yntau'n fwy sicr am ei ddyfodol, teithiodd yn ôl i Lanbrynmair i briodi merch leol. Ac o glywed ei farn ffafriol am y tir rhesymol oedd ar gael penderfynodd eraill ymfudo i Ohio.

Fel Ezekiel Hughes, cychwynnodd Edward Bebb hefyd am Gymru, a hynny gyda'r un bwriad. Fodd bynnag, a thra'n ymweld ag Ebensburg ar y ffordd, darganfu fod yr un y bwriadai ei phriodi eisoes wedi priodi yn ddiarwybod iddo a symud i Ebensburg. Ond yn y cyfamser bu farw ei gŵr ac o ganlyniad daeth i ben â'i phriodi heb deithio ymhellach. Eu mab hwy fyddai'r cyntaf o lywodraethwyr Ohio a oedd yn enedigol o'r dalaith ei hun.

Paddy's Run

Paddy's Run, ac nid y Shandon fel y'i gelwir heddiw, oedd yr enw gwreiddiol ar yr ardal a sefydlwyd gan y cefnderwyr, a dyna'r enw y mae'n rhaid chwilio amdano os am ddilyn hynt y Cymry yn y cyfnod cynnar. Er bod yr enw'n awgrymu mai Gwyddel oedd arloeswr cynharaf y cylch, y gwir yw i un o'r genedl honno foddi mewn nant gerllaw, a chofnodi hynny wna'r enw:

> The unfortunate Paddy, who was drowned in its water,
> Has his memory embalmed in our name,
> But we surely won't say we're his sons and his daughters,
> For from Wales all our ancestors came...

Newidiwyd yr enw yn 1886 wedi blynyddoedd lawer o drafod, oherwydd ei fod yn destun gwawd i'r sawl a aeth i goleg. Un o'r enwau dan ystyriaeth ar un adeg oedd Glendower, a phan fethwyd dod i gytundeb ynghylch yr ailenwi yn 1857, mae'n amlwg na siomwyd Mark Williams, awdur y gerdd ysgafn am y lle:

Those boys got the big-head who went off to college,
And thought theirs a job easy done,
But failed to convince us with all their great knowledge,
And we'll keep our old name, Paddy's Run.

Ymhlith y cynharaf i olynu'r ddau o Lanbrynmair i'r ardal oedd nifer o Garno ac yna'r brodyr William a Morgan Gwilym o Gefnaman, Morgannwg. Ar un adeg cyflogid y brodyr hyn yng ngweithfeydd haearn gwreiddiol gorllewin Pensylfania ond yn 1798 buont yn ddigon anturus i deithio ymlaen i gyffiniau Cincinnati. Ail ferch William Gwilym a'i wraig o Lanbrynmair oedd y Gymraes gyntaf a anwyd yn Paddy's Run ac erbyn 1800, ddwy flynedd ar ôl ei geni, byddai'i thad wrthi'n gwaredu'r coed er mwyn dechrau ffermio. Yn y cyfamser dychwelodd ei frawd Morgan i Bensylfania a phan agorwyd ffordd i gyrraedd yno yn 1805, ef oedd y cyntaf i ddod â wagen arni. Roedd ef hefyd yn 1808 ymhlith y cyntaf i briodi yn Paddy's Run. Dywedir mai'r Gymraes gyntaf i ymsefydlu yn Ohio oedd Anne Roberts o Lanbrynmair a'r un sy'n cael ei gydnabod fel gof cyntaf y cylch yw James Nicholas o dde Cymru. Daeth yno yn 1803 ac ef a gododd eu melin lifio gyntaf. Y cyntaf ohonynt i godi ysgubor oedd John Vaughn a fu yno ers 1802, ac yn 1816 daw'r sôn amdano'n symud i fyw i dŷ wedi'i godi â briciau. Cyn hynny arferent fyw mewn tai cyffion y gellid, gyda chymorth cymdogion, eu codi o fewn deuddydd. Cedwid siop gan William D. Jones a phan agorwyd hi gyntaf, y cyfan oedd ganddo ar werth oedd cynnwys llwyth a gludwyd yno ar gefn ceffyl. Mae'n debyg bod ganddo dafarn yn yr un adeilad ond prin yw'r cyfeiriadau at hynny. Adeilad deulawr ydoedd, ac arwydd y tu allan gyda chompas a chroes wedi'u darlunio arno.

Oherwydd prinder adnoddau pan ddechreuwyd arloesi'r lle mae'n naturiol iddi fod yn hynod o anodd arnynt. Yn ôl un adroddiad defnyddid crwyn ceirw ar gyfer esgidiau a chan fod sôn am bannu gwlân, rhaid bod ganddynt rywfaint o ddefaid. Nododd Ezekiel Hughes fel y bu iddo flasu cig arth ac fe dybiai fod hwnnw'n fwy llesol na chig mochyn. Ymhellach, dywedai y medrai'r eirth bwyso i fyny at bedwar can pwys. Yn fwy anodd na dim oedd gwaredu'r coed er mwyn creu ffermydd. Amrywiai'r rhain o ran maint o 80 i 400 cyfair; datblygwyd rhai ohonynt trwy arian a fenthyciwyd gan Ezekiel Hughes ac yn 1820 cafodd ef ei gloffi pan gwympodd o flaen capel yn Cincinnati.

Prif gynnyrch y ffermydd yn ystod y cyfnod hwn oedd y moch y byddent yn eu tewhau ar Indian corn. Er colli ambell fochyn i'r bleiddiaid, roedd mwy o drafferth gyda'r twrcis gwyllt wrth iddynt bori'r cnydau. Un peth a synnodd y Parch. William Rowlands pan ymwelodd â'r lle yn 1837 oedd y modd y bwydid y moch: 'Gelwir y moch at eu bwyd drwy ganiad corn, a difyrus iawn oedd gweld dau neu dri cant ohonynt yn carlamu o'r coed yn mhob cyfeiriad pan y cenid y corn'. Gan i dewhau moch ddod mor gyffredin yn y cylch bu'n arferiad ar un adeg i gyfeirio at Cincinnati fel 'Porkopolis'.

Dywedai'r Parch. William Rowlands hefyd fod rhai o'r teuluoedd yn parhau i fyw yn y tai cyffion gwreiddiol ac fe wnaeth un o'r rheiny gryn argraff arno o ran y modd y cawsai ei arddurno:

> Ac er tŷ o gyffion ydoedd, yr oedd wedi ei ddiogelu yn dda rhag yr awel oer, ac wedi ei bapyro oddi fewn a newyddiaduron crefyddol, Cymraeg a Saesoneg, hen garolau, a marwnadau, a lleni lawer o addysg o bob math... Trown fy llygad i b'le y mynwn, yr oedd addysg dda yn fy nghymell i'w defnyddio.

Ar y dechrau addolid yn nhai pobl fel Edward Bebb a William Gwilym ac yna'n ddiweddarach manteisiwyd ar weithdy wagennau a godwyd gan un o'r enw David Jones. Er bod gweinidog o Sais yn yr ardal, boddodd hwnnw yn y Miami Fach tua 1810 a'r cyntaf a fedrai bregethu i'r Cymry yn y Gymraeg oedd y Parch. Rees Lloyd a ddaeth atynt o Ebensburg yn 1817. Dyma'r amser pan ddechreuwyd sôn am godi capel, ac wrth i'r ymfudo o Gymru ailddechrau ar ôl yr ail ysgarmes â Phrydain ('Rhyfel 1812'), daeth hynny'n fwy tebygol fyth.

Cyrhaeddodd nifer yn 1818, o Lanbrynmair, Carno a Maesyfed, a groesodd yr Iwerydd ar long a gamgymerodd afon Potomac am y Delaware. Gadawyd hwy yn Alexandria, Virginia, ac o glywed am eu hanffawd, mynnodd yr Arlywydd Monroe groesi'r afon o Washington ac, ynghyd â'r cabinet, cawsant groeso tu hwnt i'r cyffredin.

Codwyd y capel yn 1824 ond nid oes sicrwydd ynghylch pwy a gyfrannodd y tir ar ei gyfer. Enwir tri mewn gwahanol adroddodiadau, sef Ezekiel Hughes, Morgan Gwilym, a J. Vaughn. Yr olaf sy'n cael ei gydnabod am losgi'r briciau ar gyfer yr adeilad ond o'r dechrau Saesneg oedd iaith y gwasanaeth boreol ac fe gadwyd at yr un drefn ar ôl i'r ail weinidog ddod atynt o Ebensburg yn 1828. Maint y capel oedd 30x40 troedfedd a phan godwyd un mwy yn 1854, fe'i cysegrwyd dan amgylchiadau trist iawn: pan oeddynt ar fin ei gwblhau torrodd un o'r trawstiau'n ddisymwth a lladdwyd tri, os nad pedwar, o'r gweithwyr (tri ohonynt o'r enw Jones). Ar ben hynny anafwyd naw neu ddeg arall. Ond yna yn 1866 cawsant gyfle i lawenhau pan gychwynnodd un o blant y capel ar daith genhadol i China. Mab ydoedd i of o Fôn ac ef oedd awdur y gerdd ysgafn am ailenwi Paddy's Run. Bu am 35 mlynedd yn China tan i helyntion Gwrthryfel y Boxer ei orfodi i adael.

Y mwyaf adnabyddus o weinidogion Paddy's Run oedd Ben Chidlaw, awdur llyfr o gynghorion i ymfudwyr. Er ei fod yn enedigol o Gymru, fe'i magwyd yng nghanolbarth Ohio a'r cyntaf iddo glywed am Paddy's Run oedd pan oedd yn fyfyriwr ym Mhrifysgol Miami, Ohio. Gan fod y coleg yn gymharol agos at y sefydliad câi ei wahodd atynt i bregethu ar ambell Sul a derbyniodd alwad oddi wrthynt yn 1836. Er iddo adael ar ôl saith mlynedd, ni chollodd ei gysylltiad â'r lle ac yn 1876 cofnododd lawer o'r hanes yn ei draethawd *An Historical Sketch of Paddy's Run*. Flynyddoedd cyn hyn, a thra oedd yn parhau i fyw yno, wynebodd un o'r cyfnodau mwyaf diflas yn ei fywyd. Ddeufis ar ôl colli'i wraig, a hithau'n ddim ond 26 oed, bu farw ei ferch ieuangaf: 'Nid i'r fam na'r ferch gwnest niwed / Ond i'm calon glwyfus i...' Yn 15 mis oed, nid hi oedd yr unig blentyn a fu farw yn Paddy's Run yr haf hwnnw. Blwydd oedd Mary Jane Bevan, blwydd a hanner oedd Griffith Lewis a dwyflwydd oedd Marged Jane Morris – ergyd drom i gymdeithas nad oedd fawr mwy na llawer i bentref gwledig yng Nghymru.

O gymharu, mor wahanol fu tynged y cyntaf ohonynt yn Paddy's Run, sef yr Edward Bebb a gafodd fyw trwy holl ddatblygiadau cynnar yr ardal. Daeth i Ohio yn 28 oed a dywedwyd mai 'hyfrydwch ei galon dros 40 mlynedd oedd gweld llwyddiant ei wlad fabwysiadol'. Cyrhaeddodd y cylch ychydig fisoedd ar ôl yr ysgarmes olaf â'r Indiaid a chyn i 'floddfeudd bwystfiloedd' ddiflannu o'r coedwigoedd. Ef oedd y cyntaf i ddatblygu fferm a phan godwyd y tŷ cyntaf yr ochr draw i afon Miami, yr oedd yno yn barod i estyn cymorth. Dim ond casgliad o dai cyffion a phebyll milwrol oedd Cincinnati ar y pryd ond erbyn y byddai ef yn ei saithdegau byddai'n ddinas o 26,000. Fel Ezekiel Hughes, medrai Edward Bebb gofio cyfnod lle byddai'r llewod mynydd (panthers), bleiddiaid ac eirth yn bethau cyffredin iawn. Byddai hyn oll yn anghredadwy i'r genhedlaeth ifanc ac ni fedrent lai na rhyfeddu wrth glywed am brofiadau'r ddau arloeswr yma.

Flynyddoedd ar ôl i'r Indiaid ddiflannu o'r ardal daeth un o hynafiaid y llwyth ac ymholi am ei hen 'gyfaill gwyn': gan nad oedd Edward Bebb gartref ar y pryd, gwahoddwyd ef i aros dros nos. Manteisiodd dau fachgen Edward Bebb ar y cyfle i ofyn iddo'n gellweirus i ddawnsio iddynt y ddawns ryfela. Yr oedd perthnasau newydd gyrraedd o Gymru yno, a phan gymerodd yr Indiad ati o flaen y tân fe'u dychrynwyd yn llwyr.

Unwaith bu raid i Edward Bebb wynebu 14 o'r Indiaid yn dod tuag ato a hwythau'n newynog. Gwahoddodd hwy i'r tŷ ac fel arwydd o'u parodrwydd i fod yn heddychlon, taflwyd y bwyeill i daro yn erbyn coeden a gosodwyd y gynnau i bwyso yn erbyn boncyff. Yr hyn a ryfeddai Edward Bebb oedd eu hawydd am halen, a barnai y câi ei ddefnyddio i ormodedd ar bopeth a osodwyd i lenwi'r bwrdd; hyd yn oed wrth flasu cig moch wedi'i halltu, gwelent le i ychwanegu halen ato.

Fodd bynnag, ni chafodd Edward Bebb fyw i gael y fraint

o weld ei fab yn cael ei ethol yn Llywodraethwr Ohio nac ychwaith i'w weld yn areithio ar ran Abraham Lincoln pan etholwyd hwnnw'n Arlywydd. Gyda'i farwolaeth daeth cyfnod i ben a phan gladdwyd ef bu'n rhaid i Ben Chidlaw draddodi ei bregeth angladdol yn ddwyieithog gan y câi Edward Bebb ei edmygu'n fawr gan y rhai di-Gymraeg hefyd. Yn ôl un a oedd yn bresennol, 'yr oedd lliosawgrwydd y dyrfa – y dagrau llifeiriol a'r agwedd ddifrifol a wisgai pob gwynepbryd wrth amgylchu ei feddrod, yn dangos ei gymeriad cariadus a'i nodwedd unweddol'.

Trafferthion Teithio

Yr oedd y daith a wynebai'r Cymry wrth iddynt deithio i Ohio yn llawn peryglon. Ar y gorau nid profiad dymunol oedd croesi'r Iwerydd ac yn ychwanegol at yr hiraethu a'r ansicrwydd ynghylch diogelwch y daith yr oedd salwch môr. A hyd yn oed ar ôl cyrraedd yn ddiogel ni lwyddodd y cyfan ohonynt i orffen y daith yn ôl eu bwriad. Felly y bu yn achos y Parch. John Williams o Faldwyn yn 1840 pan ddywedodd: 'Amlygais i'r eglwys tan fy ngofal a rhoddais y tir drud oeddwn yn byw ynddo i fyny'. Cododd ei destun o Effesiaid IV.13 wrth iddo bregethu am y tro olaf yng Nghapel Pengroes ac yn Llansilin cynhaliwyd cwrdd gweddi er mwyn ceisio sicrhau ei ddiogelwch. Yn y lle cyntaf methodd â dal llong i Efrog Newydd yn ôl ei ddymuniad ac yna manteisiodd ar long arall oedd ar fin gadael am Philadelphia. Arni yn ogystal â'i deulu ifanc yr oedd 80 o Gymry ac am fis cyfan cyfyngwyd hwy i'r un caban. Cynhaliwyd dau gyfarfod gweddi yn ddyddiol a daeth ef i ben hefyd â threfnu ambell gyfarfod dirwestol.

Collwyd tri o blant yn ystod y fordaith, dau ohonynt yn Gymry, a phan oeddent ar fin cyrraedd Philadelphia, darganfuwyd bod y frech wen ar lawer ohonynt. O ganlyniad, gorfodwyd hwy i ddychwelyd i lawr yr afon nes cyrraedd ysbyty. Yn y cyfamser manteisiodd John Williams ar y cyfle i draddodi ei bregeth gyntaf ar y cyfandir mewn cae yng ngolwg yr afon.

O'r diwedd caniatawyd iddynt gychwyn ac unwaith iddynt gyrraedd Pittsburghh medrent fanteisio ar yr agerfadau a redai erbyn hynny ar yr Ohio. Yn anffodus, darganfuwyd bod y frech wen yn parhau ar rai ohonynt a bu rhaid dadlwytho'r agerfad. Cadwyd hwy yno am bythefnos ac yn y cyfamser perswadiwyd John Williams i dderbyn galwad gan uned o Gymry a gartrefai yn y cyffiniau. A thrwy 'garedigrwydd mawr yr ardalwyr' codwyd capel ar ei gyfer yn Green Township, Pensylfania.

Bu gweinidog arall a gyrhaeddodd y wlad chwe blynedd ynghynt yn llai ffodus nag ef gan na chafodd alwad gan gapel Cymraeg. O bryder i'r gweinidog hwn oedd ei fethiant i bregethu yn Saesneg:

> Gadewais Gymry o'r Casnewydd ar y 15fed o Fai diweddaf [1834], ac ar y 4ydd o Orff. tiriais yn Philadelphia... Yr wyf yn bwriadu myned, os yr Arglwydd a'i myn, i Ysgol Granville [Ohio] y flwyddyn nesaf, i dreulio blwyddyn yno, ac os na fyddaf erbyn hynny yn alluog i lefaru y iaith Saesneg gyda rhwyddineb, ac i foddlonrwydd, mwy na thebyg y dychwelaf i wlad fy ngenedigaeth, gan nad oes fawr o fy eisiau ar y Cymry yma, y mae digon o bregethwyr ymhlith y Cymry yma; a gormod yn rhai manau.

Yn wahanol i brofiad llawer un, bu'r fordaith yn un hynod o ddymunol i ferch ifanc o'r enw Ann Jones. Oherwydd ei bod ar long y bwriadai nifer arni gyrraedd Paddy's Run, daeth ar draws un a arferai fyw naw milltir o'i Llanbadarn hithau. Hwn oedd yr un y byddai'n ei briodi ac er iddynt ddechrau eu bywyd priodasol yn Paddy's Run, cysylltir hwy yn bennaf â Cincinnati lle daeth y gŵr, William Davies, yn adeiladydd llwyddiannus. Priododd merch iddynt â'r Athro William G. Williams o Brifysgol Wesleaidd Ohio ac ystyrid bod un o'i brodyr gyda'r mwyaf dawnus o holl feddygon y ddinas. Penodwyd brawd arall yn athro ysgol feddygol, ac ar ôl y frwydr waedlyd honno a ymladdwyd yn Shiloh, Tennessee, yn ystod y Rhyfel Cartref, rhoddwyd y cyfrifoldeb arno am gael y milwyr clwyfedig yn ôl ar agerfadau i ysbytai Cincinnati.

Trwy fachgen ifanc o Frycheiniog a gyrhaeddodd yn 1813 ceir cipolwg ar y daith wagennu a'u cymerai hwy oll ar draws Pensylfania. Gan nad oedd ond plentyn ar y pryd manteisiodd ar y cyfle i gael ei gario ar ben llwyth gwagen a dynnwyd gan bum ceffyl. Gydag ef o dan y canfasau yr oedd chwaer bedair oed a brawd nad oedd eto'n flwydd. Er mor ifanc yr oedd, mae'n dal i gofio i nadu'r bleiddiaid dorri ar ei gwsg un noswaith. Yna wrth fynd trwy un dref tynnwyd ei sylw gan *whipping post*. A phan osodwyd y wagen ar fad i groesi un o'r afonydd rhyfeddodd at y pysgod 'canu' a'u canlynai wrth deithio. Dywedai y gallent hwmian rhai nodau ac yn ddiweddarach tybiai mai rhyw fath o *perch* gwyn oeddynt. Unwaith iddynt gyrraedd Ohio cymerwyd ati i godi'r tŷ cyffion arferol ac wrth losgi'r hyn a naddwyd o'r coed, medrai'r plant ddifyrru'u hunain gan greu sŵn ergydion trwy daflu *buckeyes* i'r tân (nid yw'r goeden hon yn annhebyg i'r gastanwydden ac mae traddodiad o gyfeirio at Ohio fel y 'Buckeye State').

Un a wnaeth sylwadau am y daith ar draws Pensylfania oedd tad y nofelydd Dean Howells, awdur nofelau fel *The Rise of Silas Laplan* a golygydd y cylchgrawn dylanwadol, yr *Atlantic Monthly*. Yn ogystal â llunio nofelau arferai annog yr Unol Daleithiau i ddatblygu ei llenyddiaeth ei hun a bu'n gefnogol i Mark Twain cyn i hwnnw ddod i sylw'r wlad. Ceir hanes amdano yn annerch Cymdeithas Dewi Sant, Efrog Newydd ac fel llawer un arall, ni fedrai lai na theithio nôl i gael golwg ar wlad ei gyndeidiau. Er iddo gael ei fagu yn Ohio, bu'n byw yn Cambridge, Massachusetts am y rhan fwyaf o'i oes, bedwar tŷ i ffwrdd o gartref awdur y gwaith presennol.

Yn dal i wynebu'r ymfudwyr ar ôl y fath daith i Pittsburghh yr oedd y siwrnai ansicr honno ar afon Ohio. Ac nid y rhai a groesawyd i'r wlad gan yr Arlywydd Monroe oedd yr unig rai a fwriadai fynd i Paddy's Run yn 1818. Dyna oedd bwriad chwe theulu arall ar ôl cyfarfod i drefnu'r daith yn nhafarn Y Ship ym Mhennant, Ceredigion. O dan arweiniad un y cyfeiriwyd ato fel John Jones, Tirbach, byddent yn hwylio am borthladd Baltimore, ac ymysg ei gyd-deithwyr yr oedd dau

175

fab yng nghyfraith, ond bu'r un a arferai gartrefu ar fferm o'r enw Penlanlas mor anffodus â cholli plentyn ar y fordaith. Wedi cyrraedd Baltimore llogwyd dwy wagen a dynnwyd gan bedwar ceffyl yr un ac arnynt byddent yn cludo eu holl eiddo hyd at Pittsburghh. Wedi iddynt gyrraedd yno dadlwythwyd, gan osod y cyfan ar gychod syml gyda gwaelodion gwastad.

A hwythau wedi'u gorfodi i ddod yn forwyr dros nos fel petai, dilynwyd rhediad yr afon tua'r de-orllewin, ond gan iddynt wynebu nifer o helbulon tra oeddynt ar yr afon, penderfynwyd peidio mynd ymhellach na lle o'r enw Gallipolis. Yno daethant ar draws Ffrancwyr croesawgar gyda'u hagwedd ysgafnach at fywyd ac er i dri theulu arall o Geredigion gyrraedd Paddy's Run yn ddiogel yn 1818, nid dyna fu eu tynged hwy. Er y buont bron â cholli'r cychod tra oeddynt yn cysgu ar y lan, nid yw'n glir ai dyna'r unig reswm dros roi'r gorau i deithio ar yr afon. Beth bynnag oedd y gwir, arweiniodd eu hanffawd at greu sefydliad Cymreig arall y cyfeiriwyd ato fel 'Sir Aberteifi America'.

Ar gyfer hyfforddi'r ymfudwr, o 1840 os nad beth ynghynt, bodolai eisoes ddau lyfr bach a bwysleisiai ragoriaeth Ohio. Ben Chidlaw oedd yn gyfrifol am un ohonynt, sef *Yr American, yr hwn sydd yn cynnwys nodiadau ar daith o Ddyffryn Ohio i Gymru;* y gŵr hwn oedd yr un a fu'n weinidog dros dro yn Paddy's Run. Ceid yn y llyfr yn ogystal â'r daith a awgrymir gan y teitl, bob math o gynghorion ar gyfer teithwyr dibrofiad. Ceid hefyd ychydig sylwadau am yr amrywiol sefydliadau Cymraeg, o'r deg ohonynt yn Ohio i rai ar draws taleithiau Efrog Newydd a Pensylfania. Ar ôl tynnu sylw at y twyllwyr diddiwedd a fyddai'n cymryd mantais o deithwyr diniwed, mae'r llyfr yn gorffen ar nodyn mwy gobeithiol trwy ddyfynnu englyn o waith Mervinian:

> Teithiaf – hwyliaf fôr heli – ar antur
> Mi 'wrantaf rhag siomi
> Caf yno waith maith i mi
> Ac arian sy'n rhagori.

Yr ail o'r ddau lyfr ymgynghorol oedd *Y Teithiwr Americanaidd* gan Edward Jones. Roedd ef yn enedigol o Aberystwyth, ac arferai weithio fel crydd cyn cael ei hyfforddi ar gyfer y weinidogaeth gan Dr Phillips, Neuadd-lwyd. Ef fyddai gweinidog cyntaf y capel a godwyd gan y Cymry yn Cincinnati yn 1833 ac fe gyhoeddodd *Llaw Fer* yn ogystal â llyfr teithio. Argraffwyd hwn sawl gwaith a chysylltir yr awdur yn bennaf â'r ardal gerllaw Gallipolis lle'r oedd ei gyd-Gardis i greu eu hail Sir Aberteifi. Manteisiai ar y cyfle i werthu'r llyfr yn ymwneud ag ymfudo tra oedd yn ymweld â'i sir enedigol ac ynddo mae'n cymeradwyo De Ohio fel yr ardal orau i ymweld â hi. 'Gwelais', meddai wrth agor llygaid ei ddarllenwyr at yr hyn a'u hwynebai, 'fwy o hwyaid gwylltion, ar unwaith, ar Afon Ohio, nag a welais o frain yng Nghymru erioed'.

O graffu ar gynnwys y ddau lyfr ymgynghorol ceir cymhariaeth ddiddorol am y modd yr amrywiai agweddau'r ymfudwyr o un eithaf i'r llall. Yn ystod ei daith yn ôl i Gymru daeth Ben Chidlaw ar draws Sais nad oedd am ymsefydlu'n barhaol, a hynny oherwydd 'bod gormod o gydradd rhwng y gwas a'r meistr, y ddau yn cyd weithio, yn cyd fwyta, ac yn cyd gyfeillachu... nis gall gentleman farmer fyw yn America, y mae pawb yno yn gweithio ac heb hyn nid oes llwyddo. Gyrru fy ngweision ac edrych arnynt, a bod yn ddi ymdrech fy hun, yw fy ffordd i.' Ar y llaw arall, gwelodd Edward Jones le i gyfeirio at Gymro a oedd yn fwy na pharod i dorchi llewys. Cartrefai hwn ger tref fechan Radnor yng nghanolbarth Ohio:

Pan oeddwn yng Nghymru yr oedd rhywun yn curo y drws bob amser, i ymofyn y dreth hon ac arall, y degwn hwn ac arall, neu y peth hyn ac arall; a minnau, ar ôl gweithio yn galed drwy y dydd, yn gorfod rhedeg i'w cyfarfod hwynt nes byddwn yn agos iawn a cholli fy anadl, ac yn rhwym o dalu eu gofynion hwy er fy mod braidd yn methu cael digon o fwyd: ond yma nid wyf yn clywed neb yn curo wrth y drws; a phan bydd rhywun yn curo, dyfod a cheiniog i mi y byddant, ac nid dyfod i ymofyn un oddiwrthyf.

Ymfudo o Geredigion

Cyfeiriwyd eisoes at golli'r cychod yn gyfagos i Gallipolis ac er dod o hyd iddynt a'r cyfan o'u heiddo rai diwrnodau ar ôl y storm o wynt a glaw, aros yn y cyffiniau fu'r hanes. Un o'r rhesymau a roddir am beidio â chadw at y bwriad o fynd yr holl ffordd i Paddy's Run oedd anfodlonrwydd y gwragedd i wynebu mwy fyth o beryglon yr afon. Droeon rhedwyd yn ddiarwybod yn erbyn tywod cuddiedig ac yno y byddent heb symud yng nghanol afon enfawr. Yr unig ffordd o'u cael eu hunain yn rhydd oedd trwy ostwng eu hunain i'r dŵr fel y gellid gwthio'r cychod i fan dyfnach. Yna, heb unrhyw rybudd, byddent nôl yn y dyfnderoedd a mwy nag unwaith buont yn agos iawn i golli gafael ar ochrau'r cwch: 'yr oedd y daith hon bron mor helbulus, os nad yn gwbl felly, â mordaith Paul i Rufain. Dywed un a oedd ar ei bwrdd, eu bod amryw weithiau mewn enbydrwydd am eu heinioes'.

O gefnu ar yr afon daeth gwell tro ar fyd a llwyddwyd i gael gwaith yn adeiladu'r ffordd i gysylltu'r afon â'r Chillicothe lle treuliodd David Jones amser pan fu gyda'r Shawnees yn y 1770au. Ond cyn dod at y parthau hynny, a phan oeddent tua deunaw milltir o'r afon, daethant ar draws ardal fryniog a ymdebygai i diroedd Cilcennin. Dyna, yn ôl y gred gyffredin, a arweiniodd at ymsefydlu yno. Felly ar dir â gyfatebai i'w Penlanlas, Ty'n mawr, Rhiwlas, Pantwallen a Thirbach, y cymerwyd ati i geisio ail-greu eu ffermydd gynt.

Hon oedd yr ardal lle y penderfynodd y rhai y dylanwadwyd arnynt gan lyfr Edward Jones ymsefydlu, gyda'r mwyafrif ohonynt yn dod yn wreiddiol o ran o'r sir sy'n ymestyn o lan y môr yn Llan-non, ac i fyny dros y bryniau hyd at gyffiniau Tregaron. Rhwng 1821 ac 1860 ymfudodd 250 o Lan-non ei hun, 174 o Gilcennin, 183 o Langwyryfon, 426 o Langeitho, 232 o Blaenpennal a 110 o Landdewi Brefi. Tua'r unig bentref arall a gyfrannodd yn sylweddol at yr ymfudo, gyda 154 yn ymadael, oedd Llanarth, pentref i'r de o Aberaeron. Ac eithrio'r 506 a aeth o Aberystwyth a Llanbadarn, prin oedd y rhai a adawodd y trefi – dim ond 148 o Aberteifi, 114 o Landysul, 127 o Dregaron a 79 o Aberaeron.

Ond er mor bwysig oedd porthladd Lerpwl, nid oddi yno yr ymadawodd pawb. Croesodd y *Credo* yn uniongyrchol o Aberystwyth yn 1842, gyda 70 o Lanarth arni. Llong arall a groesodd yr Iwerydd o Aberystwyth yn yr un flwyddyn oedd y *Rheidiol* a gludai cant arall. Yna cychwynnodd yn 1847 dwy long ychwanegol, yr *Ann Jenkins* a'r *Tamberlain*, ar eu mordaith o'r un dref. Aeth y gyntaf o'r ddwy long â 80 o ymfudwyr i Efrog Newydd ac ar y Tamberlain roedd cynifer â 462, gyda'r mwyafrif ohonynt o Ledrod a'r Mynydd Bach.

Yn gynharach na'r llongau a enwyd uchod, cychwynnodd y *President* ar ei thaith ar draws yr Iwerydd o Lansanffraed (Llan-non) yn 1840. Roedd cynifer â 220 ar ei bwrdd, ac yn wahanol i'r ymfudwyr o'r pentrefi eraill a enwyd, tebyg bod nifer ohonynt wedi mentro'n barod ar ambell fordaith. Byddai unrhyw bregethwr gwadd, o godi ei olwg tua'r oriel yng Nghapel Mawr y pentref, yn siŵr o sylwi ar y geiriau 'Cofiwch y Morwyr' a rhwng y llongau a adeiladwyd yn lleol a'r llu o gapteiniaid llong, nid rhyfedd i gynifer o'r ieuenctid gael o leiaf un profiad o fywyd môr. Roedd llawer o dai'r pentref wedi eu henwi ar ôl rhyw long neu'i gilydd: er enghraifft, enwyd tŷ yn 'Egretaria' ar ôl llong oedd wedi ei hadeiladu'n lleol yn 1854. Roedd yn llong 200 tunnell, ac fe'i gwerthwyd am ei choed pan ddrylliwyd hi yn agos i Texas yn 1868. Defnyddiwyd defnydd hwyliau'r llong ar gyfer pabell eisteddfod y pentref yn 1906.

Ymysg y rhai heb unrhyw amgyffred o'r hyn y byddent yn debygol o'i wynebu ar y fordaith yr oedd teulu o Henbant, Lledrod. Diogelwyd hanes eu taith gan y Jackson [Ohio] Genealogical Society yn 1991 ac mae'n ymwneud yn bennaf â Benjamin G. Williams a ddywedai iddynt gychwyn trwy fyrddio un o dair llong fechan a adawodd Aberaeron am Lerpwl ar 15 Ebrill 1839. Gydag ef yr oedd ei dad a'i dad-cu ac roedd cyfanswm o 175 ar fwrdd y llong. Yno ar y cei yn dyst o'u hymadawiad yr oedd hyd at ddeng mil o bobl a dywedai Benjamin G. Williams fod dagrau ar ruddiau y mwyafrif pan ddechreuodd yntau a thri arall ganu 'Bydd melys glanio draw nôl bod o don i don'. Bu i'r llong roedd arni, sef y *Friends*, gyrraedd Lerpwl am ddeg y bore canlynol a dilynwyd hithau tua chanol dydd gan y *Friendship*. Yn achos yr *Elizabeth*, bu iddi daro yn erbyn llong arall ac ar y dechrau ofnwyd bod pawb ar ei bwrdd wedi boddi. Trwy drugaredd digwyddodd llong arall fod ar bwys ac achubwyd pawb.

O fewn rhai diwrnodau cytunodd 150 ohonynt i fynd ar long Americanaidd a oedd ar fin hwylio am Baltimore. Yr oedd yno feddyg i sicrhau eu bod yn ddigon iach i wynebu'r daith a cheisiodd yntau rwystro dau deulu rhag mynd. Gorfodwyd teulu gof o'r enw William Williams i adael y llong ond rhywsut daeth un arall o'r enw Morgan Williams i ben â chuddio dau o'i blant. Profodd hynny'n achos i'r sefyllfa waethygu ac ymateb y meddyg oedd gorchymyn i hanner o'r teithwyr adael y llong. Mynnent hwythau gael eu harian nôl, ond gan nad oedd y capten yn awyddus i'w roi, rhoddodd yntau orchymyn i'r meddyg adael a chychwynnwyd ar y fordaith cyn gynted ag y gellid. Yn y diwedd talwyd pris enbyd am anwybyddu barn y meddyg – yn ystod y fordaith cymerodd y frech goch fywydau 17 o'r plant.

Profodd y fordaith ei hun yn hynod o frawychus. I ddechrau bu raid wynebu hyrddwynt, gyda'r tonnau'n llifo dros fwrdd y llong a'r gwynt yn ysgubo ymaith beth bynnag nad oedd ynghlwm. Ac os nad oedd hynny'n ddigon i godi braw, gwaeth fyth oedd storm o fellt a tharanau a barodd iddynt feddwl y byddent oll ym mherfeddion y môr yn fuan. Ni chyrhaeddwyd pen y daith tan Sadwrn 9 Awst, ar ôl cychwyn o Aberaeron ar 15 Ebrill. Ond er mor flinedig y byddent ar ôl taith o ymron pedwar mis, erbyn y bore trannoeth yr oedd ganddynt ddigon o egni i gerdded pedair milltir i wasanaeth y Sul.

Eraill a gychwynnodd ar yr un siwrnai o Aberaeron, ond rhyw ddeufis yn ddiweddarach, oedd Isaac a Gwenllian Jones o Gilcennin. Yr oedd ganddynt bump o blant a buont yn Lerpwl am dair wythnos ar ôl yr wythnos a gymerodd iddynt gyrraedd yno. Ni chyrhaeddwyd Philadelphia am naw wythnos arall ac ni fyddent yn Ohio tan yr hydref: 'dechreuasant eu bywoliaeth yng nghoedwigoedd America mewn tŷ 'round log' bychain ar ael bryn yr ochr chwith i'r ffordd o Ty'n Rhos [cartref ei frawd] i Centerville'.

Fel y nodwyd eisoes, rhai o Gilcennin fel hwythau oedd y cyntaf i ymsefydlu yn y rhan yma o'r dalaith ond nid oes fawr o wybodaeth amdanynt dros y blynyddoedd cynharaf. Yn 1822, ar ôl pedair blynedd yno, gadawodd dau ohonynt, sef William Williams, Pantwallen a Thomas Evans, am Radnor yng nghanolbarth Ohio. Mae'n ymddangos bod digon o Gymry yn y lle hwnnw i gyfiawnhau codi capel yn 1820. Felly yr unig rai yn dal yng nghyffiniau Gallopolis fyddai teulu John Jones, Tirbach, ef ei hun, ei ddau fab yng nghyfraith John Evans ac Evan Evans, ai fab yntau, Timothy Jones, a feddai ar felin wlân yn Centerville. Dyna a arweiniodd at ddatblygu rhywfaint o ganolfan yn y cylch. Ymunwyd â hwy yn 1834 gan rai a fu'n byw yn Pittsburghh ac fe'u dilynwyd gan lawer mwy yn ystod y 1830au a'r 1840au, gyda nifer ohonynt yn derbyn tir gan y llywodraeth am $1.25 yr erw. Erbyn y 1860au tybid bod hyd at chwe mil yn byw yno a phan gladdwyd y cyntaf o weinidogion y cylch yn saithdegau'r ganrif, dywedwyd bod dros dair mil yn bresennol. Eithriad oedd dod ar draws rhywun nad oedd o Geredigion, a chartrefai'r mwyafrif ohonynt yng nghyffiniau dwy dref fechan Oak Hill a Rio Grande, fel y maent yn ymddangos ar fapiau cyfoes o Ohio. I'r de yn hytrach nag i'r gorllewin mae rhediad yr Ohio yng nghyffiniau Gallipolis ac am bellter o 15 i 25 milltir i'r gorllewin iddi y datblygwyd yr ail 'Sir Aberteifi'.

Dieithrwch y Wlad

Er bod y testun *Hanes Sefydliadau Cymreig Siroedd Jackson a Gallia, Ohio* a gyhoeddwyd yn 1896 yn awgrymu ei fod yn cynnwys pob math o hanes lleol, siomedig yw canfod ei fod wedi ei gyfyngu bron yn gyfan gwbl i hanes eglwysig. Yr oedd rhai o'r arloeswyr cynnar yn fyw adeg ei gyhoeddi ac mae'n drueni na welodd y Parch. W. R. Evans, golygydd y llyfr, yr angen i gynnwys mwy o fanylion am eu bywyd o ddydd i ddydd. Eto ar sail ei ddisgrifiadau prin gellir dysgu rhywfaint am eu gweithgarwch ac o'r darn canlynol ceir gwybod eu bod o leiaf yn cynaeafu ambell gnwd y gelwid am ei ddyrnu: 'Os digwyddai peiriant dyrnu fod yn dyrnu ei yd ar adeg cyfarfod, gadawai ofal y dyrnu i'w gymydog, a chyfrwyai ei geffyl, a ffwrdd ag ef i'r cyfarfod'. Yn achos yr unigolyn yma ni ellir llai na meddwl bod ei dduwioldeb yn bwysicach iddo na'i awydd am waith.

Gydag amser byddai rhai ohonynt yn mynd ati i dyfu baco, neu dyna a awgrymir gan adfeilion yr hen ysguboriau bychain sy'n dal i ymddangos yma a thraw tua diwedd yr ugeinfed ganrif. Caent eu lleoli yng nghanol rhai o'r meysydd ac ynddynt yr arferwyd sychu dail y planhigyn. Wrth fanylu ar y caledi gwreiddiol mae W. R. Evans wedi cynnwys mwy nag a geir yn ei lyfr mewn adroddiad arall a ddanfonodd i'r *Cyfaill* yn 1893 i gydnabod marwolaeth un a fu yn y cylch ers tua 1840:

> ...y wlad yn newydd ar yr adeg honno. Y ddaear wedi ei gorchuddio a choedydd mawrion a thalfrig, oddigerth lanerchau yma ac acw o amgylch bythynod y pioneers... cychwynai cwmni o amaethwyr yn gynar yn yr hwyr a theithient trwy y nos, a chyraeddent Portsmouth (30 milltir) tua codi haul, i werthu eu hymenyn a'u hwyau. Byddent yn falch o gael chwe sent y pwys am yr ymenyn, a thair sent y dwsin am yr wyau.

Tua 1840 hefyd yr ymgartrefodd Benjamin G. Williams, y cyfeiriwyd ato yn ymadael o Henbant, Lledrod, yn yr ardal. Yr oedd coedwig yn ffinio â fferm ei dad, yn ymestyn am ugain milltir dda heb yr un cartref i'w weld. Nid anghyffredin iddo oedd gweld ambell arth, baedd neu garw yn crwydro o'r goedwig i un o gaeau'r fferm. Un o'r creaduriaid a welid amlaf oedd baedd gwyllt cochaidd ei liw a thrwy'i ddilyn gyda chi nes iddo ddanto llwyddodd Benjamin G. Williams i'w ddal. Trwy gydol yr hydref bu wrthi yn ei dewhau a phan laddwyd ef am ei gig barnwyd ei fod yn hynod o flasus.

Dro arall, ac yntau'n crwydro drwy'r un goedwig gyda'r un ci, amgylchynwyd hwy gan nifer o'r un creaduriaid a bu raid iddo ffoi cyn gyflymed ag a fedrai trwy ddringo'r goeden agosaf. Gadawyd i'r ci druan ei amddiffyn ei hunan a'i ddull o wneud hynny oedd cnoi eu clustiau. Tystiolaeth i'r frwydr a barodd am rai oriau cyn i'r baeddod sgathru oedd y clustiau a gollwyd gan nifer ohonynt.

Yng ngolwg Ben Chidlaw o Paddy's Run, 'dyma'r wlad a'r tir salaf a ddewisodd y Cymry yn Ohio' ac i raddau mae lle i gytuno ag ef. Er i Chidlaw son am y 'digonedd o gerrig a glo yn y bryniau', a hynny braidd yn anffafriol, sylweddolai hefyd fod ganddynt fan iachus dros ben. Nodwyd eisoes bod ei ferch ef ei hun yn un o bedwar o blant a gladdwyd o fewn rhai misoedd i'w gilydd yn Paddy's Run. Ond er bod yr hafau yn anghyffredin o greulon ar yr hen a'r ifanc, mae lle i feddwl bod y fath anfanteision wedi dylanwadu arnynt wrth benderfynu i beidio ag ymadael â'r ardal.

Yn ôl traethawd sy'n ymwneud â Chymry Columbus, Ohio ac a gyflwynwyd gan Daniel Jenkins Williams ar gyfer gradd doethuriaeth yn 1913, teithiodd un ohonynt o amgylch gyda'r bwriad o weld a oedd lle mwy dymunol i ymsefydlu. Mewn cyfarfod o'r arloeswyr a gynhaliwyd yn Centerville (Rio Grande erbyn hyn) yn 1888, enwebwyd John Jones, Tirbach i deithio tiroedd eraill ac mae'n debyg iddo gerdded cyn belled i'r gogledd â Radnor yng nghanolbarth Ohio. Yn y diwedd ofnwyd y byddent yn fwy tebygol o ddal malaria wrth ymsefydlu o'r newydd, a chan fod y lle'r oeddynt mor iachus ag unman, penderfynwyd aros. Ar y gorau nid profiad pleserus yw brathiad mosquito a thueddiad y corff yw chwyddo'n enbyd cyn bod y gwaed yn dechrau ymgyfarwyddo â'u brathiadau. Digwyddiad oedd bod y gwybed a'u poenai yn Ohio yn fwy tosturiol na'r 'pob pryfed echryslon' a flinai Goronwy Owen yn Virginia ganrif ynghynt.

Ym marn W. R. Evans roedd rheswm ychwanegol dros wrthod symud a hynny'n mynd 'nôl at eu gwreiddiau yng Ngheredigion. Yn yr un modd ag y denwyd Lot i wastadedd

Sodom gan y tebygrwydd i Aifft ei ieuenctid, cysurwyd y Cymry hwythau drwy fod mewn ardal a ymdebygai i Sir Aberteifi. Ymhellach, tybiai Evans mai dim ond pobl o lefydd fel 'Holland a Môn' a fodlonai fyw ar wastadedd. Beth bynnag ei farn am y rhai a gartrefai ar dir felly, medrai gysuro'i hun nad oedd un tebygrwydd rhwng Sodom a thirwedd cyffiniau afon Ohio.

Gweinidog o Fôn

Yr cyntaf i bregethu yn yr ardal oedd y Parch. David Rosser, gynt o Lanharri, a ymwelodd â hwy tra oedd ar daith o Columbus i Cincinnati yn 1834. Pregethodd yn nhŷ Timothy Jones, mab John Jones, Tirbach. Yna, yn 1835 ymwelodd y Parch. Edward Jones o Cincinnati ac yn ogystal â bod y cyntaf i gynnal cymun yno, cafodd y fraint o fedyddio pedwar o blant. Trwy ei ddylanwad daeth 14 ynghyd yng nghartref Daniel Edwards, Brynele, Centerville, a chytunwyd i ddechrau achos Methodistaidd yn y cylch. Yn ystod y gwanwyn dilynol talwyd ail ymweliad â'r ardal gan Edward Jones a chollodd ef a gweinidog arall o'r enw Edward Blunt eu ffordd yn y coedwigoedd diderfyn. Pan dywyllodd ofnai'r olaf dreulio'r nos mewn lle mor anial: 'mi gawn ein llarpio cyn y bore'. Cysurwyd ef gan Edward Jones: 'O na, fe all Duw ein cadw yn y coed; cofiwch am Daniel a'r tri llanc yn Babilon'. Ac fel yn achos Daniel gynt, arbedwyd hwythau hefyd.

Yn ddiweddarach yr un flwyddyn ymwelodd y Parch. Robert Williams â'r ardal a dangosodd yntau ei barodrwydd i aros yno'n barhaol. Er mai yn anaml iawn y cyfeirir at hyn, mae'n debyg iddynt gysylltu â John Elias cyn cytuno i'w dderbyn. Daeth ateb oddi wrth John Elias mewn llythyr wedi'i ddyddio 15 Chwefror 1838:

> ...Frodyr, y mae yn dda genym glywed fod cynnydd ar yr achos crefyddol yn eich mysg. Yr ydym yn gobeithio y cawn glywed eto am gynnydd ychwanegol, nid trwy ddyfodiad rhai o barthau eraill atoch, ond trwy fod rhai – eich plant ac eraill – yn cael ei gwaredu o feddiant y tywyllwch, a'u symud i deyrnas Crist, ac i'w deulu ef.

Ni bydd cyfoeth glanau Ohio o ddim gwerth i chwi na'ch plant, ond dros ychydig iawn o amser...

Pan y darllenais eich llythyr yn y Cyfarfod Misol, yr oedd yn peri llawenydd mawr i'r brodyr gael clywed am dano, a bod ei lafur yn gymeriadwy yn eich plith. Gofynais a oeddynt yn foddlawn i chwi gael ei ordeinio ef? Atebodd llawer eu bod, os byddech chwi yn gweled hynny yn oreu. Gofynais i'r rhai oedd yn foddlawn, arwyddo drwy godi dwylaw? Cyfododd pawb (hyd y gwn i) eu dwylaw. Felly, y mae ein brodyr yn eithaf boddlawn i chwi ordeinio Robert Williams... Gwir Dduw y tangnefedd a'ch bendithio, a'ch cynnalio, ac a'ch dyddano. Bydded yn agos atoch yn y wlad bell lle yr ydych.

Un o Gorslwyd, Môn oedd Robert Williams ac fe bregethodd dros dro yn Cincinnati tra oedd Edward Jones i ffwrdd ar daith yng Nghymru. Yn ôl ei gofiant, a ysgrifennwyd yn bennaf gan ei ferch, Mary Parry, nid oedd am fyw'n barhaol mewn tref ond o symud i'r wlad fe synnodd nad oedd yno bentrefi fel yng Nghymru: 'Nid oedd yr un tŷ i'w weled, ond caban logiau yn awr ac eilwaith, na'r un ffordd i'w thrafaelu ond llwybrau anwastad a geirwon trwy y coed'. Er gwaethaf y fath ddiffygion, yr oedd gapel cyffion ganddynt a godwyd at derfynau dwyreiniol Oak Hill ac yno yn eu 'Moriah' yr ordeiniwyd ef yn 1838. Cartrefai mewn fferm fechan gerllaw a'r gorau y medrai llawer o'r aelodaeth ei wneud i'w gynnal oedd cynorthwyo gyda thrin ei dir: 'Yn y blynyddoedd hyn gwelodd y sefydlwyr amser caled a blin iawn. Daethant yma bron oll yn dlodion... ac nis gallent, wrth reswm, roddi ond y nesaf peth i ddim at gynnal y weinidogaeth...' Trwy adroddiad arall amdano daw'r fath dlodi i'r golwg unwaith eto:

Nid hir y bu cyn treulio allan ei ddillad a'i esgidiau... a'i ymddangosiad yn edrych dipyn yn wahanol i'r hyn a ystyrir yn awr yn briodol i bregethwr. Bu am ychydig yn mynd i'r capel a chlocs coed o waith William Gruffydd am ei draed... yr oedd un o fechgyn ieuanc y sefydlad, sef, Mr David Edwards, Oak Hill, yn bresennol, yn gweithio yn Pomeroy, a phan ddaeth ar ymweliad â'i gartref, a gweled Mr Williams heb ddim ond clocs am ei draed, cyffrowyd ei galon haelfrydig, a chan fod ychydig o arian yn ei logell, aeth i'r store a phrynodd iddo bar o esgudiau cysurus, am yr hyn oedd y pregethwr yn ddiolchgar iawn.

Gerllaw y capel cadwyd ysgoldy, 'ar dyddyn a elwir Pant-y-Beudy'. Gan mai dyma enw'r ffermdy lle y magwyd Daniel Rowland ym Mwlch-llan, Ceredigion, efallai taw rhai o'r cylch hwnnw a gartrefai yno. Ar sail y cynnydd a gafwyd yn yr aelodaeth dros amser daeth galw am gapel mwy o faint ac o ddarllen sylwadau y Parch. T. Phillips a ymwelodd â'r Unol Daleithiau yn 1866, ceir amcan faint a ddaeth ynghyd i wrando arno. Ni chyfeiriodd yn uniongyrchol at luosogrwydd y gynulleidfa ond dywedai iddo:

> ...esgyn i ben bryn bychan y tu cefn i'r capel, rhwng y ddwy oedfa, i fyfyrio, ac i mi rifo mwy na chant o geffylau yn sefyll allan, wedi eu rhwymo wrth y polion, y clwydi, a'r perthi. Y noson hono drachefn cawsom oedfa cysurus iawn yn Moriah...

Yn negawd olaf y 19eg ganrif cyfeiriodd ymwelydd arall at y capel gan ddweud ei fod 'yn llawn, a'r mwyafrif yn bobl ieuanc, a phlant ffyddlawn a diwylliedig'. Ac yn 1907 tystiai un arall bod y capel yn parhau yn un Cymraeg ei iaith: 'The church is in flourishing condition today, and the Welsh Language almost exclusively used'.

Un o'r ffyddloniaid gwreiddiol oedd David Morgans a fu'n byw yn yr ardal ers 1835 ac yntau'n 17 oed ar y pryd. A thua diwedd y ganrif ef oedd ffynhonnell llawer o hanes boreol Moriah a gynhwyswyd yn llyfr 1896, sef *Hanes Sefydliadau Cymreig Siroedd Jackson a Gallia, Ohio*. Ymron ganrif yn ddiweddarach, yn 1988, cafwyd cyfieithiad ohono o dan y teitl *History of the Welsh Settlements in Jackson and Gallia Counties of Ohio*. Cyfieithwyd ef gan yr Athro Phillips Davies o Brifysgol Iowa ac er bod y testun yn awgrymu bod ynddo bob math o wybodaeth gyffredinol, mae wedi ei gyfyngu i faterion crefyddol sy'n ymwneud â'r Methodistiaid yn bennaf. Hwy sy'n derbyn y prif sylw ac o gymharu â'r 72 o ddalennau am eu capeli, ac yna'r 30 o ddalennau am ddau ddwsin o weinidogion yr enwad, dim ond dwy dudalen a geir am yr Annibynwyr a llai fyth am bedwar capel y Bedyddwyr (sef Ebenezer 1838, Centerville 1844, Oak Hill 1845, a Bethlehem). Ailadroddir nifer o bethau yma a thraw, ac fe geir ynddo lawer o'r hyn y cyfeiriwyd ato'n barod yng nghofiant Robert Williams.

Y Diwydiant Haearn

Gydag amser sylweddolwyd bod mwyn haearn o dan eu tiroedd a'i fod yn ymestyn dros bellter o ddeg i ddeuddeng milltir. Yr oedd ffwrneisi eraill wrthi eisoes yn cynhyrchu haearn a rhyngddynt ac afon Ohio yr oedd ffwrneisi ac iddynt enwau fel Bloom, Washington, Gallia, Olive, a Vernon. Yn ôl T. Ll. Hughes a benodwyd yn ysgrifennydd ac yn ariannwr dros eu menter, 'Daeth i feddwl rhai o'r Cymry roddi prawf beth a allent hwythau wneud'. Erbyn 1854 adeiladwyd i'r gorllewin o Oak Hill i gyfeiriad Capel Horeb y 'Jefferson Furnace', a llwyddwyd i greu haearn am y tro cyntaf ar 15 Hydref 1854. Cyflogwyd cant neu ragor o weithwyr bron yn syth a pharhau felly hyd at ddiwedd oes y ffwrnes yn 1916. Tua'r amser y cychwynnwyd y fenter dywedai T. Ll. Hughes bod y cyflogau:

> yn uchel iawn yn yr ardal; telir $1.25 i lafurwyr, ac o $1.75 i $2.00 y dydd i seiri coed a maen; ac nid oes hanner digon o ddynion am y prisiau uchel hyn. Felly, fechgyn Cymry ardaloedd tlodion Newark, Steuben a Wisconsin, os oes chwant gwneud ceiniog o arian arnoch, heliwch eich hunain y ffordd hyn.

O'r 68 o ffwrneisi a leolwyd ar y naill ochr i afon Ohio bu'r Jefferson yn dipyn o destun gwawd am dro, ac os prin oedd Saesneg a gallu masnachol y perchenogion, yr hyn a'u nodweddai yn gymaint â dim oedd eu gwrthwynebiad i redeg y ffwrnais ar y Sul. Sefydlwyd hyn fel un o amodau'r cwmni ac ar wahân i golli cynnyrch, nid gadael y gweithfeydd yn segur am ddiwrnod oedd y ffordd fwyaf effeithiol o redeg menter o'r fath. Er hynny, dilynwyd dulliau gweddill y ffwrneisi pan ddaeth yn fater o dalu'r gweithwyr gan iddynt fathu eu harian eu hunain. Ceid enw'r ffwrnais ar yr arian a gellid eu wario mewn siop o eiddo'r ffwrnais a werthai'r hyn a gynhyrchid ar fferm a oedd hefyd ym mherchenogaeth y ffwrnais.

Er nad oedd yn anarferol gweld menter o'r fath yn rhedeg ar golled ar y dechrau, yr hyn sy'n hynod yn yr achos hwn yw y modd y deallwyd mai dyna oedd y sefyllfa. Yr oedd ar y fferm darw â galw cyson am ei wasanaeth, a sylweddolodd un o'r buddsoddwyr bod y tarw druan yn cyfrannu mwy at elw'r cwmni na'r cant o weithwyr gyda'i gilydd.

Yn ogystal â'r amod i beidio gweithio ar y Sul yr oedd amod a'i gwnâi hi'n orfodol bod y cyfranddalwyr i gyd yn Gymry. O'r 33 o buddsoddwr gwreiddiol, Thomas Jones oedd enw pedwar ac atebai pump arall i'r enw John Jones. Gosodwyd eu tiroedd dan berchenogaeth y cwmni ac yr oedd ar gael felly tua ddwy fil o gyfeiriau coedwigog i gynhyrchu'r golosg (charcoal) a losgid i boethi'r ffwrnais.

Un o'r pedwar Thomas Jones oedd yn gyfrifol am godi yn agos i gan mil o ddoleri ar gyfer adeiladu'r ffwrnais. Pan ddaeth gyntaf i Ohio yn 1838 roedd ganddo lythyr o gymeradwyaeth a ysgrifennwyd ar ei ran ef a'i wraig gan ficeriaid Bettws Bledrws a Llanddewibrefi: '...they leave their native country for no ill conduct of theirs whatsoever, but are emigrating to North America purely with an intention of bettering their circumstances in life'. A phan adawsant Gymru gyntaf mae'n sicr na ragwelodd yr un o'r ddau pa mor llewyrchus y byddent un dydd. Ond er y llwyddiant ariannol, bu Thomas Jones farw'n sydyn yn 83 oed wedi iddo ddigwydd fynd heibio melin lifio ar yr union amser pan glywid chwibaniad ager o beiriant a ddynodai amser cinio'r gweithwyr. Profodd hynny'n ddigon i wylltu ei geffyl a thaflwyd yntau o'i gerbyd. Mae ei garreg fedd yn tystio iddo farw ar 28 Medi 1887.

Rhwng pedair a phum tunnell o haearn a gynhyrchid yn ddyddiol ar y dechrau, ond byddai'r cyfanswm yn codi maes o law i 14 tunnell. Yr olaf o reolwyr y cwmni oedd Joseph J. Jones ac yn ôl yr hyn a ddywedai ef, arferid rhedeg y ffwrnais am chwech i saith mis y flwyddyn, gyda dau boethiad yn ddyddiol. Am weddill y flwyddyn byddent wrthi'n paratoi'r golosg, tasg a gymerai ddeg llwyth o goed bob dydd, gyda chwe mul i dynnu pob llwyth. Ychen a ddefnyddid i gludo'r mwyn haearn ac yma eto gelwid am chwech ohonynt i dynnu llwyth.

Gwerthid yr haearn o dan yr enw Anchor ac, os rhywbeth, cyfrifid ei fod o well ansawdd na'r hyn a gynhyrchwyd gan ffwrneisi eraill y cylch. Yn ystod y Rhyfel Cartref eu haearn hwy a ddefnyddid i greu'r gwn 60 tunnell a osodwyd i amddiffyn Martin's Ferry. Dros ail ran y 19eg ganrif telid elw i'r buddsoddwyr o yn agos i filiwn o ddoleri. Cyrhaeddodd yr elw gant y cant dros y cyfnod rhwng 1864 ac 1873 ac am y flwyddyn 1866 cododd i ddwywaith hynny. Gan ei fod yn rhagori ar yr elw a delid gan y ffwrneisi eraill mae'n bur debyg mai cenfigennus ac nid gwawdlyd y byddai'r rhain erbyn hynny.

Nid y Jefferson Furnace oedd yr unig ffwrneis y bu'r Cymry yn gysylltiedig â hi. Hwy hefyd a ddechreuodd y Cambria Furnace, ond trodd honno yn fethiant ariannol yn 1864. Wrth fwrw golwg dros enwau'r rhai oedd yn gysylltiedig â gweddill y ffwrneisi, deuir ar draws nifer o enwau Cymreig unwaith eto. Rheolwr olaf y Jackson Furnace oedd un o'r enw Moses Morgan, a Lot Davies oedd yn gyfrifol am redeg y Buckeye Furnace rhwng 1870 a 1882. Y ddau a redai'r Orange Furnace ar un adeg oedd John a Lewis Davis ac mae'n ymddangos bod yr olaf yn un o'r rhai a gychwynnodd y Fulton Furnace. Yn achos y Madison Furnace dywedir mai'r anfodlonrwydd ynghylch ei rhedeg hi a arweiniodd at ddechrau'r Jefferson Furnace ei hun. Y Jefferson Furnace oedd yr olaf o'r rhai a adeiladwyd ar naill ochr yr Ohio ac ar un cyfnod rhedid hithau gan dad-cu'r John E. Jones a fu'n bennaeth ar y Globe Furnace.

Y sawl a oedd yn gyfrifol am swyddfa'r Jefferson Furnace oedd gŵr o'r enw T. Ll. Hughes o Ddyffryn Clwyd, a phan ddaeth gyntaf i Cincinnati yn 1840 yr oedd ganddo 44 o bregethau tebyg i rai John Elias. Ysgrifennwyd hwy mewn llaw fer a dyma sut y daeth i feistroli'r grefft honno:

Rhyw ddiwrnod, pan yn fachgen o gylch naw oed, yr oedd rhyw ddyn yn siarad a fy nhad, a minau yn gwrando pob gair. Dywedai y doethwr fod gan y Chineaid dair mil o lythrenau yn eu hiaith – marc neu lythyren am bob gair yn yr iaith. Yr oedd hyn yn beth rhyfedd iawn i blentyn, ac wrth gwrs yn wir bob gair i'r llencyn gwirion. Yr oeddwn ar y pryd wedi dysgu darllen ac ysgrifenu ychydig yn ysgol y Llan, gyda gwraig y clochydd, ac yn ddarllenydd Cymraeg da o'm hoed. Yr oedd Hyfforddwr Charles gennyf, ac wrth edrych ac edrych arno, ei eiriau mawr a man, tybiem paham nad allem ysgrifenu yr Hyfforddwr – marc am bob gair... ysgrifennwyd yr Hyfforddwr anwyl yn gyflawn yn yr heiroglyphics rhyfedd hyn.

Er iddo gyfrannu ambell ysgrif i fisolyn *Y Cyfaill*, ei brif waith llenyddol oedd *Yr Emmanuel*, llyfr gyda 393 tudalen a gyhoeddwyd yn 1882. Dywedai iddo dreulio '(b)lynyddau lawer o nosweithiau i ddarllen, chwilio, ac ysgrifennu ar y mater... Gwnaed hyn oll wrth olau cannwyll...' Yr hyn a fwriadai wrth fynd ati i lunio'r llyfr oedd gadael rhai copïau 'i'w geraint a'i gyfeillion, i fod er côf amdano, ac i ateb yn lle bedd-faen ar ôl ei ymdawiad' ond gan i'r llyfr ymhen amser gael ei ailgyhoeddi yng Nghymru, gellir derbyn bod hynny wedi bodloni uchelgais ddiweddarach yr awdur i'r llyfr fod o 'gymorth i athrawon a deiliaid yr Ysgol Sul'.

Lluosogrwydd y Capeli

Er mor fychan o fynydd yw Tychrug ynghanol hen gynefin llawer o'r ymfudwyr, dywed traddodiad lleol fod addoldai 13 o blwyfi i'w gweld o'r copa. Ac wrth iddynt godi'r naill gapel ar ôl y llall ar draws bryniau De Ohio, daeth yr ardal hon i ymdebygu fwy fyth i gefn gwlad Ceredigion. Y gŵr a oedd yn gyfrifol am nifer ohonynt oedd Robert Williams, gweinidog cyntaf Moriah, ac fel yr ymfudai mwy fyth o Geredigion, aeth y Methodistiaid ati i godi naw capel ychwynegol, sef Horeb (1838), Centerville (1840), Soar (1841), Bethel (1841), Sardis (1843), Bethania (1846), Oak Hill (1855), Bethesda (1856) a Salem (1862). O ran adeilad gwreiddiol Moriah ei hun, dywedywd mai 'capel bychan ydoedd, o gyffion coed naddedig, tua 24 wrth 20 troedfedd o faint, ynghanol yr anialwch'. Hwyrach mai felly yr oedd nifer ohonynt nes eu hailgodi'n ddiweddarach drwy adeiladau a ffrâm iddynt. Nid oedd yr un ohonynt o fewn pum milltir i Moriah a'r unig dref o unrhyw faint gerllaw'r sefydliad oedd Jackson lle codwyd capel ychwanegol yn 1880. O gyfrif ambell gapel arall nad oedd yn rhy bell o'r sefydliad, ceir cyfanswm o 14 o gapeli'r enwad.

Cyn codi'r capeli arferwyd addoli mewn rhyw gartref neu'i gilydd ac o ardal Centerville (Rio Grande) adroddwyd fel:

...y byddai yn dygwydd yn aml ein bod yn dod ynghyd a dim coed tân wedi cael ei torri, ac ar un Sabbath yn neillduol pan oedd hyn wedi cymeryd lle, a'r bobl bron a rhynu gan anwyd, cymerodd John Wynne fwyall, ac aeth ati i dori coed...

Ond yn lle ei gymeradwyo cyhuddwyd ef o weithio ar y Sul: 'Aroswch draw,' meddai John, 'nid ydyw yn fwy pechod i dorri coed na rhewi i farwolaeth'. Medrai'r cynhesu fynd i'r eithaf arall hefyd:

...a gan ei bod yn oer, yr oedd Mrs Lewis wedi gwneud tân lled fawr... rhywle tua hanner y bregeth, dyma ddarn mawr o huddugl a chlai y simne yn syrthio ar ben y tân, yr hyn a roddodd brawf i bawb fod y rhan uchaf o'r simne ar dân. Cyn i'r bobl gael amser i wyllto llawer, rhedodd un o'r bechgyn allan, a dringodd i ben y tŷ, ac a'i droed gwthiodd y simne oddiwrth y tŷ, a syrthiodd yn gruglwyth o dân i'r ddaear gerllaw. Yr oedd eraill erbyn hyn allan, a daeth y newydd i'r drws yn fuan fod pob peth yn ddiogel. Mae y perygl drosodd, gyfeillion bach, ebe Mr Williams; yn awr tawelwch pawb, ac awn yn mlaen gyda y peth dan sylw...

Codwyd Horeb, un o gapeli'r Methodistiaid, yn 1838 ar ôl i nifer o ardal Llangeitho gyrraedd yno yn y flwyddyn gynt. Cyn ei godi arferent dyrru i Moriah: 'teithiai llawer un saith neu wyth milltir, ar hyd llwybrau culion, dyrys, anial, trwy ganol coedwigoedd mawrion, i gyrraedd lle addoli'. Tra bod un adroddiad ychwanegol yn cyfeirio atynt yn mynd yno ar gyfer gwasanaeth y bore, a chyn dychwelyd adref yn cynnal Ysgol Sul leol yn y prynhawn, dywed un arall mai eu harferiad oedd addoli mewn gwahanol dai ac yna 'cyrchent i Moriah bob mis i'r cymundeb'. Erbyn 1840 roedd 86 o blant yn gysylltiedig â'r ddau gapel dan sylw a gydag amser cododd aelodaeth Horeb i oddeutu 250. Dywedid hefyd fod cynifer ag 21 o athrawon ysgol yn mynychu'r Ysgol Sul a bod saith o'r aelodaeth wedi mynd i'r weinidogaeth.

Wrth gefnu ar yr hen ywen sy'n cadw golwg ar sgwâr eu Llangeitho gynt, wynebir rhyw lechwedd neu'i gilydd ac wrth ddilyn dros yr un sy'n dechrau wrth fynd heibio'r capel ac yna'r eglwys deuir at fferm o'r enw Caerlluest, lle ganed David Evans, un o ffyddloniaid Horeb. Yn 1794 priododd â merch fferm gyfagos, sef Bwlchweren Fawr, a dechreusant ar eu bywyd priodasol yn Y Wern, fferm arall yn y cylch. Wedi iddo gyrraedd ei chwedegau, ar ôl colli ei wraig yn y cyfamser, penderfynodd ymfudo yng nghwmni 40 o rai eraill o'r pentref. Er i faich y gwaith fynd yn drymach dros y blynyddoedd yr hyn a drechodd llawer o'i fath oedd y rhenti afresymol y caent eu gorfodi i'w talu.

O'i 11 o blant ymfudodd pump i Ohio, ac er iddo brynu tir, ni fu'n hir cyn gwerthu a symud i fyw gydag un o'i blant. Yr oedd ganddo geffyl o hyd, fel y medrai fynd a dod i Horeb, a bu'n flaenor yno am dros 12 mlynedd cyn ei farwolaeth yn 1849. Yng ngolwg yr aelodaeth ef oedd y disgleiriaf o'u hysgolheigion Beiblaidd ac ar ben popeth medrai ddisgrifio i'r ifanc sut yr ehangwyd yr adeilad lle'r arferent addoli yn Llangeitho, ychydig ar ôl i Daniel Rowland ymneilltuo o'r eglwys. Codwyd ail dŷ yno i ymuno â'r tŷ a ddefnyddid gynt, a rhwygwyd i ffwrdd y rhan fwyaf o'r wal a'u gwahanai. Trwy fod yn uniad o ddau dŷ roedd iddo bedwar drws, a chan ŵr arall o'r un teulu â David Evans, sef y Parch. Evan Evans, Nantyglo, ceir gwybod sut yr arferid cyfeirio at y drysau hyn: 'Gelwyd y ddau yn y pen nesaf i'r pentref yn *Drws y Defaid* a *Drws y Geifr*; o'r ochr honno yr oedd y lluaws yn dyfod, a'r ddau ddrws y pen arall yn *Drws Coch* a *Drws yr Allor*.

Hefyd yn flaenoriaid yn Horeb yr oedd mab i David Evans o'r enw Josuah, a mab yng nghyfraith o'r un enw, David Evans. Mab i Josuah oedd yr Athro David Josua Evans o Brifysgol Ohio a chefnderwyr iddo oedd y Parch. Daniel Thomas a'r Parch. David Thomas, meibion merch ieuengaf David Evans. Perthnasau iddynt yng Nghymru oedd Josua Evans a ysgrifennai dan yr enw Alltud Gwent a Beriah Gwynfe Evans a olygai'r cylchgrawn *Cyfaill yr Aelwyd* a gyhoeddwyd yn Llanelli. Eu tad hwythau oedd y Parch. Evan Evans, Nantyglo, a chyn bod yr un sôn am Batagonia, bu ef mor gefnogol â'r un dros gael gwladfa yn Brazil. O ochr y fam mae'n ymddangos bod perthynas rhyngddynt yn Ohio a'r Shelby's, teulu o Dregaron a fu yn y wlad ers canol y ganrif flaenorol ac a oedd yn flaenllaw yn hanesydd y taleithiau deheuol o amser y Chwyldro hyd at y Rhyfel Cartref.

Un arall o ffyddloniaid yr un capel, ac yn gyfrifol fel David Evans am ddechrau'r achos, oedd William Jones, Cofadail:

> Pan y delai i'r capel, rhoddai ei ben i bwyso ar ei ffon, fel mewn dwfn fyfyrdod, a cheid tipyn o waith i'w gael i ddweud yr un gair. Ond pan godai, dechreuai yn araf; ac fel yr elai yn mlaen, enillai nerth parhaus, nes y byddai pawb yn synu ac yn gorfoleddu. Yr oedd yn weithiwr difefl yn ngwinllan ei Arglwydd.

Saif o hyd gerllaw Mynydd Bach, Ceredigion, adeilad hen ysgol gynt, sef Ysgol Cofadail, ac mae'r un enw yn ymddangos ar fferm gyfagos. Ar sail yr enw hwn mae lle i gredu taw un o'r ardal yma, os nad o'r fferm ei hun, oedd y William Jones dan sylw. Mae'r enw anghyffredin hwn yn gysylltiedig â nifer o weithredoedd y cyfeirir atynt fel 'Rhyfel y Sais Bach', pan gymerodd dieithryn o'r enw Augustus Brackenbury feddiant ar dir agored. Cymaint fu'r gwrthwynebiad fel y llosgwyd ei dŷ, a'i ymateb yntau oedd codi tŷ arall ac iddo dŵr castell a ffos o'i amgylch. Yna pan oedd i ffwrdd yn ymweld ag Aberystwyth manteisiwyd ar ei absenoldeb i osod estyll ar draws y ffos fel y gellid ei chroesi, er mwyn taflu cynnwys y tŷ i mewn iddi. Gan i hyn ddigwydd yn y 1820au, cyn ymfudiad William Jones, a oedd hefyd yn fawr ei barch fel blaenor yng Nghapel Bethel, ni ellir llai na meddwl ei fod yntau yn un o'r rhai a atebodd yr alwad:

Fe chwythwyd yn yr udgorn ar ben yr Hebrysg fawr,
Daeth mwy na mil o ddynion ynghyd mewn hanner awr.

Mae'r enw Gofadail a roddwyd ar ei gartref newydd yn Ohio yn tueddu i gadarnhau mai ar y fferm o'r un enw yr arferai fyw cyn ymfudo. Yn ôl yr hyn a osodwyd ar ei garreg fedd, bu farw'n 65 oed yn 1848 ac wedi'i gladdu yn gymharol agos ato mae gŵr ifanc a fu farw'n 21 oed. Wrth grwydro drwy'r fynwent sydd gerllaw Capel Horeb ni ellir llai na sylwi ar y pennill a osodwyd ar garreg fedd hwnnw:

Y Cymro hoff fyned yma
Gwel fy medd a dwys ystyria
Fel yr wyt ti y bum unau
Fel yr wyf i y bydd dithau.

O droi ein sylw at yr Annibynwyr, ac at un o'u gweinidogion cyntaf hwy, sef y Parch. John Davies, a oedd yn enedigol o Lanfaircaereinion, dywed y *Cenhadwr Americanaidd* iddynt ei osod ar waith yn union wedi iddo gyrraedd:

Yr wythnos gyntaf ar ôl ei ddyfodiad [yn 1841], daeth 13 ymlaen
yn Oak Hill, er cofrestru eu hunain i ddechrau'r achos yn y
lle hwn. Hefyd daeth tri i ymuno felly ynghyd yn Ty'n Rhos,
islaw Centerville... ac i'r diben o'n cynorthwyo, daeth atom y
Parchedigion canlynol – Mr B. W. Chidlaw, Paddy's Run a Mr H.
J. Hughes, Cincinnati: a gallwn ddywedyd wrthych imi wneud yn
fawr ohonynt tra buont yma; oblegid cawsant bregethu dair gwaith
y dydd am bum diwrnod yn olynol...

Un o'r tri 'i ymuno felly' oedd John Jones Ty'n Rhos ei hun, a chyn-aelod yng Nghilcennin o dan weinidogaeth Dr Phillips, Neuadd-lwyd. Enwyd ei fferm ar ôl yr un yng Nghilcennin lle bu'n cartrefu am 16 mlynedd ar ôl priodi yn 1822. Daliai'n fyw yn ei gof yr annhegwch a ddinistriodd fywoliaeth ac iechyd ei dad. Yng ngolwg Llys Aberystwyth rhywbeth go ddi-nod oedd caniatáu'r rhent afresymol a orfododd hwnnw i roi'r gorau i ffermio Gwrthwyntychaf. A rhan o'r trallod oedd bod amgylchiadau'r oes wedi gorfodi pump o'i saith o blant i gefnu ar eu bro.

Yn 1892, a hithau'n 96 oed, bu farw un y cyfeirid ati fel Gwenllian Jones, Ty'n Rhos. Roedd hi'n chwaer-yng-nghyfraith i John Jones, a soniwyd eisoes fel y bu iddi hi a'i phriod Isaac, ynghyd â phump o blant, ddod i Ohio yn 1839. Bu farw ei gŵr yn 1858, a'i chweched plentyn hwy a anwyd ar ôl iddynt ymfudo, oedd y cyntaf a fedyddiwyd yng Nghapel Ty'n Rhos. Arferid addoli yng nghartref ei brawd yngnghyfraith cyn i'r capel gael ei godi ac ef a gyfrannodd y tir ar ei gyfer. Yn ddiweddarach, pan ailgodwyd ef yn adeilad ffrâm yn 1850, defnyddiwyd yr adeilad bychan gwreiddiol fel stabl a hyd heddiw mae i'w weld ar gornel y fynwent ac ar draws y ffordd i'r capel presennol.

Yn ychwanegol at gapeli Ty'n Rhos ac Oak Hill yr oedd gan yr Annibynwyr bum capel arall, sef capeli Carmel (1847), Nebo (1855), Centerville (1859), Siloam (1860), a Berea. Ar un o Suliau'r haf, gyda'r ffenestri yn lled-agored, cymerodd un o addolwyr ifanc Berea at ddifyrru'r aelodaeth. Ac yntau'n guddiedig ar gangen coeden ger un o'r ffenestri, a phregethwr gwadd gyda William yn rhan o'i enw, bu'r addolwr ifanc yn dynwared y whiparwill y cyfeirir ato yn y gân 'Moliannwn' gan Benjamin Thomas o Vermont. Mae'r aderyn hwn yn enwog am ei ganu diddiwedd a chyda chaniad y gŵr ifanc wedi'i amseru i gyferbynnu ag uchafbwyntiau'r bregeth, newidiodd y pwyslais fel bod yr alwad 'whiperwill' gan yr aderyn yn ymdebygu i 'Whip-poor-Will'. Gydag amser symudodd y bachgen drygionus i Chicago, a chyda'i felltith wedi'i diogelu gan y pellter o dde

Ohio, cododd i fod yn un o weinidogion mwyaf parchus y ddinas.

Bedair milltir i'r de o groesffordd Rio Grande, ac yn un o'r mannau hyfrytaf, codwyd Capel Nebo. Gwelir o hyd ar bwys un o'i ddau ddrws blaen hen esgynfaen yn dyst i'r oes pan gyrchid yno ar gefn ceffyl. Mae'n siŵr i lawer un gamu arno ar achlysur megis pan gynhaliwyd cyfarfod cystadleuol yng ngwanwyn 1863. Yn y cyfarfod hwnnw dewiswyd y beirniaid o dri chapel arall (Soar, Bethel a Tabor) ac ar ôl darlleniad a gweddi, galwyd 'ar y rhai oedd yn bwriadu cystadlu i ddyfod i'r esgynlawr, yr hyn a wnaed gan dros ugain'. Ar ôl bore o gystadlu a seibiant am ginio 'canwyd y gloch drachefn, a daeth y capel yn orlawn ar y pryd'. Fel yng nghyfarfod y bore, cafwyd darlleniad a gweddi cyn ailddechrau ar y cystadlu ac yna:

> am tua phedwar y gloch darllenwyd y feirniadaeth gan Richard Jones (Soar) fel y canlyn: Fod Ffrancis Davies yn haeddu y wobr flaenaf am adrodd yn y dosbarth tan 12 oed – gwobr Beibl. Yr ail oreu yw Elinor Jones – gwobr, Beibl, yn llai o bris... a'r ddau i ddatgan oreu gyda ei gilydd yn yr hen ffasiwn yw y Parch. John A. Davies, Siloam (gynt Oak Hill) a John T. Davies, Nebo.

Dosbarthwyd dwsin o Feiblau i gyd ond yn achos y ddau gystadleuydd olaf, bu'r trefnwyr yn ddigon craff i ragweld nad Beibl oedd prif angen rhai mor oedrannus â hwy ond modd i'w ddarllen. Rhoddwyd pâr o sbectol yr un iddynt.

Cyfaill agos i John H. Davies trwy weinidogaeth hir y ddau yn y cylch oedd Robert Williams (Moriah) a'r disgwyliad oedd pan fyddai'r naill farw y byddai'r llall yn traddodi'r bregeth angladdol; felly y bu ar farwolaeth Robert Williams yn 1876. Fe'i clywid yn pregethu flwyddyn neu ddwy cyn ei farwolaeth gan un o blant teulu Ty'n Rhos a ddaeth ei hun i fod yn weinidog, a dyma'i atgof o hynny yn 1903:

> The last time I heard him was in 1874 or '75... he was attending the Welsh Association of his church... I do not remember who preached before him. While the first sermon was delivered, he sat

in the pulpit with a red bandana spread over his head. He looked pale and feeble. When the first sermon was ended... he took the bandana from his head and tied it around his neck. When the singing was ended, he stood up and took for his text from the Welsh Bible Rhuf. 6:22... I do not remember specially anything he said, but... he was sublimely eloquent from first to last. I have heard some of the great orators of the last half of the 19th century, such as Bishop Janes, Bishop Simpson, Henry Ward Beecher, De Witt Talmage, Charles H. Spurgeon and Canon Lyden, but to my mind, I have never heard anything so subline as the last sermon from Robert Williams of Moriah. The good man was nearing the end of his journey. It seemed to me that on that night, he occupied the land of Beulah and was breathing the aroma of Paradise, and feasting on visions of the 'King in his beauty, and the land that is very far off.'

O Friciau i Selsig

Am yn agos i ganrif, gan ddechrau yn 1873, bu tref fechan Oak Hill yn ganolfan o bwys yn y diwydiant cynhyrchu briciau tân. Mae'r hanes am y diwydiant, yn ogystal â pheth o haearn y Jefferson Furnace, wedi'i gofnodi gan Evan E. Davis, cenedlaetholwr mwyn Cardis Ohio. Hanai o deulu yn gysylltiedig â'r gweithfeydd briciau, gyda dealltwriaeth o'r ochr ddiwydiannol a masnachol, a chyhoeddodd y llyfryn bychan *Industrial History Oak Hill, Ohio* yn 1973. Fel yn achos y diwydiant haearn, chwaraewyd rhan bwysig gan y Cymry. Y rhai a reolai'r Oak Hill Fire Brick Co., er enghraifft, oedd D. L. Evans, John J. Thomas, Thomas J. Hughes, Eben J. Jones, Thomas J. Davis, D. W. Morgan, W. E. Davis, M. E. Davis a Myron E. Davis. Ar ben hynny, enwau Cymreig a geir ar lawer o'r fath gwmnïau, megis y Davis Fire Brick Co. neu'r Jones Fire Brick and Cement Co. Ar un adeg byddai'r Ohio Fire Brick Co., a reolwyd gan dad Evan E. Davis, yn troi allan yn agos at 60,000 o friciau yn ddyddiol.

Ymysg y 250 a ymfudodd o bentref Llan-non yr oedd teulu fferm Rhyd-y-dorth ac yn 1842 adroddwyd bod tua dwsin wedi ymgynnull i gynnal Ysgol Sul ar fferm o'r un enw yn Ohio. O ganol yr 20fed ganrif ymlaen cafodd un o'r teulu hwn lwyddiant arbennig wrth droi yn ôl at fywoliaeth y cynharaf o Gymry De Ohio, sef y mochyn. Tybiai nad oedd selsig ar gael i'w cymharu â'r rhai yr arferai ei fam eu gwneud ar y fferm, a dyna a'i hysbrydolodd i ddechrau eu cynhyrchu, gan ddefnyddio cig cyfan y mochyn ar eu cyfer. Heb unrhyw gymorth, daeth i ben â chreu cwmni a denu sylw at y selsig trwy eu hysbysebu ar deledu du a gwyn y cyfnod. Dangoswyd yntau yn eu coginio yn yr awyr agored, gyda'i blant o'i amgylch yn awyddus i'w bwyta. Ond yn ôl ei addefiad ei hun bu bron â cholli'r cyfan ar un adeg, ac er i lawer ei gynghori i roi'r gorau iddi, agorodd yn y diwedd bump o ganolfannau i gynhyrchu 26 o wahanol fathau o selsig.

Y sawl oedd yn gyfrifol am y llwyddiant hwn oedd y Bob Evans sydd â'i enw mor adnabyddus, nid yn unig ar hyd a lled Ohio, ond hefyd drwy'r taleithiau ffiniol. Bu farw yn ei wythdegau yn 2007 a deil ar gof yr ysgrifennydd yr achlysur pan fynegodd, 'I never knew my grandmother's name because we always called her Mam-gu'. Difyr hefyd oedd clywed disgrifiad ei wraig am yr adeg y dechreuodd dieithriaid ymweld â'i fferm yn y gobaith o gyfarfod â'r un a hysbysebai'r selsig ar y teledu. Gyda'r plant yn fach, ac mewn ymgais i gadw'r holl ymwelwyr draw o'r aelwyd, codwyd adeilad bychan gerllaw lle y gellid eu diddori a choginio selsig ar eu cyfer. Dyna oedd cychwyn 'Bob Evans Family Restaurants' sydd bellach wedi tyfu i gynnwys oddeutu 600 o fwytai, ac fe'u ceir nid yn unig yn Ohio ond cyn belled i ffwrdd â thaleithiau fel Texas a Florida. Ac wrth fod cymaint o dir cyffredin rhwng Bob Evans, Dave Thomas, sylfaenydd tai bwyta Wendy's a Colonel Sanders, sylfaenydd tai bwyta Kentucky Fried Chicken, nid rhyfedd bod y tri ohonynt yn arfer cwrdd yn gyson.

Er mwyn cadw'r teulu rhag gormod o sylw gan y cyhoedd penderfynwyd symud i Gallipolis ac ar hynny gellid defnyddio'r ffermdy ar gyfer creu pob math o hysbysebion. Ceisiwyd creu'r argraff bod bwyd y tai bwyta yn adlewyrchu'r gorau o fywyd gwledig ac mewn un hysbyseb a wobrwywyd am ei rhagoriaeth, dangoswyd merch ifanc yn methu â thynnu moron o'r pridd tan iddi gwympo'n ddi-rybudd ar ei chefn a'r dail yn dal yn ei gafael. Yna er mwyn denu sylw modurwyr at y bwyty ar y fferm codwyd rhod wynt, ac arni arwydd yn cadarnhau ei bod yn un 'Gymreig'. Gyda hyn daeth cyfle i'r cymdogion dynnu ei goes a'i atgoffa mai rhod ddŵr a ddefnyddid yn gyffredin yng Nghymru a bu raid iddo waredu'r arwydd. Nid dyna'r unig gynllun, a'i fwriad pan fu farw John Wayne oedd dod â hoff geffyl hwnnw i bori gerllaw'r bwyty gwreiddiol ar y fferm. Ond er yr holl ffilmiau y bu Wayne yn flaenllaw ynddynt, mae'n ymddangos na fu ganddo gariad at unrhyw geffyl arbennig. Fodd bynnag, dim ond siom dros dro oedd hyn a llwyddodd i droi'r fferm yn ddigon o atyniad i'w dynodi fel man o ddiddordeb ar fapiau moduro Ohio. Ond er ei lwyddiant rhyfeddol dros y blynyddoedd, yr hyn y ceisiai wneud hyd at ei farwolaeth oedd creu dull o ffermio nad oedd yn colli'n llwyr yr hen draddodiad o ffermydd teuluol.

Olynydd Bob Evans fel pennaeth y cwmni, ond nid tan ar ôl y datblygiadau y cyfeiriwyd atynt, oedd ei gefnder Daniel Evans, ac unwaith wrth annerch cynulleidfa adroddodd sut y dysgodd wers fasnachol galetaf ei fywyd. Pan oedd yn ŵr ifanc, ac yntau'n or-awyddus i werthu dau lo i'w dad am $500, ceisiodd hwnnw ei gynghori rhag bod mor fyrbwyll. Er gwaethaf pob rhybudd, mynnodd werthu ac yn ddiweddarach darganfu nid yn unig bod y ddau lo wedi eu hailwerthu o fewn wythnos, ond bod ei dad wedi derbyn $500 yr un amdanynt. Bu honno'n wers ddrud wrth ddod yn un o Gardis Ohio!

Byddai'r sawl a fuddsoddodd $10,000 pan aeth y cwmni'n un cyhoeddus yn 1963 yn werth ei filiwn o fewn chwarter canrif. Felly, o haearn i friciau a selsig daeth llwyddiant ariannol i nifer, mewn ardal y cyfeirid ati yn ei thlodi gwreiddiol fel 'gwlad yr asgwrn'. Yr un mor gymeradwy oedd eu llwyddiant fel cymdeithas, o'r amrywiaeth o gapeli i'r tua 40 o'u haelodau a aeth i'r weinidogaeth (mae un rhestr yn enwi 41 ohonynt). Unwaith iddynt ddod dros y tlodi gwreiddiol danfonid y plant i golegau: yn ogystal â'r 40 o weinidogion, daeth 17 yn feddygon a dwsin neu ragor yn gyfreithwyr neu'n farnwyr. Gellid ychwanegu hefyd yr athrawon, gyda chynifer ag un ar hugain ohonynt yn rhan o aelodaeth Horeb. Yr oedd yr Elias Morgan isod, er enghraifft, yn un o saith o blant ardal Oak Hill i raddio yn yr un flwyddyn:

> Boreu 26 Mawrth 1866 cychwynodd ef [Elias Morgan] a thri
> o'i gyfoedion gyda eu gilydd i'r athrofa hon [Prifysgol Ohio yn
> Athens]. Adeg i'w chofio byth i bob bachgen a geneth ystyriol ydyw
> boreu eu cychwyniad i'r athrofa. Gydag Elias y bore hwnnw yn
> cefni ar y dyffryn, ac yn wynebu ar Athens [Ohio], yr oedd John T.
> Jones, Proff. D. J. Evans [Athro Groeg a Lladin] a Dr Williams.

Ymddangosodd yn ail gyfrol y cylchgrawn *Cymru Fydd*, a gyhoeddwyd yn Nolgellau yn 1889, erthygl ar 'Foreign Elements in the Welsh Language' gan yr Athro D. J. Evans uchod o Brifysgol Ohio. Ar ôl rhesymu am y modd y gall benthyca geiriau fod er lles iaith, a sôn am ddylanwad y Rhufeiniaid ar y Gymraeg, mae'n troi ei sylw at y newidiadau a oedd yn digwydd yn ei gymdogaeth yntau yn Ne Ohio:

> The Welsh in this country, for example, in their folk-speech never
> use any name for *Indian Corn* except the English word *corn*. They
> also use Welsh modification of *tassel* and *ear* to indicate those
> parts of the plant. Around the furnaces in Jackson County, Ohio,
> the Welsh, after a few weeks of living in the neighborhood, do
> not say *torri coed*, but *choppo coed*. It is not *codi mwyn* that we
> generally hear, but *digo ore*. They trade at the *stor* of the *cwmni*.
> They speak of *holio* in *wageni* and each *wagen* has four *whilen*.

Er mor siomedig oedd tiroedd y Cymry o safbwynt amaethyddol, y mae'n bur debyg i hyn brofi'n fendith yn y pen draw. Gan fod y tir yn fwy anodd i'w drin nag ar wastadedd gweddill y dalaith, nid oedd yno'r dynfa i eraill ar wahân i'r Cymry. Caniataodd hyn i nifer sylweddol o Gymry barhau i ddod mewn niferoedd sylweddol o ddiwedd y 1830au hyd at ddechrau'r 1850au. Ar y cyfan ni chafwyd mwy na rhyw fil, os hynny, yng ngweddill eu sefydliadau yn y dalaith. Ond fel y gwelwyd hefyd yn Paddy's Run, roedd elfen Seisnig yno o'r dechrau. Yn ddiweddarach, pan ddechreuwyd mynd ymhellach fyth i'r gorllewin, ac ar draws y Mississippi i Iowa, yno yn eu rhwystro rhag cadw ynghyd fel yn nhe Ohio oedd y rhai a gymerai feddiant o'r tiroedd cyfagos heb unrhyw fwriad o'u datblygu. Yr unig beth ym mwriad y rheiny oedd ail-werthu'r tir i'r ymfudwyr a gyrhaeddai'n ddiweddarach, a hynny am grocbris. Gwelwyd hyn ar ei waethaf ger Mankato, Minnesota, a phan fethwyd â chael tir am bris rhesymol i gyd-fyw gyda'r Cymry oedd yno eisoes, bu raid creu sefydliad o'r newydd filltiroedd lawer i ffwrdd.

O ganlyniad i luosogrwydd y Cymry yn Ne Ohio mae ambell draddodiad wedi parhau; ar ddechrau'r 21ain ganrif cynhelir o hyd gymanfa bregethu rhwng y tri chapel Ty'n Rhos, Nebo ac Oak Hill. At y fath gapeli yr arweiniai llawer o'r llwybrau dyrys y cyfeiriwyd atynt yn nyddiau boreol y sefydliad ac mewn adroddiad o tua 1890 gellir dilyn un ohonynt: 'Pan aethum o gam i gam at Tanygors, ar hyd y llwybr a gerddodd ef filoedd o weithiau, gwelwn wynebau ugeiniau o'i hen gyfeillion wedi dyfod fel finnau i hebrwng ei weddillion i dŷ ei hir gartref'.

Cyn dyddiau'r capeli gellir mynd gam ymhellach yn ôl at y rhai a gladdwyd mewn agoriad bychan ar odre cwm unig. Hyd heddiw ni ellir mynd yno ond trwy ddilyn lôn bridd ac yn hanner tywyllwch cysgodion y coed ni ddarganfyddir pwy a gladdwyd yno ond trwy redeg bys dros wyneb y cerrig beddau. Efallai nad oes lle i anghytuno â'r hyn sy'n ymddangos ar fedd Jenkin Morgan o Esgerwen, Cilcennin, 'Na wyled neb ar lwch fy medd'. Nid yn unig y byddent yn creu gwell amgylchiadau fel y gellid byw yn fwy manteisiol nag yng Nghymru, ond yr oedd ganddynt hefyd ddealltwriaeth arbennig pam y daethant i fod yno. Fel y dywedodd y Parch. W. R. Evans yn 1896:

Nid damweiniol oedd y gwynt a ryddhaodd rwymau y bad, na gwrthryfel y gwragedd, ond gweithrediad ewyllus *yr hwn sydd yn gweled y diwedd o'r dechreuad ac er cynt yr hyn ni wnaed eto.* Cofus genym glywed, pan yn blentyn, y Parch. Owen Jones, wrth sôn am Pharoah a'i lu yn erlid Israel yn y Môr Coch, fod Duw wedi anfon angel i dynnu yn rhydd y link pins o gerbydau Pharaoh; felly dywedaf finau, fod angel Duw wedi codi gwynt a chynhyrfu dyfroedd afon Ohio, nes datod rhwymau y bâd, a lluddias yr ymfudwyr rhag cyrraedd gwlad ffrwythlon Paddy's Run.

* trwy un o'r digwyddiadau hynny sy'n arwain Cymry at ei gilydd, mae un o'r teulu hwn yn gyd-weithiwr i ferch yr awdur yn Washington, D.C.

Atodiad 5.1
Tri Chenhadwr Williams yn China

Y cyntaf o'r tri i fynd i China oedd Samuel Wells Williams a fu yno er pan oedd yn 26 oed yn 1833. Ar ôl treulio bron i ddwy flynedd yn Canton symudodd i Macao lle yr ysgrifennodd amrywiaeth o bethau gan gynnwys geiriadur ar dafodiaith Canton. Cafodd ei ddwy gyfrol ar *Y Deyrnas Ganol* eu cydnabod fel gweithiau safonol yn eu cyfnod. Yna pan fethodd ag ennill rhyddid i forwyr o Japan a longddrylliwyd ar draethau'r wlad aeth ati i ddysgu eu hiaith hwythau a chyfieithu Efengyl Mathew ar eu cyfer; cafodd hefyd ei ddewis i fod yn gyfieithydd i Commander Perry, y cyntaf o'r byd gorllewinol i ymweld â Japan. Pan ddychwelodd i'r Unol Daleithiau daeth yn llywydd ar Gymdeithas Feiblaidd America.

Bu Mark Williams o Paddy's Run yn llafurio am 35 mlynedd yn China cyn ei orfodi i adael gan Wrthryfel y Boxer yn 1901. O Kalgan wrth odre'r Wal Fawr, daeth i ben â ffoi trwy ddefnyddio camelod i groesi Anialwch y Gobi. Ei gyd-deithwyr oedd cenhadon o Lychlyn ac roedd gwres yr aer a'r tywod mor eithafol nes iddynt deimlo eu bod mewn ffwrn. Arbedwyd traed y camelod trwy wnïo lledr amdanynt, ac er mor annifyr y gallai'r creaduriaid fod, gwaeth fyth oedd y modd yr effeithiwyd ar eu hanadl oherwydd bwyta nionod gwyllt. Wedi cyrraedd Mongolia sylwodd fod y brodorion mor lletchwith â'r ŵydd wrth gerdded, ond ar gefn ceffyl byddent mor ddi-ymdrech â'r ŵydd yn y dŵr. Ac fel gynt yn Paddy's Run, roedd gan Mark Williams ei benillion ysgafn. Tros y 38 o ddiwrnodau a gymerodd i gyrraedd Rwsia fe'u canwyd i gynnal ysbryd y criw cenhadol:

Farewell to the plains of the Flowerly Land!
We flee from the range of the fierce Boxer Band.
Both Yankees and Swedes form the strange Gypsy throng.
Our caravan moves, we are inching along...

Un o deulu William Williams, Pantycelyn, oedd John Elias Williams a anwyd yn Ohio ddeng mlynedd ar ôl ymfudiad ei rieni o Bonterwyd, Sir Aberteifi yn 1861. Cafodd addysg coleg ar ôl gweithio mewn pwll glo am saith mlynedd ac yn 1899 dewiswyd ef i gynrychioli Cenhadaeth y Presbyteriaid yn China. Trwy gydweithrediad Cenhadaeth Disgyblion Crist a'r Methodistiaid daeth i ben â chreu Prifysgol Nanking a bu yntau'n is-lywydd iddi dan lywyddiaeth Dr Arthur John Bowen. Yn ogystal â dysgu'r iaith frodorol i genhadon cynigiai'r brifysgol hyfforddiant mewn pynciau a amrywiai o amaethyddiaeth i wyddoniaeth. Gyda'r wlad yn troi at Gomiwnyddiaeth, llofruddiwyd Williams gan un o'r milwyr ond oherwydd ei boblogrwydd ymhlith y brodorion lleol ceisiodd y rheiny ddiogelu'r estroniaid eraill rhag yr un dynged. Yn wyneb pob gwrthwynebiad cadwyd y brifysgol i fynd ac ar ei garreg fedd gwelir yr hen ddihareb Tsieineaidd, 'One man's death may weigh as heavy as Tai Shan Mountain'.

Atodiad 5.2
Taith Agerfad ar yr Ohio

Dydd Mawrth, Gorphenaf 16, [1839] ymadawsom a Cincinnati, yn yr agerfad ar yr Ohio; a chyrhaeddasom Gallipolis, pentref lled fawr ar lan yr afon, prydnawn y dydd canlynol. Aethom oddi yno drannoeth mewn gwagen i Jackson lle y mae planhigfa gref o Gymry, oddeutu ugain milltir i'r wlad o Gallipolis... Mae lluaws mawr, yn enwedig o Sir Aberteifi, wedi sefydlu yma yn y blynyddoedd diweddaf, ac y maent yn lluoesogi fwy-fwy...

Dychwelasom i Gallipolis, nos Fawrth, Gorffenaf 23; a chychwynasom drannoeth ar yr afon Ohio rhyngom a Pittsburg. Wynebem yn bresennol ar y rhan fwyaf annghysurus o'r daith. Yr oedd clefyd y tywydd poeth wedi cyffwrdd a ni rai gweithiau o'r blaen... ac erbyn i ni gyrraedd Wheeling, tref yn nhalaith [West] Virginia, fe farnodd y meddyg nas gallem fyned ddim ymhellach y noswaith honno. Nis gwyddem fod un Cymro yn y lle hwn; ond gyda ein bod o'r bad, tarawai un dyn atom gan ofyn, "A'i chwi ydyw y gwyr hynny o Gymru [Henry Rees a Moses Parry] ag sydd yn pregethu ar hyd y wlad yma y dyddiau hyn?" Wedi i ni ateb yn gadarnhaol, ymddygodd atom yn garedig, ac arweiniodd ni i letya i dŷ Cymraes, o Aberystwyth, yr hon oedd yn arfer derbyn dieithriaid...

Daeth y meddyg i ymweld a ni drannoeth, ond... heb fod nemawr yn well, aethom ymaith y noswaith honno. Yr oedd y brwdaniaeth ar afon Ohio yn ddigon i lethu dynion cryfach na ni. Rhwng gwres y tân, a'r ager oddi-tanodd, a phoethder yr haul uwch ben, yr oedd cabanau y *packets* fel *hot-houses*, a'r tei thwyr yn berwi o chwys. Yr oedd cysgu a bwyta bron yn anmhosibl yn y fath amgylchiadau, ac yfed drachefn yn beryglus, oblegyd eu bod yn oeri y dwfr a rhew; ac nid oedd yno ddim arall cymhwys i ddisychedu. Ni chawsom yr un o'r badau yn annghysurus, ond yr un yr oeddym ynddi y noswaith hon. Un fechan a bront oedd hono. Aethom yn ebrwydd i orwedd wedi myned iddi, ond yr oedd y *bugs* a'r *mosquitoes* yn brathu mor erchyll fel y gorfu ar rai ohonom godi drachefn, a gorweddian ar draws y bwrdd a'r cadeiriau dros weddill y nos. Gadawsom hi am dri o'r gloch y bore, a theithiem y rhan arall o'r ffordd i Pittsburg mewn cerbyd, lle y cyrhaeddom yn lluddedig ddigon am un o'r gloch prydnawn ddydd Sadwrn.

Atodiad 5.3
Morwyr Llan-non Ceredigion

Feib yr eigion, forwyr gwisgi,
Rodiant erwau garw'r weilgi;
Nid anenwog, arwyr eon,
Hylon forwyr Ceredigion.

Blant Ceredig hen! Eu llongau
Hwyliant fyth o'n mwynion lanau
Glanaf oll o blant yr eigion
Ydyw morwyr Ceredigion.

Llon ar deg a garw'r unwedd,
Er ein rheidiau a'n anrhydedd;
A phwy wyr holl gastiau'r wendon,
Os nad morwyr Ceredigion?

O Gaer Dydd i hen Gaer Gydi,
O Borth Madog i Bwll Heli,
Pwy'n sy'n hysbys o'r peryglon
Gyda morwyr Ceredigion?

Ar y tonau mae eu chwiban,
Yn nhawel-nos haf, yn fwynlan;
Beddol frad y "creigiau duon"
Genfydd morwyr Ceredigion.

Pan fo'r niwl yn drwm ellyllig,
Pwy anturia tros Sarn Batrig?
Pwy gyrhaedda'r hafan dirion,
Os nad morwyr Ceredigion?

Ar y tecaf lanw uchel,
Pwy a wel y penrhyn anwel?
Lle'r â eraill longau'n ddryllion,
Diogel morwyr Ceredigion.

Ar eu trem, o bell, mae cysgod
Du alanas Cantre'r Gwaelod;
Heibio brad Saethenyn ddigllon
Hwylia morwyr Ceredigion.

Os ystorm a gwyd mewn dial,
Gwyr rhai ffel am Hafan Tudwal;
Yn y ddryghin, llongau estron,
Clyd yw morwyr Ceredigion.

Heibio Enlli, – ymarafu –
(Fel i wrando'r "Saint" yn cysgu)!
Mwyn eich helynt ar y wendon,
Radlon forwyr Ceredigion.

Blant Ceredig hen! Eu llongau
Hwyliant fyth o'r mwynion lanau;
Glanaf oll o feib yr eigion
Ydyw morwyr Ceredigion

Cybi (Robert Evans)
1908

Atodiad 5.4
Anerch Llinos Llansamlet

O'r ddinas anfonaf yn ddifrad
    Ar ganiad at gyfaill di gwyn,
Sy'n bell dan y goedwig yn aros
    A'i briod a'i blentyn, rai mwyn
Lle mae ein brawd hoff yn myfyrio
    A llunio penillion yn llon,
I'r goedwig yr a i ymrodio
    Heb deimlad du frad dan ei fron.

Tra byddo 'Ty'n Rhos' ar ei wadnau,
    Boed yna wych seinio hoff sain
Am archoll yr Iesu fu farw
    Ar groesbren dan goron o ddrain;
A 'Nebo' fo'n sefyll am oesau
    I'r llwythau gyfarfod er lles,
A'r rhai a wrandawant ddychwelont
    At Iesu yn fuan yn nes.

Cincinnati, Iorwerth

206

Atebiad Llinos Llansamlet:

O ganol y goedwig, hyfrydwch fy nghalon
   Yw anfon llinellau gohebol heb gwyn,
I ganol y ddinas a'i lluaws trigolion,
   At Iorwerth a'i briod garedig a mwyn.
Prif ddinas preswylwyr ein talaeth odidog,
   Brenines dinasoedd gorllewin y byd
Yw trigle ysblenydd ein cyfaill tra serchog
   Lle mae yn myfyrio a rhodio o hyd.

Boed i chwi ddedwyddwch yn nghanol y ddinas
   Yn tarddu fel ffynon ddiddarfod o hyd
A bydded eich bywyd llafurus ac addas
   Yn fendith i'ch cenedl tra b'och yn y byd;
Bendithion y Nefoedd yn iraidd gafodydd
   Ddisgynont i'ch henaid bob dydd yn ei ddydd,
A deued preswylwyr eich dinas ysblenydd
   I fyw i'r Immanuel yn ffyddlon trwy ffydd.

Ty'n Rhos, Llinos Llansamlet

Atodiad 5.5
Ymweliad cyntaf Edward Jones

Yr amser yr ymwelais a'r lle, oedd yn Tachwedd 29, 1835, pryd yr arosais dros ddau Sabbath, ac y cefais y fraint o weini swper yr Arglwydd i'r brodyr, y tro cyntaf erioed yn Gymraeg, yn y lle hwn. Dydd Llun, ar ôl yr ail Sabbath, hebryngwyd fi ar geffyl gryn bellter o ffordd tua chartref; rhaid oedd i mi deithio y gweddill o'r ffordd ar fy nhraed, hyd nes cyrraedd yr afon Ohio. Wedi imi gyrraedd o fewn naw milltir i'w glan, mi gollais y ffordd mewn coedwig: a chan ei bod yn dechrau tywyllu, fel na allwn wybod y cyfeiriad, wrth na haul na chwmpawd, bu'n crwydro yn ôl ac ymlaen, fel un wedi llwyr ddyrysu. Ond wedi taro wrth ffrwd o ddwfr, mi a ymroddais i'w dilyn: ac felly fe'm dygwyd eilwaith i'r lle y collaswn y ffordd ar y cyntaf; ond er i mi ddychwelid yn ôl fel hyn, yr oedd yn beth anhawdd iawn i ddyn dyeithr allu cadw y ffordd ar ôl cael ei phen; a chollais beth arni wedi hynny; yr oedd yn rhaid i mi fyned trwy goedwigoedd mawrion, a hithau yn dywyll, fel y syrthiodd digalondid a llwfrdra meddwl arnaf; ac ofnais yn fawr rhag y digwyddai i mi fel y digwyddai i rai eraill, ie, i rai Cymry, sef fy llarpio gan fwysfilod. Er cased oedd gennyf y sôn am y cyllyll hirion, yr oeddwn ar hyn o bryd, yn gwir ddymuno fy mod yn berchen ar un ohonynt; ond ofer y dymuniad; nid oedd gennyf ddim ond cyllell-bin (penknife) fechan, yr hon a agorais ac a'i cariais felly yn fy llaw, rhag y daethai arth neu lew [h.y., cougar] i'm cyfarfod. Prysurais, ie, rhedais mor gyflym ag a allwn, ar hyd y ffordd, a hynny mewn dychryn mawr, hyd nes y deithum allan o'r coed... a deall fy mod yn dynesu at lan yr Ohio.

Atodiad 5.6
Ben Chidlaw, Pencampwr Ysgolion Sul

Un dydd tra oedd y bachgen yn crwydro gyda'i dad yng nghyffiniau y Bala, ac i hwnnw godi'i facyn i chwifio yn y gwynt, awgrymodd y tad, 'Dyna wynt teg i gymryd rhai i'r America'. Ni wyddai'r bachgen deg oed ddim am America a bu raid i'r tad egluro iddo: 'Gwlad fawr a da ydyw tu draw'r moroedd, heb ♦ na brenin na degwm, lle gall pobl tlawd gael ffermydd a lle tyf digonedd o goed afalau'. O glywed am yr afalau cytunodd y mab â'r syniad o fynd yno'r flwyddyn ddilynol.

Ond wythnos yn unig ar ôl cyrraedd Ohio bu'r tad farw a gan fod y fam hithau'n sâl, bu raid i Gymry'r gymdogaeth gymryd gofal o'i gladdedigaeth. Cludwyd y corff mewn wagen, gyda lliain gwyn wedi'i daenu drosto, a chrugyn o wellt gerllaw i Ben Chidlaw a'i chwaer eistedd arno. Ac er mai dymuniad olaf y tad oedd i'r mab gael addysg, nid edrychai hynny'n debygol. Ond yr oedd Ben Chidlaw mor benderfynol o gadw at ddymuniad ei dad fel y roedd yn hela racŵns, a thrwy werthu'r crwyn medrai brynu llyfrau a phapur ysgrifennu. Arferai helai'r creaduriaid hyn gyda'r hwyr a thrwy wylltu'r creaduriaid aent i fyny coeden, ac yna byddai'r bachgen yn torri'r goeden i lawr. Ond oherwydd tuedd y racŵns i ddianc i fyny i ail goeden gadewid Ben Chidlaw druan i wneud mwy na'i siâr i waredu coedwigoedd Ohio.

Am saith mlynedd o 1836 bu'n weinidog yn Paddy's Run a thrwy ei ymweliadau ag Oak Hill bu'n rhan o'r ymgyrch i ddechrau capeli'r Annibynwyr yn y cylch. Bu'n flaenllaw hefyd gyda'i weithgarwch ar ran Undeb yr Ysgolion Sul ac am flynyddoedd lawer bu'n llafurio ymysg y sefydliadau newydd er mwyn iddynt ymestyn ymhellach tua'r gorllewin. Manteisiodd ar bob cyfle i gysylltu â'r ymfudwyr diweddaraf i gyrraedd ac unwaith tra oedd yn teithio'r Ohio ar agerlong, daeth i ben â chael rhywun i chwarae emyn ar biano'r salŵn. Ar hynny dechreuodd bregethu, gan ddenu sylw un ar ôl y llall, nes iddynt oll roi eu cardiau o'r neulltu i gwrando arno.

Yn fuan ar ôl ei ddyddiau coleg parchodd ddymuniad ewythr iddo a oedd am weld ei fam cyn iddi heneiddio gormod i deithio. Unwaith y cyrhaeddodd ef a'i fam Gymru, aeth ati ar gefn poni mynydd ei ewythr i deithio o amgylch, gan bregethu ddwywaith neu dair y dydd. Pregethodd dros gant a hanner o weithiau i gyd a'i frwdfrydedd ef a arweiniodd at Ddiwygiad 1839. Mae ei gyfraniad wedi ei gofnodi gan Henry Hughes yn ei lyfr *Diwygiadau Crefyddol Cymru*:

> Mae yn hysbys mai perthyn i'r Annibynwyr yr oedd y dywigiad hwn yn benaf. Gweinidog yn perthyn iddynt hwy a fu yn foddion i'w gychwyn, sef y Parch. B. W. Chidlaw, M. A., America. A chyfranogodd eu holl eglwysi hwy yn chwe sir y Gogledd ohono: a'r un modd aeth i'r rhan fwyaf o'u heglwysi cyn iddo lwyr ddarfod. Eu pregethwyr hwy hefyd a dderbynodd fwyaf o dan y diwygiad…

Yn ei dro rhyfeddwyd yntau gan nerth yr ymateb a'r bloeddio 'Amen' a 'Gogoniant i Dduw'. Hyd yn oed ar fore dydd ei ymadawiad yno yr oedd yn cynnal cwrdd gweddi mewn pwll glo yn Fflint. Ond ar un achlysur daeth ei ewythr i ben a chael y gorau arno. Digwyddent fod yn y fan a'r lle pan aeth Arglwydd Clive o Gastell Powys heibio ac ni allai'i ewythr lai na sylwi bod Ben Chidlaw heb ddilyn ei esiampl ef trwy blygu a chodi'i het iddo. Yr hyn oedd yn gyfrifol am y fath ddiffug yn ôl Ben Chidlaw oedd bod ei amser yn America wedi effeithio ar ei allu i symud ei fraich. Ar hynny mynnodd ei ewythr fynd ag ef at feddyg a phan fethodd hwnnw â darganfod dim o'i le, ymholodd ymhellach ynglŷn â methiant y fraich. Ymateb y meddyg, o glywed adroddiad yr ewythr am y digwyddiad, oedd datgan 'yr hoffai i bob Cymro yn ein gwlad ddioddef o'r un trwbl a'i benelin'.

Atodiad 5.7
Yr afon Ohio

Hen afon Ohio ddylifa yn llonydd
    Ar hyd y gwastadoedd rhwng bryniau i lawr,
Mae iddi enwogrwydd yn mysg yr afonydd
    A ranant gyfandir America fawr,
Cyn tiriad Columbus, a llwythau y cynfyd,
    Draw, draw yn hen oesoedd boreaf y byd,
Meddiannai yn dawel ei gwely tywodlyd,
    Ymdreigliai ar hyd-ddo heb orffwys o hyd.

Pa bryd y dechreuodd ei murmur i ddisgyn
    Ar glustiau'r distawrwydd unigol mor gu,
A oes daearegwr all nodi y flwyddyn,
    Yn rhai o'r cyfnodau cyfriniol a fu;
Os bu y Cyfandir dan ddyfroedd y cefnfor,
    A llawnder y Werydd, ar hyd-ddo fel llyn, *
Myneged y doethion sy'n deall y wyddor,
    Yn nyddiad yr oesau, pa bryd y bu hyn.

Hen afon Ohio trwy oesau'r Cyfandir,
    Ymdreigla yn llonydd, gan gadw ei lle;
Pan ffurfwyd yr Unol Daleithau, a'u rhandir,
    Penodwyd hi'n derfyn rhwng Gogledd a De, #
Erioed ni fwriadwyd ei ffrydiau tryloywon,
    Yn derfyn ar ryddid i godi ei lais,
Am hynny yn ddistaw, yn nghlyw yr awelon,
    Gwrthdystiai yn erbyn gorthrymder a thrais.

Ond bellach, darfyddodd caethiwed uffernol,
Egwyddor fawr rhyddid enillodd y dydd,
Banerau Cyfiawnder a chwifiant yn wrol
  Bob ochr i'w dyfroedd, a'r caethion yn rhydd;
Dwy ganrif, hi ddaliodd i redeg mewn prudd-der
  Yn ymyl cadwynau haearnaidd y caeth,
Ond heddiw, gogoniant hyd eitha'r uchelder,
  Ymwared buddugol o'r diwedd a ddaeth.

Youngstown, Ohio Llinos Llansamlet.
1867

* Sef Oes yr Iâ pan orchuddid y tir i gyfeiriad y de bron hyd at yr afon
# Cyfeiriad at yr arfer o gadw caethion yn y parthau i'r de o'r afon

Atodiad 5.8
Atgofion y Parch. R. H. Evans

(Allan o'i ysgrif, *Ychydig o Hanes fy Mywyd, fel y gall fy mhlant neu ryw rai edrych arno ar ôl i mi farw*. Cafodd ei ysgrifennu yn 1887 ac fe'i cyhoeddwyd hi o Kansas City, Missouri yn 1908):

Daethum i'r wlad hon gyda fy rhieni yn 1838 (10 oed). A daethom ar ein hyniawn i Centreville, Gallia Co., lle y buom yn aros am rai blynyddau. Wedi hyn symudasom i ardal Sardis, yn yr un Sir, a chael fy magu i fyny ar fferm. Yn eglwys fach Sardis y cefais fy nerbyn yn gyflawn aelod. Yma y bum yn cofio am angau y groes wrth fwrdd yr Arglwydd am y tro cyntaf. Yma y bum yn gweddio yn gyhoeddus gyntaf, ac yma y bum yn pregethu y bregeth gyntaf. Yn y lle hwn mewn capel log bychan y cefais y profiadau mwyaf melus.

  ... Bum yn pregethu yn deithiol yn Gallia a Jackson am yn agos i bum mlynedd... Pan yn pregethu yn Soar ryw bedair milltir i'r dwyrain o Oak Hill, ar brynhawn Sabbath cefais dipyn o rwyddineb, a gofynodd Daniel Jones y blaenor a wnawn bregethu yn yr hwyr; yr amser hono, yn y wlad, ni byddai pregethu ar nos Sul; ond gan fod y tywydd yn ddymunol a'r lleuad yn llawn, meddyliwn mai da fyddai cael oedfa. Addewais y gwnawn bregethu. Yr oedd blast furnace yn ymyl, a chryn lawer o fechgyn Cymry yn gweithio ynddi a rhai ohonynt yn lled annuwiol.

Rhoddwyd hysbysrwydd y buaswn yn pregethu yn yr hwyr. Daeth llawer o bobl ieuainc yn nghyd, ac yn eu mysg amryw o fechgyn y furnace. Cefais ryw deimlad hynod wrth weddio. Cymerais Preg. XII. 1 yn destyn, a rhyw nerth anarferol i bregethu, ac ar ôl bod yn pregethu am ryw hanner awr, torodd rhyw ferch ieuanc allan i folianu, ac yn fuan gwnaeth eraill i ymuno, a buwyd yn y capel hyd haner nos yn canu a gweddio...

Yn 1860 – derbyniais wahoddiad o eglwys Columbus, Ohio...
Yn 1869 – derbyniais alwad o eglwys y T. C. yn Johnstown, Pa...
Yn 1874 – derbyniais alwad oddiwrth eglwys y T. C. yn Hyde Park, Pa...
Yn 1879 – cefais alwad gan Jerusalem ac eglwys Bethesda, Wis...
Yn 1887 – cefais alwad o eglwys y T. C. yn Cambria, Wis.

Atodiad 5.9
R. H. Evans yn blentyn yng Ngheredigion

Yr oedd rhyw ysfa am bregethu ynof er yn blentyn. Byddwn yn treilio cryn dipyn o fy amser pan yn un bach gyda taid a nain. Yr oedd fy nhadcu yn glochydd yn yr eglwys sefydledig, a byddwn yn myned gydag ef i'r llan, ac yn cofio cryn lawer o'r hyn a ddywedid gan yr offeiriad, a'r wythnos hono gwnawn gasglu plant pentref dinod Pontlanio at eu gilydd i gael pregethu iddynt; a chan y byddwn am gael fy nghydnabod yn offeiriad, gwisgwn gris nhadcu i fod yn debyg iddo. Gwnawn bob ymdrech i ddynwared yr offeiriad, ac adrodd darnau gwasgaredig a ddarllenid ganddo yn y llan. A byddwn yn dal y llyfr gweddi cyffredin yn fy llaw, er ni allwn ddarllen gair o hono. Un noswaith – nos Sul os wyf yn cofio – yng Nghapel Blaenplwyf, yr oedd y pregethwr mewn hwyl anarferol, ac aeth rhai yn y gynnulleidfa i folianu. Ni welais y fath beth o gwbl yn y llan. O hynny allan yr oeddwn am gael fy adnabod fel pregethwr Methodistiaid.

Gwisgwn gadach gwyn am fy ngwddf, a chafodd crys taid lonydd genyf o hyny allan, a chafodd y llyfr gweddi cyffredin ei newid am Feibl a Llyfr Hymnau. Cyn dechreu pregethu byddwn yn gorchymun i'r plant i dorri allan i folianu, pan glywent fi yn dechrau codi fy llais. Dechreuwn y bregeth mewn llais hynod o isel, fel pob pregethwr mawr a welwn, ac yna awn ati i waeddi, oblegyd credwn fod nerth y bregeth mewn gwaeddi a churo yr ystyllen a'r llyfr oedd o fy mlaen.

... Sylwn fod pregethwyr mawr yn dod at y capel ar gefn ceffyl; ond nid oeddwn yn gweled fod modd i mi gael ceffyl. Ond yr oedd gan nhadcu asyn bychan yn pori ger llaw, a meddyliais y gwnawn farchogaeth yr asyn. Aethum i baratoi ffrwyn a'i ddysgu i gymeryd ei arwain, ac edrychai y creadur bach mor ddiniwaid ag oedd raid; a rhyw ddiwrnod rhoddes hybysrwydd y byddwn yn pregethu yn ngodre y cae. Ymgasglodd cryn lawer o blant ynghyd, a bwriadwn inau wneyd fy ymddangosiad iddynt yn yr arddull mwyaf pregethwrol, ar gefn asyn; ond trodd allan yn hynod aniben, oherwydd mor fuan ag yr aethum ar ei gefn, cychwynodd ymaith gyda holl nerth ei draed. Collais fy het, a daeth y plant ymlaen i weld yr olygfa. Gwaeddwn a fy holl nerth, Ho; Stopiwch yr asyn. Cydiwch yn ei ben. Ond ni wnai y plant ond rhedeg oddi ar y ffordd a chwerthin. O'r diwedd cefais fy nhaflu ben-dramwnwgl i ganol ffynon o ddwfr, dros fy mhen am clustiau. Ni bum ar gefn asyn byth ar ôl hyn.

6

Gweithfeydd Glo
a Dur Pensylfania

YN YSTOD Y 19eg ganrif roedd Pensylfania yn wynebu twf diwydiannol tebyg i'r hyn a welwyd beth amser ynghynt yng Nghymru. Daeth gweithwyr o bob cwr o'r byd yno yn y gobaith o gael gwaith, naill yn y pyllau glo neu yn y gweithfeydd haearn a dur. Yn ddiweddarach yn y ganrif, cyrhaeddodd yr ymfudo ei uchafbwynt ac mor flaenllaw â neb yr oedd y Cymry. Chwaraeodd y Cymry ran allweddol yn natblygiad diwydiannol y dalaith. Ac eithrio cyfnod y Rhyfel Cartref yn y 1860au, roedd y Cymry yn parhau i dyrru yno hyd ddiwedd y ganrif.

Er cymaint roedd y pyllau glo yn ei gynhyrchu erbyn ail hanner y ganrif, go aflwyddiannus fu'r ymdrechion cynharaf i farchnata'r glo. Gan na losgai pob carreg ddu gyda'r un awch, mae'n hawdd deall pam 'nad oedd gan y bobl gred yn y fath danwydd caregog'. Pan geisiodd gŵr werthu'r glo yn Philadelphia 'dihangodd yn brin rhag cael ei erlyn â chyfraith am dwyllo y rhai a fuasent yn ceisio llosgi y cerrig mewn stoves â fwriadesid i losgi coed'. Profwyd anawsterau wrth ddefnyddio'r glo mewn gweithfeydd, yn enwedig pan fethwyd â'i gael i boethi melin wifrau: 'pentyrwyd dau lwyth wagen i'r ffwrnais, a chyneuwyd y tân; ond nis gallai cynifer o ddynion ag oedd yn y felin ei brocio yn wres'.

Ni fu fawr o alw am y glo nes y 1840au, pan lwyddwyd o'r diwedd i'w ddefnyddio i gynhyrchu haearn. Yna trwy'r rheilffyrdd a osodwyd ar draws y rhan ddwyreiniol o'r wlad yn y pum degau, crëwyd ffordd o gludo'r glo ar gyfer cynhesu cartrefi. Yn sgil y Rhyfel Cartref roedd mwy fyth o alw amdano. Wrth i'r galw gynyddu, daeth mwy o lowyr i Bensylfania. Ond roedd rhai Cymry yno'n barod, a hynny mewn dwy ardal yn arbennig. Gellid eu canfod naill ai yn Pottsville, gyda phentref Minersville gerllaw, neu yng Ngharbondale sy'n fwy i'r gogledd ac yn yr ail o ddwy brif ardal glo maen y dalaith.

Ardal Pottsville

I gyrraedd Pottsville o Philadelphia rhaid dilyn yr Afon Schuylkill i'r gorllewin am oddeutu 90 milltir. Mae'r dref ei hun wedi ei lleoli yn rhan ddeheuol dwy brif gylch glo y dalaith. I ddod o hyd i'r glo rhaid cadw o fewn dwy filltir i linell sy'n ymestyn am 55 milltir o'r gogledd-ddwyrain tuag at Pottsville ac yna ymlaen am bellter cyffelyb tua'r de-orllewin. Barnwyd bod y glo gorau i'w ganfod yn y dwyrain ond yn ôl adroddiad y peiriannydd William F. Roberts yn 1846, nid mater hawdd oedd ei fwyngloddio:

> In the Pottsville coal field, the veins are much distorted, their course is broken by large ravines, and the rock faults in numerous instances set in, occupying the place of the coal veins for long distances, causing much labour, great expense, and often vexatious disappointment. Many of the Pottsville coal veins have with the good coal alternate bands of slate and bone coal, which proves troublesome and expensive to separate.

Er yr anawsterau, tyrrodd y Cymry yno fel y cofnodir yn *Newyddion Da o Wlad Bell* (Merthyr, 1829). Er mai dim ond casgliad o lythyrau a anfonwyd at berthnasau a chyfeillion yng Nghymru yw'r llyfr, mae'n debyg iddo gynnig cysur i lawer oedd rhwng dau feddwl am ymfudo. Yn 1829 anfonodd gŵr o'r enw T. Williams y llythyr canlynol at ei dad yn Nant-y-glo:

> ...mae gennyf chwech gweithiwr yn torri glo, ac y mae y rhai hyn yn ennill yn gyffredin o 6 i 7 doler yr wythnos... Yr wyf wedi sefyll 250 o ddoleru, yr rhai ydwyf wedi ei gosod ddeu cadw yn ddiogel

215

gogyfa a thalu trail eich mordaith chwi, ac eraill o'm cyfeillion, drosodd yma... Da gennyf weld cynnifer o'm cydwladwyr yn dyfod drosodd yma; cyfarfe 21 o Gymre yn fy nhy i ddydd Sul diweddaf, a bu lawen gennym ymgyfarfod a'n gilydd, a chydnasom i wneuthur casgliad tuag at adeiladu capel yma... Hoff iawn gennyf allu eich hysbysu bod fy nghymeriad yn barchus iawn yma yn y wlad estronol...

'Fy hen gyfaill Brychain', meddai gŵr arall a ymgartrefodd yn Pottsville, 'ysgrifennaf i gyfeillion yng Nghymru dlawd am ei daith a'i sefyllfa yng Wlad Rhyddyd, sef U. D.' O'i gyflog o 30 swllt yr wythnos, talai 9 swllt am 'lety ac ymborth', swllt i 'olchi a thri peint o whisgi' a gadewid ef â 20 swllt yn ei boced. Pe bai'n yfed gormod o wisgi ar ei ddiwrnod golchi, gallai droi at y 'Cambrian Pills' o Johnstown, Pensylfania. Mewn hysbyseb dywedwyd y gallent 'symud ymaith unryw anhwylderau ac sydd yn dueddol i'r natur ddynol'. Wrth orffen ei lythyr a chan wneud y gorau o'i dafodiaith Rymni gynt, sicrhaodd ei gyfaill Brychain na fyddai'n rhaid ofni gormes y meistr wrth ennill bywoliaeth: 'Nid oes achos i un gweithiwr yma fyned at ei feistr dan din-grynu...'

Cynigiodd T. Williams bob math o gynghorion ar gyfer y fordaith hefyd: 'Rhaid i bawb ofalu dyfod a gwelyau gyda hwynt i'r llong, ynghyd ag ychydig o lestri cogyddio... ymdrechwch i gael llong o America i fyned i'r fordaith, canys y mae llongau Americanaidd yn hwylio yn fuanach na llongau Lloegr'. Hyd yn oed o dderbyn ei air am gyflymdra rhai o'r llongau, byddai'n fordaith o 4 i 5 wythnos. Dyma bethau a ystyriai'n angenrheidiol i gynnal rhywun ar y fordaith:

40 pwys o fara môr
20 pwys o eidon gig da, idd ei osod mewn heli
60 pwys o gloron
6 pwys o ymenyn Cymru
ychydig o gaws
8-10 pwys o facwn da
ffolen sych os gellid

Os plentyn:
blawd cyrch
blawd swcan
peilliad
triagl
Dra dymunol i bob un ddwyn gydag ef ychydig gostrelau o frandi.

Am gyfnod o oddeutu 20 mlynedd, cyhoeddwyd cylchgrawn misol y Bedyddwyr, *Y Seren Orllewinol* gan wasg y *Miners Journal* yn Pottsville. Ar y dudalen flaen ymddangosai'r geiriau hyn: 'Nid wyr ni ddysg, Ni ddysg ni wrendy'. Eglurodd y golygydd, y Parch. R. Edwards, y geiriau fel hyn: 'yn fy ymweliadau misol gosodaf o flaen y Cymro Americanaidd ddetholiad o hanesion ei wlad enedigol yn gystal a'i wlad fabwysiedig'. Yn 1849, wedi chwe blynedd o gyhoeddi'r cylchgrawn, derbyniai Mynyddoedd y Sierras yng Nghalifornia lawn cymaint o sylw â Bryn Calfaria. Y flwyddyn hon, wedi'r cwbl, a roddodd fod i oes y '49ers': 'Ni addolwyd y llo aur gan yr Israeliaid yn amser Moses erioed yn fwy defosiynol nag y mae yn cael ei addolu yn awr gan filoedd...'

Tystiolaeth i nifer fawr o Gymry'r ardal oedd y capeli niferus a godwyd ganddynt. Mewn llyfr taith gan Edward Jones, Cincinnati, cyfeirir at rai o'r Cymry cynharaf yng nghyffiniau Pottsville: 'Mae y dref hon yn sefyll mewn ardal ag y mae llawer iawn o weithiau glo ynddi... Y mae gan yr Annibynwyr ddau neu dri o addoldai yn yr ardal, gan y Bedyddwyr... Y maent oll, yn fwyaf cyffredin, yn addoli yn y Gymraeg'.

Felly mae'n siŵr fod y Parch. Richard Edwards a ddaeth atynt fel eu gweinidog cyntaf yn 1819, wedi cael cryn groeso gan Gymry Pottsville. Ni fu'n hir cyn i'r Annibynwyr, y Bedyddwyr a'r Methodistiaid gael eu cynrychioli yn y dref hefyd. Pum milltir o Pottsville, safai Five Points ac yno gallai rhywun ddewis rhwng capeli y Bedyddwyr neu'r Annibynwyr. Pum milltir i'r gorllewin o Pottsville, roedd Minersville lle cynhaliwyd cyngerdd yn 1849 ar gyfer cwtogi dyledion un o'r capeli. Yno i'w difyrru yn Horeb y Bedyddwyr roedd y Mendelssohn Society a ganodd amrywiaeth o anthemau, *glees* a thonau Cymraeg i gynulleidfa o bum cant.

Roedd nifer o gapeli'r Annibynwyr dan ofal E. B. Evans, gynt o Dŷ'r Gof, Ystradgynlais, a ddaeth i Pottsville yn 1832. Erbyn 1838 roedd capeli Pottsville, Minersville, St Clear a Five Points dan ei enwad. Ar y Suliau, arferai gerdded 12 i 16 milltir gan bregethu'n rheolaidd mewn tri o'r pedwar capel. Bu wrthi am 11 mlynedd ac mae'r englynion canlynol yn awgrymu fod nifer o Gymry yn byw yn Pottsville a'r cyffiniau:

Yn swydd Schuylkill mae miloedd – o fwnwyr
   Tu fewn i'w hardaloedd;
  Diau bu dyddiau nad oedd
  Naddu ar ei mynyddoedd.

Yn awr rhyw dorf fawr, fel daear-foch – sydd
   A'u sŵn oddi danoch;
  Glo geisiant, gyrant yn groch,
  Oll am hwn yn llym ynoch.

Gwasgarant, gweithiant y gwythi – o fewn
   I Fôn au'r clogwyni,
  Goreu saig er gwresogi
  Glan ei wedd yw glo i ni.

Minersville, 1851 S. ap Dewi

Minersville

Nid S. ap Dewi oedd yr unig fardd ym Minersville: wedi marwolaeth gŵr o'r enw Morgan Lloyd yn 1854 teimlai Sefydliad Llenyddol Minersville le i gydnabod 'gyda dwys alar, ein colled o gymdeithas aelod, a brawd ffyddlawn – dyn o feddwl, chwaeth, ac ymddygiad teilwng o efelychiad'. Bu'r gymdeithas hefyd yn 'annog beirdd y sefydliad i ganu Galareb ar yr achlysur' ac mae'r enghraifft isod yn un allan o bum cyfres o englynion a dderbyniwyd:

Dygwyd o'n hoff gymydogaeth – y gwron
   A garai lenyddiaeth!
Wele heddiw mae alaeth,
Ro'i y gŵr i ddaear gaeth.

Gan fod Minersville yn frith o bobl 'a garai lenyddiaeth', nid rhyfedd iddi gael ei chydnabod fel yr 'Athen Gymraeg'. Yno trefnwyd rhai o eisteddfodau cynharaf y wlad a phan hysbysebwyd eu 'Hail Gylchwyl' ar 4 a 5 Medi 1854, dywedwyd mai'r bwriad oedd i 'ddifyru yr Eisteddfod drwy chwareu amryfal donau Cymreig ar y crwth a'r delyn'. Y darn adrodd a ddewiswyd ar gyfer bechgyn o dan 18 oed oedd detholiad o awdl 'Elusengarwch' gan Dewi Wyn. Yn yr adran lenyddol gofynnwyd am bryddest 'nid dros saith, na than bum cant o linellau, ar Achosion ac Achlysuron, yn nghydag Effeithiau Dilynol yr Ardystiad Annibyniad [Declaration of Independence] y Trefedigaethau Prydeinig yn yr Amerig, pryd y ffurfiwyd yr Unol Daleithiau'. Rhoddwyd gwobr o \$20, ac roedd modd ennill \$5 am ysgrifennu chwe englyn ar y testun 'Eisteddfodau Cymreig'.

Erbyn canol y 1850au cyhoeddwyd cylchgrawn o farddoniaeth dan yr enw *Y Bardd* bob pythefnos ym Minersville. Y golygydd oedd Cuhelyn neu Thomas Gwallter Price wrth ei enw llawn. Mae'n rhaid bod Cuhelyn yn ŵr â dawn go arbennig. Darlithiodd ar y testun 'Beirdd Hen a Diweddar' yng Nghapel y Bedyddwyr yn 1856 a gwrandawodd y gynulleidfa yn astud arno am ddwy awr. Ceisiodd gŵr o'r enw Llewelyn Lewis ei ddenu i draddodi darlith gyffelyb yn Ashland:

Mewn awydd mae Llewelyn
Am weled gwedd Cuhelyn
Pa bryd y doi i Ashland frawd
A'th annwyl wawd a'th englyn.

Fe fyddai'th wedd a'th ddarlith
I'th gyfaill Llew yn fendith
Cei yma roesaw parch a bri
A thraul i dy athrylith.

Un o gyfeillion Cuhelyn oedd Talhaiarn ac ymddengys bod tebygrwydd rhwng y ddau. Arferent gysylltu â'i gilydd trwy dudalennau *Y Cymro Americanaidd*, papur wythnosol a gyhoeddwyd yn Efrog Newydd. Yn y rhifyn cyntaf gwelir 'Cywydd Cyngor i Cuhelyn' a ddanfonwyd gan Talhaiarn o Ferriers, yn Ffrainc:

> Gwrandaw Cu, bydd gu, bydd gall,
> Na yngan air i anghall:
> Rho bob clod i dafod doeth;
> Na una a dyn annoeth...

Pe bai Talhaiarn wedi croesi'r Iwerydd gallai yntau fod wedi manteisio ar gyngor Cuhelyn, megis ei gyngor ar dafarnau Philadelphia: 'yr ydwyf yn eich rhybyddio i ofalu i ba fath dafarnau yr eloch iddynt'. Er gwaethaf y 'gweithredoedd ysgeler' a ddigwyddai yn llawer ohonynt, awgrymodd Cuhelyn dafarn o'r enw Cambrian House ar South Front Street. Sicrhaodd na fyddai'r un Cymro yn sychedig yno nac mewn perygl o gael ei gam-drin gan y tafarnwr John D. Jones. Yn eironig, anwybyddodd Cuhelyn gyngor Talhaiarn trwy ymuno â miloedd o bobl annoeth yn 1858, gan ddod yn rhan o wallgofrwydd aur California.

Yn 1856 bu cryn gynnwrf yn sgil etholiadau'r wlad a derbyniodd y wasg Gymreig gasgliad sylweddol o farddoniaeth yn ymwneud â'r ymgeiswyr. Yn y cyfnod yma cyn y Gwrthryfel (Rhyfel Cartref), roedd y galw am ryddhau caethion yn cynyddu. Teimlai'r rhan fwyaf o'r Cymry nad oedd Buchannan (y gŵr a etholwyd yn y diwedd) yn ddigon brwd dros ddod â chaethwasiaeth i ben. O ganlyniad tueddent i gefnogi Fremont ond pan gyhoeddwyd darn o farddoniaeth yn annog ei gefnogaeth gan un o Minersville, cwynodd un o Pittston, Pa. O ddarllen dechrau'r gerdd honno efallai ei bod yn fendithiol nad yw'r cyfan ohoni yn ddarllenadwy bellach:

Chwi Fremontiaid gloew blaid glwys,
Heb orffwys dewch yn ufydd,
A chwi gewch glywed hanes glan,
Am asyn pena'r meysydd...

Ddeng mlynedd ynghynt yn Minersville cynhaliwyd cymanfa
bregethu ac yno ar ei chyfer yr oedd y Parchedigion Morris
Roberts, Jonathan Jones, Thomas Edwards, Evan B. Evans,
Lewis Williams a Jenkin Jenkins. Ymunwyd â hwy mewn un
oedfa gan weinidog di-Gymraeg. Gwahoddwyd ef i ddweud
ychydig o eiriau a meddai 'O! how I like this Welsh fire'. A'r
ymateb o'r sedd fawr oedd 'It is a heavenly fire'.

Ymwelodd y gweinidog Jenkin Jenkins â'r cylch ar achlysur
arall hefyd, wedi iddo deithio drwy unigedd nos. Ymgodymodd
â glaw anghyffredin o drwm a thoddodd yr eira, gan ychwanegu
at lifogydd tu hwnt i amgyffred. Er iddi orffen bwrw rhwng naw
a deg yr hwyr anwybyddodd bob cyngor ac ail-gychwynnodd
ar ei siwrne:

...a ninnau wedi addaw, fod genyf geffyl da, a'i bod yn oleu lleuad
fel y dydd, nad oedd genyf ddim llawn 30 milltir o ffordd; plygais
groen y buffalo gan ei osod ar gefn y ceffyl, cymerais y cedbyst gan
ei drefnu yn lle gwartholion, a chychwynais i'r daith am tua 10 o'r
gloch y nos. Er swn rhyferthwy y llif ddyfroedd ac unigrwydd y
nos, ni ddigalonais, croesais rai aberoedd dyfnion, a phan aethym
i'r pant hwnw sydd o fewn ychydig filltiroedd i Tuscarora, yr oedd
y llif fawr iawn. Tynais fy nghyfeiriad o'r ochr uchaf i'r ffordd at y
tu draw, a nofiodd y ceffyl a minau yn ddiogel i'r ochr arall, ond
fy mod wedi gwlychu hyd fy haner. Cyrhaeddais Five Points gyda'r
dydd. Cefais yno newid dillad, a bwyd yn gysyrus, ac yr oeddwn,
er syndod i'r holl gynulleidfa, wedi cyrraedd yno yn brydlon i'r
cyfarfod... myfi a gafodd y fraint o weinyddu Swper yr Arglwydd
gyntaf i'r Cymry yn Minersville.

Pan adawodd gŵr o'r enw John Evans, Dowlais am
Minersville yn 1854, gofidiai cyfaill iddo am ei dynged. Mae'n
amlwg na wyddai hwnnw pa mor Gymreig oedd Minersville:

Gyfaill ffyddlawn a diwyrni,
Pa fath fydd dy deimlad di
Pan y byddi'n mysg estroniaid
Yn mhell o'th enidigol wlad...

Y Prif Gylch Glo

Erbyn canol y 19eg ganrif, heidiai Cymry tua'r pyllau glo a
amgylchynai'r ddwy dref, Scranton a Wilkes-Barre. Yn Nyffryn
Wyoming saif Wilkes-Barre, sydd rhyw 50 milltir i'r gogledd
o Pottsville. O Philadelphia mae'n daith o 120–130 milltir
tua'r gogledd-orllewin ac yn rhedeg o'r gorllewin iddi mae'r
Susquehanna, un o brif afonydd Pensylfania.

Mae Scranton oddeutu 18 milltir i'r gogledd o Wilkes-Barre
ac yn 1890 barnwyd bod chwarter o'i phoblogaeth (oddeutu
80,000) yn Gymry. Ymgartrefai'r rhan fwyaf ohonynt yn yr hen
Hyde Park sydd ar yr ochr orllewinol ac a ystyriwyd fel tref ar
wahân ar un adeg.

Hen weithfeydd haearn Scranton oedd yr ail fwyaf yn y
wlad ar un cyfnod. Rhwng yr haearn a gynhyrchwyd a'r pyllau
glo niferus, nid rhyfedd i'r Cymry dyrru yno. Eto, nid oedd y
glo a fwyngloddiwyd wedi ei gyfyngu i'r dref ond yn hytrach
roedd yn rhan o faes glo a ymestynnai am hanner can milltir
dda, gan ymestyn rywfaint tu hwnt i gyffiniau Wilkes-Barre.
Er mwyn llawn werthfawrogi maint y maes a'r modd o gludo'r
glo oddi yno, dylid bwrw golwg ar rifyn olaf *Y Drych* yn 1867
a'r cyntaf yn 1868:

> Y mae yr Anthracite Basin... tua 50 o filltiroedd o hyd, a thua
> phedair o led ar gyfartaledd. Gorwedda rhwng dwy res o
> fynyddoedd an-nhoredig, y rhai sydd yn codi i uchder o tua 1000
> o droedfeddi ar gyfertaledd... Prif arwedd y dyffryn harddwych
> hwn ydyw y gweliau mawrion o'r maen lo puraf sydd ynddo, yn
> ymestyn ar ei hyd a'i led o Carbondale i Nanticook. Ar yr ochrau
> ac wrth droed y mynyddoedd mae y gwythenau hyn yn cropio
> allan – a'r haenau isaf yn ymddangos yn uwch i fyny na'r rhai
> sy'n gorwedd yn nes i arwyneb y dyffryn. Dyfnder canolog (mean
> depth) yn haenau dymunol hyn, os suddir shafts yr un bellter

oddiwrth bob un o'r rhes fynyddoedd hyny, ydyw o bedwar i bum cant o droedfeddi… y mae y glo oddi tanodd yn mhob man; ac os parheir i weithio fel yn bresenol, byddant yn mhen oes neu ddwy wedi tyllu y dyffryn prydferth hwn nes ei wneyd fel crwybr gwenyn… Mae rhwydwaith o reilffyrdd sydd yn ymledu o Wilkesbarre yn cysylltu y dyffryn gyda holl ranau Dwyrain a De, tra mae y camlesydd, gan uno gyda y rhai i Buffalo a'r Gogledd-orllewin… yn rhoddi drosglwyddiad digonol a chyflym mewn unryw gyfeiriad.

Mae'r ddwy dref, Scranton a Wilkes-Barre wedi eu lleoli rhwng Carbondale a'r Nanticoke (neu Nanticook) ond nid tan y 1860au y datblygwyd nifer o weithfeydd Scranton. Er bod rhai o'r pyllau yn 2,000 o droedfeddi o ddyfnder, y dyfnder arferol oedd 400 troedfedd. Ymestynnai'r llwybrau tanddaearol am ddeng milltir, a phe bai rhywun yn crwydro i fan anghyfarwydd, rhaid oedd cael cymorth gweithiwr arall i ail-ddarganfod y ffordd allan. Yng nghyffiniau Wilkes-Barre wynebai'r glowyr berygl ychwanegol, a hynny oherwydd y nwyon gwenwynllyd a thanllyd. Yng nghyffiniau'r dref nid golygfa anghyffredin fyddai gweld pibell yn ymestyn o'r ddaear a'r nwy ohoni yn mudlosgi am ddiwrnodau wedyn.

Ar y dechrau, y ffordd orau o gludo'r glo oedd ar gamlesi. Ond wrth i'r rheilffyrdd ddatblygu a thyfu, methodd y camlesi gystadlu. Agorwyd y rheilffordd gyntaf yn 1832, a hynny ger pwll glo yn agos i Pottsville. Ac o gopa'r Summit Hill (lle claddwyd y bardd Meurig Aman 62 mlynedd yn ddiweddarach) cludwyd y glo ar gerbydau rheilffordd hyd at gamlas gyfagos. Erbyn 1846 roedd gwerth 436 o filltiroedd o reilffyrdd ac erbyn 1863 roedd 1,000 o filltiroedd. Gallai'r cerbydau cyntaf, y *jimmies*, gludo gwerth 12,000 pwys, ond gallai'r *gondolas* gludo gwerth 80,000 pwys. Arferwyd tynnu 15 ohonynt ar y tro, a hyn i gyd ar reilffyrdd gwahanol fân gwmnïoedd.

Yn ei draethawd doethuriaeth a gyflwynwyd i Adran Economeg Prifysgol Yale yn 1901 ymchwiliodd Peter Roberts, gŵr o Ddowlais a fu'n weinidog ar rai o gapeli

Cymraeg yr Annibynwyr ym Mhensylfania, i faint o dunelli o lo a fwyngloddiwyd yn flynyddol. O'r 2,500,000 o dunelli a fwyngloddiwyd yn 1846 byddai'r cyfanswm yn cynyddu ugain gwaith erbyn diwedd y ganrif. Yn ychwanegol, dywed Roberts fod un peiriannydd o'r farn fod pum biliwn tunnell wedi'u mwyngloddio erbyn 1896 a bod gwerth pedair gwaith hynny eto'n aros i gael eu cloddio.

Carbondale

Rhagflaenwyd datblygiad diwydiannol Wilkes-Barre a Scranton gan ddatblygiad i'r gogledd iddynt yn Carbondale. Bu rhai Cymry yno tua'r un amser â'r Cymry cyntaf yn Pottsville. Yn ôl y sôn, mab i gyn-lywydd Cymdeithas Gymraeg Philadelphia oedd yn gyfrifol am agor y pwll cyntaf yno. Nid oedd yno ond un siop ac un tafarn hyd nes i lowyr o Went ddechrau cyrraedd yn 1831, 1832 a 1835. Aeth y Parch. John Thomas ar daith yn ôl i Gymru er mwyn annog eraill i ddilyn. Un o Odre Rhos, Morgannwg oedd ef ac fe'i dilynwyd gan y Parch. Benjamin Davies. Cymaint fu'r cynnydd yn nifer y glowyr nes yr aethpwyd ati i godi capel i'r Annibynwyr yn 1834, i'r Bedyddwyr yn 1837, ac i'r Methodistiaid yn 1849. Daw'r sylwadau canlynol am y dref a'i chyffiniau o adroddiad yn 1896:

Mae y ddinas hon wedi ei hadeiladu wrth droed y Moosic Mountains. Wrth ben y mynydd hwn, neu yr hwn a elwir Farview, fe geir golygfa eang ac ardderchog, y fwyaf felly yn y parth hwn o'r wlad. Ar ddiwrnod clir gellir gweled mewn rhan dair o siroedd, ac yn mhell i Dalaeth New York. Mae y Delaware & Hudson Canal Co. wedi neillduo parc ar ben y Farview Mountain, gyda chyfleusderau i excursionists; ac mae llawer iawn o ymwelwyr yn dyfod yno yn yr haf i fwynhau yr awyr bur ac eangder yr olygfa. Agoriad gwaith glo gan y cwmni uchod oedd dechreuad bywyd masnachol y lle. Y cwmni hwn oedd un o'r rhai cyntaf i agor gwaith glo yr ochr yma i'r Blue Mountains, ac i gysyllu Carbondale ag afon y Delaware y gwnaed y rheilffordd gyntaf yn y wlad hon, os nad yn y byd. O Honesdale agorwyd camlas i gludo y glo i ddyfroedd nofiadwy yr Hudson, ac oddiwrth y cysylltiadau hyn y cymerodd y cwmni ei enw. Yma hefyd, fel y tybir, y gwnaed y locomotive cyntaf yn y wlad hon, ac yr oedd hyny cyn i Stephenson agor y rheilffordd rhwng Liverpool a Manchester.

O Carbondale i ben y mynydd mae saith neu wyth o inclines, a stationary engines yn tynu y coal trains, a'r teithwyr hefyd, i'r lan; ac o ben y mynydd i lawr i Honesdale mae y cerbydau yn myned wrth eu pwysau eu hunain. Felly mae yn cael ei galw yn gravity road. I lawer mae yr olygfa hon yn rhyfeddol – y fwyaf yn y parth hwn o'r wlad.

O bwys wrth agor pwll glo newydd sbon yw penderfynu ar y ffordd orau o gael y glo i'r farchnad. Y gamlas fwyaf nodedig yn y cyfnod oedd un o eiddo Delaware & Hudson Canal Co. – cwmni oedd yn cludo glo i Efrog Newydd. Cludwyd 50 tunnell ar y badau gwreiddiol ond pan ledwyd y camlesydd yn 1849 gallwyd gosod 300 tunnell arnynt. Un o anfanteision y camlesi oedd eu bod yn rhewi ar yr union amser yr oedd y galw am lo ar ei gryfaf. Ac fel ym mhobman arall, effeithiodd diweithdra 1857 ar Carbondale:

Y gauaf diweddaf safodd y gwaith yma am naw wythnos, yr hyn a effeithiodd yn fawr ar fasnach y lle. Yr oedd pob galwedigaeth yn farwedd iawn yma. Yn Ebrill cychwynodd y gwaith: er y pryd hyny mae golwg gwell ar bethau. Y mwynwyr ydynt a'u gwynebau yn dduach, ond yn fwy llon, pelydra o'u llygaid fwy o sirioldeb, cynwys eu hymadroddion fwy o hawddgarwch, symudiant yn fwy bywiog. Yr effaith a welir ar bawb trwy'r lle; mewn gair y mae y lle fel wedi cyfodi o farw i fyw.

Ymdriniaeth o'r Glowyr

Ddeng mlynedd wedi'r diweithdra, gyda'r Rhyfel Cartref ar ben, dioddefai'r perchenogion yn ogystal â'r glowyr:

Cyn gynted ag y peidiodd gofynion o'r Quartermaster's Department, ac y syrthiodd gwerth pob peth yn y farchnad, gyda dychwelid heddwch, yn nes i hen safon arferol y prisiau, darganfyddwyd yn ddisymwyth fod cyflenwad fawr yn aros ar law wrth y mwyngloddiau...

Er y cyfnodau o brinder gwaith, sicrhaodd y pyllau fywoliaeth i lawer am ran helaeth o'u hoes. O ddeuddeg oed ymlaen, byddai bechgyn ifanc yn gweithio ger mynedfa'r pwll yn gwaredu darnau llechen o'r glo. Pan oeddent yn bedair ar ddeg, byddent yn gofalu am y drysau a reolai lif yr awyr drwy'r llwybrau diddiwedd. Yn ugain oed byddent yn arwain y mulod a gludai'r glo tuag at fynedfa'r pwll. Rhaid oedd gweithio am beth amser eto yn cynorthwyo glöwr profiadol cyn cael y fraint o drin wyneb eu hunain.

Manteisiodd nifer o byllau Pensylfania ar brofiadau blaenorol y Cymry mewn pyllau glo. Dyrchafwyd rhai a lafuriai'n fedrus i fod yn oruchwylwyr. Gorfodwyd nifer o bobl o genhedloedd eraill i weithio o dan arweiniad y Cymry profiadol. Cwynodd gŵr o gefndir dwyrain Ewrop i'r ysgrifennydd mai'r Cymry oedd y 'ruling class'.

Ymysg y mwyaf nodedig o'r Cymry i gael swydd fel goruchwyliwr yr oedd Ed Jones a fu'n Llywydd ar y Jones, Simpson Co. yn Olyphant, a J. T. Griffiths, a oedd yn rhedeg y Wilkesbarre Coal & Iron Co. Yn goruchwylio yn Westmoreland Co., gerllaw Wilkes Barre, yr oedd Robert Humphreys. Roedd yntau mor amlwg ag un o berchenogion pwll Plymouth, David Levi, un o frodyr y Parch. Thomas Levi, Aberystwyth. A thros gyfnod o ugain mlynedd gŵr o'r enw Rees Brooks oedd yn brif oruchwyliwr i'r Scranton Coal & Iron Co.

Mae'n debyg mai'r mwyaf amlwg ohonynt i gyd oedd Benjamin Hughes, gynt o Bryn Mawr, Gwent, a oedd yn gofalu am lofeydd D. L. & W. Co. yn Hyde Park. Ymfudodd i Bensylfania yn 1848 a dyrchafwyd ef yn oruchwyliwr yn 1855. Ymhen amser daeth yn gyfrifol am bron i saith mil o lowyr mewn ugain a mwy o byllau. Er cymaint ei gyfrifoldeb, mynnai barhau fel athro Ysgol Sul yng Nghapel y Bedyddwyr yn Hyde Park. A phan ddychwelodd ar ôl ymweld â Chymru yn 1888 talwyd teyrnged arbennig iddo gan y gweithwyr:

> ...we gladly welcome you home... Our relations with you extend
> back to the time when the mining business of this valley was in its

infancy, and your conduct towards us, young and old, has always been kind and courteous, and your counsel and example has exerted a moulding influence over many of us for good... Since you have attained your present responsible and honorable position under the company, the mining operations of the Wyoming Valley have been greatly enlarged, yet friendly relations and good feelings have always prevailed between the company and its employes, which is mainly due to your good judgement and skillful management in guarding the interests and welfare of all concerned...

Yn anffodus, ni châi'r holl lowyr yr un driniaeth, fel y canfu nai Gwallter Mechain:

Ar y Sadwrn olaf yng Nghorffenaf 1871 huriwyd chwech dyn gan brif oruchwyliwr glofeydd Nanticoke i gludo dodrefn fy nhy i'r heol a'm gyrru i a'm teulu allan. Gwnawd hyn oll oherwydd fy mod yn ymdrechu cael ychwaneg o gyflog am fy llafur i a'm cydweithwyr...

Erbyn 1870, roedd ganddynt Undebau a'u cynrychiolai yn Hyde Park (rhan o Scranton):

Mwynwyr wedi ymuno – yn Undeb,
   Ein hiawnder mae'n hawlio;
  Byw mwyach heb ymwywo,
  Yn Hyde Park yn undeb bo.

Erbyn diwedd y ganrif gwŷr o wledydd de a dwyrain Ewrop oedd y rhan fwyaf o'r ymfudwyr. Ar ôl 1872 ymfudodd mwy o wlad Pwyl, ac ymfudodd mwy o Hwngari ar ôl 1877. Oherwydd eu parodrwydd i weithio am lai o dâl, chwalwyd sawl cymdogaeth Gymraeg. Cymaint oedd y newid ym Mhittston (rhwng Scranton a Wilkes-Barre) nes i'r hen *Welsh Hill* gael ei hail-enwi yn *Italian Hill*. Yno ar un adeg roedd tri chapel ar yr un stryd, ac nid oedd yr un teulu o'r Eidal yno.

Er y gwelliannau yn amgylchiadau'r Cymry, roedd yr un hen ddamweiniau yn dal i ddigwydd. Yng Ngorffennaf 1849 anafwyd bachgen 14 oed: 'Fel yr oeddynt ar ddiwedd y dydd yn esgyn o weithfa glo... cymerodd Thomas [Jones] ei eisteddfa ar y gadwyn berthynol i'r car: yn anffodus gafaelodd un o'r props ynddo, ac mewn eiliad yr oedd yn y byd tragwyddol'. Dilynwyd hyn gan anffawd John Williams o Dalybont, Brycheiniog yn Ebrill 1850:

Tra yn dadfachu y wagen ar waelod y slope, yn anffodus torodd y tidgadwyn wrth yr hon yr oedd y wagen lawn yn cael ei chodi, a rhuthrodd yn ôl o ben uchaf y llechwedd gyda nerth mawr. Tarawyd yntau ar ei ben nes ei wneud yn ddideimlad yn y man ac ymhen ychydig oriau anadlodd yr anadl olaf.

Nid unigolyn a gollwyd ar dro chwaith, ond sawl un:

Cymerodd un o'r damweiniau mwyaf galarus le yn y lle hwn, a elwir yn gyffredin Gwaith Five Points, tua 8 o'r gloch boreu dydd Iau, y 26ain o Gorph. Perchenog y gwaith yw Mr Agard; enw y boss yw Mr John W. Davies, un o flaenoriaid eglwys y Bedyddwyr Cymreig yn y lle hwnnw. Cymerwyd pedwar o bersonau, dau ddyn a dau fachgenyn, o'r gwaith yn farw, rai ohonynt wedi eu hanurddo a'u tori yn druenus: Bu un arall farw yn mhen ychydig ddyddiau; ac yr oedd chwech yn ychwaneg wedi eu niweidio, y rhai, fel y deallwn ydynt yn debyg o wellhau. Dechreuodd trwy daniad y gas; ond yr hyn a achosodd y difrod a'r niwediau mwyaf oedd taniad tua 50 pwys o bylor, yr hwn oedd mewn barilan yn y man lle y cymerodd y ddamwain le.

Gerllaw Pottsville yr oedd y ffrwydriad, ond mwy dinistriol fyth oedd y ffrwydriad gerllaw Wilkes-Barre yn Avondale. Aeth mynedfa'r pwll ar dân a bu farw dros gant o bobl. Dyma'r ddamwain y cyfeirir ati yn yr englyn isod ac yn yr adroddiad sy'n dilyn:

Ow y fflam ufelawg fflwch – a dalodd
        I Avondale dristwch;
    Cant o wyr cu-llu i'r llwch
    A reswyd trwy y d'ryswch.

Tua deg o'r gloch dydd Llun, Medi 6ed [1869], tarawyd holl drigolion Dyffrynoedd y Wyoming a Lackawanna a'r dychryn a'r braw mwyaf, gan y newydd sobr a galarus a yrid ar adenydd y mellt dros y gwefrau, bod *Breaker* Avondale, ger Plymouth, Swydd Luzerne, Pa., wedi cymryd tân, a bod 202 o'n cydddynion yn y pwll heb un ffordd i ddianc! Ond erbyn hyn, trwy drugaredd, gallwn sicrhau fod y rhif cyntaf, sef 202, wedi dyfod i lawr i 108...

Wedi diffodd y tân am 10 munud i chwech, rhoddwydd ci mewn box a gollyngwyd ef i waered i'r pwll... a phan y codwyd ef, cafwyd ei fod yn fyw... Mewn ymateb i'r galwad am wirfoddolwyr, dyma Charles Vartue o'r Grand Tunnel, yn myned ymlaen, ac yn cynnig myned, gan gymryd ei fywyd megis yn ei law... ond ni allai neb ond mentro rhan o'r ffordd, rhag ofn i'r *debris* oedd yn y pwll syrthio arno wedi iddo ei basio...

Charles Jones o Plymouth, a Stephen Evan o Nottingham, a aethant i lawr gyda arfau, a symudasant y rhwystr a llwyddiasant i fyned ar hyd y gangway tua 60 neu 70 o latheni, a deuthant at ddrws caiedig...Yr oedd nwyon sulpheraidd yn dyfod allan... Yna dychwelsant mewn anobaith...

Aeth dau eraill – Thomas Williams a Jenkin Morgans – i lawr, ac yn fuan gwaeddasant am rawiau a phigau. Aeth dau eraill i lawr, a chawsant Williams a Morgans mewn gwahanol fanau, yn feirw, fel y tybient. Tynasant hwy i fyny; yr oedd Williams wedi marw, ond ar ôl peth amser gwellhaodd Morgans. Aeth cwmniau eraill i lawr y naill ar ôl y llall, ac yn eu plith oedd un o'r enw David Jones, yr hwn a fygodd yn y tagnwy, ac ni ellid ei adferu...

Bore dranoeth [Mawrth], cafwyd ager-wyntyll o Scranton i awyru y gwaith... Aeth amryw gwmniau i lawr yn ystod y dydd hwn, eithr yn aflwyddiannus.

Dydd Mercher, Medi 8fed, cafwyd dau o gyrff meirwon, sef y rhai cyntaf, a dygwyd hwy i'r lan.

Dydd Iau, deuwyd o hyd i'r holl ddioddefwyr, oll yn feirw, eithr heb ddim hysbysrwydd wedi ei adael pa mor raddol y buont feirw. Cafwyd 63 o gyrff yn y siambr yr ymwthiwyd iddi gyntaf – chwech mewn lle arall, ac amryw mewn manau eraill. Cafwyd rhai tadau a chyrff eu bechgyn wedi eu gwasgu yn annwyl yn eu mynwesau. Yr oll o'r cyrff a dynwyd allan o'r gwaith oedd 108... Yr oedd uwchlaw 70 o'r rhai a gollwyd yn Gymry...

Ymysg y rhai a fu farw oedd Evan Hughes, brawd Benjamin Hughes y cyfeiriwyd ato eisoes. I wneud pethau'n waeth roedd rhai o'r gwragedd yn dal ar y daith o Gymru a heb unrhyw syniad o'r hyn a'u hwynebai ar gyrraedd America. Un o ganlyniadau'r ddamwain oedd cyfraith a orfodai'r pyllau i ychwanegu ail fynediad. Er gwaetha'r ymdrechion i ddiogelu'r glowyr, difaterwch y glowyr eu hunain oedd y prif reswm dros y damweiniau o hyd. Beth amser wedyn cyfeiriwyd at hyn mewn adroddiad blynyddol gan Brif Archwilydd mwynfeydd Pensylfania: 'It is the opinion of the mine inspectors, in which I concur, that from 50 to 75% of the accidents are due to the carelessness of the victims themselves'. Ym mhyllau Wilkes-Barre, nid y nwy a dueddai i ymgasglu oedd yr unig ddiffyg. Roedd math o lechen y cyfeiriwyd ati fel 'man-killer' yn achosi pob math o berygl. Ymddangosai yn gadarn ond wrth iddi ddirywio gallai ddisgyn yn ddirybudd.

Er gwaethaf y damweiniau, ac fel yr awgrymir gan y tystlythyr a anfonwyd gan y gweithwyr at Benjamin Hughes, gallai'r cwmnïoedd fod yn gefnogol i'r glowyr hefyd. Pan godwyd y cyntaf o gapeli Carbondale yn 1833, cyfrannodd Delaware & Hudson Coal Co. y tir am un doler. A phan symudodd Andrew J. Davies o Wilkes-Barre er mwyn agor pwll glo yn Warrior's Run, a chyn codi'r capel yno yn 1874, caniataodd i'r gweithwyr gynnal gwasanaethau Cymraeg yn swyddfeydd y cwmni. Y cwmnïoedd a ariannodd rai o brif wobrau'r eisteddfodau hefyd.

Roedd llawer o bobl oedd mewn swyddi uchel yn gefnogol i'r bywyd Cymraeg. Cymerer F. R. Phillips a oedd yn arbenigwr ar y diwydiant sy'n gysylltiedig â chynhyrchu tun. Yn 1891 dewiswyd ef i annerch y Tin Plate Manufacturers of the United States ym Mhittsburgh a dywedodd ei fod wedi buddsoddi miliwn o ddoleri ar gyfer dechrau cwmni o'r enw The Welsh-American Tin Plate Company of Pennsylvania. O ystyried nad Cymry oedd y mwyafrif o'r gwrandawyr, roedd ei sylwadau braidd yn annisgwyl. Yn enedigol o Fachen, roedd wedi byw yn yr Unol Daleithiau ers ei fod yn ddeg oed, a gorffennodd ei anerchiad gyda'r geiriau:

> I revere the memory of my ancestors, as I well may do, as a thoroughbred Welshman… As Americans, it is time for us to break loose from the bondage we are under… let us develop our own resources and make our own Tin Plate, and for myself I would extend a hearty welcome to the Welsh people to come here and share in the freedom we enjoy, and not stay there and be starved in a fruitless conflict, as they will certainly be beaten, and badly too, if they continue the struggle.

Capeli'r Prif Gylch Glo

Gyda'r cynharaf o'r capeli yn gysylltiedig â glofeydd y cylch oedd y rhai yn Carbondale a godwyd yn 1834, 1837 a 1848 ac i'w dilyn yr oedd y rhai a gynrychiolai'r tri enwad dros hyd a lled y prif faes glo. Cofnodwyd hanes capeli Wilkes-Barre gan un oedd yn enedigol oddi yno, sef yr Athro Edward Hartmann, ac mae lluniau nifer dda ohonynt yn ymddangos yn ei lyfryn bychan a gyhoeddwyd yn 1985, sef *Cymry yn y Cwm – The Welsh of Wilkes-Barre & the Wyoming Valley*.

I'r de o'r pyllau glo yn Carbondale deuir at y ddau le, Jermyn ac Olyphant lle codwyd capeli gan y tri enwad. O gadw i'r de i Scranton/Hyde Park ceir dewis o saith o gapeli, cyn dod at rai y tri enwad yn Taylorsville a Miners Mills. Yr oedd gan Wilkes-Barre ei chwe chapel hithau ac atynt gellid ychwanegu rhai y tri enwad mewn sawl lle cyfagos, megis Edwardsville, Avondale, Plymouth, Nanticoke a Warrior Run. Ar ben hynny, roedd un neu ddau o gapeli mewn tua dwsin o bentrefi ychwanegol, a rhyngddynt i gyd gellid dod ar draws hanner cant neu ragor o fewn hanner can milltir i'w gilydd. Er bod rhai ohonynt braidd yn fach, gallai adeiladau eraill ddal rhwng saith ac wyth cant o bobl. Felly yr oedd ar groesi'r afon o Wilkes-Barre i Gapel Cynonfardd yn Edwardsville a hefyd yn nhri chapel Hyde Park. Un o'r tri yn y lle olaf oedd Ebenezer y Methodistiaid, a'i gweinidog yn ystod y 1860au oedd Joseph Evan Davies, awdur *Y Blwch Duwinyddol*, gyda'r gyfrol gyntaf (466 tudalen) wedi ei chyhoeddi yn Scranton yn 1867 a'r drydedd gyfrol (628 tudalen) yn Utica yn 1871. Gan ddechrau yn 1864, nid oedd gan ei wrandawyr le i achwyn am oerfel y gaeaf:

Y mae ynddo awrlais gwyrain,
Lampiau dysglaer gwydr a phres,
A ffwrneisiau mawr a llydain,
Pibau alcan gyda'r gwres...

Er mor Gymreig oedd Scranton, mae'n rhyfeddol fod drama Gymraeg wedi ei chyhoeddi yno yn 1869. Awgryma'r testun, *Mordecai a Haman*, iddi gael ei seilio ar un o hanesion mwyaf cyffrous yr Hen Destament. Oherwydd ei ddiddordeb yn hanes y dwyrain, aeth yr awdur, H. M. Edwards ati i ymhelaethu ar Lyfr Esther. Ymysg tua 1,200 copi tanysgrifio, anfonwyd dwsin i drefi cyfagos fel Kingston, Nanticoke, Pittson, Plymouth, Olyphant a Hyde Park. Felly, gellir casglu i'r ddrama gael ei llwyfannu mewn nifer o gapeli'r ardal. A beth am y ddrama ei hun? Yn yr enghraifft isod (a ddaw o ddiwedd Golygfa 1, Act 1) derbynia Eunuch Harbona orchymyn gan Frenin Anasferus wedi saith diwrnod o wledda:

Harbona! dos ar frys
    At fy mrenines, Fasti,
Ac arwain hi i'r llys,
    Fel caffom olwg arni;
A d'wed foed Persia fawr,
    Yn aros yr anrhydedd
O syllu ar deg wawr
    Prydferthwch pur ei Mawredd.

Pan wrthododd hithau ufuddhau, a rhag i'r anwybyddu ar y brenin ymledu, cynghorwyd ef i ddod â gwyryfon glana'r wlad ynghyd ac i ddewis o'u plith frenhines arall. Dyma ymateb y pen ystafellydd Hegai yn Act 2, Golygfa 2 ar lygadu Esther am y tro cyntaf:

Yn nghysgod hon mae harddwch byd
  O'r golwg yn ymgilio,
Fel y mae ser yn colli'u gwrid
  Pan heulwen yn goleuo;
Ac ar ei min mae diliau serch
  O hyd yn orffwysedig;
Pa ddyn, pa frenin, na fyn ferch
  Fel hon yn arddurnedig?

A beth am weinidogion yr ardal a rhai na hyfforddwyd yng Nghymru? Treuliodd ambell un eu hafau fel myfyrwyr yn Dundaff. Lleolir Dundaff bump i chwe milltir i'r gogledd o Carbondale, ar bwys Long Pond a'r Mynydd Elk, ac fe'i hystyriwyd yn fan hynod ddymunol. Oherwydd hynny arferai myfyrwyr dyrru yno am waith tymhorol yn yr haf gyda'r rhai mwyaf awyddus yn gweithio ar ffermydd oedd yn eiddo i'r Cymry. Er nad oedd yn gymuned gref, rhyngddynt oll roedd 62 o blant, a phan ddaeth yn amser cynaeafu, cyflogasant fyfyrwyr a allai bregethu yn y Gymraeg ar y Suliau.

Un o'r teuluoedd yn Dundaff oedd perthnasau i'r pregethwr hwnnw, Jenkin Jenkins, a fentrodd trwy'r llifogydd i gysegru capel Minersville. Pan oedd yn blentyn yn Llangyfelach, Morgannwg, holodd un o foneddigion yr ardal beth oedd ei enw, ac atebodd fel hyn: 'Mae arnaf fi dri enw syr, yr un a fynnoch ai Jenkin Jenkins, Siencyn i Gyd, neu Siencyn Ddwywaith.' Byth wedi hynny adnabuwyd ef fel 'Siencyn Ddwywaith'. Dair blynedd wedi ymfudo yn 1832, daeth yn weinidog yn Efrog Newydd. Doedd ganddo fawr o afael ar y Saesneg, ac nid hyd nes iddo fynd i ffwrdd i goleg yr ymdrechodd 'lefaru yn yr iaith Saesneg gyntaf, yn wyneb anawsterau mawrion, yn gyffredin'. Oherwydd iddo ymweld â chymaint o lefydd daeth yn adnabyddus i lu o Gymry'r wlad ac ystyriwyd ef fel un o'u cymeriadau mwyaf hoffus. Nid anarferol fyddai clywed rhywun yn adrodd hanesyn doniol amdano ac yn ôl un gweinidog, 'Ar yr amser sychaf gall dyn y glaw o gymylau y nef.' Yn ddiweddarach yn ei yrfa ysgrifennodd hunangofiant a daw ei hiwmor i'r golwg o ddarllen y teitl, *Hanes Unwaith am Siencyn Ddwywaith*. Cafodd un bleser anghyffredin o'i ddarllen:

Ni chwynem, pe mil a chanwaith – o gael
  Cyd-gwrdd *Siencyn Ddwywaith*
Aros fyn llawer oes faith
Yn swyn ei *Hanes Unwaith*.

Bu'n weinidog yn Dundaff am gyfnod ac wedi ymgartrefu yno o'i flaen yr oedd ei frawd a'i chwiorydd. Datblygodd atyniad cryf at y lle: 'Yn ysbaid fy ngweinidogaeth yn y ddwy eglwys yma [Cymraeg Clifford a Henaduriaethol Saesneg Dundaff] y teimlais fwyaf cysurus o bob man'. Tra roedd yno defnyddiodd ei hiwmor ffraeth i geisio rhoi trefn ar aelodau'r capel Cymraeg oedd yn mynnu ffraeo â'i gilydd. Am ryw reswm gwrthododd un o'r blaenoriaid yn Carbondale fynd â'r cymun o gwmpas, ac ynghyd â 30 arall, dechreuwyd sôn am ddechrau 'achos newydd'. Fel y gellid dychmygu, yno i groesawu Jenkin Jenkins roedd capel gorlawn, ac agorodd yntau y drafodaeth trwy droi at eiriau Paul: 'Mi a glywais fod ymrysonau yn eich mysg...' Dychwelodd i Dundaff gyda naws ysbrydol Carbondale wedi ei hadfer unwaith eto.

Yn *Hanes Unwaith am Siencyn Ddwywaith* ceir hanes gweinidog o ardal amaethyddol yn pregethu i gynulleidfa o lowyr Carbondale. Yno'n llawn brwdfrydedd roedd un hen löwr a hoffai'i ddiod, ac ar y cyfan bodlonwyd hwnnw gyda'r bregeth:

Railroad fawr yr iachadwriaeth
– Amen, Amen
Bobl fach, ar y railroad hon y mae y locomotive dwyfol, a thrain dwyfol ar ei hol...
– Amen, Amen, o'r goreu fy ngwas i
Dyma gar noble arall, y Gymdeithas Genhadol Gartrefol...
– Amen, Amen, dyna hi fachgen
Dyna gymdeithas arall, y Gymdeithas Feiblau...
– Amen, Amen, dyna hi eto

Dyna gymdeithas arall hynod iawn, sef y Gymdeithas Draethodol...
– *Amen byth, dyna hi eto*
Mae cymdeithas arall yn awr ar droed – sef y Gymdeithas
Ddirwestol...
– *He, beth yw hyna sydd gent ti ?*

Ar ddiwedd yr oedfa mynnodd y pregethwr ddilyn y glöwr oedrannus tua'i gartref ac er y croeso gwresog a'r te, roedd yr eglurhad yn ddi-ildio: 'Pan y byddwyf fi yn tyllu yn y gwaith, a'r llwch yn dyfod i'm genau, a minnau yn gweithio yn galed, mae llymed bach y pryd hynny yn fine iawn...'.

Eto, er cymaint oedd dylanwad y capeli, roedd tipyn o fri ar y ddiod gadarn. Siomwyd y Parch. Rowland Williams gan ymddygiad rhai pan oedd ar daith o amgylch Pensylfania yn 1837: 'Mae cydymaith y rum a'r brandi, sef y tobaco, mor rhad fel na feddylir ei gadw mewn blwch neu hen debot wedi tori ei big, fel yn Nghymru, ond cedwir ef mewn ysten bridd neu hen gasgen pylor'. Problem arall oedd gor-yfed fel y dengys yr hanesyn doniol hwn:

Holais hwynt pa fodd y byddent yn treilio eu Sabbothau, ac
addefent mai drwy fynd o un ty i'r llall – pob tŷ yn ei dro, i yfed
Bitters, a'r un modd nosweithiau yr wythnos yn gyffredin... Tra
yr oeddwn i yn ceisio pregethu iddynt, gorweddent yn gysglyd ar
draws eu gilydd; ond cyn gynted ag y cawsent yr Amen, yr oedd
pawb yn deffro; a gwraig y tŷ yn dwyn ystenaid mawr o gwrw i'r
golwg, i'w ranu rhwng y gwrandawyr... Yr oedd yn resyn gweled
un hen Gymro oedd yno, yn 84 mlwydd oed, ac wedi treulio y
rhan fwyaf o'i oes yn nghanol breintiau efengylaidd Cymru, yn fwy
trachwantus am y diodydd meddwol na neb.

Melinau Dur

Yn ystod ail hanner y 19eg ganrif gwnaethpwyd mân welliannau i'r ffordd o gynhyrchu haearn ac arweiniodd yr arbrofion hyn at fath newydd o'r metel, sef dur. Ymhell cyn hyn bu rhai Cymry wrthi yn gwneud haearn ym Mhensylfania a daethpwyd o hyd iddynt wrth deithio i'r gorllewin o Philadelphia am rhyw drigain milltir. Ymysg y cyntaf i berchenogi tir yno ger yr Afon Conestoga oedd Gabriel Davies. Diolch iddo ef a Chymry eraill, dechreuwyd cyfeirio at y gymdogaeth fel 'Caernarfon'. Yr oedd ganddynt yn y cylch ers naill ai 1718 neu 1721 felin lifio a melin flawd, a chodwyd wedyn, ar dir a fu unwaith dan berchenogaeth un o'r enw John Jenkins, ffwrnais haearn.

Er mwyn creu'r haearn rhaid oedd poethi'r hyn a fwyngloddiwyd a'i gymysgu âchalchfaen oedd wedi'i chwalu ymlaen llaw. Gwresogwyd y gymysgedd trwy losgi sercol ac unwaith roedd yr haearn yn dawdd, gellid ei wahanu i belen feddal. Yna dyrnwyd y belen gyda gordd anferth a yrrwyd gan rod ddŵr.

A phwy oedd Gabriel Davies? Dywedwyd ei fod yn un o saith o'r un cyfenw a gychwynnodd eglwys a gafodd ei henwi am Eglwys Gadeiriol Bangor. Mae'r llyfr festri o Dachwedd 1751 yn nodi iddynt unwaith fod yn gysylltiedig ag Eglwys Dewi Sant, Radnor, Pa: 'After some years, many of them, finding their settlement too confined (from the vast number of incomers), they, A.D. 1730, removed some miles to the westward into a new county, called Lancaster, and settled in a Township called Caernarvon...' Y ficer cyntaf yn Radnor oedd Griffith Hughes a soniodd yntau am y teithiau yr arferai eu cymryd:

> several journeys to visit the back inhabitants, sometimes 60 or 70 miles from home, where I christened a great number. But in more particular at Casistogo where for some time past I preached both in Welch and English on the first Tuesday in every month.

Yn 1734 cysylltodd yr aelodau â Chymdeithas Dramor yr Eglwys yn Llundain:

> Would the hon-ble Society be pleased to bestow on us a Welch Bible and Common Prayer for the use of the Church... At Mr Hughes' first arrival we had no other conveniency than the shade of any large tree to preach under, but now we have built a handsome church.

Adeilad cyffion oedd hwn a daeth adeilad o gerrig yn ei le yn 1754. Beth am y ffwrneisi? Mae'n debyg mai'r cyntaf ohonynt oedd y Windsor Furnace a godwyd gan dri Sais, ond pan sylweddolwyd bod y wlad yn debygol o gael ei hannibyniaeth, gwerthwyd y ffwrnais i ddyn o'r enw David Jenkins. Ef fu'n gyfrifol amdani am chwarter olaf y ganrif. Dilynwyd yntau gan ei fab a chyda'i farwolaeth ef yn 1848 daeth dyddiau'r felin i ben. Nid yw'n hollol glir ai dyma oedd y felin a godwyd ar dir a berthynai unwaith i John Jenkins.

Oddeutu 1770 ceir rhywfaint o hanes am Gymro o'r enw James Old oedd yn cynhyrchu haearn yn ail ffwrnais yr ardal, sef y Poole Forge. Yn 1795 daeth y felin dan ofal mab iddo ac yna yn 1799 bu dan ofal gweithiwr a briododd i'r teulu. Y drydedd o ffwrneisi'r ardal oedd y Spring Grove Furnace a adeiladwyd ar ran o fferm Thomas Edwards. Bu'r tir hwn cyn hynny ym meddiant gŵr o'r enw David Morgan.

Er cymaint roedd y ffwrneisi'n ei gynhyrchu, nid oedd yn agos i'r hyn a grëwyd yn y ganrif ddilynol. Gyda'r melinau cynyddodd y galw am lo a'r cyntaf i feistroli'i ddefnydd oedd David Thomas, a fagwyd ar fferm gyfagos i adfeilion Mynachlog Nedd. Yn 1812, ac yntau'n 17 oed, penderfynodd nad oedd am ffermio ac aeth i weithio yng ngweithfeydd haearn cyfagos Castell Nedd. Bum mlynedd wedyn symudodd i Ynys Cedwyn, Brycheiniog lle penodwyd ef yn rheolwr cyffredinol dros y gweithfeydd. Yna yn 1820 dechreuodd wneud arbrofion lle y ceisiai ddangos y gellid parhau i wneud haearn pan ychwanegwyd mwy a mwy o lo at y golosg traddodiadol. Heb lwyddiant, aeth i'r Alban i weld chwyth ffwrnais a ddatblygwyd gan ŵr o'r enw James Beaumont Neilson. Efelychodd ffwrnais Neilson ac o glywed am ei lwyddiant trefnodd gŵr o'r enw Samuel Roberts yn Philadelphia i David Thomas gael adeiladu ffwrnais gyffelyb yn Allentown, Pensylfania.

Cynhyrchwyd y pedair tunnell gyntaf ar 4 Gorffennaf 1840 ac yna yn 1854 derbyniodd Thomas gefnogaeth i ddechrau cwmni 'Thomas Iron Co.' Ymysg y rhai a gyflogodd yr oedd y Parch. David R. Griffiths, gŵr âgallu anghyffredin i greu'r patrymau a addurnai nwyddau'r cwmni. Ar y Suliau pregethai ym Methel yr Annibynwyr, capel a adeiladwyd ar dir a roddwyd gan David Thomas ar yr amod ei fod yn cael ei ddefnyddio i adeiladu addoldy yn unig. Ddeng mlynedd ar hugain yn ddiweddarach cymerwyd mantais o'r amod drwy godi capel Saesneg ar yr union fan. Diolch i David Thomas, erbyn 1874 llosgwyd glo gan bron i chwarter o'r ffwrneisi. Ar drothwy ei wythdegau anrhydeddwyd ef trwy ei benodi yn Llywydd cyntaf yr American Institute of Mining Engineers.

Gyda chymaint o goed, roedd modd parhau i losgi golosg fel y gwnaed ers canrifoedd. Dyna a wnaed yn y ffwrneisi a godwyd ar lannau'r Afon Ohio yng nghanol y 19eg ganrif, gan gynnwys y Jefferson Furnace a oedd dan berchenogaeth nifer o Gardis a gartrefai yng nghyffiniau'r afon. Er mor bwysig oedd y glo maen yn nwyrain Pensylfania, y tanwydd a ddefnyddiwyd yn y diwedd oedd y glo meddal a ganfuwyd yn ei ddigonedd ym mhen draw'r dalaith. Tueddwyd hefyd i fwyngloddio'r haearn o fannau mwy gorllewinol, ac o ganlyniad daeth yn fanteisiol i leoli'r melinau mewn trefi fel Pittsburghh yng ngorllewin Pensylfania. Rhwng y ddwy afon a redai naill ochr i'r dref roedd ganddynt ddigonedd o ddŵr angenrheidiol. Mewn nofel adnabyddus o'r cyfnod, *Life in the Iron Mills* gan Rebecca Davis, cyfeirir at y Cymry a weithiai yn y melinau: 'The old man, like many of the puddlers and feeders of the mills was Welsh...' Er bod y nofel yn seiliedig ar weithfeydd Wheeling, West Virginia, roeddent o fewn tafliad carreg i Pittsburghh a'u dau ddwsin hithau o 'Welsh Puddlers'.

Ers blynyddoedd deallwyd bod cysylltiad rhwng natur yr haearn a'r carbon na waredwyd mohono yn llwyr. Os oedd gormod o'r carbon yn bresennol, tueddai i ymgasglu'n fân ddarnau a'r hyn a geid oedd 'haearn bwrw' neu'r 'cast iron' sydd o natur yn frau. Ar y llaw arall, ac os gwaredwyd y rhan orau ohono fel bod y gweddill yn hollol wasgaredig drwy gorff yr haearn, deuir at y sefyllfa orau oll, sef dur. A hyd yn oed cyn dod at ddyddiau'r dur yr hyn a ddisgwyliwyd amdano o'r *puddler*s oedd cwtogi ar y carbon a phob amhurdeb arall fel sylffwr. Ceir golwg ar beth a gymerai i gyflawni'r dasg gan un a adawodd Tredegar yn saith oed, ac a ddechreuodd weithio gyda'i dad yn 12 oed.. Cartrefai hwn i'r gogledd o Pittsburghh yn Sharon:

The puddling furnace has a working door on a level with a man's stomach... It is a porthole opening upon a sea of flame... Through this working door I put in the charge of *pigs* that were to be boiled. These short pieces of mill iron had been smelted from iron ore; they had taken the first step on their journey from wild iron to civilized iron... Vigorously I stroked that fire for thirty minutes with dampers open and the draft roaring while the pig-iron melted down like ice-cream under an electric fan... There were five bakings every day and this meant the shoveling in of nearly two tons of coal. In summer I was stripped to the waist and panting while the sweat poured down across my heavy muscles... What time I was not stroking, I was stirring the charge with a long iron rabble that weighed some twenty-five pounds...

The melted iron contains carbon, sulphur and phosphorus, and to get rid of them, especially the sulphur and phosphorus, is the object of all this heat and toil... My purpose in slackening my heat as soon as the pig-iron was melted was to oxidize the phosphorus and sulphur ahead of the carbon... When this reaction begins I see light flames breaking through the lake of molten slag in my furnace. Probably from such a sight as this the old-time artists got their pictures of Hell... The purpose now is to oxidize the carbon, too, without reducing the phosphorus and sulphur and causing them to return to the iron...

Brodyr o Lanelli

Roedd gan ambell weithiwr ddealltwriaeth arbennig ynglŷn â beth oedd angen ei gynhyrchu, haearn ynteu ddur, a hwy oedd yn gyfrifol am amryw o'r gwelliannau a fabwysiadodd y melinau. Ymysg y rhai a wnaeth gyfraniad eithriadol yr oedd tri brawd a fagwyd yn Llanelli ac a ymfudodd gyda'r teulu pan oeddent yn blant. O 1832 ymlaen bu'r tad, William Reese, yn crwydro o un lle i'r llall yn chwilio am waith. Yn 1837 ymsefydlodd yn barhaol yn Pittsburghh.

Yr hynaf o'r tri brawd oedd Isaac, a blwyddyn cyn i'r teulu ymfudo ac yntau'n 11 oed, bu'n gweithio gyda'i dad yn y melinau. Erbyn 1848 roedd ganddo chwyth ffwrneisi ei hun ac ymhen wyth mlynedd arall roedd yn rhedeg gwaith glo gyda'i frawd Abram. Er na fu'r un o'r ddwy fenter yn llwyddiant ysgubol, daeth tro ar fyd pan ddarganfu ffordd o greu priciau tân gwell. Erbyn 1860 roedd yn berchen cwmni cynhyrchu priciau tân. Ond er rhagoriaeth Woodland Brick, collodd y cyfan yn ystod trychineb ariannol 1873. Gyda chymorth ei fab hynaf, ail gydiodd ynddi yn 1878 ac o fewn pedair blynedd roeddent yn berchen cwmni briciau arall o'r enw Isaac Reese and Sons. Prif fantais y Reese Silica Brick oedd y gellid ei wresogi i dymheredd uchel heb fawr o estyniad yn yr hyd. Cynhyrchwyd hwy mewn tri o weithfeydd a gwerthwyd y cyfan yn 1902.

Bedair blynedd yn iau nag Isaac, ac yn saith oed pan oedd yn ymfudo, yr oedd Jacob. Am 13 mlynedd cydweithiai gyda'i dad ond yn wahanol i lawer yn y melinau, darllenai lyfrau am gemeg a thrin haearn gyda'r hwyr. Erbyn 1850 roedd yn ddigon hyddysg i gynllunio gweithfeydd ar gyfer cynhyrchu hoelion, rheilffyrdd a'r cylchoedd a gadwai casgenni olew at ei gilydd. Ar ben hynny cynlluniodd weithfeydd oedd yn gwahanu olew i'w amrywiol rannau. Yn 1854 penodwyd ef yn beiriannydd ar gyfer cynllunio a chodi gweithfeydd y Cambria Iron Co. Am 25 mlynedd yn 1866 bu'n rhedeg ei gwmni ei hun yn Pittsburghh. Yn ystod y cyfnod yma, pentyrrodd y syniadau am freinteb un ar ôl y llall, tua 175 ohonynt i gyd. Roedd y mwyafrif yn gysylltiedig â pheirianwaith y melinau ac roedd y pwysicaf ohonynt am gynhyrchu dur gyda thân agored.

Y trydydd brawd oedd Abram. Tair oed ydoedd pan ymfudodd y teulu o Lanelli, a phenodwyd ef yn oruchwyliwr ar y Cambria Iron Works yn Johnstown pan oedd yn 25 oed. Ar ôl y fenter aflwyddiannus gydag Isaac, daeth yn ôl i Pittsburghh erbyn 1860, ac yno roedd yn rheoli'r Petrolite Oil Works a adeiladwyd yn y cyfamser gan Jacob. Fel ei frodyr, derbyniodd yntau sawl breinteb, am wneud pedolau, am gynhesu ffyrnau, cynhesu trenau a chynhyrchu dur ar gyfer toi adeiladau. Un o'i orchwylion pwysicaf oedd yr un ar gyfer yr 'universal rolling mill' yn 1892.

Gŵr a fudodd o Gymru yn yr un flwyddyn â'r teulu rhyfeddol hwnnw o Lanelli oedd mab i bregethwr o'r enw William Richard Jones a fu'n oruchwyliwr ar felinau enwog Edgar Thomson Steel Co. yn Braddock (rhyw ddeng milltir i'r dwyrain o Pittsburgh). Fel y brodyr Reese derbyniodd yntau sawl breinteb, oddeutu deuddeg i gyd, gan gynnwys un holl bwysig am y Jones Mixer yn 1889 (lle yn ôl y disgrifiad, y cymysgwyd yr haearn tawdd cyn ei drosglwyddo i'r *converter*). Ar ben hynny, arferai gynghori y cwmni Carnegie, Phipps & Co., ac ar ôl un ymweliad â'r gweithfeydd disgrifiwyd ef fel 'probably the greatest mechanical genius that ever entered the Carnegie Shops'. Yn ystod trychineb Johnstown, pan ysgubwyd argae i ffwrdd gan lifogydd, brysiodd yno gyda 300 o'i weithwyr. Bu farw'n gymharol ifanc o ganlyniad i ffrwydriad yn y gwaith ac yntau'n cynorthwyo rhai o'i weithwyr. Ar ddydd ei angladd roedd y felin, yr holl siopau ac ysgolion y dref ar gau – prawf amlwg o edmygedd pobl ohono.

Llifogydd Johnstown

Soniwyd eisoes am y rhan allweddol a chwaraeodd Jacob Reese pan adeiladwyd gweithfeydd y Cambria Iron Co. yn Johnstown yn 1854. Ymwelodd gweithiwr ifanc ag Edensburgh, tref ger Johnstown yn 1856, a gwirionodd ar y merched lleol:

> A phan gaf i etto hamdden,
> Caraf ferched llon Tref Eben,
> Dedwydd byddaf rhwng eu breichiau
> Sugnaf fiwsig o'u gwefusau.
> (Llanc fu'n ei Plith).

Tebyg bod cymdeithasu cyson rhwng y ddau le a phwy yn Ebensburg na fynnai flasu'r te a hysbyswyd o Johnstown yn y flwyddyn 1859:

Y TE PUR! Pwy a'i myn? Dim twyll na hymbyg. Mae Ebenezer
James, GROCER and PROVISION DEALER, JOHNSTOWN,
Cambria Co. Pa., yn cael Te Pur yn uniongyrchol o Efrog Newydd
oddiwrth y Canton Tea Company. Dywed holl Fenywod yr Hen
Wlad, Na chawsant ddysglaid o De blasus er maent yn y wlad hon,
hyd nes cael y Te pur gan... Eben James.

O fewn deng mlynedd i ffurfio'r Cambrian Iron Co.
roeddent ymysg prif gynhyrchwyr haearn y wlad. Oherwydd
galw gan y cwmnïau rheilffyrdd am ddur, roeddent ymysg
y cyntaf i gynhyrchu dur hefyd. Yn 1864 cafodd y cwmni
sylw yng nghylchgrawn *Scientific American* – cylchgrawn
sy'n parhau i fod mor boblogaidd a dylanwadol ag erioed:
'The Cambria Iron Works, at Johnstown, Pa., are being
enlarged, though already the most complete and extensive
establishment of the character in the country. These works
give employment to about two thousand five hundred
workmen...'

Fel rhan o'r ymgais i ddenu cefnogaeth ariannol ar gyfer
ehangu'r gweithfeydd roed yn orfodol iddynt fanylu am eu
hadnoddau. Dywedent fod yr ocseid o'r haearn ei hun yn gyfleus
ger wyneb y tir mewn haen o dair i bedair troedfedd. Yn is o
ugain troedfedd, ac mewn haen bedair troedfedd o drwch, yr
oedd y pyglo (glo meddal) a ddefnyddiwyd i boethi'r ffwrneisi.
Yn ddyfnach eto, ac o dan ail wythïen o'r glo, gorweddai'r
galchfaen a chwalent i'w chymysgu â'r ocsid o haearn. Yna'n
un rhes am filltir gyfan roedd chwech chwyth ffwrnais, ac yn
y lluniau ohonynt, dangoswyd hwy yng ngogoniant y cyfnod
gyda'r mwg duaf yn codi o'u simneiau. O'r 20 mil tunnell o
ddur a gynhyrchwyd gan y cwmni yn 1871 byddai'r cyfanswm
yn codi i 350 mil tunnell erbyn 1890. Yn ystod y Rhyfel Byd
Cyntaf unwyd y Cambria Steel Co., fel y gelwid hwy erbyn
hynny, â chwmni arall, ac yn 1924 daeth hwnnw'n rhan o
Bethlehem Steel.

Er mor fanteisiol oedd lleoliad Johnstown i gynhyrchu
haearn, mater arall oedd gofalu ei fod yn cyrraedd

marchnadoedd y dwyrain. I gludo'r haearn tua'r gorllewin i Pittsburgh, roedd modd ei osod ar fad camlas, ond stori wahanol oedd hi wrth fynd tua'r dwyrain. Yno'n rhwystr rhwng Johnstown a'r rhwydwaith o gamlesi oedd yn cysylltu'r trefi'r dwyrain oedd Mynyddoedd yr Alleghenies. O 1826 ymlaen bu Llywodraeth Pensylfania yn trafod y posibilrwydd o adeiladu'r hyn a elwid yn Allegheny Portage Railroad. Ar wely o gerrig 20 modfedd sgwâr, ac o Johnstown hyd at odre'r mynyddoedd, gosodwyd cledr ar gyfer cerbydau a dynnwyd gan geffylau. Oddi yno llusgwyd y cerbydau i fyny'r mynydd gan bump o beiriannau ager a leolwyd uwchben pump o lechweddau. Wedi'u gosod ar ochr ddwyreiniol y mynydd roedd chwe gorsaf gyffelyb gyda'r peiriannau ager yn arafu cwymp y cerbydau at odre'r mynydd. Am 21 mlynedd hyd at 1855 hon oedd y ffordd gyflymaf o groesi'r mynyddoedd. Rhwng hyn a'r camlesi, cwtogwyd y daith wagenni rhwng Philadelphia a Pittsburgh o ugain diwrnod i dri diwrnod a hanner.

Roedd bywyd yn dda yn Johnstown ond daeth tro ar fyd ym mis Mai 1889. Bymtheng milltir i fyny'r dyffryn roedd argae ar gyfer cronni llyn. Er i bennaeth a phrif beiriannydd Cambria Steel Co. fynegi amheuaeth am ddiogelwch yr argae, anwybyddwyd y cyngor gan berchenogion y llyn, sef y South Fork Hunting and Fishing Club. Un noson bu glaw trwm a gododd arwyneb y llyn o ddwy droedfedd. Ac wrth i'r glaw barhau hyd at ganol y prynhawn, profodd pwysau'r dŵr yn ormod i'r argae:

Rhyw orwyllt ruthr aruthrol – du alaeth,
  Y dilyw gorthrechol
 Daenai wastraff dinystriol
 A gwaeu rhwyg ar ei ôl.

O'r 2,000 a foddwyd, barnwyd bod un o bob deg yn Gymry. Diflannodd capel yr Annibynwyr ac o blith yr aelodaeth o 180 bu farw 57. Eu gweinidog oedd y Parch. E. W. Jones ac ni ddaethpwyd o hyd i'w gorff. Roedd y straeon torcalonnus hyn yn frith – fel hanes teulu'r peiriannydd Josiah Evans, gŵr yn enedigol o Pittsburgh ond a'i wreiddiau ym Merthyr:

> Anfonodd ei briod hawddgar a'i bedwar plentyn i le o ddiogelwch, fel y tybiai ef, ac arosodd ef a'i ddau fachgen hynaf yn y ty, ond ysgubwyd hwy a'r ty gyda'r genllif, ac nid heb ymdrech galed y daethant fel Paul o'r llongddrylliad, ond gallasant ddweud fel eraill mai a chroen eu danedd y diangasant. Ond er coleddu y gobeithion goreu am ei wraig a'i blant, aethant hwy yn aberth i'r rhyferthwy! Yr oeddynt wedi myned i dy y brawd Henry Prichard, yr hwn a gymerwyd ymaith fel tegan a'r oll oedd ynddo; ac yr wyf yn cofio yn dda collodd pawb oedd ynddo eu bywydau ond un.

Collodd gŵr o'r enw Edward Evan ei wraig a saith o blant. Collodd merch o'r enw Mary Thomas ei rhieni, tri brawd a dwy chwaer a cheisiodd ail-drefnu ei bywyd trwy symud i Chicago. Yn 1893, a hithau yn 22 oed, ceisiodd roi diwedd ar ei bywyd drwy gymryd gwenwyn. Yn fwy ffodus na nifer o deuluoedd eraill yr oedd teulu â'i wreiddiau yng Nghwm Tawe:

> ...yr oedd Mr a Mrs Griffiths, yn nghyd a'u tri mab bychan, sef John 6 oed, Davy, 5 oed, ac Howell, 2 oed... yn gwneyd eu rhan tuag at achub eu bywydau, ac wedi cael eu taflu yn ôl a blaen am lawer iawn o amser ar ddarnau o'r adeiliadau nofiedig, llwyddiasant o'r diwedd i gael lle oedd ychydig yn ddiogelach, sef mewn shanty (eto yn nofiedig) ac nid cynt y cyrhaeddwyd y shanty nag y rhoddwyd genedigaeth i Moses bach...

Wedi i'r teulu ddychwelyd i Gymru, daeth yr hanes am enedigaeth Moses yn boblogaidd mewn baled. O'r drychineb cafwyd cyfrol o farddoniaeth hefyd, gan un a'i galwai ei hun yn Celyddon. Yn 1874, ddwy flynedd wedi ymfudo, derbyniodd alwad oddi wrth gapel Cymraeg y Bedyddwyr yn Johnstown. Roedd ei deulu'n ddiogel ond collodd y cyfan o'i eiddo. Ddeufis yn ddiweddarach, drwy hap a damwain, daeth o hyd i rai o'i bapurau ymysg pentwr o bethau a ysgubwyd gan y llif. Wedi casglu'r hyn a oedd eto'n ddealladwy creodd gyfrol o farddoniaeth a gyhoeddwyd dan y testun *Gweddillion y Gorlifiad* yn 1891.

Danville Joseph Parry

Cyn cefnu ar y melinau haearn rhaid cydnabod gŵr a fu'n gysylltiedig â hwy cyn iddo droi ei olygon at y byd cerddorol. Y gŵr hwnnw oedd y cyfansoddwr Joseph Parry. Yn 1854, symudodd gyda'i deulu i Danville yng nghanolbarth Pensylfania ac yntau yn 13 mlwydd oed. Er bod Danville yn dref gymharol fawr gyda phoblogaeth o chwe mil, nid oedd yn agos i'r boblogaeth o 40 mil oedd yng nghyn-gartref Joseph Parry ym Merthyr. Difyr nodi fod gan Joseph Parry bedair blynedd o brofiad o weithio yn y melinau cyn dod i Danville, ond prin oedd ei wybodaeth am gerddoriaeth: 'Yr wyf yn ddwy ar bymtheg oed cyn deall yr un nodyn o gerddoriaeth'.

Yn 1858, aeth cyd weithiwr iddo o'r enw John Abel Jones (o Ferthyr) ati i'w hyfforddi: 'gweithia ef a minnau gyda'n gilydd drwy'r nos am flynyddoedd – ef fel poethydd a minnau wrth y rolls.' Wedi i'r melinau gau ar brynhawn Sadwrn, byddai'r gwersi'n dechrau. Yna yn 1860 hyfforddwyd ef ar gyfansoddi gan John M. Price, gynt o'r Rhymni. Arferai fynd ato ar fore Sul ac roedd ei frwdfrydedd yn amlwg: 'Yr wyf yno'n brydlon, yn aml cyn iddo godi'.

Byddai'n cyfansoddi rhwng poethiadau'r felin ac yn 1860 profodd ei lwyddiant cyntaf ar gystadlu mewn eisteddfod. Arferai ganu mewn côr hefyd ac mewn un cyngerdd daliodd merch ifanc yn y gynulleidfa ei lygad. Yr oedd hi'n chwaer i Gomer Thomas a safai wrth ei ochr yn y côr, a hi fyddai'n dod yn wraig iddo. Priododd y ddau mewn gwasanaeth Cymraeg yng nghapel yr Annibynwyr yn Chamber St, Danville. Derbyniwyd ef yn aelod o'r Orsedd yn Eisteddfod Aberystwyth dan yr enw 'Pencerdd America'. Daeth ei yrfa yn y melinau i ben wedi iddo ddechrau hyfforddiant cerddorol yn Llundain.

Yn union fel Johnstown, daeth Danville yn ganolfan o bwys diwydiannol ac yn 1880 amcangyfrifwyd bod oddeutu pum cant o Gymry yn byw yno. Cyflogwyd hwy ym melinau'r dref, sef y Reading Iron & Steel Co., Cooperative Mills a'r Glendower Mills. Arolygwr y Glendower Mills oedd William D. Williams ac ef oedd y Cymro cyntaf yn enedigol o'r dref. Yno ers 1840 neu'n gynharach yr oedd David J. Williams, y cyntaf o lawer â'u gwreiddiau ym Mlaenafon. Roedd ganddo 19 o blant a phedwar ohonynt yn enedigol o Gymru.

Cyn iddo ddiflannu am aur California, ymwelodd Cuhelyn, y cymeriad hoffus hwnnw o Minersville, â'r dref. Ei fwriad oedd casglu tanysgrifwyr i'r *Workman's Advocate*. Yn ei westy roedd gŵr tywyll ei groen a fedrai ddigon o Gymraeg i gyflawni ei ddyletswyddau. Rhyfeddwyd Cuhelyn gyda'i 'Der i swpar, bachan; ma nhw gyd ar swpar' ac yna 'Gad sgitsha wrth drws'. Gan i Cuhelyn gyffesu iddo yfed 'o leiaf tuag haner dwsin o wydrau o *lager*' yn yr hwyr, does ryfedd i'r gŵr ei gyfarch fel hyn: 'Cwn o'r gwely rhag cywilydd, mae wyth o'r gloch'. Nid oedd gan Cuhelyn unrhyw gywilydd wrth sôn am ei helynt yn *Y Cymro Americanaidd*:

Gwyddoch fod fy mhechodau oll yn wybyddus i'r cyhoedd, a chan yr ystyria rhai y gwaith pleserus o yfed *lager* yn bechod, rhag iddynt gael eu siomi ynwyf, dymunwyf iddynt wybod fy mod yn yfed rhyw ychydig o lager bob dydd ('Sunday excepted'). Mewn gair, yr wyf yn yfed a fynwyf o hono, heb hidio'r frwynen beth feddylia neb am hyny...

Gŵr arall a aeth o'r melinau oedd Jimmy Davis, gynt o Dredegar. Yn ystod y diweithdra collodd ei waith fel *puddler* a daeth yn un o nifer a ddilynai'r rheilffyrdd o un dref i'r llall yn y gobaith o gael gwaith. O'i ddyddiau fel *hobo* dechreuodd ymweld yn rheolaidd â'r Tŷ Gwyn, a hynny wedi ei benodi yn 'Secretary of Labor' gan yr Arlywydd Harding. Difyr yw'r pwt a ysgrifennodd am adael Tredegar yn 1880:

I didn't want to leave Wales when my parents were emigrating. Though I was not quite eight years old I decided I would let them go without me. The last act of my mother was to reach under the

bed, take hold of my heels and drag me out of house feet first.
I tried to hang on to the cracks in the floor, and tore off a few
splinters to remember the old homestead by...

Rhoir y gair olaf am Gymry diwydiannol Pensylfania i
Wyddel a ysgrifennodd amdanynt fel hyn yn *An Gaodhal*,
Chwefror 1892:

I have worked in nearly all the industrial branches of manual labor
in persuit of a livelihood, and by so doing mingled in society with
the masses of all nationalities and observed their customs, habits
and temperaments and in analyzing the same I find the Welsh
people the most honorably acting in conforming with a national
principle. They rarely mix in marriage out side their own people;
they stick to their language as they would to their lives, and teach
the same to their children. They are well versed in the history of
their race, and their monosyllabic words are like unto the Irish,
but their compound and derivative words differ materially under
long and different cultivation.

Â ymlaen i gyfeirio at ymryson a gafodd ryw ugain mlynedd
ynghynt gyda chydweithiwr mewn pwll glo ger Scranton: 'Well
Mr Evans, I suppose you are aware that tomorrow is St Patrick's
Day, a holiday with us Irish, and that I am not going to work
as I am to be with the celebration and procession'. Atebodd y
Cymro drwy ddweud na fyddai'n yntau gweithio chwaith, ac
ychwanegodd y byddai'n dathlu'r diwrnod yn wahanol iawn i'r
Gwyddelod:

Well we Welsh people assemble St Patrick's Day in our hall. There
we hold a concert, singing, speech-making, and discoursing on the
language, St Patrick spoke, our own dear Celtic tongue. But you
Irishmen, act differently; you parade around the muddy streets;
spend money extravagantly; get out of order in the evening – end
up in a row – talking loudly in the language of your enemy – leaves
me a strong will to think that is not how St. Patrick intended it
should be.

Roedd ymateb Mr Dougher yn adrodd cyfrolau, 'I hung my head in silence and received a lesson which I have not yet forgot'.

Atodiad 6.1
Anrheg O Ffon

Cydnabyddiaeth i Mr W. Lewis Llewelyn, Pa. am anrheg o ffon, i Evan H. Evans, Meddyg Minersville.

Cefais anrheg deg un dydd; – iawn cofio
 Ein cyfaill o'i herwydd;
 Ffon loyw lefn, oreu defnydd
 Gwelwn roes, o galon rydd.

Ffon gadarn, a'i phen gwedi – ei luniaidd
 Olwynawg gaboli;
 Derwen hoff, i'm darwain i;
 Rhydd anwyl hir ddaioni.

Tra hynod! ond nid tro anhoff – y fydd
 Im' fod yn fwy discloff;
 Af yn glau (os wyf yn gloff),
 Yn herwydd fy ffon orhoff.

Bryniau, a phantau, a phontydd, – yn awr
 Ddont yn nes i'w gilydd;
 Hel y rhai'n, yn ail i'r hydd,
 Heb anhwyl, a wnaf beunydd.

Rhyw dymor, os rhaid imi, – modd hyffordd,
 Amddiffyn ohoni;
 Gwae'r dyn a geir o dani;
 Chwerwaidd iawn ei cherydd hi.

Dilys fy nyiolch dalaf, – i Lewis,
 Hael yw, fel y traethaf;
 Brwd Gymro, ei gofio gaf
 Yn wresog, hyn ni rusaf.

Minersville, Pensylfania Ieuan Clynog 1857

Atodiad 6.2
Dosran y ceffyl 'Dic'.

Ceffyl hynod iawn oedd Dic – prynwyd ef yn y fl. 1849 – o liw gwineu, o faint cyffredin yn gryf fewnol, ond nid ar yr olwg allanol; gallesid meddwl ar yr olwg gyntaf arno ei fod yn un diog, eto yr oedd yn fywiog iawn. Yr oedd yn nodedig o gall, ac yn hynod o gyfrwys:

Pan yn rhydd yn y cae ni fedrai neb ei ddal, os byddai newydd gael ceirch. Ymddangosai wedi hir drafaelio, ar ben ei daith, yn berffaith ddiflino, ac yn aml teithiau hanner can' milltir y dydd. Os buasai porfa Dic yn llwm, er yr ymddangosai yn dra llonydd ar hyd y dydd ar y maes, gyda'r tywyllnos neidiai yn rhwydd dros y fence uchaf, ac mor fuan ag y llanwai ei fol, dychwelai gyda'r un rhwyddineb. Yr oedd yn caru yn fawr gael ei lanhau, a phlethu ei fwng, gan ymddangos yn llawen dan y driniaeth. Yr oedd fel llawer eraill, yn caru cael ei ganmol, ac yn deall pan ddywedid ei fod yn geffyl da. Pan ar daith, ac wedi chwysu, nid yfai ond ychydig neu ddim dwfr, ond os dygwyddai i'r ostler ei dwyllo, drwy beidio ei ddisychedu yn y boreu, elai at y pump ei hunan, ac yfai hyd ei ddigoni. Perthynai iddo gryfder dihafal; yr oedd yn ddigon galluog i aredig ei hunan, ac i lyfnu eilwaith; cariai y gwair a'r yd i'r ysgubor ei hunan, y coed tan, a'r cnydau o'r felin; ac yr oedd gyda'r goreu wrth y machine dyrnu. Cariodd yn llawen lu o bregethwyr o bryd i bryd. Bu yn wasanaethgar iawn i grefydd ar y pen yma, yn ogystal a chario llyfrau ei feistr dros y Gymdeithas Draethodol. Ni wnai wahaniaeth rhwng y gweinidogion, byddai yr un mor barod i gario Methodist, neu Fedyddiwr, ag oedd i gario Cynulleidfawr, ac ni syrthiai oddiwrth ei ras tra yn cario Wesley.

Yn ysbaid yr wyth mlynedd y bu yn meddiant Siencyn, aeth ei glod yn fawr, canmolid ef gan bawb a'i hadwaenai, ac nid heb ei haeddu. Gwerth ei bryniad ef, a'r wagen, a'r harness, yn Beaver Dam, Wisconsin, oedd $80; a gwerthwyd ef a'i gebystr, i Fethodist Calfinaidd, am $120. Eto parodd yn ei ffyddlondeb. Trwy y cysylltiad newydd hwn trodd Dic o fod yn Annibynwr i fod yn Fethodist. Yn aml dywedai ei berchenog newydd wrth yr hen, mewn cellwair, 'Fod Dic wedi troi yn Fethodist, am ei fod yn awr yn arfer cyrchu at gapel y Corff, ac wedi gadael yr hen lwybrau.' Yr ateb a gafodd oedd, gan fod ei gariad yn parhau yn gryf at yr hen geffyl, nad oedd neb yn eu plith mor ddiragfarn a Dic. Os ydyw ceffylau yn anfarwol, fel y tybiai rhai, dylai Dic gael ei ddigonedd o'r gwair a'r ceirch goreu yn y byd a ddaw.

Atodiad 6.3
O'r Rhod Ddŵr i Egni Ager

Un o beirianwyr mwyaf blaenllaw y wlad ddiwedd y 18fed ganrif oedd Oliver Evans, gŵr o deulu'r offeiriad dylanwadol o Philadelphia, Evan Evans.

Ac yntau heb etifeddu diddordeb ei dad mewn ffermio, dechreuodd brentisiaeth fel adeiladwr gwagenni yn 1769. Yn 1780, ac yntau'n 25 oed, ymunodd â'i frodyr a redai melin flawd yn Wilmington, Delaware ac aeth ati i gynllunio melin a fyddai'n rhedeg heb y tri melinydd arferol. Defnyddiodd rod ddŵr i yrru'r peiriant. Ond aflwyddiannus fu ei ymdrechion i werthu'r cynllun drwy Delaware, Pensylfania a Virginia.

Ymddiddorai mewn llyfrau yn ymwneud â pheirianwaith a phan oedd yn 17 oed daliodd arbrofion ager James Watt ei sylw. Ar ddychwelyd i Philadelphia aeth ati i chwilio am gefnogaeth ariannol ar gyfer creu cerbyd ager a allai deithio ar dir neu ddŵr. Ac yntau o flaen ei amser, tueddwyd i'w wawdio yn hytrach na'i gefnogi a bu'n rhaid iddo fodloni ar adeiladu peiriannau ager sefydlog. Crëwyd un oedd yn chwalu Plaster Paris yn 1802. Ymhen amser creodd beiriant a dorrai farmor a pheiriannau eraill a allai yrru cychod 80 troedfedd ar y Mississippi. Roedd deg ar waith yn 1812 ac erbyn 1816 roedd 50 ar waith.

Drwy'r Swyddfa Freinteb a ffurfiwyd yn 1790, gallai hawlio tâl am y melinau blawd a gynlluniodd. Wedi'i noddi gan Fwrdd Iechyd Philadelphia, creodd yr *orukter amphibolos*. Heb yr un ceffyl ar ei gyfyl, llusgodd hwn ei hun i lawr Stryd y Farchnad ac o amgylch y sgwâr. Ar ôl rhyfeddu trigolion y dref am rai diwrnodau, aeth o'r Afon Schuylkill i borthladd ar afon Delaware. Gyda rhes o fwcedi wedi ei rwymo mewn cylch, ei bwrpas oedd glanhau gwaelodion porthladd y dref.

Gŵr arall oedd yn gwneud ei farc gyda'r badau ar yr

afonydd oedd James Rees. Ceisiwyd gwneud crydd ohono pan oedd yn naw oed ond ofer fu'r ymdrechion. Daeth tro ar fyd pan gyflogwyd ef mewn gweithdy peirianegol ym Pittsburgh. Erbyn y pumdegau roedd yn berchen cwmni a gludai olew a theithwyr ar hyd yr Afon Allegheny o Pittsburgh. O golli masnach i'r rheilffyrdd aeth ati i adeiladu'r badau arbennig hynny a yrrwyd gan rod fawr wrth y cwt. Ef a adeiladodd llawer o'r badau a welwyd, nid yn unig ar yr Ohio, ond ar y Volga yn Ewrop a nifer o afonydd De America. Ef hefyd oedd ymysg y cyntaf i gyfyngu oriau gwaith i ddeg awr y dydd.

Atodiad 6.4
Rheolau Mewnol

Cyfrinfa Goronwy

Rhif 37, U. G. I. A.

Sefydlwyd Mawrth 10, 1875.

Mabwysiadwyd gan y Gyfrinfa Ionawr 25, 1893.

Dosran1. Adnabyddir y Gyfrinfa hon wrth yr enw 'Goronwy, Rhif 37', yn ddarostyngedig i ddeddfau Bwrdd Llywodraethol Urdd y Gwir Iforiaid Americanaidd. Dos. 2 Ei hamcan yw cynorthwyo ei haelodau mewn cyfyngder a phrofedigaeth; amddiffyn y diniwed, ceryddu yr afreolus, gwellhau moesau a dyrchafu ein cenedl yn ein gwlad fabwysiedig.

Dos. 3 Ffurfir trysorfa trwy daliadau misol, a chyfraniadau achlysurol yr aelodau, dirwyon, a log oddiar arian, i'w defnyddio i'r debenion canlynol: Talu treuliadau yr aelodau a'u gwragedd; cynorthwyo yr aelodau pan yn glaf ac yn analluog i ddilyn eu galwedigaethau/

Dos 29 – – –

Cymeradwywyd;

Owen Jones, U. L. y Bwrdd.

W. W. George, I. L. y Bwrdd.

Scranton, Pa. Mai 10, 1893.

Atodiad 6.5
Myfi A'm Pibell Baco

Mae llawer iawn o ffraeo 'nawr
Am bibell a'r tybaco,
Ac ambell un sy'n hynod groes,
Bob amser yn ei cicio;
A yw yn bechod smocio, boys?
Wel, bernwch chwi eich hunain,
Os cysur gewch trwy fain goes bip,
We, tynwch ynddi, druan.

Bûm i a'm pib yn arfer bod
Yn agos iawn i'n gilydd;
A hi yn llawn o faco da,
A mina'u tynu beunydd;
Ond rho'is y goreu iddi'n lân,
A theflais hi a'r baco
Ar ben y stove ar eirias dân -
Yr oeddym wedi digio.

Ces achos digio a'r hen chwaer,
Er mwyned oedd ei chwmni,
Y mwg a ddaethai drwy ei choes
A wnaeth i'm pen wirioni;
Fe welais fil o fodau mân
O wlad y tân, do ganwaith,
Wrth foddro mhen i danio hon,
Er mwyn cael llon gydymaith.

O'r tân cymerais yr hen bib,
A phaentiais hi a lliwiau,
Yn goch, a gwyn, a glas, bid siwr -
Iacanaidd eu rhinweddau;
Wel, dyma'r profiad tanllyd, boys
Ond peidiwch dweud wrth Annie, -
Hen bibell, O! hen bibell – wel,
"For all thy faults I love thee."

Pensylfania, 1893
Mahanoyan

Atodiad 6.6
Bragwyr Cymraeg

Yn 1795 cyfeiriodd y Parch. Morgan John Rhees at un o ddiffygion y dydd: 'The Americans as yet have not paid that attention which they ought to the brewing of malt liquor. An exception may be made in favor of Philadelphia where there are already thirteen breweries'. Canrif dda ynghynt dywedwyd bod saith o dafarnau yn Philadelphia ac yna ar 1 Mawrth yn 1729 cyfarfu Cymry'r ddinas yn y Queen's Head Tavern er mwyn trefnu Cymdeithas Gymraeg. Er bod un cofiant ar ôl y llall am bregethwyr, o'r Parch. Robert Williams, La Crosse, Wisconsin (1881) i'r Parch. Robert Williams, Moriah, Ohio (1883), ni chyhoeddwyd dim cyffelyb am y rhai a fu'n hynod o lwyddiannus fel bragwyr.

Un o'r bragwyr pwysicaf ar ddiwedd yr 19eg ganrif oedd Frank Jones, ŵyr i gapten llong o'r enw Pelatiah Jones a oedd o Gymru ac a ymsefydlodd yn New Hampshire. Pan fethodd yr ŵyr ddangos unrhyw awydd dros weithio ar fferm ei dad, ymunodd â brawd a gadwai siop yn Portsmouth (tref ar yr arfordir). Nid oedd ganddo ond yr hyn oedd yn rhwym yn ei facyn poced pan gyrhaeddodd, ond llwyddodd i brynu bragdy erbyn 1861. Yn 1863 ychwanegodd odyn frag a fedrai roddi 80,000 bwysel y flwyddyn. Yn 1871 cododd fragdy o'r newydd, a phan agorodd odyn frag arall yn 1879, ef fyddai bragwr mwya'r wlad. O'r 5,000 casgen ar y dechrau, byddai'n troi allan 100,000 o gasgenni yn flynyddol. Ynghyd ag eraill, cymerodd at brynu bragdy ychwanegol yn Boston a roddai'r un faint ag a fragwyd yn Portsmouth. Ail-enwyd y bragdy hwn yn Jones, Johnson & Co., ac yna yn Bay State Brewery.

Mae tref Milwaukee yn adnabyddus am ei chwrw: arferwyd clywed am fragdai tebyg i Miller, Pabst a Schlitz. Nid yw Pabst yn gwmni annibynnol bellach ac at ddiwedd yr ugeinfed ganrif arferai Schlitz hysbysebu ei hunan fel 'the beer that made Milwaukee famous'. Y cyntaf o fragdai Almaenaidd y dref oedd Würthemberger Reutelshofer yn 1841 ond wedi'i ragflaenu o flwyddyn yr oedd y Lake Brewery dan berchenogaeth Richard Owens o Fôn. Wedyn gwerthodd y bragdy i ddau Gymro â'r cyfenwau Powell a Prichard.

Cyn i grefydd effeithio cymaint ar ddulliau cymdeithasol y Cymry bragwyd cwrw gan rai o'r mwyaf crefyddol. Felly yr oedd gyda'r Crynwr Anthony Morris cyn iddo droi yn gyfan gwbl at bregethu. Dywedai ei gyd-Grynwr, y Dr Edward Jones o'r Bala, iddo yfed tri pheint o gwrw yn ddyddiol tra ar ei fordaith yn 1682. S. Davis o Ferthyr a gyfieithodd Lyfr y Mormoniaid i'r Gymraeg yn 1852; mae'n debyg iddo ennill ei fywoliaeth yn Utah trwy fragu'r cwrw 'Davis' Cronk Beer' (myn rhai o'i enwad mai cwrw hollol ddiniwed oedd hwn). Yn ail ran y 19eg ganrif dywedai un o Ferthyr mai'r dafarn a ofalai amdani dros chwarter canrif oedd yr un a fynychwyd gan y Cymry yn Philadelphia. Yn ei chynnal ei hun yn ogystal â'i phlant trwy gadw'r unig lety dirwestol yn Camptonville a orweddai yng nghanol meysydd aur California yr oedd Elisabeth Williams o Fôn. Ac yno'n cartrefu hefyd yr oedd Richard Williams o'r Aber sydd ger y Fenai, ac ef a redai'r unig fragdy yno.

Y Gwrthryfel

Gwreiddiau Caethwasiaeth y Byd Newydd

Gan amlaf natur y brwydro ei hun sy'n ennyn yr enwogrwydd sy'n parhau i amgylchu Rhyfel Cartref America, 1861–5. Fel 'y Gwrthryfel' y cyfeiriwyd ato gan Gymry'r oes, a heddiw nid eithriad yw clywed rhywun yn ymfalchïo yn y ffaith bod gwn o'r rhyfel yn dal yn ei feddiant a bod hwnnw wedi'i ddefnyddio mewn rhyw frwydr neu'i gilydd. Oherwydd y fath fanylu tueddir colli golwg ar y ffaith fod caethwasiaeth ar un adeg yn beth cyffredin drwy'r rhan orau o'r Byd Newydd.

Mae hanes erlid caethweision yn mynd yn ôl i'r Hen Destament ac yn ymestyn o'r Aifft dros Fôr y Canoldir i Roeg a Rhufain. Ym Mhrydain difaterwch rhieni a werthai eu plant fel caethweision a ysgogodd y Pab i anfon Awstin Fynach atynt yn y 7fed ganrif. Un o wledydd cyntaf Ewrop i gaethiwo brodorion Affrica oedd Portiwgal yn y 15fed ganrif. Erbyn yr 16eg ganrif roedd Portiwgal a Sbaen yn cludo caethweision ar draws yr Iwerydd. Dilynodd gwledydd eraill Ewrop eu harweiniad am eu bod yn cael cymaint o drafferth i drin tiroedd dieithr y Byd Newydd. Daethant felly i ddibynnu ar y caethweision.

Amcangyfrifir i 12,000,000 o Affricanwyr fynd ar fordaith yn erbyn eu hewyllys ar draws yr Iwerydd. Yn Ne America a'r Caribî gweithiwyd hwy yn ddidrugaredd. Gan ddechrau yng nghanol yr 16eg ganrif amcangyfrifwyd fod 5,000,000 o gaethweision wedi eu cymryd i Brasil yn unig. Ac er i Bortiwgal roi terfyn ar gaethwasiaeth o fewn i'r wlad ei hun yn 1761, parhaodd caethwasiaeth ym Mrasil hyd 1880.

I Jamestown, Virginia yr aeth y Prydeinwyr cyntaf ar dair llong yn 1607. Aeth llong o'r Iseldiroedd â 20 caethwas yno yn 1619 ond ni fu fawr o alw am eu llafur. Ar ôl 40 mlynedd o fod yno a chyda phoblogaeth Virginia erbyn hynny yn 20,000, roedd oddeutu 300 o'r boblogaeth yn gaethweision.

Ynys gyntaf y Caribî i gael ei phoblogi gan Brydain oedd Barbados yn 1625. Y planhigyn siwgr oedd yn darparu bywoliaeth i'r Prydeinwyr ac felly roedd y caethweision yn hanfodol i gynnal y ffordd honno o fyw. Yn 1670 amcangyfrifwyd fod 30,000 o 50,000 o boblogaeth yr ynys yn gaeth. Gan mai ynys gymharol fechan yw hon, penderfynodd rhai o'r meistri ail-sefydlu ar diroedd y cyfandir ei hun. Er iddynt fethu ymsefydlu yn Cape Fear, North Carolina yn 1667, llwyddasant i ymsefydlu yn South Carolina yn 1670. Aethpwyd â rhai o'r caethweision o Barbados a thyfwyd reis ar blanhigfeydd enfawr yno. Yn ystod y 1720au llwyddodd rhai i ail-sefydlu yn Cape Fear, North Carolina eto, a daeth y caethweision gyda hwy.

Pan enillodd yr Unol Daleithiau ei hannibyniaeth ar Brydain, pasiwyd cyfraith yn 1808 i roi diwedd ar fewnforio caethweision (cyn hyn gwrthwynebodd Llywodraeth Prydain ymdrechion tebyg gan William Byrd a Thomas Jefferson yn Virginia). Ond dim ond y cam cyntaf oedd y gyfraith newydd a chan fod y meistri wedi hen arfer dibynnu ar gaethweision, nid rhyfedd iddi gymryd rhyfel i ryddhau'r un ymhob tri oedd yn parhau'n gaeth yn nhaleithiau'r de.

Nid yr Unol Daleithiau yn unig oedd yn cael trafferth i ddiddymu caethwasiaeth. Un o ganlyniadau'r Chwyldro Ffrengig oedd ei ddiddymu. A thra bo Iolo Morganwg wedi gwrthod gwerthu siwgr a gynhyrchwyd gan gaethweision, bu'n rhaid aros hyd 1833 cyn i Brydain roi'r gorau i'w gynhyrchu â chaethweision yn Jamaica. Un o brif wrthwynebwyr caethwasiaeth ym Mhrydain oedd William Wilberforce, aelod seneddol Hull a fu farw rai wythnosau cyn i'r gyfraith a ymladdodd drosti ddod i rym. Roedd Sbaen yn parhau i reoli tiroedd yn ne America ac un o'i llongau hi oedd *Amistad* a ddarganfuwyd yn crwydro'n afreolus ger arfordir gogledd-ddwyrain America yn 1839. Arni roedd llwyth o gaethweision a lwyddodd i gymryd meddiant o'r llong a dim ond ar ôl trafodaethau dyrys yn llysoedd America y caniatawyd iddynt ddychwelyd i Affrica:

Yn yr haf diweddaf canfyddwyd llong ar ororau Lloegr Newydd, yn morio, weithiau un ffordd ac weithiau ffordd arall, a llawer o ddynion duon ar y bwrdd. Tybiwyd y gallasai fod yn perthyn i for-ladron: a chymerwyd hi i fyny gan weision y llywodraeth, o eiddo Talaith Connecticut. Cafwyd dau ddyn gwyn ar y bwrdd, o'r enw Ruiz a Montez, Ysbaeniaid, pa rai a hysbysent eu bod o Havana, yn ynys Cuba, un o ynysoedd yr India Orllewinol, dan lywodraeth Hyspaen. Hefyd mai caethion, yn eiddo i Ruiz oedd y bobl dduon; eu bod wedi cyfodi mewn terfysg ar y môr, bwrw y cabden a'r dwylaw dros y bwrdd, a throi y llong tuag at Affrica, gan dybied y gallent gyrraedd eu gwlad yn ôl, a chael eu rhyddid: eu bod hwythau, y ddau ddyn gwyn, gan na wyddai y Negroaid ddim wrth y cwmpas, wedi gallu eu twyllo, pan y byddai cymylau ar yr awyr, trwy droi y llong i forio i'r Gogledd neu i'r Gorllewin. Yn ngoleu haul neu sêr, yr oedd y bobl dduon yn gwybod y ffordd i'r Dwyrain; ond a hwy yn ddieithr i'r cwmpas, ni wyddent heb hynny.

Agweddau'r Cymry at Gaethwasiaeth

Hyd ganol y 18fed ganrif yr hyn a wnaeth ymfudo o Ewrop yn bosibl oedd parodrwydd eraill i dalu am y teithio. Gwnaethpwyd hyn dan yr amod y byddai'r teithwyr yn gweithio i dalu'r ddyled, a chyn i'r fasnach gaethwasiaeth gyrraedd ei bri, dyna fel yr ymdriniwyd â rhai o'r teithwyr cynharaf o Affrica hefyd. Diflasodd llawer ar y fath drefniant ac mae papurau'r cyfnod wedi'u britho â hysbysebion am rai yn diflannu cyn i'r tymor penodedig o wasanaeth ddod i ben. Ceisiwyd dod o hyd iddynt trwy bapurau fel y *Pennsylvania Gazette*, ac yn yr enghraifft ganlynol ni wahaniaethwyd rhwng Cymro ag un o gefndir Affricanaidd:

RUN away, the 6th of this Inst. May, [1734] from Thomas Potts of Colebrook-Dale Iron Works, in Philadelphia County, Pennsylvania, a Servant Man named Evan Thomas, a Welch-man, aged about 22 Years, of short Stature, fresh Complexion, round Vissag'd, a chunky well-set Fellow... Also a Negro Man named Jo Cunfy, about 20 Years of age, of tall Stature, had on an old Beaver Hat... Whoever... Secures them So that they may be had again, shall have Fifty Shillings for each and all reasonable Charges, paid by Thomas Potts.

Tosturiai'r rhan fwyaf o'r Cymry a ymfudodd i ogledd America yn yr 19eg ganrif wrth y caethweision. Pwy ddychmygai fod morwr o Gymro yn Boston wedi gadael ei holl eiddo i Gymdeithas Wrthgaethiwol Massachusetts? A phwy feddyliai fod y Cymry wedi sefydlu Cymdeithas Wrthgaethiwol Gymreig Pittsburgh? Roedd y Parch. Ben Chidlaw yn llawn edmygedd o'r caethweision hefyd. Unwaith clywodd addoliad yn llawn brwdfrydedd anghyffredin yn Cincinnati. Aeth i weld beth oedd yr holl gynnwrf ac fe'i cyfarchwyd fel hyn: 'Come dear bredren, try be still, de white broder going to talk to de sinners'. 'Mawr oedd fy llawenydd' meddai yntau mewn ymateb i'r profiad yn 1839, 'wrth weled tyrfa o bobl dduon wrth eu bodd yn moli Duw'. Ar y llaw arall, pan ymwelodd Gwilym Fardd â'r Carolinas, a oedd yn drwm o gaethweision, fe'i diflaswyd gan awyrgylch y lle: 'Anialwch afiach niwliog / Lle cref bran ond nis cân cog'.

O'r diwedd câi'r Cymry eu hun eu trin fel unrhyw aelod arall o'r gymdeithas ac o ardal amaethyddol Dundaff ym Mhensylfania yn 1840 adroddodd un y 'gall y rhan fwyaf ohonom ni ddweud o ran ein profiad, pan ystyriom wasgfa a gorthrymder gwlad ein genedigaeth, ein bod wedi dyfod o'r Aifft i Ganaan...' Dyna oedd barn un o weinidogion Pittsburgh hefyd: 'Un o'r pethau hyfrydaf mewn modd gwladol yw rhyddid, yr hyn sydd yn gwneud mawr wahaniaeth rhwng y wlad hon a gwlad ein genedigaeth'. Yn ardal lo Pottsville dywedai un arall, 'Yn y wlad hon y gall beirdd a phrydyddion gyfansoddi a datganu Caniadau Rhyddid heb un o dannau eu telynau allan o hwyl ac heb ofni cael eu gormeilio gan drawsion gormesgar'. Pan ddathlodd Cymdeithas Lenyddol Brady's Bend Ddiwrnod Annibyniaeth yr Unol Daleithiau ar 4 Gorffennaf 1857, buont yn tosturio wrth dynged y caeth:

> Y pedwerydd ddydd a ddaeth! – gwir ffyniant
> Gorffenaf dry'n odiaeth
> Y neb hono Annibyniaeth
> Heddiw, 'n ged, Oh! cofied y Caeth.

Gyda dyfodiad y rhyfel teimlai rhai o'r ifanc fod dyletswydd arnynt i ymuno â'r fyddin ac i ymladd dros yr achos. Mynnodd Dafydd Owens, yn wreiddiol o Argoed, Mynwy, ymuno â'r fyddin er gwaethaf gwrthwynebiad ei rieni: 'fy nghwlad i yw hi, y mae yn ddyletswydd arnaf ei hamddiffyn hyd y mae ynof ac yr wyf yn penderfynnu gwneud'. O gydwybod ac nid o orfodaeth yr ymunodd llawer o fechgyn â'r fyddin. Rhydd y gerdd hon o'r cyfnod ddarlun o ysbryd a brwdfrydedd yr ifanc:

> Rwy wedi dechrau caru maes y gwaed!
> Os tybia neb yn addas gwaeddi 'ffol'
> Ac 'ysbryd dial' a 'gwag ymffrost', gwnaed –
> Mae nghalon yno ac ni ddaw yn ôl!
> Mae'r teimlad wedi ymgymysgu a 'ngwaed.
> Nes rhed drwy nghalon fel toddedig ddur,
> Na ellir lleddfu byth ei losgawl gur...
> Nes fferro'r olaf ddafn ar faes y gad!

Gŵr o gefndir Cymraeg a ymgartrefodd yn y de oedd James Morris Morgan, ac yn wahanol i lawer o'r rhai a gadwai gaethweision, yr oedd ganddo ddipyn o feddwl o ddau o gaethweision y teulu:

> Katish was a character whose fame was known far and wide through the little town [Baton Rouge, Louisiana]. She was a

strapping big woman who weighed over two hundred pounds, but as active as a young girl. She had been my mother's maid before my mother was married and afterwards had nursed and bossed all of her children. I being the youngest was, of course, her special pet. She ran the establishment to suit my father's and mother's comfort and convenience and ruled the children and the slaves to suit herself; but we all loved her, and no other hand could soothe a fevered child's pillow as could the black hand of Katish

Charloe, Katish's husband, was a dried-up, weazened little man of a shiny black complexion... Charloe was my hero, he was a perfect black 'Admirable Crichton.' It is true that he could neither read nor write, nor did he know a note of music, but many a so-called educated white man envied him his accomplishments. He spoke French, Spanish, and English fluently, and played the violin like a virtuoso. His elegant manners were above criticism... Until I was thirteen years of age I was the constant companion of Charloe. When I was a baby, mounted on his horse, he would carry me around with him, and I do not remember the time when I first rode a horse by myself... Under Charloe's tuition I learned to throw the lasso, and if it was an easy chance he always allowed me to throw first; but I had no fear of the result, for if I missed I knew that I would hear the swish of Charloe's rope which with deadly accuracy would land its loop over the head of the poor terrified beast [mustangs gwyllt] which had never before felt the power of man.

Robert Everett
a'r Cenhadwr Americanaidd

Caeth-wasanaeth, coethus hynod – eto
   Fel mater cydwybod,
  Medrai ef ei lym drafod
  Yn dda'i naws, er mor ddu'i nod.

Ni fu gŵr mor weithgar â'r Parch. Robert Everett yn ceisio ennyn cefnogaeth y Cymry i ryddhau caethweision. Ganwyd ef yn Gronant, Fflint, yn un o 11 o blant. Pan gyrhaeddodd America yn 1823, nid oedd caethwasiaeth wedi diflannu'n llwyr o Utica lle yr ymgartrefai. Nid oedd yn orfodol i ryddhau caethweision yn Nhalaith Efrog Newydd nes 4 Gorffennaf 1827, diolch i ddeddf gan lywodraeth y dalaith ddeng mlynedd ynghynt.

Symudodd Robert Everett o Utica i Steuben, pentref ger Utica, yn 1838 ac yno bu'n gofalu am ddau gapel. Yn 1840, gyda dau weinidog arall, cychwynnodd y *Cenhadwr Americanaidd,* cylchgrawn misol ar gyfer yr Annibynwyr. Ymhen dwy flynedd Robert Everett oedd yr unig olygydd ac o wasg ar ei fferm, lle y magodd yntau un ar ddeg o blant, byddai'n argraffu'r cylchgrawn am 36 mlynedd.

Byddai unrhyw un a godai ei lais o blaid caethweision yn cael eu pardduo. Yng ngeiriau'r Parch. Erasmus Jones a fu yn gaplan catrawd ddu yn ystod y rhyfel, 'Nid oedd dim yn fwy poblogaidd a pharchus nag erlid a gwawdio y gwrth gaethiwyr'. Torrwyd mwng a chynffon ceffyl Everett oherwydd ei gefnogaeth i ryddhau caethweision. Nid oedd rhai o aelodau ei gapeli yn gefnogol iddo hyd yn oed, gyda nifer o'r farn bod Everett yn ymyrryd mewn achos a oedd yn estron a dieithr i'w parth hwy o'r wlad.

Sylweddolodd Dr Everett mai'r ffordd orau o ddatrys y sefyllfa oedd trwy ennyn cydweithrediad ei gyd-weinidogion. Mae'n debyg mai dyna ei fwriad pan gychwynnodd gyhoeddi *Y Dyngarwr* yn 1843. Er y tueddir i gyfeirio ato fel cylchgrawn, mewn gwirionedd pamffled o bedair tudalen ydoedd. Cyhoeddwyd *Y Dyngarwr* ar y cyd â'r *Cenhadwr* ac yn rhifyn Rhagfyr, 1843 hola: 'Beth a ddywedai y Cymry yng Nghymru pe gwelent ddynion... yn cael eu tywys wrth reffynnau ar heolydd Caernarfon, Merthyr...'

Gŵr a dalodd deyrnged i weithgarwch Dr Everett oedd Frederick Douglass, llais disgleiriaf y caethweision eu hunain. Ar ôl ffoi yn 1838 daeth yn areithiwr penigamp a chychwynnodd bapur i dynnu sylw at dynged caethweision. Yma mae'n clodfori'r Cymry am eu cefnogaeth:

FREDERICK DOUGLASS' PAPER

Date: November 3, 1854

Location: Rochester, New York

Y CENHADWR AMERICANAIDD. Remsen, N.Y. J. R. Everett.
We have made more than one resolution, (somewhat in vain,
we must confess,) not to increase our list of Exchanges; but we
cannot deny ourselves the gratification of sending our Paper (as
requested) to the Editor of *The American Messenger*, and, at the
same time, of expressing our satisfaction at learning that there is,
at least, one *"purely Anti-Slavery Paper"* published by the Welsh
people of this country. This is as it should be. It is *consistent*
that a people who have loved Freedom so much, *for themselves*,
should lend their efforts towards obtaining it for *others*. It is,
at once, the pride and the boast of the Welsh people that they
were never conquered. From their earliest hours, their stern and
hardy ancestors inhaled the breath of Freedom in their mountain
homes; dearly they loved, and highly they prized this Heavenly
boon; and when the invader sought (and vainly sought) to wrest
it from them, they knew how to struggle how to suffer and how
to die but, *never how to surrender*. They were ever an indomitable
race as unyielding as their native storms and as free as the winds
of Heaven. Time was when the now vaunting Anglo-Saxon bent
his neck before the conquering Norman, and wore the badge of
serfdom but time never was when a *Welshman* wore chains, or
called any man his master.

Ymhen amser tyfodd y gefnogaeth i Dr Everett fel y gwelir yn
y gerdd hon gan ferch fach Dewi Emlyn (pregethwr dylanwadol
arall a fu yn Ohio ers 1852) yn *Y Cenhadwr*:

Mi glywais son am werthu
Merch ddu oddiwrth ei mam,
Fel gwerthu llo neu fochyn,
'Roedd hyny'n ddirfawr gam...

Yng Nghymru ei hun, aeth cyn-gaethwas o'r enw Moses
Roper o amgylch y wlad i godi ymwybyddiaeth o dynged
caethweision. Cofnododd ei brofiadau fel caethwas yn un o'r

pwysicaf o *Slave Narratives* y cyfnod. Cyhoeddwyd hwn yn Saesneg yn Philadelphia a Llundain a chyhoeddwyd fersiwn Cymraeg yn Llanelli (dyfynnir ohono ar ddiwedd y bennod). Yn un o lythyrau Roper, cyfeiria at werthiant y llyfr:

> ...twenty five thousand English, and five thousand Welsh copies are now in circulation, many of which have been disposed of through booksellers, which of course I did not really much try. I have only three hundred now on hand, and hope they will be sold in two or three weeks.

Ynglŷn â Dr Everett ei hun, mae'n ymddangos iddo fod yn rhan o'r ysbrydiaeth hynny a grëwyd gan bregethu llywydd Coleg Oberlin, sef y Parch. Finney.

Pan bu Finney yn cynhyrfu
Swydd Oneida gyda'i ddawn,
Gan ddwyn llawer iawn i waeddi,
Arglwydd grasol beth a wnawn?
Everett dyner mewn difrifol
Eiriau a ddyrchafai'i lef,
Gan gyfeirio'r edifeiriol
At fendithion teyrnas nef.

Teulu Lyman Beecher

Mewn ambell gapel yng Nghymru fe welir enwau unigolion a ddaeth i amlygrwydd yn yr Unol Daleithiau. Dyna a welir yn Llanddewibrefi, un o bentrefi mwyaf dymunol canolbarth Ceredigion, lle gwerthwyd unwaith un o bâr o ychen gan adael i'r llall hiraethu gymaint nes iddo frefu'i hun i farwolaeth:

Lle brefodd yr ych naw gwaith
Nes hollti Craig y Foelallt

O wreigan fach a'i chefndir (o ochor y fam) o'r union fferm yng nghysgod Craig y Foelallt y daeth llef nerthol arall a fyddai'n arwain at rannu cyfandir. 'So you're the little woman who wrote the book that started the great war' oedd fel y cyfarchwyd Harriet Beecher Stowe gan Lincoln ar ei hymweliad â'r Tŷ Gwyn yn 1862. Y llyfr dan sylw oedd *Uncle Tom's Cabin* a dwy flynedd wedi'i gyhoeddi yn 1852 cafwyd cyfieithiad Cymraeg ohono trwy lafur un o'r enw Hugh Williams: '...yr ydym yn awr yn ei gyflwyno yn bryderus i Gymry America...' Cyn i'r llyfr cyflawn ymddangos gellid dilyn yr hanes yn fisol trwy dudalennau naill ai *Y Cyfaill* neu y *Cenhadwr Americanaidd*. O ddarllen *Caban F'Ewythr Twm*, neu *Fywyd yn mhlith yr Iselradd*, cafodd Cymry'r wlad siawns i glywed am y tri meistr a'r 'caban o goed heb ei naddu... yn ymyl Y TŶ, fel y bydd y negro, gyda phob dyledus barch, yn galw aneddle ei feistr'.

Mae rhan o'r llyfr adnabyddus wedi'i seilio ar brofiadau caethwas yn Maryland o'r enw Josiah Henson. Ysgrifennodd yntau am ei brofiadau ei hun ac mae cyfieithiad o'i bennod gyntaf ar gael yn rhifyn Mai, 1877 o *Trysorfa'r Plant*:

> Gwnaeth yr arolygwr ymosodiad creulon iawn ar fy mam, pan neidiodd fy nhad arno fel teigr... Y gosb a farnwyd iddo ydoedd cant o wialenodau ar ei gefn noeth, hoelio ei glust wrth y whipping post, ac wedi hynny torri ei glust ymaith... Daeth ei lefain yn wanach, wanach, nes ar yr ergydion diweddaf nid oedd ond gruddfaniad gwanaidd. Yna gwthiwyd ei ben yn erbyn pren, a hoeliwyd ef wrtho gerfydd ei glust. Wedi hynny torwyd ei glust ymaith oddiwrth y pren a chylleth...
>
> Cyn hyn, oddiwrth yr oll allaf gasglu, yr oedd fy nhad yn un o'r dynion mwyaf ysgafn-galon a llawen, yn arweinydd yr holl ddifyrwch a chwareuon y lle. Ei bandjo oedd bywyd y fferm, a chwareuai ef trwy gydol y nos tra fyddai y Neograid eraill yn dawsio. Ond o'r awr hon allan trodd ei holl lawenydd yn chwerwder... O'r diwedd gwerthwyd ef i Alabama, ac ni chlywodd fy mam na minnau air o'i hanes byth...

Nid Harriett Beecher Stowe oedd yr unig aelod adnabyddus o'i theulu. Ei brawd oedd y Parch. Henry Ward Beecher, un o bregethwyr mwyaf dylanwadol ei oes. Pwy bynnag oedd ei gynulleidfa, byddai'n siŵr o'u cyffwrdd. Daeth i sylw tra'n weinidog gyda'r Annibynwyr yn Brooklyn. Wedi ei farwolaeth yn 1890, ymddangosodd teyrnged iddo ar ffenestri'r capel gyda'r pennill, 'Arglwydd arwain trwy'r anialwch / Fi bererin gwael fy ngwedd' ac yna'r geiriau:

In affectionate remembrance of
HENRY WARD BEECHER,
The apostle of Liberty.
From the Welsh Churches and Schools of
America and Wales.

Roedd brawd Breecher yn weinidog ar gapel blaenllaw arall yr enwad, sef Capel Park Street ger comin Boston. Yn 1832 symudodd eu tad Lyman Beecher i'r gorllewin i ddod yn bennaeth ar goleg diwinyddol yn Cincinnati. Lled afon i ffwrdd roedd Kentucky yn llawn caethweision ac yn Awst 1834, pan oedd Lyman Beecher yn absennol, penderfynodd rheolwyr y coleg wahardd y myfyrwyr rhag trafod caethwasiaeth. Fel y gellid tybio, nid oedd y myfyrwyr yn cydsynio ac am gyfnod cawsant eu hyfforddi y tu allan i furiau'r coleg. Yn y diwedd penderfynodd nifer ohonynt adleoli i goleg bychan o'r enw Oberlin yng ngogledd Ohio.

Bu Henry Ward Beecher yn gefnogol i'r pethe Cymreig drwy gydol ei oes. Yn y 1870au caniataodd i'r Parch. Howell Powell o gapel Cymraeg 13th Street gynnal gwasanaethau Cymraeg yn ysgoldy ei gapel yn Brooklyn, a hynny'n ddi-dâl. Yna yn 1884 bu'n gadeirydd ar gyfarfod yr hwyr mewn eisteddfod a gynhaliwyd yn Efrog Newydd.

Yng nghynhadledd yr Annibynwyr yn Boston yn 1865, beirniadwyd Undeb Cynulleidfaol Lloegr a Chymru yn llym am beidio â chefnogi safiad y gogledd. Nid oedd Prydain yn cefnogi unrhyw ochr yn 'swyddogol', ond roeddent yn croesawu'r cyfle i ddylanwadu ar wlad ranedig. Yn cynrychioli Cymru yn y gynhadledd roedd y Parch. John Thomas, Lerpwl, y Parch. C. R. Jones, Llanfyllin, a John Griffith sef gohebydd *Y Faner.*

Mae'r adroddiad canlynol gan John Griffith wedi ei gymryd o'i gofiant gan ei frawd, Richard Griffith:

Cawsom ein cyflwyno i sylw y gynnadledd fel tri cenad o Gymru gan Dr Thompson, o New York, a chawsom y derbyniad mwyaf gwresog a chroesawus. Yna galwyd ar y Parch. John Thomas ar ran Mr Jones a'r Gohebydd. Yr ydym ni yma, meddai, yn cynrychioli pobl nodedig, yn siarad iaith nodedig, ac yn medru cynnhesrwydd teimlad nodedig; a gallwn siarad, nid yn unig dros yr eglwysi Cynnulleidiaol Cymreig, ond dros y genedl yn gyffredinol. Mae America a Chymru wedi eu cysylltu gyda y rhwymau anwylaf; rhoddasom i chwi rai o'ch dynion goreu a'ch duwinyddion penaf; yn eich tralloda diweddar yr oedd ein teimlada yn hollol gyda chwi; y mae gennym ni famau trist sydd mewn galar ar ôl eu meibion a fuont feirw yn eich brwydrau; yr ydym fel cenhadon yn dwyn i chwi londgyfarchiadau goreu ein gwlad; a chaniatewch i mi ddiweddu, yn iaith fy ngwlad, trwy ddymuno heddwch Jerusalem; llwydded y rhai a'th hoffent; heddwch fyddo o fewn dy furiau, a ffyniant yn dy balasau; er mwyn ein brodyr a'n cyfeillion, dywedwn Heddwch fyddo i ti, er mwyn yr Arglwydd ein Duw y ceisiaf i ti ddaioni.

Yn cynrychioli'r Saeson roedd Dr Robert Vaughan, golygydd y *British Quarterly Review* ac awdur *Congregationalism and Modern Society*. Pan gyflwynwyd ef 'dechreuodd aden o'r gynnylleidfa ei hysian a'i ddirmygu, a galw arno i wneuthur *apology* am ei sylwadau.' Pan wrthododd ymddiheuro, cymerwyd ef i'r ochr gan Henry Beecher, a'i rhybuddiodd fel hyn:

Nid ydym wedi darfod a chwi etto, y mae genym gyfrif i'w setlo a Lloegr, a brwydr, meddai, i'w hymladd; rhaid i chwi sefyll eich tir – nid gwiw i chwi gilio yn ôl – y frwydr nesaf fydd, pa un o honom, fel dwy wlad, a wna fwyaf dros efengyleiddio y byd.

Yn ôl adroddiad arall talwyd: '...y deyrnged uchaf i'r Cymry yn America ac yn yr Hen Wlad. Ond gwnaeth rhai cyfeiriadau miniog iawn at yr Undeb Cynulleidfaol a'r siomedigaeth fawr a gawsant nad oedd cydymdeimlad Annibynwyr yn llwyrach gyda hwy yn nydd eu profedigaeth.'

Er y teimlai fod y feirniadaeth braidd yn llym, ymateb y Parch. John Thomas i'r cyfan oedd: 'Ymadewais o Boston nos

Iau Meh 22ain, wedi treulio yno naw diwrnod mor hapus a dim a dreuliais yn fy mywyd'. Does ryfedd ac yntau wedi cael ei weld, nid fel rhan o gynrychiolaeth Lloegr, ond fel cennad gwlad ac iddi ei chydwybod a'i barn ei hun.

Soniwyd eisoes i rai o fyfyrwyr Lyman Beecher adleoli i Goleg Oberlin. Dyma'r coleg cyntaf yn y wlad i dderbyn merched fel myfyrwyr a bu'r coleg yn ddigon rhyddfrydig i gynnig lloches i gaethweision ffoëdig. Daeth y coleg yn orsaf bwysig ar y 'rheilffordd danddaearol' gan groesawu pobl fel y fam a'r plentyn a bortreadwyd yn nofel Harriet Beecher Stowe. Wrth i'r erlidwyr nesáu, llwyddodd y fam ddychmygol hon i frasgamu dros greigiau rhewllyd Afon Ohio. Ger un o adeiladau presennol y coleg ac yno fel arwydd o'r rhan a chwaraeodd y coleg, mae darnau o reilffordd yn tarddu o'r ddaear.

Cyn dechrau'r rhyfel, roedd nifer o fyfyrwyr Cymraeg yn Oberlin gan gynnwys William Thomas, y gŵr hwnnw o Bentrefoelas a ysgrifennodd gerdd dan y teitl 'Rhyddid' yn 1855 (gweler atodiad 7.3). Ni rewodd yr Afon Ohio yn ôl ei harfer yn 1855, a heb y rhwystr arferol i'r badau, mae'n debyg i William Thomas weld mwy o gaethweision na'r arfer. Darlun tebyg a geir yn 'Y Ffoadur' gan Cynonfardd wrth i gaethwas floeddio ar fadwr yr ochr draw i afon Ohio i'w ymofyn a'i ryddhau. Ar un adeg defnyddiwyd y gerdd yma fel darn llefaru mewn rhai o eisteddfodau Cymru.

Ymysg y rhai i groesi'r afon yn ddiogel yr oedd caethwas o Kentucky o'r enw Israel Campbell. Ar ôl derbyn hyfforddiant yn Oberlin, aeth ati i bregethu, ac er iddo gael ei wahodd i bregethu yng Nghapel Cymraeg y Welsh Hills yng nghanolbarth Ohio, rhwystrwyd ef rhag cael mynediad ar un achlysur. O ganlyniad bu'n rhaid i Israel Campbell draddodi darlith mewn ysgubor (gweler atodiad 7.3).

Yn yr un cyfnod yn Oberlin roedd myfyriwr o Fangor a anrhydeddwyd yn ddiweddarach gan Brifysgol Howard, coleg sy'n adnabyddus am hyfforddi Americanwyr Affricanaidd. Urddwyd ef gyda gradd doethur er anrhydedd. Gellir casglu felly ei fod yntau yn gefnogol mewn rhyw ffordd i'r caethweision.

Dysgu Trin y Cledd

Er gwaethaf ymdrechion gwŷr fel Dr Everett, y Beecher's, myfyrwyr Oberlin a chyn-gaethweision fel Frederick Douglass, Israel Campbell a Moses Roper, roedd rhyfel yn anochel. I gael hanes y rhyfel a'r brwydrau eu hunain, dylid bwrw golwg ar *Hanes y Gwrthryfel Mawr* a gyhoeddwyd yn Utica, Efrog Newydd yn 1866. Gohebwyr gyda phapur wythnosol *Y Drych* oedd y ddau awdur, J. W. Jones a T. B. Morris, ac yng nghan tudalen cyntaf y llyfr ceir crynodeb o hanes y wlad hyd at y rhyfel. Ceir trafodaethau a chyfieithiadau o ddogfennau fel Datganiad Annibyniaeth a Chyfansoddiad yr Unol Daleithiau. Er nad yw'r llyfr yn cyfeirio at ddiwedd y rhyfel, mae'n gyfrol o dros 600 tudalen. Rhoddir sylw ym mhennod 12, er enghraifft, i Frwydr y Bull Run ac ym mhennod 38, i Ryfelgyrch yn Nyffryn y Shenandoah. Bull Run oedd brwydr agoriadol y rhyfel ac mae'r bennod hon wedi'i chyhoeddi ar wahân fel un o lyfrau bychan y gyfres *Llyfrau Ceiniog* o Gaernarfon.

Yn hytrach na chanolbwyntio ar un frwydr ar ôl y llall, bwrir golwg ar brofiadau rhai o'r Cymry ifanc a ymladdodd dros gadw'r Undeb. Ar y cyfan, anfonwyd y rhai a drigai yn y taleithiau dwyreiniol fel Pensylfania ac Efrog Newydd naill ai i Virginia neu i'r taleithiau deheuol cyfagos. A chan mai Richmond yn Virginia oedd prifddinas y de, nid rhyfedd i gymaint o'r brwydro ddigwydd yn ei chyffiniau hi. I lefydd fel Tennessee sydd i ffwrdd o'r arfordir y danfonwyd y Cymry a drigai yn y taleithiau mwy canolog fel Ohio, Illinois a Wisconsin. Ym mhle bynnag y cartrefai'r Cymry, yr un fyddai eu parodrwydd i wneud eu rhan dros 'gadw'r Undeb a rhyddhau'r caethweision'. Adrodda gŵr o'r enw Daniel T. Jones fel y bu i rai ohonynt ymuno â'r 126ain Illinois:

> Arosasom am ychydig wythnosau yn Camp Dixon, Illinois, lle y cawsom ddillad milwraidd – gwrthbanau a slight introduction i'r dull milwraidd o fwyta, cysgu a rhodio... cawsom ynau, blychau lledr, a belts wedi eu harddurno a phres &... Cwblhawyd ein llwythi trwy roddi i ni Knapsacks, Cantoons a Haversacks, a

gorchymun i lanw yr olaf a digon o Hardtacks a low belly, fel eu gelwir i'n diwallt am dridiau...

Wedi'r paratoadau rhoddwyd hwy ar agerfadau i 'lithro i waered y Mississippi gyda chyflymdra neilltiol'. Gyda'r 26ain o'r 56th Ohio bu'n anodd arnynt ar gyrraedd:

O 12 i 15 milltir y dydd oedd ein taith gyffredin ac yr oedd yr hin mor anarferol o boeth a'n llwyth ninau yn drwm, fel yr oedd hyny yn ddigon o orchwyl, canys ychwanegwyd 60 ergyd i'w cario at y nifer arferol yn gwneud 100 o gwbl, 100 rounds of catridges, ac yn wir, dyddiau lawer y buom heb ond ychydig iawn o flawd corn i'w fwyta, ac heb lestri i bobi hwnw; ond byddem wrthi yn ei bobi mewn lludw, ac yn ei wneud yn fara.

Yn 1863 daeth Cymro ifanc o'r enw Joseph E. Griffith i sylw Abraham Lincoln. Anfonwyd y llythyr canlynol amdano gan James W. Grimes, James Harlan a James F. Wilson:

Sir. It will be hardly necessary for us to recite the particulars of the capture of eleven rebel soldiers within the enemies fortifications at Vicksburg by private Joseph E. Griffith of the 22d Iowa Infantry and bringing them into our camp. The particulars are given in the official report of his commanding Col. & Gen.

Griffith is about twenty one years of age & is the only son of a Welsh Congregational preacher at Iowa City in this state. He has been appointed on the Genls. staff & has received a commission from the Governor of this state, but we think he should be distinguished by an appointment into the regular army of the United States. There never was a more meritorious case than this and we have from the most authentic sources that this young man is in every respect worthy of the position we suggest. It is proper for us to state that this application on his behalf is wholly unsolicited & unknown to him & to his friends. We have been prompted to make it by our own sense of what is due to so gallant & worthy a soldier.

Ar ôl cael sêl bendith Lincoln dewiswyd ef i dderbyn

hyfforddiant yn West Point. Yn gwasanaethu'r fyddin fel caplaniaid roedd rhai fel Erasmus Jones a Ben Chidlaw. Cyn hyn bu Chidlaw yn hynod o weithgar gyda'r Annibynwyr yn Ohio a phan ddaeth yn gaplan synnwyd ef un tro pan ddaeth ryw hanner cant o filwyr i ddosbarth Beiblaidd. Roedd ganddynt gopïau o'r Testament Newydd yn y Groeg gwreiddiol, a hyd yn oed ar faes y gad, roeddent mor amheus ag erioed o gywirdeb y cyfieithiad. Yn ddiweddarach deallodd Ben Chidlaw mai myfyrwyr diwinyddol o Oberlin oeddynt.

Brwydrau Cyffiniau Chattanooga, Tennessee

At ddiwedd Medi 1863 ymladdwyd sawl brwydr enbyd yng nghyffiniau Chattanooga, Tennessee. Wedi ymgynnull mewn cwm cul yn agos i ffin Georgia, a lle rhedai afon fechan o'r enw Chickamauga, roedd Byddin y Cumberland dan arweiniad y Cadfridog Rosecarns. Yn ei gynorthwyo roedd y Cadfridog George Thomas, gŵr o deulu Cymraeg yn Virginia a fynnodd aros yn ffyddlon i'r Undeb. Dangosodd yr olaf ddewrder a gallu diamheuol yn y frwydr. Roedd Rosecarns wedi cam-ddehongli rhediad y frwydr ac wrth iddo adleoli ei filwyr, cymerodd y Deheuwyr fantais o fwlch yn ei rengoedd. O ganlyniad gorfodwyd Rosecarns i arwain y gorau o'r fyddin tuag at Chattanooga, ac felly gadawyd George Thomas fel yr unig swyddog ar faes y gad. Er bod 50,000 o filwyr yn ei erbyn, llwyddodd i wrthsefyll ymosodiad ar ôl ymosodiad am bron i chwe awr. Hyn a arweiniodd at ei alw yn 'Rock of Chickamauga'.

Rhwng y ddwy ochr bu farw 34,000 ac yn ôl un o filwyr y de, 'the dead were piled upon each other in ricks, like cord wood, to make passage for advancing columns'. Wrth i Rosecarns ffoi i gyfeiriad Chattanooga, bu'n rhaid i'r milwyr bentyrru'r cyrff er mwyn creu llwybr o'r cwm. Roedd yr afon yn goch gan gymaint y gwaed a dywalltwyd iddi. Addas a thrawiadol yw'r enw Chickamauga ar yr afon – ystyr y gair mewn Cherokee yw

'Afon Marwolaeth'. Wedi ei adael ymysg y meirw roedd James B. Jones, mab i Llywellyn A. Jones, a arferai fyw yn Virginia cyn symud i Emporia, Kansas. Fe gynhaliwyd gwasanaeth angladdol iddo gan Gymry Emporia cyn darganfod ei fod yn fyw!

Gyda Rosecarns yn Chattanooga ofnai Lincoln y gallai golli byddin gyfan, a phenododd y Cadrifog George Thomas yn ei le. 'Hold Chattanooga at all hazards. I will be there as soon as possible,' meddai neges y Cadfridog Grant. Atebodd Thomas, 'We will hold the town till we starve'. O gofio bod milwyr Thomas yn ddigalon ac yn newynog ar ôl profiad erchyll yn Chickamauga, mae'n rhaid bod gweld y Cadfridog Grant gyda Byddin Tennessee a'r Cadfridog Hooker gyda rhan o Fyddin y Potomac wedi bod yn dipyn o ryddhad. Gyda'i gilydd roedd 60,000 yn ymladd dros yr Undeb o'u cymharu â'r 40,000 ym myddin y de.

Roedd Chattanooga yn safle o bwys milwrol a hynny oherwydd y rheilffordd a gysylltai Richmond, prifddinas y de, gyda thiroedd a ymestynnai tua'r gorllewin nes cyrraedd ceulan y Mississippi yn Memphis. Yn ogystal roedd Chattanooga yn fan delfrydol i ddechrau teithio'n ddeheuol i ymosod ar Atlanta. Nid rhyfedd felly i gymaint o'r brwydro ddigwydd o amgylch Chattanooga. Am gyfnod ar ôl y prif frwydro gofynnwyd i William Davies Evans, gynt o Dalsarn, Ceredigion, a'i frawd Lewis i gadw llygad ar unrhyw symudiad milwrol o Fynydd Lookout. Dyma bwt yn disgrifio'r profiad hwnnw:

Tair milltir i'r deheu o Chattanooga, ac yn ymgodi ddwy fil o droedfeddi uwchlaw iddi, y mae y trwyn rhyfedd a elwir Point Lookout... Caem oddiar Fynydd Lookout rai o'r golygfeydd ardderchocaf. Safai uwchlaw yr holl fynyddoedd cylchol, fel y gellid ar ddiwrnod clir weled drostynt i bellter o gan' milltir, a chanfod manau amlwg mewn saith o wahanol daleithiau. Ymddangosai yr holl amgylchoedd yn fawreddus o donog a garw. Gyferbyn, islaw, yr oedd... Mission Ridge, tref Chattanooga odditanodd, a phebyll gwynion y milwyr yn daeredig ar hyd y dyffryn. Ymddangosent oll yn bethau bychain, bychain, a'r ffyrdd rhyngddynt cyn feined ag edau lin; Afon Tennessee fel nant fechan, a'r ager-fadau arni fel pe byddent chwiaid yn cario cyrn mwg ar eu cefnau... Ond ni byddai golygfeydd y diwrnod clir i'w gymharu a golygfeydd y cymylau. Byddai niwl a chymylau tewion yn gorchuddio y wlad bron bob bore, ac yn aml ar amserau eraill, ond ymestynai pen y mynydd uwchlaw iddynt oll, fel na byddai ond tu uchaf y cymylau yn ymddangos i ni mewn awyr glir, a'r haul gyda thanbeidrwydd gogeneddus yn peledru arnynt... O'r gogoniant hwn yn achlysurol ymddyrchafai twrf taranau cryfion, pan fyddai gwlawogydd a mellt yn ymdywallt ar y dyffryn islaw:

Cae'm edrych ar stormydd ac ofnau taranau a mellt dros y tir,
A ninnau'n ddihangol o'u cyrraedd ar dalgraig, a'n hawyr yn glir.

Un o'r milwyr ger Mynydd Lookout ym mis Tachwedd 1863 oedd Jenkin Lloyd Jones. Gŵr o Geredigion oedd yntau a bu'n cadw dyddiadur yn gyson. Cyhoeddwyd y dyddiadur *An Artilleryman's Diary* ryw hanner canrif yn ddiweddarach. Ystyrir ef yn un o glasuron y gwrthryfel, ac er mai yn Saesneg yr ysgrifennwyd ef, nid oes modd anwybyddu enwau Cymreig y milwyr sy'n britho'r llyfr. Ac yntau yn Undodwr, nid rhyfedd iddo gyfeirio at Landysul, ei ardal enedigol fel y 'Smwtyn Du'. Dyma'i ddisgrifiad o'r paratoadau at y frwydr ar gopa'r mynydd:

Nov 19... Came into sight of Lookout Ridge about 4 P. M... into camp at 11. 30 P.M., our horses having nearly given out.

Nov 20... I thought I would see our position, so I climbed the bluff to the right of us. Chattanooga could be seen very plainly right opposite, near the other side of the river. To the right of it was Lookout, towering high above all others, with the puffs of powder smoke vomited occasionally from their Parrot. To the left I could see smoky Mission Ridge crossed with reb encampments. Those with glasses could discern long waggon trains and mules climbing up Lookout.

Nov 21... Company cooks played out and rations issued to platoons... A circular has just been received from General Sherman to hold ourselves in readiness to march at any moment. Three days cooked rations and one blanket is all that is to be taken along, the ambulances to follow to the river and there await orders. The enemy has been playing from Lookout all day and it is told that sharp musketry is going on... The crisis is fast approaching and it cannot be long ere we meet in deadly contest.

Hon oedd y 'Frwydr Uwchlaw y Cymylau' a dyma fel y disgrifiwyd hi gan William Davies Evans o Dalsarn:

Teimlau y gwrthryfelwyr fod ganddynt ar y mynydd hwn amddiffynfa nas gellid ei gyru o honi, ond cymerasant ei twyllo. Un prynawn gwelwyd cyflegrau trymion byddin yr Undeb yn cael eu tyny i ben mynydd uchel gyferbyn, yr hwn yntau hefyd fyddai yn aml a'i ben uwchlaw y cymylau. Yn blygeiniol boreu dranoeth dechreuodd y fyddin oddi yno dan-belenu gwersyll y gelyn ar Point Lookout. Y gelyn hefyd a ddygodd ei holl allu i'r Point i dan-belenu yn ôl, a thros oriau bu y pelenau a'r tan yn chwareu trwy eu gilydd uwchlaw y cymylau. Yn y cyfamser yr oedd y Cadrifog Hooker gyda phrif nerth y fyddin Undebol yn teithio yn gyflym, ond perffaith ddystaw, dan orchudd y cymylau i gael bwlch tuag wyth milltir yn ôl i fyned i ben Mynydd Lookout, a phan oedd y gelyn ar y Point yn gorfoddelu wrth weled leied y dinystr a fedrai yr Undebwyr o ben mynydd arall wneud arnynt, dyna gynllwyn dinystr a marwolaeth o'u hôl yn syrthio yn ddisymwth ar eu gwarthaf... Hooker a'i wyr arnynt yn creu TWRF, TARF, TERFYSG, nes gyru rhai bendramwnwgl dros y creigiau erch, eraill i ffoi ffyrdd eraill, ac eraill a ddaliwyd yn garchorion.

Yn dilyn brwydr 'Uwchlaw y Cymylau' bu brwydr arall a orfododd y gwrthryfelwyr o'u gwersyll ar y Mission Ridge. Er mwyn cyflawni hyn ymosododd y Cadfridog Sherman o'r ochr ogleddol ond arafwyd hwy wrth droi yn fwy tua'r de. Yna ymosododd y Cadfridog Thomas ar ganol y grib ond oherwydd cyflwr y milwyr wedi helynt Chickamauga, y gorau a ellid ei ddisgwyl ganddynt oedd cael gwared â'r rhych-ddryllwyr cuddiedig ar ochrau'r llechwedd. Er syndod llwyddwyd i ddal ati nes cyrraedd y brig, camp a orfododd y gelyn i adael cyffiniau Chattanooga.

Ac eithrio Virginia, cafwyd mwy o frwydrau yn Tennessee

nag yn unman arall a hynny am ei bod ar y ffin rhwng y de a'r gogledd. Effeithiwyd ar fywydau'r trigolion lleol hefyd ac un a ganfu ei hun ynghanol y ffrae oedd Samuel Roberts, Llanbrynmair. Anwybyddodd y rhybuddion i beidio â mynd i Tennessee a chyda dyfodiad y rhyfel, gwaethygodd ei amgylchiadau:

> Buom am fisoedd heb allu symud oddi yma i chwilio am ein llythyrau; a phan oeddwn yr wythnos ddiweddaf wedi anturio myned i Monticello, mewn gobaith i gael rhai o'r Cyhoeddiadau o Gymru, clywais, pan yn dychwelyd adref, fod brwydr boeth yn nglyn coed yr afon, o fewn llai na deng milltir i'm cartref, rhwng cant a haner o *Union-guard* ein sir ni, a thros bum cant o wŷr y De. Yr oedd fy nghalon yn curo yn drom bob cam o weddill y ffordd adref. Yr oedd yn llon genyf weled fy mrawd a'i briod a'u merch fach yn fyw, a'n tŷ coed, a'm hychydig o lyfrau a phapurau, heb eu llosgi.

Dioddefaint y Milwyr

Nid Jenkin Lloyd Jones oedd yr unig Gymro yng nghyffiniau Mynydd Lookout yn ystod y brwydro. Yno hefyd roedd William Rider o blwyf Cegidfa, Maldwyn a dywedwyd ei fod yn bresennol:

> yn y brwydau ffyrnicaf a mwyaf gwaedllyd a gymerodd le dros tymor ei filwriaeth, a dilynodd Fanerau yr Undeb ar hyd faesydd rhuddedig gan waed. Cymerodd ran yn y brwydrau bythgofiadwy Arkansas Post, Chicksaw, Bayou, Vicksburg, Jackson, Lookout Mountain, Mission Ridge, a Ring-gold, ac er ei holl beryglon, a gorfod lawer gwaith, gerdded dros bentyrau o gyrff lladdedigion a clwyfedig, ni ddigwyddodd iddo un niwaid. Yn y frwydr ddiweddaf y bu ynddi, sef Rin-gold, saethwyd trwy ei flwch alcan (canteen) yr hwn oedd yn grogedig wrth ei ystlys, ond diogelwyd ei fywyd ef.

Er iddo oroesi'r holl frwydrau, yr hyn a'i trechodd yn y diwedd oedd afiechyd. Cymro arall yn y fyddin a hysbysodd chwaer Rider o'r newyddion trist:

Pan ddaethom yn ôl i Bridgeport, tarawyd ef ag afiechyd yn ei ben, o'r hwn y bu ef farw, wedi ychydig ddyddiau o gystydd, yn hollol anisgwyliadwy i bawb. Cafodd ei gladdu yn barchus mewn coffin, peth nad ydyw ugeiniau yn ei gael ar faes y gwaed. Rhyw fath o wasgfeuon angeuol (fits) oedd ei afiechyd, nid oeddynt yn parhau ond am ychydig eiliadau ar yr un pryd; ond yn dyfod yn fynych a thrymion iawn.

Barnwyd mai 'trymder y frwydr, meithder ei daith ddiweddaf, a gor ddigonedd o ymborth wedi cyrraedd y gwersyll, fu yr achos o'i farwolaeth'. Afiechydon a achosodd nifer o farwolaethau'r rhyfel. Ymladdwyd brwydr Chattanooga ar 'half rations of hard bread and beef dried on the hoof' ac o ddarllen dyddiadur Jenkin Lloyd Jones canfyddir bod y ceffylau yr un mor newynog â'r milwyr. Roedd yr amodau byw yn wael iawn:

Nov. 21 Awoke to find it had been raining very heavy all night. Our ditch overflowed and the water flowed into the tent under the bed wetting the blankets, making sleeping a troublesome matter anywhere. I got up, wrung my blankets and watched the rain. After breakfast harnessed our horses. As we have no feed they look very bad, indeed nearly all the halter stails on the rope were eaten off last night. I got a set of chain ones from the Battery wagon...

Ni fu unrhyw wellhad yn y sefyllfa dros y ddau ddiwrnod canlynol wrth i'r milwyr baratoi at frwydr Lookout:

Our rations were entirely out with the exception of coffee and some cornmeal picked, so we ate hastily of unsifted mush and coffee. Three drivers from each piece sent after sheaf oats for horses. I was on the detail and we rode back nearly three miles toward the river. Found the oats all gone, but plenty of good tame hay, of which we took as much as possible. Returned to camp by 9 P.M. I was nearly exhausted from cold and loss of sleep, having been up since 1 A.M. Lay down in cold and wet blankets... Suffered very much from cold during the night. The blankets stiff with frost over us. Witnessed an almost total eclipse of the moon and again lay down, but no sleep.

Fel nifer o'i gyd-filwyr, dioddefodd Jenkin Lloyd Jones o afiechyd. Yn gysur iddo oedd y llythyron a dderbyniai, yn enwedig rhai gan ei dad: 'Feb 24, 1865... Mail came, bringing me four splendid letters, one from my old father in the good old Welsh tongue. I prize it above all others...'

O ddarllen ei ddyddiadur mae'n amlwg bod nifer dda o Gymry ar faes y gad. Er enghraifft ym mis Tachwedd 1862 sonia am Griffith Thomas ac E. W. Evans a aeth i olchi eu dillad mewn nant ynghanol y coed. Yna ym mis Gorffennaf 1863, ar drothwy Brwydr Lookout, sonia i Eben Davis o Iowa ddod i chwilio amdano. O dreulio bore yn ei gwmni hysbyswyd ef o farwolaeth Cymro arall o'r enw William Jones. Dro arall marchogodd gyda David Evans i chwilio am G. R. Jones yn yr ysbyty. Un o'i brofiadau dedwyddaf oedd y ddau ddiwrnod a dreuliodd tua diwedd y rhyfel yn crwydro'n hamddenol dros Fynydd Lookout yng nghwmni Griff a David Evans.

Mae'n debyg nad oedd llawer o'r Cymry yn rhugl iawn yn y Saesneg. Cwynodd gŵr arall nad oedd ganddo ddigon o ddeunydd darllen yn yr ysbyty:

Mae yr hen genedl Gymraeg yn ddiffygiol iawn yn anfon llyfrau a phapyrau Cymreig i'w cynrychiolwyr y milwyr dewrion, a adawsant yn ewyllysgar deuluoedd, berthnasau, a phob cysuron cymdeithasol a daearol, ac a gymerasant eu bywydau megys yn eu dwylaw, i fyned i amddiffyn iawnderau dynoliaeth, a chyfundeb yr Undeb.

Teimlai'n well wedi darllen rhifyn o'r *Cenhadwr Americanaidd*:

ar ôl darllen y rhifenau yn ofalus, danfonais hwynt i'm cyd-filwyr Cymreig yn Tennessee, canys yr wyf yn gwybod trwy brofiad beth yw ymddifadrwydd o ddefnyddiau darllen yn mhlith ein cenedl yn y fyddin.

Gŵr arall oedd ar Fynydd Lookout oedd Dafydd Owens

a aned yn Argoed, Mynwy. Cyn symud i Ohio bu'n byw am gyfnod yn Minersville, Pa a'i gatrawd ef oedd y gatrawd gyntaf i gymryd meddiant o ddinas Chattanooga. Dyma ddisgrifiad gan ei gyfaill David Jenkins ohono'n brwydro ar y mynydd:

…ar y 23ain o Dachwedd, 1863, cawsant orchymyn i fyned i linell y frwydr pryd yr oedd Grant ar y ddeau, Hooker ar yr aswy, a Thomas yn y canol, o dan lywyddiaeth yr hwn oedd adran Wood, lle'r oedd ein cyfaill. Ac yn ngwaith y fyddin yn dringo i fyny i'r mynydd (Lookout) cawsant orchymyn i sefyll am ei bod hi mor boeth; ond rhuthrodd y 97th yn mlaen i'r front gael cymeryd y lle, pryd y syrthiodd ein hanwyl frawd dan effaith pelen a dderbyniodd yn ei ochr aswy. Cafodd ei glwyfo mor ddwys fel ni allodd siarad ond ychydig mwy. Deisyfodd am ddyferyn o ddwfr, yr hyn a gafodd; a gofynodd i'w feddyg os oedd yn meddwl y gallai wella. Atebodd hwnw nas gallai sicrhau hyny. Ac yn mhen pum' awr wedi syrthio yr oedd wedi tynnu ei anadl olaf.

Trwy garedigrwydd gweinidog Cymraeg llwyddwyd i ddod â'i weddillion yn ôl i'w claddu ym mynwent Bedyddwyr Minersville. Roedd y rhyfel heb os yn gadael ei ôl. Mae disgrifiad y Parch. Ben Chidlaw o'r olygfa ar ôl brwydr yn Kentucky yn ddigon i godi arswyd ar unrhyw un – pum awr o ymladd a 2,000 yn farw:

Yr oedd golwg ar faes y gwaed, ddyddiau ar ôl y frwydr, yn ddigon i ddryllio y galon. O erchyllfeydd rhyfel! Nid allaf ddarlunio y golygfeydd alaethus. Dyma o 15 i 20 o geffylau yn eu gwaed, ac yn eu hymul o 30 i 40 o feddau. Dyma 35 yn un rhes, marwion y 75eg Illinois. Dacw restr hir o feddau y 10fed a'r 3edd Ohio, ac yma un arall o feibion Wisconsin ac Indiana. Ar ochr arall y maes mae dros fil o'r Deheuwyr wedi eu claddu, o leiaf wedi eu priddo, ond mae y moch wedi turio y pridd, a gwelais ugeiniau o gyrff wedi eu di-briddo, golygfa byth, gobeithio i'w gweled eto.

Yr un fyddai'r canlyniadau ymhob brwydr drwy gydol y rhyfel. Yng Nghapel Horeb, capel Cymraeg yn Ne Ohio (roedd gan nifer dda o'r aelodau gysylltiadau â Llangeitho) ymunodd cymaint â 57 ohonynt â'r fyddin. Ar gofgolofn ym mynwent y capel mae enwau 45 o'r rhai na ddaethant yn ôl. Nid rhyfedd felly i'r farddoniaeth newid ac yn hytrach na 'caru maes y gwaed' dechreuwyd ganu am 'ddifrod y cledd':

O gleddyf! O gleddyf! arafa,
Llonydda a dychwel i'th wain
Rhyw filoedd dieuog a leddaist,
Paham y trwyanaist ti rhai'n?
Do, lleddaist yn llaw y gelynion,
Wyr dewrion, a hyny mewn brad;
O gleddyf! O gleddyf! arafa,
Na ddifa holl ddynion ein gwlad.

Milwyr Dwyrain y Wlad

Hyd yma Cymry Ohio, Wisconsin, Iowa a Minnesota fu'n mynnu sylw. Yr un mor barod i ymateb i alwad y wlad oedd y Cymry a gartrefai yn y dwyrain – Cymry o Utica yn Nhalaith Efrog Newydd a Chymry o'r pyllau glo ym Mhensylfania. Roedd St Clears fel petai wedi sefyll yn stond yn ystod y rhyfel – 'Mae yr holl weithfeydd glo yn y lle hwn, fel mewn amryw leoedd eraill wedi sefyll; ac mae cannoedd oddi yma wedi myned allan i amddiffyn ein gwlad ers tua wythnos yn ôl; aeth cwmni o Gymry allan ddoe, sef y 6ed o Orffennaf...'

Cyfeiriodd Joseph Parry o Danville, Pensylfania at fel yr 'â cannoedd o'm ffrindiau ifanc i'r rhyfel ac ychydig ddaw'n ôl'. Bob nos Sadwrn, gyda melodïau ar ei gefn, arferai gerdded tri chwarter milltir er mwyn darparu adloniant i'r Gymdeithas Ddadleuol. Ar noson fel hon efallai y daeth i adnabod William L. Jones – y gŵr a gafodd y fraint o siglo llaw Lincoln ei hun. Yn rhyfedd iawn bu ef fyw tan 1943 ac i oes pan nad oedd y rhyfel ond yn atgof pell. Un arall o Danville oedd William Evans. Yn rhyfeddol, llwyddodd cariad William, Mary Owens, i gofrestru yn y fyddin dan yr enw John Evans drwy wisgo ac ymddwyn fel dyn. Pan laddwyd ef ac anafwyd hithau yn Gettysburg datgelwyd y twyll ac anfonwyd hi adref. Yn ddiweddarach priododd Mary Owens ag un o'r enw William Jenkins, un arall o fechgyn Danville. O ganlyniad i'r golled ar ôl tri diwrnod o ymladd yn Gettysburg collodd y de unrhyw obaith o ddal i ymladd ar dir y gelyn yn y gogledd:

Yn awr gwnai Lee a'i lengoedd certh
  Yn ôl am lenyrch Hen Virginia;
Llwyr ddadymchwelwyd eu holl nerth
  Ar gadfaes enwog Pennsylvania...

Gyda byddin y de wedi ei chyfyngu i'w thiroedd traddodiadol, dyma lle y danfonwyd milwyr dwyreiniol yr Undeb ac oddi yno daeth y mwyafrif o'r llythyron a gyfeiriwyd at y rhieni yn y gogledd. Nodweddiadol ohonynt yw'r llythyr isod gan un o Remsen (gerllaw Utica) a gafodd ei hun yng Ngogledd Carolina yn 1863:

Annwyl Fam a Thad Jones, Eich llythyr caredig a dderbyniais yn brydlon. Yr ydych yn gofyn am hanesion o'r fyddin, darluniau o'r wlad &. Gwnaf enwi rhai pethau ond rhaid yw bod yn fyr... Yr ydym wedi gwneud amryw symudiadau yn mlaen tua chanolbarth y dalaith yn nghorff y pum' mis diweddaf, ein milwyr yn myned i mewn hyd o fewn ugain milltir i Raleigh, gan gymryd ar eu ffordd ymlaen ddinasoedd Kingston a Goldsboro, ynghyd a 700 o garcharorion a 12 o fagnelau... Llaweroedd o negroaid o bob parth o'r dalaeth ydynt yn ymgasglu o fewn ein llinellau i feddiannu y rhyddid na feddianasant erioed o'r blaen...

Disgrifiodd milwr arall galedi bywyd:

Anwyl Ewythr Edward Humphries,
...Mae cryn amser wedi pasio er pan gefais y fraint o'ch hanerch o'r blaen, ac er y pryd hwnw yr ydym wedi gweled amser lled galed; ond yr oedd ein llwyddiant yn ei wneud gwrs yn fwy hyfryd. Yr ydym wedi teithio tua 500 milltir, a llawer o'r ffordd a'n traed hanner trwy ein hesgidiau, a llawer heb ddim – a'n dillad yn hynod o garpiog, ac yn aml a'n cylla yn lled wag. Ond rhyfedd na buasem

wedi gorfod dioddef llawer mwy. Nid oedd genym ond deg diwrnod
o rations yn cychwyn ar y rhyfelgyrch, yr hwn a barodd ddeg a
thriugain o ddyddiau. Yr oedd rhaid byw y gweddill ar y wlad, ac y
mae yn rhyfedd gennyf ein bod wedi gallu byw gystal ar wlad mor
lom.

Mae rhanau deheuol South Carolina a North Carolina y tir
salaf a welais erioed – dim ond tywod a pine trees. Nid oes braidd
gornen na 'thaten na phwys o gig wedi ei adael y ffordd y bu ein
byddin, ac mae lle i ofni y bydd llawer o wragedd a phlant yn
newynu o'n herwydd. Mae yn arw meddwl fel y mae y diniwed
yn gorfod dioddef oherwydd balchder a hunanoldeb dynion
drygionus a bradychus. Fe fydd gwaed y trueiniaid hyn yn cael ei
ofyn oddi ar ddwylaw Jeff. Davis a'i gefnogwyr. Ni chawsom lawer
o wrthwynebiad yn S. C., am nad oedd ganddynt ddigon o nerth i
sefyll ein byddin... Yr ydym yn awr yn cael gorphwys am ychydig
ddyddiau, er cael dillad, ymborth, &... Mae fy mrodyr John ac
Evan a minau yn cofio atoch yn garedig.

Rhai o bentref Steuben oeddynt hwy ond nid oes un
awgrym o galedi mewn llythyr arall a ddanfonwyd at Ifan
Dafis, Cantwr, Efrog Newydd: 'Ifan fachan wyt ti yn cofio dy
fod ti a Dic a minau yn 'sgota yn y Mohawk yn 1856. Wyt ti'n
cofio yn mhellach beth a ddaliais y pryd hynny. Daliais dri o'r
un fath bysgod y diwrnod o'r blaen...'

Tro ar ôl tro siomwyd Lincoln gan fethiant ei gadfridogion
i roi diwedd ar y rhyfel. Wedi methiant y Cadfridog McDowell
yn y frwydr agoriadol yn Bull's Run, mynnodd Lincoln fod
McClelland yn cymryd ei le. Ond yn hytrach nag ymosod ar
Richmond yn syth fel y dymunai Lincoln, oedodd McClelland
am bron i wyth mis. Pan fethodd â chyrraedd Richmond,
trosglwyddwyd y cyfrifoldeb i Burnside. Ar ddiwedd 1862,
gyda'r colledion yn nesáu at 11,000, gorchfygwyd Burnside
yn Fredericksburg. Wedi cyfnod arall dan arweiniad Hooker,
penodwyd Grant yn 1864 er gwaetha'r ffaith i 13,000 o filwyr
gael eu lladd dan ei ofal yng ngorllewin Tennessee. Un o'r gwŷr
nad oedd â cholledion enbyd yn ei garfan oedd y Cadfridog
George Thomas. Yn eironig, er ei fod yn ymladd dros y gogledd,

deheuwr ydoedd yn y bôn ac felly ni allai ennill cefnogaeth gwleidyddion y gogledd. Yn 1866, blwyddyn wedi diwedd y rhyfel, aeth John Griffith o'r *Faner* i'w gyfweld:

> Cwrddais hefyd yn y ddinas hono – Nashville – a'r Cadfridog Thomas, Cymro ydyw o fodoliaeth, er nad yw yn medru siarad Cymraeg, ac yn dwyn sel fawr dros yr *hen* genedl. Cafodd ef ei eni yn nhalaeth Virginia; ymfudasai ei daid o Gymru, ac ymsefydlodd yn rhyw barth o dalaeth Pennsylvania... Hen fachgen – pwyllus, tawel, cool, perffaith ddiymhongar, agos atoch, ac mor haws siarad ag ef ag ydyw ag unrhyw un o hen ffermwyr Dyffryn Clwyd yma, pwy bynnag yw'r hawddaf – di-bomp hollol – 'The only one of our great generals', ebai'r Governor Brownlow, wrth ei anerch pan yn cyflwyno medal aur iddo fel rhodd gan dalaeth Tennessee – 'The only one of our great generals that committed no mistake during our great struggle'.

Y Deheuwyr

Cefnogai'r rhan fwyaf o Gymry yr Undeb ond roedd ambell eithriad. Yn gwasanaethu'r gwrthryfelwyr yr oedd meddyg yn enedigol o Dremadog. Gan nad oedd yn y de ei hun fawr ddim diwydiant, rhyddhad iddynt oedd i un o'r enw Samuel Emlyn Jones lwyddo i gynhyrchu magnel yn Nashville. Er hynny, o Richmond y daeth y rhan fwyaf o arfau'r de a hynny trwy weithfeydd Tredegar Iron Works. Adnewyddwyd y gweithfeydd hyn yn y tridegau gan Rhys Davies (neu Rheese Davis) o Dredegar ac mae'r fath enw arnynt yn cydnabod ei fedrusrwydd fel peiriannydd. Heddiw mae adfeilion, sy'n cynnwys rhod ddŵr sy'n dal i droi, yng ngofal Gwasanaeth y Parciau Cenedlaethol. Roedd magnel yn holl bwysig i'r brwydro, fel y dengys sawl englyn o'r cyfnod. Daw'r enghraifft ganlynol gan Gwydderig a gartrefai ym Mhensylfania:

> Rhwth elyn certh, olwynog gawr – hir, poeth,
>   Ergydiwr pell chwyrnfawr
>   Magnel trwm a'i gnul tramawr
>   Raiadra fellt i'r frwydr fawr.

Roedd y rhan fwyaf o Gymry yn rhengoedd y De yn dod o deuluoedd a ymfudodd sawl cenhedlaeth ynghynt. Mynnai teulu'r Cadfridog Micah Jenkins eu bod o waed Llywelyn ap Gruffudd. Hwy a berchenogai'r Brick House Plantation ar Edisto Island, De Carolina a rhyw 30 milltir i'r de o Charleston y ganed Micah Jenkins yn 1835. Dywedwyd bod ganddo allu arbennig i gael y gorau o'i filwyr. Does ryfedd felly iddo gael ei benodi yn gadfridog yn 1862 ac yntau'n ddim ond 26 oed. Ymladdodd yn Bull Run a bu'n brwydro yn Chickamauga. Yn 1864 saethwyd ef ar ddamwain gan ei ochr ei hun: bu farw o dan yr un amgylchiadau ac nid nepell o'r man y bu farw Stonewall Jackson. Yn ôl y sôn bu farw Jackson wedi iddo grwydro o ddiogelwch ei rengoedd ei hun mewn ymgais i weld gwendidau'r gelyn a saethwyd ef wrth iddo ddychwelyd.

Gŵr arall o gefndir Cymreig oedd James Morris Morgan. Yn ei lyfr *Recollections of a Rebel Reefer* cofnoda rai o'i helbulon tra'n forwr ifanc yn llynges y de. Disgynnydd i deulu Evan Morgan a ymfudodd o Went yn 1717 ydoedd. Symudodd rhai o'r teulu i Louisiana ar ddechrau'r 19eg ganrif, ac yno y magwyd James Morris Morgan. Collodd un o'i frodyr mewn brwydr yn 1861 a dwy flynedd yn ddiweddarach lladdwyd dau frawd arall wrth ymladd dros y de. Ei chwaer oedd Sarah Morgan Dawson, awdures *A Confederate Girl's Diary* a gyhoeddwyd yn 1913. Yn union fel llyfr ei brawd, ystyriwyd hwn yn un o glasuron y rhyfel.

Gan fod llynges y de yn eithaf gwan, yr hyn a geisiai'r Undeb ei wneud oedd atal llongau'r de rhag mynd o'i phorthladdoedd. Er gwaethaf hynny, aeth Morris Morgan fel negesydd i Loegr. A phan aeth ar un o longau'r De ym mhorthladd Charleston, De Carolina, bu raid aros i'r cymylau ddod i achuddio'r lleuad hanner llawn. Pan geisiwyd hwylio am ddeg o'r gloch y nos, fe'u gwelwyd wedi i'r cymylau symud ac i olau'r lleuad ddychwelyd. Ar ôl gohirio'r fordaith sawl gwaith manteisiwyd ar law mân i'w harwain i Bermuda 600 milltir i ffwrdd.

O gyrraedd Bermuda hwyliodd Morgan i Ganada ac oddi yno i Brydain. Ym Mhrydain aeth i wneud ymholiadau ynghylch prynu arfau. Ac yntau yn ddim ond 15 oed, gwirionodd iddo gael llety mewn plasty ger Derby. Ac nid dyna'r unig beth i'w ryfeddu: 'I never before knew that there were so many lords and ladies in the world, and to my great satisfaction all the aristocrats I met seem to sympathize with the South in her fight for the right of secession'.

Ar ymweliad arall ac mewn cyngerdd yn Llynlleifiad (Lerpwl), rhoddwyd ef i eistedd mewn blwch amlwg. O'i weld yn nillad milwrol y De, cafodd groeso byddarol – hon wedi'r cyfan oedd y ddinas a fanteisiodd fwyaf ar gludo caethweision. Er nad oedd Lloegr yn awyddus i ddangos ei chefnogaeth i un ochr yn fwy na'r llall, teimlai James Morris Morgan heb unrhyw amheuaeth ei bod yn cefnogi'r De.

Deheuwr arall o gefndir Cymreig oedd Goronwy Owen (gŵr wedi ei enwi ar ôl ei hen daid). Tua diwedd y rhyfel penodwyd ef yn Athro Obstetrics yng Ngholeg Alabama. Yr oedd yn un o chwe brawd: roedd yr hynaf ohonynt, Richard B. Owen, yn ŵr bonheddig o draddodiadau'r de a bu'n faer yn Mobile, Alabama. Aeth pump o'r chwe brawd i'r rhyfel a bu farw un. Phillip A. Owen, gŵr a fu'n ymladd dros y gogledd, oedd yn gyfrifol am grynhoi'r manylion isod am y teulu ar gyfer *Y Drych* a *Colomen Columbia*.

Yn ôl dealltwriaeth Phillip A. Owen roedd ganddo ewythr o'r enw John H. Owen a oedd wedi ymroi i ddysgu'r iaith er mwyn cyhoeddi llyfr yn ymwneud â Goronwy Owen. Ond bu hwn, a oedd yn ŵyr i Goronwy Owen, farw'n ddisymwth yn 1842 cyn i'r gwaith gael ei gwblhau. Ar hynny rhoddwyd y cyfan dan ofal ei frawd Ffransis, tad Phillip A. Owen. Gofalwyd am y papurau hyd at derfyn y rhyfel ond fe'u difethwyd trwy gythreuldeb milwyr afreolus a berthynai i'r Undeb. Nid dim ond nifer o lawysgrifau Goronwy Owen a gollwyd ond yr hyn y dywedwyd ei fod yn ramadeg cyflawn yn barod i'w gyhoeddi. Er ei fod yn ei fedd ers bron i ganrif, nid tan y weithred hon y daeth trychineb Goronwy Owen i ben.

Un o filwyr mwyaf lliwgar y de oedd Joseph Shelby, gŵr o deulu a chwaraeodd ran amlwg yn natblygiad rhan ddeheuol y

wlad cyn y Gwrthryfel Americanaidd. Y cyntaf ohonynt i ddod
i sylw oedd Evan Shelby a aned yn Nhregaron ac a ddaeth yn
un o gyfeillion George Washington. Ar ôl y Chwyldro ceisiwyd
ei annog i fod yn llywodraethwr ar dalaith y bwriadwyd ei galw
yn Franklin, ond gwrthododd. Yr un mor amlwg oedd ei fab
Isaac, milwr a llywodraethwr cyntaf Kentucky. Yn y llyfr *The
Cymry of '76* enwir ef fel un o'r cadfridogion o dras Cymreig a
chwaraeodd ran yn y Chwyldro. Fel ei dad, ceir cyfeiriadau ato
yn y llyfr am Dregaron gan D. C. Rees.

Ar drothwy'r gwrthryfel ymwelodd Harriet Beecher
Stowe â'r teulu yn Kentucky a bu hyn yn sbardun iddi enwi
un o gymeriadau ei chyfrol *Caban F'Ewythr Twm* yn Shelby.
Symudodd un o'r teulu, sef Joseph Shelby, i Missouri yn 1852.
Ac yntau'n brif berchennog tir y dalaith, roedd ganddo nifer
sylweddol o gaethweision. Dyrchafwyd ef yn gadfridog ac o
dan ei arweiniad roedd marchfilwyr gorau'r rhyfel.

Yn addurn ar eu hesgidiau yr oedd ysbardunau o arian i
gynrychioli eu balchder milwrol. Ceir adroddiadau amdanynt
yn teithio 1,500 milltir mewn 34 diwrnod, gan greu anhrefn ger
afon Missouri, a hynny er gwaethaf 50,000 o filwyr yr Undeb
oedd yn y cyffiniau. Yn Camden, Arkansas yn 1864, gyda 1,000
o farchfilwyr, llwyddodd Shelby i atal ymosodiad gan 15,000
o filwyr am ddiwrnod cyfan. Ar achlysur arall yn Marshal,
Missouri, er eu bod wedi eu hamgylchynu gan 8,000 o filwyr
yr Undeb, buont yn ddigon craff i'w hosgoi a dianc. Ac er i'r De
gael y gwaethaf ohoni mewn lle o'r enw Cane Hill, ac yntau'n
dal ei safle i ganiatáu i eraill ddianc, dywedwyd i bedwar ceffyl
gael eu saethu oddi tano.

Chwarter canrif wedi'r rhyfel cyfeiriodd yr Anrhydeddus
T. L. James, a fu'n aelod o Gabinet yr Arlywydd Garfield, at
gefndir Cymreig llywydd y de, sef Jefferson Davis: 'tebygol
yw y buasai y Gwrthryfel wedi cael ei ddiffodd yn gynt, onid
bai am yr ystyfnigrwydd etifeddiaithol a berthyna i'w genedl'.
Beth fyddai ei farn am Jo Shelby tybed, gan mai Jo oedd yr
unig un a wrthodai gydnabod diwedd y rhyfel: 'This Missouri
Division surrender – My God! Soldiers, it is more terrible than

death'? Gan ddechrau yn Arkansas, arweiniodd ei filwyr dros yr afon Goch tua Texas ac yna ymlaen i Mexico lle bu'n ceisio corddi'r sefyllfa ansefydlog yno. Gydag amser daeth Jo Shelby yn arwr mewn llyfrau a thestunau fel *The Battalion that Never Surrendered* a *Confederate Wizards of the Saddle*.

Diwedd y Rhyfel

Daeth y rhyfel i ben fis Ebrill, 1865: buasai diogelwch eu harweinwyr yn Richmond yn destun pryder i'r deheuwyr ers peth amser. Wrth gynllunio i arbed rhai ohonynt gorchmynnwyd i'r morwr ifanc James Morris Morgan ymddangos ger bron Ysgrifennydd Llynges y De. Ac yntau heb gyrraedd 20 oed, ofnai y byddai raid iddo ymateb i ryw gyhuddiad neu'i gilydd. Eto derbyniwyd ef yn y modd mwyaf gwresog, a'r hyn dan sylw gan yr Ysgrifennydd oedd ei gael i ofalu am deulu Jefferson Davis pan ddeuai'r awr iddynt gefnu ar Richmond. Daeth yn ymwybodol o'r gyfrinach ar y dydd Gwener cyn cwymp y ddinas, a'r hyn a ofynnwyd ohono oedd i sicrhau y byddai'r teulu ar y trên a deithiai tua Charlotte, gogledd Carolina. Byddai'n nosi erbyn i'r trên gychwyn ar ei thaith, a'r plant mewn hanner cwsg. Yno wedi'i adael ar ei ben ei hun yn yr orsaf oedd yr Arlywydd Davis, a chyn iddo droi am adref i wynebu'r canlyniadau, cyfarchodd James Morris Morgan gan ysgwyd ei law.

Er gwaethaf holl ddinistr y rhyfel, bu'r ddwy ochr yn ddigon maddeugar i fedru cydweithredu. Er ei gefndir yn llynges y de, penodwyd James Morris Morgan i gynrychioli'r wlad fel llysgennad yn Awstralia. O fynd yno, darganfu fod caethwasiaeth yn fyw ac yn iach yn y rhan hon o'r Ymerodraeth Brydeinig. Denwyd brodorion ynysoedd Môr y De i fyrddau'r llongau trwy chwifio macynnau lliwgar a thlysau diwerth o'u blaen. Yna o'u hannog i grwydro o amgylch caewyd y gorddrysau ar eu pennau a byddent ar eu ffordd i gynaeafu cnydau siwgr Awstralia. Fel *blackbirder* y cyfeiriwyd at y fath long ond dywedai James Morris Morgan nad oedd hyn yn ddim ond rhan o'r twyll i gadw'r fasnach yn gudd: 'a blackbirder was nothing more or less than a slaver, but the word slave-owner horrifies our British cousins too much to allow of its use in their presence'.

Flwyddyn wedi'r brwydro yng nghyffiniau Chattanooga, daeth George Thomas i sylw'r wlad unwaith eto. Ar ôl cwymp Atlanta gwnaeth y de un ymdrech arall i adennill y tiroedd a gollwyd, ond yn disgwyl amdanynt yn Nashville roedd George Thomas gyda Byddin Cumberland. Er i Grant feirniadu George Thomas am oedi, sylweddolodd Thomas fod angen cryfhau ei feirchfilwyr wedi colli'r mwyaf profiadol ohonynt pan aeth Sherman â hwy trwy Georgia ar ei daith o ddinistr. Yn y pen draw llwyddodd Thomas i rwygo trwy rengoedd y gelyn a'u gorfodi i ail-ffurfio'u llinell ddwy filltir i ffwrdd. Gwasgarwyd y gelyn hyd yn oed yn fwy ar yr ail ddiwrnod. Yn wir dyma'r unig dro yn ystod y rhyfel i fyddin gyfan gael ei chwalu ar faes y gad. Hon hefyd oedd y frwydr gyntaf i ganiatáu i filwyr duon gymryd rhan allweddol.

Diolch i weledigaeth George Thomas bu'r fyddin yn gyffredinol ar ei hennill. Ef oedd y cyntaf i ddefnyddio y ddau fesuriad a roddir ar fapiau i ganolbwyntio ar yr union fan lle y disgwyliai ei is-gapteiniaid i fod. Ef a benododd Mary Walker, meddyg benywaidd cyntaf y fyddin, ac ef a fynnodd fod clorofform yn cael ei ddarparu gan bob meddyg. Drwy ddefnyddio cerbydau trên fel ysbytai derbyniodd ei filwyr well triniaeth a llwyddwyd i osgoi'r colledion enbyd a welwyd mor gyson yn y rhyfel. Ond oherwydd ei gefndir deheuol, ni chafodd Thomas fawr o gydnabyddiaeth ac nid tan cyhoeddi llyfrau fel *The Warrior Generals: Combat Leadership in the Civil War* gan Thomas B. Buell yn 1997 a *Decision in the West: the Atlanta Campaign of 1864* gan Albert Castel yn 1992, y derbyniodd glod dyledus.

Anfarwolir ei enw ar groesffordd Thomas Circle yn Washington, D. C.: yno yng nghanol yr holl drafnidiaeth gylchol y mae cerflun ohono ar gefn ei farch. Ar waelod y cerflun mae'r geiriau 'Erected by his Comrades of the Society of the Army of the Cumberland'. Cyfeiriwyd eisoes at ei gyfweliad yn *Y Faner* a 28 mlynedd ar ôl y Frwydr Uwchlaw y Cymylau talwyd teyrnged arall iddo gan y Cymry a ymgartrefai erbyn hynny yn Chattanooga:

Hydref y 30ain [1891], cynelir ail Eisteddfod y De, yn Chattanooga. Ein gobaith ni mai ar ben y Lookout Mountain y cynhelir hi, can agosed i'r nefoedd ag a ellir. Cerdd goffa i'r gwron, y Cadfridog George H. Thomas... ydyw y prif destun barddonol... Cymro ardderchog mewn calon a theimlad...

Yn eironig, ni chafodd George Thomas faddeuant gan ei deulu am ymladd dros y gogledd. Roedd nifer o brif swyddogion y wlad, gan gynnwys yr Arlywydd, yn bresennol yn ei angladd, ond nid oedd ei chwiorydd yno.

Cafodd chwe milwr o gefndir Cymreig (pedwar ohonynt yn enedigol o Gymru) gydnabyddiaeth am eu dewrder ar faes y gad. Y cyntaf i'w anrhydeddu oedd William H. Powell o'r 2nd West Virginia Cavalry a dderbyniodd y *Congressional Medal of Honor* am ei ran ym mrwydr Sinking Creek, Virginia fis Tachwedd 1862. Anrhydeddwyd Thomas Evans o'r 54th Pennsylvania Infantry yn yr un modd am iddo lwyddo i feddiannu baner y 45th Virginia.

Cyflawnwyd yr un gamp gan dri arall – Thomas Davis o'r Ail New York Heavy Artillery a gyflawnodd hynny yn Sailors Creek, Virginia ar 6 Ebrill 1865; Joseph Davis o'r 104th Ohio Infantry a gyflawnodd hynny yn Franklin, Tennessee; a David Edwards o'r 146th New York Infantry a gyflawnodd hynny ar 1 Ebrill 1865 yn Five Forks, Virginia. Yn enedigol o Gymru yn 1835, ac a dderbyniodd yr un anrhydedd, oedd John Griffiths o'r llong USS *Santiago de Cuba*, yr ymosodwyd arni ger Fort Fisher, North Carolina.

Cyfeiriwyd eisoes at William Davies Evans, gŵr a ddychwelodd i bregethu i'w sir enedigol yng Ngheredigion wedi cyfnod o fyw ar gopa Mynydd Lookout. Yn 1880 ymwelodd â'i frawd Lewis yn Ohio a bachodd ar y cyfle i grwydro'n hamddenol o amgylch y wlad ac ysgrifennu llyfr am ei brofiadau. Gyda Jenkin Lloyd Jones a oedd hefyd yng nghyffiniau Chattanooga yn ystod y rhyfel, ac o gapel dylanwadol All Souls Church, Chicago, aeth ati i ymledu gwirioneddau'r 'Smotyn Du': 'I am the third Jenkin Jones to preach that liberal interpretation of Christianity generally known as Unitarianism'. Ar ddiwedd y rhyfel aeth ar bererindod i gartref genedigol Lincoln, ac ystyrir bod ei draethawd am y profiad, *The Forgotten Shrine*, yn un o'r rhesymau pam y diogelwyd tŷ cyffion hwnnw. Mynnai Jenkin Lloyd Jones hefyd mai o gydwybod ac nid o orfodaeth yr ymunodd â'r fyddin. A phan drefnwyd i gynfilwyr fel yntau ymgynnull yn San Francisco yn 1880, estynnwyd croeso arbennig i'r Cymry yn eu plith:

> I chwi fy nghydgenedl, ymladdodd
>> I roddi y caethion yn rhydd,
>> Estynir croesawiad i'n Talaith
>> Mor bur a goleuni y dydd...

Lai nag wythnos wedi terfyn y rhyfel ac ar ôl cyfarfod â Grant, roedd Lincoln yn edrych ymlaen at noson o ddiddanwch yn y Ford's Theater. Yno roedd bachgen ifanc o'r enw David John Richards, neu 'Dai John' fel y cyfeirir ato hyd heddiw gan y teulu. Gydag ef roedd ei dad, David Richards, un o Hirwaun a weithiai ym melinau haearn Danville, Pensylfania. Ar y ffordd i'r Ford's Theater rhyfeddodd y ddau o weld dieithriaid yn cofleidio ei gilydd yn y strydoedd, gymaint oedd eu rhyddhad fod y rhyfel wedi dod i ben. Mwynhaodd Dai John yr awyrgylch, yn enwedig pan gyrhaeddodd yr Arlywydd:

> We sat about the center of the auditorium. It was the first time
> for either Father or myself to be in a regular up-to-date theater
> building... It was about 8.22p.m. when a signal was given from
> the front to the orchestra leader, of the arrival of the President and
> party. The Orchestra at once played "Hail to the Chief", and as the
> party entered, the audience rose to their feet, we did too, then on
> looking to the right we saw Mr and Mrs Lincoln, Major Rathbone,

and several plain clothes men, coming in and going toward the special box... Mr Lincoln appeared at the front of the box with his old stove-pipe hat placed on his left breast, when he bowed to the left, center, and right, then took his seat, and the play continued...

Ni chlywodd y gynulleidfa yr ergyd a laddodd Lincoln. O dan y testun, 'Llofruddiad ein Llywydd Tirion', cyhoeddwyd disgrifiad o'r weithred gan *Y Cenhadwr Americanaidd*:

Tra yr oeddym fel gwlad yn mwynhau ac yn seinio ein hanthemau o fawl i'r Hollalluog Dduw am y buddugoliaethau diweddar a'r gobaith cryf a gyrchent yn mynwesau y miliynau am derfyn buan ar y rhyfel, taflwyd ni i'r galar trymaf a'r trallod dyfnaf y gwelwyd America ynddo erioed, trwy y newydd brawychus fod ein Llywydd Abraham Lincoln wedi ei lofruddio gan un o'r Deheuwyr. Fel yr oedd gyda ei briod a dau neu dri o'i gyfeillion yn y Ford's Theater, nos Wener, Ebrill 14eg, tua 9 ½ o'r gloch y nos, ar ryw eiliad o seibiant, clywid swn ergyd o lawddryll yn ngor y Llywydd. Gwaedd frawychus Mrs Lincoln a dynodd sylw y dorf at yr amgylchiad. Ar yr un eiliad gwelwyd adyn o'r enw J. Wilkes Booth (yr hwn a fuasai yn chwareuwr yn y lle) yn neidio o'r fan...

Cyn iddo gael ei ethol, y farn gyffredinol am Lincoln oedd nad oedd ganddo fawr o obaith ennill yr etholiad. Er hynny, ef oedd yr ymgeisydd a hawliodd sylw'r Cymry o'r cychwyn cyntaf. Cyhoeddwyd dau bamffledyn 16 tudalen gan y Cymry cyn yr etholiad o dan yr un teitl, *Hanes Bywyd Abraham Lincoln o Illinois a Hannibal Hamlin o Maine*. Roeddynt yn amrywio o ran cynnwys ac mae'r un a gyhoeddwyd yn Pottsville, Pensylfania yn canolbwyntio ar y "Lincoln/Douglas Debates", tra bo'r pamffled a gyhoeddwyd yn Utica yn canolbwyntio ar araith Lincoln yn y Coopers Institute, Efrog Newydd. Dyma'r ddau gyhoeddiad sy'n canolbwyntio orau ar weledigaeth Lincoln, a chyffyrddodd ei farwolaeth â nifer o'r Cymry fel y dengys yr enghraifft ganlynol o waith *Glaswelltyn* yn Racine, Wisconsin:

Dymunwn i angylion hedd
I wylo'n dyner iawn dy fedd,
Fel na chai gelyn byth mwy sedd
O'th amgylch di:
Na golwg ar y llanerch clyd
Sy'n cynwys trysor hoffa'r byd,
A defiad Iawn yr angau drud,
  Ein Lincoln ni.

Atodiad 7.1
'Caban F'Ewythr Twm'

Oddeutu awr cyn machlud haul, hi a gyrhaeddodd bentref T___,
ar lan afon Ohio, yn flinedig, a'i thraed yn ddolurus, ond eto yn
gryf o galon. Ei hedrychiad cyntaf oedd ar yr afon, pa un, megys yr
Iorddonen, oedd rhyngddi a Chanaan ei rhyddid ochr draw.

 Yr oedd yn awr yn ddechrau'r gwanwyn, a'r afon yn llawn
llifogydd, ac yn gynhyrfus, a darnau mawr o rew yn rholio yma a
thraw yn ei dyfroedd cymysglyd. Trwy fod ceulanau'r afon ar ochr
Kentucky yn fath o figa-moga, a phentir yn rhedeg yn mhell i'r
ffrwd, yr oedd llawer iawn o'r rhew wedi ei gloi i fyny, a'r lle cul ar
gyfer y pentir yn dyn o hono, ar draws ei gilydd yn mhob ystumiau;
ac felly y rhew oddi-arnodd yn croni fel math o argae, yr hwn oedd
yn siglo i fyny ac i lawr gan rediad y dyfroedd fel rhyw gors fawr
ddychrynllyd, ac yn cyrhaedd bron at y glan yn ochr Kentucky.

 [Yna gyda Haley a'r ddau heliwr yn agosáu] - Yn y foment
gyfyng hono, prin y cyffyrddai ei thraed a'r llawr, ac yr oedd ar lan
yr afon mewn amrantyn. Hi glywai swn ei traed o'r tu ôl; a chyda'r
fath egni ag a rydd Duw yn unig mewn cyfwng, gyda bloedd a naid
hi a ehedodd dros y ffrwd drychynllyd oedd rhyngddi a'r rhew. Yr
oedd yn naid arswydus – anmhosibl i ddim ond gwell-gofrwydd a
llwyr ymroddiad enaid; a safodd Haley, Sam a Andi wrth ei gweled
gan godi ei lais a'u dwylo ar unwaith.

 Pan ddisgynodd hi ar y darn anferth o rew gwyrdd-las,
dechreuodd hwnw rolio a chracio oddi tano; – ond ni arosodd arno
amrantyn. Gyda bloedd wallgofus, ac egni garuwch-naturiol, hi a
neidiodd i un arall, ac arall, ac arall drachefn, dan llithro, llamu,
syrthio, ac i fyny'r eilwaith! Dacw ei hesgidiau wedi myn a traed
ei hosanau rhwygo, a'i gwaed yn lliwio pob cam a roddai. Ond ni

gwelodd hi ddim, ni theimlodd ddim, hyd nes y canfu ddyn, megus mewn breuddwyd, ar ochr Ohio i'r afon, yn rhodd help llaw iddi i fyny'r geulan.

'Fy mhlentyn! – Y bachgen bach hwn! – efe a'i gwerthodd! – a dacw ei feistr ef!' ebe hi, gan bwyntio i'r tu arall i'r afon, i ochr Kentucky.

Atodiad 7.2

Rhyddid

Tra'r awel yn ysgwyd gwyrdd ir-ddail y goedwig,
A'r duon gymylau yn gwisgo y nen,
Chwimdeithia angyles mewn agwedd fawreddig,
Gan wasgar goleuni ysblenydd uwchben!

Gan faint ei gorwychder, cadwyni ddatodant,
Caethiwed ymgilia fel ellyll i'w ffau;
Cenhedloedd y ddaear o'i thu a gyfodant;
I ddymchwel hen othrwm mae'i ddydd yn neshau.

Wrth weled ei gwedd mae'r caeth yn adloni,
A sain buddugoliaeth sy'n drych o'i fron:
Mae rhyddid yn gryfach na'r heiyrn gadwyni,
Gwna'r fynwes orlwythog ymdeimlo yn llon!

Mae myrdd o leisiau yn adsain yr entrych,
O enau meib rhyddid mor uchel eu can;
Gorthrymwyr a ffoant yn lluoedd anorwych
Eu gwae yn seiliedig mewn orgraff o dan!

Gwyllt redai y newydd dros donau yr eigion,
Fel hediad y fellten yn entrych y nef;
Gan gludo i ddynion ryw beraidd newyddion,
Nes siglo gorseddau fel taran follt gref!

Dadseiniwch yn uchel mewn tonau pereiddlon,
Buddugol yw Rhyddid – y maes sydd o'i thu,
Mae'r dydd wedi gwawrio ar ddyffryn mawrolion,
Caed gorthrwm i'r llawr, a daw rhyddid i'r llu!

Oberlin College, Gorff. 3, 1856. Wm. W. Thomas.

Atodiad 7.3
Cyn gaethwas Israel Campbell

I called, one day, at Welsh Hills, near Granville College, Ohio, and on the Sabbath preached in the Baptist Church, and made arrangements to deliver an anti-slavery lecture on the first night of February, 1860. I appeared there, according to arrangement, at that time; but as I stepped up to the gate that opened into the churchyard, I noticed a couple of men standing beside it. I bowed to them; and as I was about to pass on, one of them tapped me on the shoulder, and said-

'I want to speak a word with you.'

I asked him what he wanted.

He said that the lecture which I was expected to deliver could not be given there that evening.

'Why not?' I asked.

'We have thought it best not to open the doors to you, as they will have to be open for the coming campaign,' said he.

'Well, what will have to be done?' I inquired.

'You can preach,' said he.

I thought at the moment that I would, and walked on into the church. By the time I got in, my mind changed, and I determined, that if they could not hear me talk about my suffering brethren, they should not hear me preach. When the meeting opened, I arose and told the brethren that the persons having charge of the church were not willing for me to lecture there that evening, and therefore I was not prepared to do any thing else. Thereupon I started for the door, when a good part of the people arose to follow me, and wanted me to lecture in the street.

It being very cold, I would not consent to this, as there were many ladies present, and they would get frosted. I went to the other side of the road, and proceeded towards the barn of a young man, who gave us admittance. His mother's house was near by, and she told him not to let me in; but he did not heed her. The barn was soon as full as it would hold, and I lectured about an hour.

Atodiad 7.4
Taith Trwy Dixie (o Tennessee i Virginia)

Ofer oedd dal allan yn hwy, oherwydd yr oeddent wedi ein cylchynu yn hollol. Yr oedd ganddynt tua 6000 o wyr ceffylau yn erbyn llai na 500 ohonom ni; felly anfonwyd fflag wen, a rhoisom ein harfau i lawr

Am wyth o'r gloch y bore cychwynwyd ni ar ein taith trwy Dixie – - -ar ôl myned tua 4 milltir – - – yr oedd dwy gatrawd o'n gwyr ceffylau ni wedi dyfod o Franklin, ac ymosod ar ein rear guard: gyrasant hwy yn gyflym am ychydig; ond gorfodwyd ni i fyned yn mlaen a guard cryf o'n hamgylch, a gyrasant ni fel mulod o'u blaen ar double quick am tua 4 milltir – - –

Ar ôl ein rhedeg ni tua 4 milltir, gorfodwyd ni i groesi afon; yr oedd y dwfr at yddfau y dynion lleiaf, ond llwyddodd amryw ohonom i gael ein cario drosodd; yr oedd y dwfr yn oer iawn, ond gorfu i ni fyned ymlaen a'n dillad yn wlybion. Cadawsant ni i fynd hyd yr hwyr, oddigerth gorffwys ychydig ar droion. Tua 10 o'r gloch cychwynasant ni drachefn, ac aethom hyd 4 o'r gloch boreu ddydd Iau, pan y cawsom orphwys am ddwy awr. Yn mlaen a ni wedi hyny hyd 4 o'r gloch prydnawn ddydd Iau, pan y cawsom y lluniaeth cyntaf er pan gymerwyd ni – - –

Cyrhaedasom Tullahoma nos Fercher, Ebrill y 1af (1863), ar ôl teithio 140 milltir; ac yn ystod yr 8 diwrnod yr wyf yn credi yn onest y buasai pob un yn bwyta hyny o luniaeth a gafodd mewn deuddydd, heb deimlo dim oddiwrth hyny – - – gyrwyd y dynion fel anifeiliaid i roi eu cotiau uchaf a'u blancedi i fyny mewn cydsyniad a gorchymun oddiwrth y Rebel Gen. Bragg – - – Bydd enw y bradwr hwn yn ddrewdod yn ffroenau pob gwladgarwr hyd ddiwedd amser – - –

Cychwynasom o Tullahoma tua 9 o'r gloch yr ail o Ebrill, ar y rheilffyrdd mewn ceir lle byddant yn arfer cario gwartheg a moch, tua 60 yn mhob un, heb ddim i eistedd arno ond y llawr. Cyrhaeddasom Chatanooga tua wyth o'r gloch y prynhawn. Rhoisant y dynion ar fath o gomins, ac ychydig o goed tan fan yma ac acw. Nid oedd ganddynt y pryd hwn ddim i'w wneyd ond gorwedd mor agos at eu gilydd ag a allent, a dioddef hyd y bore. Yr oedd yn dorcalonus eu gweled bore dranoeth, heb ddim i'w cysgodi rhag yr oerfel, a'r barug yn wyn ar y ddaiar – - –

Nid oedd ond ychydig o wahaniaeth yn y driniaeth o
Chatanooga hyd i Richmond, Virginia, lle cyrhaedsom y nawfed
o Ebrill, ar ôl bod ar y daith 15 diwrnod, a theithio dros 800 o
filltiroedd. Cafodd y dynion fyned rhag eu blaen i Annapolis,
Maryland ar eu parole, ond am y Swyddogion cadwasant (ni) yn
Libby Prison (Richmond, Virginia) hyd nes cawsom ein cyfnewid.

Atodiad 7.5
Hanes Bywyd A Fföedigaeth Moses Roper

Ganwyd fi yn North Carolina, yn Swydd Caswell, ond nid wyf yn
gwybod yn mha flwyddyn neu fis. Yr hyn a roddaf yn awr, gyda
golwg ar fy mabandod, a hysbyswyd i mi gan fy mam a'm mamgu.
Ychydig fisoedd cyn fy ngeni, ymbriododd fy nhad a meistres*
ieuanc fy mam; a phan glywodd gwraig ieuanc fy nhad am fy
ngenedigaeth, gyrodd un o chwiorydd fy mam i edrych pa un ai du
neu wyn oeddwn, ac a ddywedodd mai gwyn oeddwn, ac hefyd fy
mod yn tebygoli yn fawr i Mr Roper. Anfoddlonodd y foneddiges
yn fawr i hyn, ac aeth, gwedi arfogi ei hun a chyllell a ffon, i'r ty
lle oedd fy mam yn gorwedd. Aeth i ystafell fy mam gyda llawn
fwriad i'm lladd a'i chyllell neu ei ffon, ond pan oedd yn nghylch fy
nhrywanu a'i chyllell, dygwyddodd i'm mamgu ddyfod i mewn a'i
rhwystro yn ei hamcan ysgeler, ac achubodd fy mywyd. Ond mor
bell ag yr wyf yn deall, gwerthwyd fy mam a minau yn fuan gwedi i
mi gael fy ngeni.

Nid oedd gan hwn ond dau gaethwas heblaw fy hun, ac
ymddygodd yn garedig i mi am wythnos neu ddwy; ond yn yr
haf, pan oedd y cotwm yn barod i'w drin, efe a roddes dasgwaith
i mi, yr hyn ni allwn ei wneyd, gan nad adferaswn weithio ar y
fath beth o'r blaen. Pan fethais a'm gwaith, efe a'm flangellodd yn
greulawn, a gosod fi i weithio heb fy ngrys ar ddiwrnod twym yn
mis Gorffenaf. Yn Awst, rhoddodd Mr Condell, yr arolygydd, dasg
i mi i dorri bwyd i'r anifeiliaid; gwedi gorffen fy ngwaith yn y nos,
aethum tua'r ty, ond gwlawiodd yn arw y noson hono, a gwlychodd
fy ngwaith; pan welodd hyn, efe a fygythiodd fy fflangellu am na
fuaswn yn peri cael yr hyn a driniaswn i ddiogelwch cyn y glaw.
Dyma'r tro cyntaf y cynnygais ddianc, gan y gwyddwn y cawswn fy
fflangellu.

O'r diwedd cyrhaeddais dy fy mam ! ac yr oedd hi gartref.

Gofynais iddi os oedd yn fy adnabod, hithau a atebodd nad oedd.
Yr oedd ei meistr yn adeiladu ty gerllaw, ac yr oedd y gweithwyr
yn agor ffynnon, a thybiodd hi mai un o'r gweithwyr oeddwn.
Dywedais wrthi fy mod i yn ei hadnabod hi yn eithaf, ac os y
byddai iddi edrych arnaf dros ychydig y byddai iddi hithau fy
adnabod innau, ond method fy adnabod. Yna mi ofynais iddi os
oedd meibion ganddi, hithau a atebodd fod, ond nad oedd un
ohonynt mor dal a mi; gwedi aros ychydig, dywedais wrthi am fy
ngwerthiad i gaethiwed, a'r gofid a deimlai wrth fy ngholli. Nid
oes neb ond mam a all ddirnad ei theimladau y pryd hyn, ac ofer
fyddai cynnyg eu darlunio; gwelai o'i blaen ei mhab, o herwydd yr
hwn yr wylasau ganwaith, a thynged yr hwn yr oedd yn anwybodus
hyd yn hyn, – yr oeddem yn dwys deimlo ac yn wyloyn hidl
ddagrau o lawenydd. Yr oedd deng mlynedd wedi myned heibio
oddiar pan welsom ein gilydd o'r blaen.

* Hynny yw, ei pherchennog

Atodiad 7.6
Araith Lincoln yn Gettysburg

19 Tachwedd 1863

Saith mlynedd a phedwar ugain yn ôl, fe enillodd ein tadau
ar y cyfandir hwn genedl newydd, a aned mewn rhyddid, ac a
gyflwynwyd i'r gosodiad bod pawb dynion wedi eu geni'n gydradd.

Yr awron yr ydym ni yng nghanol Rhyfel Cartrefol mawr
yn profi a all y genedl honno, neu unrhyw genedl a aned ac a
gyflwynwyd felly, hir barhau. Yr ydym wedi cydgyfarfod ar un
o gadfeysydd mawr y rhyfel hwnnw. Daethom i gyflwyno rhan
o'r maes hwnnw fel gorffwysfan olaf i'r rhai a roddes eu bywyd
fel y byddai byw y genedl honno. Cwbl weddus ydyw gwneuthur
ohonom hyn.

Eithr, mewn ystyr ehangach, ni allwn ni gyflwyno'r tir hwn, na'i
gysegru, na'i santeiddio. Fe'i cysegrwyd, ymhell uwchlaw ein gallu
tlawd ni i helaethu na lleihau. Bychan y sylwa'r byd, na chofio'n
hir, a ddywedwn ni yma, ond byth nis anghofia a wnaethant hwy
yma. Nyni y byw, yn hytrach, a ddylai ein cyflwyno ein hunain i'r
gwaith anorffenedig a hyrwyddwyd cyn belled mor ardderchog

ganddynt hwy a ymladdodd yma. Nyni yn hytrach, sydd i'n
cyflwyno ein hunain yma i'r gorchwyl mawr a erys o'n blaen; fel,
oddiwrth y meirw anrhydeddus hyn, y cymerom ymgyflwyniad
mwy i'r achos hwnnw y rhoisant erddo y mesur olaf llawn o'u
hymgyflwyniad; fel yr uchel benderfynwn ni yma nad yn ofer y
bu farw'r meirw hyn: fel y caffo'r genedl hon, dan nawdd Duw,
enedigaeth newydd i ryddid: ac fel na byddo i lywodraeth y werin
gan y werin er mwyn y werin ddiflannu o'r ddaear.

O lyfr adrodd gan Wil Ifan

Atodiad 7.7
Treglwyn

O Unol Daleithiau Americ
  Daeth newydd annedwydd i'm clyw;
Pan glywais lofruddio ei Llywydd,
  Fy ngalon a deimlodd i'r byw,
Aeth Lincoln ryw noswaith i'r chwareudy,
  Ac yno eisteddai heb fraw;
Ei feddwl oedd dawel heb bryder,
  Nis gwyddai fod bradwr gerllaw.

Eisteddai yn nghanol cyfeillion,
  Gelynion feddyliodd oedd bell;
Heb ganddo warchodlu i'w wyled,
  Pe felly buasai yn well;
Daeth adyn i mewn yn ddisymwth,
  Tu cefn i Lincoln yr aeth;
Y llofrydd anelodd y llawddryll,
  A'r Llywydd ga'dd deimlo y saeth.

W. Evans

8

Efrog Newydd y Cymry

Cymry'r Dinasoedd

WRTH I RYWUN holi i ble yn yr Unol Daleithiau yr ymfudodd y Cymry, y lleoedd cyntaf i ddod i'r meddwl yw'r amrywiaeth o ardaloedd diwydiannol ym Mhensylfania. Yn haeddu'r un sylw mae'r ardaloedd amaethyddol a fu unwaith yn fwy Cymreig na bron unrhyw ardal yng Nghymru heddiw. Ardaloedd oedd y rhain mewn taleithiau fel Ohio a Wisconsin ac wedi iddi ddod yn haws i ymsefydlu tu draw i'r afon Mississippi, canfuwyd ardaloedd tebyg yn Minnesota ac Iowa hyd at gyffiniau'r Môr Tawel yn Oregon a Washington.

O fwrw golwg ar enwau lleoedd yn Philadelphia gellir casglu bod y Cymry yn eithaf dylanwadol yno ar un cyfnod. Roedd y Crynwyr Cymraeg wedi ymgartrefu yno ers y dyddiau cynharaf yn y 1680au. Fe aeth y ffermwyr i Meirion, Haverford a Radnor ac fe aeth y masnachwyr a'r meddygon i'r ddinas ei hun. Sefydlwyd cymdeithas Gymraeg yno yn 1729. Erbyn diwedd y 18fed ganrif, Philadelphia oedd dinas fwya'r wlad gyda phoblogaeth o 55,000 yn 1793.

Yn ogystal â Philadelphia roedd Cymry wedi ymgartrefu mewn amryw o ddinasoedd eraill. Codwyd capel gan y Cymry yn Cincinnati yn 1832. Yn 1852 ceir hanes am Gymry yn cydaddoli yn San Francisco. Prawf ychwanegol o'u presenoldeb yn y trefi oedd yr amrywiaeth o gymdeithasau a sefydlwyd ganddynt. Sefydlwyd Cymdeithas Gymreig er Lledaenu Gwybodaeth yn Cincinnati oddeutu 1843. Yn San Francisco yn 1870 roedd y

Cambrian Mutual Aid Society yn cyfarfod ac fel y cymdeithasau Cymreig eraill roeddent hwythau'n dathlu Dydd Gŵyl Dewi yn rheolaidd.

O ganlyniad i'w thwf rhyfeddol, ac yna'r uno gyda Brooklyn, daeth Efrog Newydd yn ddinas fwyaf y Byd Newydd erbyn diwedd y 19eg ganrif. Ym mhorthladd Efrog Newydd y cafodd y rhan fwyaf o'r ymfudwyr eu golwg cyntaf ar y wlad, ond ni fyddai'r rhan fwyaf yn aros yn y ddinas ei hun. Bwriad llawer ohonynt oedd ymsefydlu mewn rhyw ardal arall yn y wlad, a dyna wnaeth y rhan fwyaf o'r Cymry. Dewisodd rhai aros yn Efrog Newydd, ond o'u cymharu â'r Almaenwyr a'r Gwyddelod, prin y sylweddolid eu bod yno o gwbl. Er hynny, llwyddodd yr ychydig i gyfrannu'n sylweddol i fywyd cymdeithasol y Cymry ar y cyfandir.

Fel 'Caerefrog Newydd' ac nid 'Efrog Newydd' y cyfeirid at y ddinas yn y 19eg ganrif. Yno trefnwyd rhai o'r cystadlaethau llenyddol cyntaf a ddatblygodd yn eisteddfodau yn ddiweddarach. Roedd yr eisteddfodau a gynhaliwyd o arfordir i arfordir yn ystod ail hanner y 19eg ganrif yn derbyn cefnogaeth debyg i'r hyn a gafwyd yng Nghymru. Bu Cymry'r ddinas yn llwyddiannus ym myd cyhoeddi llyfrau a chyfnodolion hefyd – rhywbeth a fu'n fethiant llwyr yn yr ieithoedd Celtaidd eraill.

Pan gymerwyd meddiant o 'New Amsterdam' gan Brydain yn 1664, pryd yr ail-enwyd y lle yn Efrog Newydd, gellid canfod ambell Gymro yno. Yn eu plith yr oedd Richard Morris, gŵr a ddaeth yn berchennog 3,000 o gyfeiriau ger Harlem. Etifeddodd ei fab yr holl gyfeiriau yn 1673 ac ar ben hynny etifeddodd dir o eiddo'i ewythr ger afon Hudson yn Jersey Newydd, lle cododd gartref o'r enw 'Tintern'. Cymro arall a ymfudodd yn gymharol gynnar oedd Richard Floyd a ymgartrefodd yn Long Island tua 1680. Cymry oedd tri o'r pedwar i lofnodi 'Datganiad Annibyniaeth' ar ran Talaith Efrog Newydd yn 1776. Disgynyddion i deulu Richard Morris a Richard Floyd oedd dau a Ffransis Lewis, a ymfudodd yn 1735, oedd y llall. Ganwyd Ffransis Lewis yn Llandaf a chan iddo dreulio peth amser yn yr Alban pan oedd yn blentyn, gallai siarad rhywfaint o'i Gaeleg hi. Flynyddoedd ar ôl ymfudo ac yntau'n un o nifer a gipiwyd gan yr Indiaid, ceisiodd fanteisio ar ei wybodaeth o'r Aeleg a'r Gymraeg. Mae gan yr Alban draddodiad cyffelyb i draddodiad Madog yng Nghymru, a phan ddienyddiwyd ei gwmni, tybiai Ffransis mai ei unig obaith oedd cael yr Indiaid i ddeall un o'r ddwy iaith. Beth bynnag oedd rhesymau'r Indiaid, ef oedd yr unig un a arbedwyd yn y diwedd. Er bod amgylchiadau'r fath arbrawf yn anarferol a dweud y lleiaf, efallai fod lle i'w gydnabod yn ysgolhaig neu Geltegydd cyntaf y cyfandir.

Ymddengys fod tipyn o gyfeillgarwch rhwng plant Ffransis Lewis a'r Morrisiaid. Dengys priodasau'r teulu fod y cysylltiad rhwng y teuluoedd wedi parhau am genedlaethau. Cymro blaenllaw arall yn y ddinas oedd Dr John Jones, awdur y llyfr meddygol cyntaf a gyhoeddwyd yn y wlad. Magwyd ef yn Long Island lle bu ei dad yn feddyg o'i flaen. Ei daid oedd Dr Edward Jones o'r Bala a arweiniodd y fintai gyntaf o Grynwyr i Bensylfania. A phan briododd ŵyr Dr John Jones ag wyres Ffransis Lewis, mae'n rhaid ei fod yn dipyn o achlysur i Gymry'r ddinas.

Ymwelodd y bedyddiwr egnïol Morgan John Rhees ag Efrog Newydd ddiwedd y 18fed ganrif. Aeth yno tra ar daith ceffyl o amgylch y wlad, o'r Carolinas i Loegr Newydd. Dywedodd ei fod wedi pregethu i Gymry'r ddinas, sy'n cadarnhau fod rhai Cymry mewn cysylltiad â'i gilydd. Beth bynnag oedd eu nifer, mae'n debyg y byddai'r Cymry'n fwy niferus oni bai am y Chwyldro Americanaidd a orfododd nifer i ffoi. Wedi i'r ddinas gael ei meddiannu gan y Fyddin Brydeinig ar 15 Medi 1776, datblygodd yn ganolfan i ymdrechion Lloegr i gadw'r cyfandir dan eu rheolaeth, a hefyd yn lloches i'r Saeson mwyaf selog. Hyd yn oed am beth amser ar ôl y Chwyldro Americanaidd byddai'r fyddin Brydeinig yn dal i fyw yno, yr un mor fawreddog ag erioed.

Tra câi'r Saeson groeso yn y ddinas trwy gydol y Chwyldro, nid felly gyda'r Cymry. Yn 1767 roedd Dr John Jones yn brysur yn ceisio sefydlu Ysgol Feddygol Prifysgol Columbia, ond yn hytrach na hyfforddi myfyrwyr gorfodwyd ef i symud i Philadelphia. Oherwydd iddo lofnodi'r Datganiad Annibyniaeth, bu'n rhaid i Richard Floyd ffoi gyda'i deulu i Connecticut. Cymaint oedd y casineb tuag at Ffransis Lewis nes i'r llynges anfon un o'i llongau i saethu at ei dŷ yn Long Island. Roedd ganddo lyfrgell go sylweddol ond megis ym Mangor Isgoed gynt, llwyddwyd i'w dinistrio.

Capeli'r 19eg ganrif

Oherwydd y sefyllfa yn ystod y Chwyldro a'r blynyddoedd dilynol bu raid aros tan y 19eg ganrif cyn sefydlu capeli a chymdeithasau yn y ddinas. Ymysg y rhai i fyw yno am gyfnod yr oedd Iorthryn Gwynedd, awdur y llyfr holl bwysig *Hanes Cymry America* (1872). Er ei fod yn adnabyddus i nifer o Gymry'r ddinas, prin yw ei sylwadau amdanynt. Am fwy o wybodaeth rhaid troi at bytiau o hanesion a anfonwyd i bapurau a chylchgronau'r dydd.

Yr oedd John Edwards, gŵr a arferai bregethu yn yr awyr agored, wedi ymgartrefu yn y ddinas ers dechrau'r 19eg ganrif. Un tro cyhuddwyd ef o dorri'r gyfraith: 'Collecting or promoting an assembly of persons, under the pretence of public worship in a public street, on Sun June 16, 1822'. Yn hytrach na thalu'r ddirwy o $50, penderfynodd fynd o flaen ei well, ac yn hytrach na galw tystion, cymerodd y cam anarferol o'i amddiffyn ei hun drwy gyflwyno datganiad ysgrifenedig i'r llys.

'I was born in Wales', meddai, 'in Montgomeryshire, in the parish of Fordon at a place called Vron, by Hilkoweth bridge, over the river Severn, near the famous town of Welch-Pool'. Mae'r hyn a ysgrifennodd – ei unig dystiolaeth – yn ymdriniaeth feistrolgar o'r erledigaeth grefyddol a ddioddefwyd yn yr hen Loegr a Lloegr Newydd. Yn ei olwg ef nid oedd ymddygiad y Piwritaniaid ym Massachusetts fawr gwell na'r hyn a barodd iddynt adael Lloegr yn y lle cyntaf. Gan mai rhai munudau'n unig a gymerodd aelodau'r rheithgor i ddychwelyd a'i ddyfarnu'n ddieuog, mae'n amlwg iddynt gydymdeimlo â thrafferthion John Edwards:

> Now I beg leave to inform the reader, that on the day commonly called Sunday, namely the 16th of the month called June, 1822, I stood on the steps of a good man's house which fronted a large square, namely the corner of Division and Market Streets, and spoke in the name of the Lord to about 300 decent good looking people, who behaved with as much decency as any people I ever saw. But in the midst of my discourse up came a Constable or Marshal with a stick in his hand...

Mae modd olrhain capel Cymraeg cyntaf y ddinas i ddechrau'r 19eg ganrif, ond bu'n rhaid ei werthu pan fethwyd â thalu dyledion. Tua'r un amser, ceir hanes am Gymry'n cyfarfod yn rheolaidd i addoli mewn ysgoldy ar Stryd Mulberry. Yno yn gofalu amdanynt am 12 mlynedd yr oedd y Parch. Shadrach Davies. Yn ôl y sôn mynychodd rhwng pedwar a phum cant ei angladd yn 1837 a gellir casglu fod nifer o'r rheiny yn Gymry.

Daeth yr addoli ar Stryd Mulberry i ben ar ddechrau'r 1830au pan brynwyd capel i'r Annibynwyr ar Stryd y Banadl. Erbyn 1853 roeddent yn barod i symud am yr eilwaith, y tro hwn i gapel a adeiladwyd ganddynt ar 11th Street. Maint hwn oedd 36 wrth 65 troedfedd ac fe'i cysegrwyd ar 20 Chwefror 1853. I'r capel hwn y daeth Iorthryn Gwynedd yn weinidog o 1857 i 1864. Hyd yn oed cyn marwolaeth Shadrach Davies roedd y Methodistiaid wedi gwahanu. Prynwyd adeilad ganddynt ar Stryd Allen ond fel yn achos yr Annibynwyr, go ansefydlog fyddai eu dyfodol yno. Erbyn i'r Parch. William Rowlands ddod atynt yn 1836 roeddent ar Forsyth Street ond yn 1849 penderfynwyd adeiladu capel newydd sbon ar 13th Street. Ymunodd y Presbyteriaid a'r Bedyddwyr gyda'r Methodistiaid pan agorwyd yr adeilad 62 x 25 troedfedd:

Gan Dduw ni gawsom orwych dŷ -
   Ardderchog yw, yn wir -
Ar ôl ymdroi o fan i fan
   Am ysbaid amser hir...

A beth am y Bedyddwyr? Ceir cyfeiriad atynt yn cyfarfod
yn eu haddoldy ar Elizabeth Street yn 1843. Yna ar 16 Mawrth
1874 cyfarfu un o'r cymdeithasau yn y lle yr addolai'r enwad
bryd hynny, sef 141 Christy Street. Ymddengys felly eu bod
hwythau wedi addoli fel enwad ers blynyddoedd cyn i gwmni
pensaernïol Lewis & Jones gynllunio capel arbennig iddynt
yn 1891. Yn llywyddu yn y cyfarfod agoriadol yr oedd cyn-
aelod o gabinet yr Arlywydd Garfield, sef yr Anrhydeddus
Thomas L. James (cafodd tad-cu James dröedigaeth wrth
wrando ar Christmas Evans yn pregethu ym Mhont-y-pŵl).

O fewn tridiau yn 1839 rhoddwyd cyfle i Gymry'r ddinas
wrando ar 14 o bregethau. Dyma oedd 'Cymanfa Bregethu
Efrog Newydd' a'r bwriad oedd ei chynnal yng Nghapel y
T.C. yn y Bowery. Gan i'r ymateb fod yn fwy brwd na'r hyn a
ragfynegwyd, nid felly y bu:

> Arbedwyd i ni unrhyw drafferth yn nghylch hynny trwy
> ymddygiad caredig ein brodyr, y Presbyteriaid, y rhai yn
> ewyllysgar a gynhygiasent i ni fenthyg eu capel hwy... ond er
> fod hwnnw yn dy eang, ac o wneuthuriad cyfleus, cymaint oedd
> cynnulliad y gwrandewyr fel yr oedd ugeiniau yn methu cael lle
> i eistedd. Dywedai amrai o'r hen ddinasyddion na welsent erioed
> gynnifer o Gymry yn nghyd yn y ddinas hon o'r blaen.

Gan nad oes sôn am bresenoldeb yr Annibynwyr, tebyg
bod cynnen rywle neu'i gilydd. Ac er eu bod yn magu plant
mewn gwlad estron, llwyddwyd i'w magu mewn awyrgylch
Gymreig. Neu dyna a awgrymir yn yr englyn gan Gwilym
Glan Tafwys:

Mwyn fydd cofio Cymanfa – Caerefrog,
  Côr hyfryd plant Gwalia;
  Nid gwael o ddawn ond gwyl dda,
  Brodyr mewn hedd yn gwledda.

Bili'r Sais

Gweinidog gyda'r Methodistiaid yn Efrog Newydd ers 1836 oedd y Parch. William Rowlands. Magwyd ef yn Llundain a phrin oedd ei gysylltiad â Chymru, ond newidiodd pethau pan gollodd ei dad yn naw oed. Ar ôl ymweld â pherthnasau yng Nghymru a mwynhau'r awyrgylch, penderfynodd aros gyda hwy am flwyddyn. Un o deulu o borthmyn o Abermeurig oedd ei dad, ond wedi gyrru gwartheg i Lundain un tro penderfynodd aros yno, priodi merch o Landdewibrefi a gwneud ei fywoliaeth trwy werthu llaeth. Yng nghyffiniau Tregaron y treuliodd William Rowlands ei flwyddyn yng Nghymru ac i'r ardal honno y dychwelodd ar ôl cyfnod go anhapus yn Llundain. Oherwydd ei Gymraeg bratiog gelwid ef yn 'Bili'r Sais'. Ond nid dyna'r unig anhawster a wynebodd wrth ymgyfarwyddo â bywyd cefn gwlad. Cafodd drafferth i ddod i arfer bwyta llymru (blawd ceirch wedi'i wlychu a'i adael i suro cyn ei ferwi a'i gymysgu gyda llaeth).

Yn y gobaith o wneud offeiriad ohono fe'i hanfonwyd i ysgol yn Abermeurig. Nid oedd am aros yno oherwydd dymunai fynd i'r ysgol ramadeg a gychwynnwyd yn Llangeitho gan y Parch. John Jones o Lanbadarn. Yn 16 oed byddai'n denu sylw aelodau Capel Daniel Rowland. Oherwydd ei arddull yn y cyfarfodydd gweddi a'i allu i ddewis adnodau i gyfiawnhau ei safbwynt yn yr Ysgol Sul, dechreuwyd ystyried Bili'r Sais yn ail Rowland. Ond nid yng Nghymru y byddai ei ddyfodol ac o'i ddyddiau cynharaf yn Efrog Newydd ni allai'r Cymry ond edmygu ei allu yn y pulpud:

Yr oedd Rowlands yn boblogaidd yr amser cyntaf y daeth atom. Byddai lluaws o Saeson yn aros ar y street gan swyn ei lais.

Cynyddodd y gynulleidfa, a hynny yn gyflym, fel yr oedd yr ystafellodd yn rhy gyfyng i gynwys y gwrandawyr.

Medd un arall: 'Mae yn pregethu yn dda iawn yn sicr, ac wedi ennill serch y gynulleidfa i raddau helaeth. Fy marn i yw, mai y rhodd fwyaf mewn person i'r Trefnyddion yn America er amser Whitfield yw efe.' Cyrhaeddodd Boston ar 18 Mehefin 1836 ac roedd ganddo siwrne o 200 milltir cyn cyrraedd Efrog Newydd. Ni chyrhaeddodd ben y daith tan fore Sadwrn, 6 Awst:

Llai na deugain oedd o aelodau mewn cymdeithas a'u gilydd dan yr enw Methodistiaid Calfinaidd yno y pryd hwnnw; daethant oll, yr wyf yn meddwl, i dalu ymweliad a mi y noswaith hono. Tranoeth yr oedd y Saboth, 7 Awst 1836; pregethais am y tro cyntaf yn America, i gynulleidfa o Gymry siriol, mewn math o ysgoldy ardrethol, yn heol Forsyth.

Deuddeng mlynedd yn ddiweddarach daeth cyfle i fwy o Gymry glywed ei ddawn bregethwrol wrth iddo agor capel yn Scranton, Pensylfania:

Am 2 o'r gloch, oedfa Saesoneg, President Mitchell, o Wyoming, a Dr Rowlands yn pregethu. Yr oedd y President yn un o enwogion y Presbyteriaid (Hen Ysgol). Pregethodd yn dda iawn, ond daeth y Dr allan a'i dân Cymreig nes gwefreiddio ein cymydogion Americanaidd, a rhoddi ei flaenorydd yn mhell yn y cysgod.

Roedd y Cymry yn hoff iawn ohono ac yn hoff hyd yn oed o'i arferion gwahanol fel y modd y tueddai i gadw iddo'i hun wrth fynd tua'r capel:

Dacw fe yn dod i'r golwg –
    Dacw'i gam arafaidd, dwys;
Nid yw'n edrych yma ac acw,
    Ond fel ych yn tynu'i gwys;
Y mae rhywbeth yn ei osgo
    Sydd yn dangos dyn o fryd,

Fel na all ei ostyngeiddrwydd
Lwyddo i'w guddio ar bob pryd.

Er ei allu pregethwrol diamheuol, ei brif gamp oedd
cychwyn y cylchgrawn *Y Cyfaill* yn 1838. Yr hyn a fwriadwyd
gyda *Y Cyfaill o'r Hen Wlad yn America* yn wreiddiol oedd
ei wneud yn fisolyn rhyng-enwadol. Er hynny roedd gan y
cylchgrawn gysylltiad amlwg â'r Methodistiaid o'r cychwyn,
ac fe ddyfnhaodd y cysylltiadau hynny wedi i'r Annibynwyr
ddechrau cyhoeddi'r *Cenhadwr Americanaidd* yn 1840.
Llwyddwyd i gadw'r *Cyfaill* ar ei draed am 95 mlynedd ac ni
ellir gorbwysleisio ei bwysigrwydd i Gymry'r Unol Daleithiau.

Cyn i'r cylchgrawn weld golau dydd aeth William Rowlands
ar daith o amgylch sefydliadau Cymraeg. Gan ddechrau ym
Mhensylfania, aeth o un gymdogaeth i'r llall nes cyrraedd
Ohio, lle y cyfarfu â mwy fyth o Gymry. Ymwelodd â tua
dwsin o lefydd yn y dalaith a dyma'r union rai y gobeithiai eu
denu nid yn unig fel darllenwyr ond fel cyfranwyr rheolaidd
i'r cylchgrawn. Pan ddychwelodd i Efrog Newydd ar ôl bron i
bedwar mis, cafodd groeso cynnes:

A gwiw hyddoeth y cyhoeddo – eiriau Naf
    Y cynhaeaf acw'n Ohio;
Ond atom deued eto – wedi'r daith,
I hoff aros eilwaith a phreswylio.

Gan iddo ymweld ag Utica yn y flwyddyn gynt gwyddai
ymlaen llaw am anawsterau teithio yr oes: 'Bûm y rhan fwyaf
o dri diwrnod yn teithio y chwe ugain milltir rhwng Utica a
Carbondale, a threuliais bar o fenyg da yn dyllau, wrth ddal yr
ochr y wagen'. Ond gwaethygodd pethau: 'Cawsom brofedigaeth
yr holl ffordd ddoe, ond dim niwed; cerbydwr meddw y rhan
gyntaf o'r daith, ac olwyn ddrwg yn bwgwth myn'd yn dipiau y
rhan olaf. Cewch farnu pa un oedd y gwaethaf...' Mor bleserus
felly oedd cael mynd y flwyddyn ddilynol ar yr agerfadau a
redai erbyn hynny ar afon Ohio. A bron mor ddymunol â

mordwyo ar yr afon oedd y badau arbennig a gludai deithwyr
ar hyd y camlesi:

> Naw o'r gloch y bore yn awr, wedi troi y gwelyau y naill ochr, a
> chlirio y bwrdd, mae gobaith i mi gael awr neu ddwy i ysgrifenu.
> Bad i'r dyben unigol o gludo teithwyr ydyw hwn, yn cael ei dynu
> gan dri o geffylau, a'r rhai hyn ar garlam yn fynych; a chan ein
> bod yn myned o bump i chwech milltir yn yr awr, ystyriwyf ef yn
> deithio cyflym mewn cyferbyniad i'r llythyr-gerbyd; ac y mae hefyd
> yn llawer mwy esmwyth a diogel. Pum' cent y filltir ydyw y tal
> gofynedig, yn nghyda haner dolar y pryd am fwyd. Mae y badau
> wedi eu gwneud yn hynod o gyfleus, a'u harddurno yn ddestlus i
> ateb eu dyben. Cynwysant ddwy ystafell, un i ddynion, a'r llall i'r
> boneddigesau. Gosodir chwi megys ar shelf dros y nos i gysgu;
> mae y gwelyau yn grogedig wrth llinyn, yn dri o bob ochr i'r bad,
> y naill uwch ben y llall. Gorwedd-leoedd digon cysyrus ydynt, oni
> dygwyddent fod oll wedi eu cymeryd i fyny cyn i mi gyrhaedd y tro
> hwn. Yr oeddem yn 50 o gyd-deithwyr, a'r cyntaf i'r felin sy'n cael
> malu; gan hyny, pan ddaeth yn awr gysgu, nid oedd dim i wneud
> ond troi fy mantell o'm hamgylch, a rhoi y satchel, neu gwd dillad
> dan fy mhen, a chysgu goreu gallwn ar y llawr. Yr oedd gennyf
> esmwythach gobenydd nag oedd gan Jacob, ond ni chefais gystal
> breuddwyd...

Gwelodd y rhifyn cyntaf o'r *Cyfaill* olau dydd yn Ionawr 1838.
Ar ôl dymuno 'Blwyddyn Newydd Dda' i'r darllenwyr eglurwyd
ar ffurf ymgom yr hyn a fwriedid gyda'r cylchgrawn: 'Trysorau
Gwerthfawr sydd gennyf yn y sypun i'w gyfrannu yn mhlith
y Cymry yn America...' Eglurodd ymhellach fod y trysorau
dan sylw yn ymwneud hefyd â'r hen wlad a denodd hynny yr
ymateb: 'Wel y mae hynny yn rhyfedd. Nyni a adawsom yr
hen wlad i chwilio am drysorau yn y wlad hon...' Y 'trysor'
yn ei olwg ef oedd dysgeidiaeth a'r hyn y gobeithiai ei wneud
yn bennaf oedd cyfoethogi meddyliau ei ddarllenwyr, boed y
rheiny yn lowyr o Pensylfania neu yn ffermwyr o Ohio.

Yn rhifyn cyntaf y *Cyfaill* adroddwyd amryw o hanesion a
phynciau gwahanol ac mae'r adroddiadau a ddaeth o lefydd
fel Paddy's Run yn Ohio ac Ebensburg ym Mhensylfania yn

cadarnhau pa mor werthfawr fu'r daith i Rowlands. O dro i dro clywid am ardaloedd Cymreig newydd a chan fod rhai o'r Cymry yn parhau'n obeithiol o ganfod disgynyddion Madog, derbyniwyd nifer o ymholiadau amdanynt. Wrth eu trafod, holodd un o'r darllenwyr, 'Pwy a a i chwilio am y Madogion?' Llai calonnog oedd yr adroddiadau am Gymru ei hun, yn enwedig adroddiadau am helbulon megis ymddygiad y llysoedd tuag at y rhenti a bygythiad y Goron i hawlio tiroedd anghaeëdig. A thrwy dudalennau'r *Cyfaill* gallai Cymry America dosturio wrth bobl fel William Davies a alltudiwyd am 15 mlynedd gan Frawdlys Mynwy oherwydd iddo 'dorri i dŷ a lledrata caws'.

Wrth reswm, roedd barddoniaeth yn hawlio lle yn y cylchgrawn. Yn yr ail rifyn (Chwefror 1838) ymddangosodd gwaith pedwar o feirdd Efrog Newydd. Holodd un bardd dan yr enw 'Gwilym ap Adda' am wybodaeth ynghylch Claudia gynt (gweler atodiad 8.1). Yn yr un rhifyn hefyd roedd pregeth gan John Elias ac o hynny ymlaen daeth yn draddodiad i gyhoeddi pregeth yn fisol. Dros y flwyddyn rhoddwyd cyfle i'r darllenydd fyfyrio ar bregethau o'r ddwy ochr i'r Iwerydd – o Williams y Wern yng Nghymru i Ben Chidlaw yn Ohio. Yn 1840 ymwelodd Chidlaw â Chymru ac ef a ysgogodd ddiwygiad yn y wlad. Ymddangosodd 'Congl yr Athraw – Grammadaeg Cymraeg', sef cyfres o wersi, am gyfnod hefyd.

Bu'r *Cyfaill* dan olygyddiaeth William Rowlands am bron i 29 mlynedd, gyda chymorth y Parch. Thomas Jenkins, Utica (a ddeuai hefyd o Langeitho) rhwng 1855 a 1861. Er mai yn Efrog Newydd y cyhoeddwyd *Y Cyfaill* yn wreiddiol, ei gartref hirdymor oedd Utica lle symudodd William Rowlands am gyfnod o 1841 i 1844 ac yna'n barhaol yn 1853. Ar ôl chwarter canrif o gyhoeddi, a phan edrychodd William Rowlands yn ôl yn hiraethus ar y daith honno drwy Bensylfania ac Ohio, roedd y cylch darllen wedi ehangu i leoedd fel Wisconsin ac ar fin ehangu ymhellach fyth i'r gorllewin. Rhoddwyd y gorau i gyhoeddi'r *Cyfaill* pan unwyd y Methodistiaid â'r Presbyteriaid yn 1933.

Cymdeithasau Cymraeg Y Ddinas

Yn ogystal â chapeli, creodd y Cymry lu o gymdeithasau ac mae un ohonynt, St David's Society of New York, yn bodoli hyd heddiw. Roedd y gymdeithas hon ymysg y pwysicaf o'r cymdeithasau a chofnodwyd llawer o'i hanes cynnar gan un o'i aelodau gwreiddiol, William Miles. Ganwyd ef yn Sain Ffagan yn 1812 a deng mlynedd yn ddiweddarach ymfudodd gyda'i deulu i Efrog Newydd. Miles gychwynnodd y National Bank of New York a'r S'xpenny Savings Bank. Yn 1897 anfonodd gyfres o erthyglau am y gymdeithas at y cylchgrawn Saesneg, *The Cambrian*. Yn yr erthyglau sonnir eu bod wedi cyfarfod a chyd-wledda yng nghwmni maer y ddinas yn 1834. Gan i'r noson fod yn gymaint o lwyddiant daeth William Miles a gŵr o'r enw Thomas Ingram Jones i'r casgliad mai'r ffordd orau o sicrhau nosweithiau tebyg yn y dyfodol oedd trwy ddechrau cymdeithas. Llwyddwyd i greu cymdeithas o fewn y flwyddyn a sicrhawyd bod y Cadfridog Morgan Lewis yn llywydd arni. Mab oedd ef i Ffransis Lewis – y gŵr a lofnododd y 'Datganiad Annibyniaeth' – ac fe chwaraeodd ei ran ei hun yn y Chwyldro cyn dod yn llywodraethwr Talaith Efrog Newydd: nid oedd neb gwell nag ef i sicrhau cydnabyddiaeth i'r gymdeithas newydd. Er yn oedrannus, bu'n ffyddlon i'r gymdeithas drwy gydol ei gyfnod fel llywydd. Fe'i dilynwyd gan David Cadwallader Colden, mab i faer Efrog Newydd, a bu yntau'n llywydd am oddeutu naw mlynedd. Fel y Cadfridog Morgan Lewis o'i flaen, roedd ef yn ŵr hynod boblogaidd. Er nad oes tystiolaeth uniongyrchol fod Colden yn Gymro, yn 1845 cyflwynwyd ffon arbennig iddo ac fe'i cyfarchwyd gan bedwar neu bump o feirdd cyn iddo adael Efrog Newydd i fynd ar daith i Gymru:

> Galwyd ni at ein gilydd – i annwyl
> Gyflwyno ffon gelfydd,
> Yr holl Gymdeithas a'i rhydd
> Dan law ein doniol Lywydd.

Y ffon hon sydd a phen hynod – aur pur,
　　Er parch i'n Llyw mawrglod,
　A pharch mawr bob awr sy'n bod
　Heddyw'n bur iddo'n barod.

　Newydd ffon amddifynol – yw yn llaw
　　Ein Llywydd gorchestol,
　A'i nod fydd yn niweidiol
　I bob tyn Philistyn ffôl.

Ar ddathlu Dydd Gŵyl Dewi am y tro cyntaf (yn 1835) daeth oddeutu 200 ynghyd, ac yn rhan o'r adloniant roedd un o'r aelodau, sef Gwilym ab Ioan yn barod â chân am yr achlysur:

Wrth fwyn gyfeillachu,
Cydwledda a chanu,

Ar ddydd gorfoleddu
　Daw Cymru i'n co' –
Hen Walia anwylaf
Gwar dir y gwyr dewraf,
Ein cain gartref cyntaf
　Hyfrydaf yw'r fro.

Bum mlynedd yn ddiweddarach, yn 1840, canodd Gwilym ab Ioan, 'Gwnawn yfed eu hiechyd...' O un llwncdestun i'r llall, codwyd y gwydrau i yfed iechyd hwn-a-hwn 28 o weithiau. 'Cymru – nis gall amser na phellter ei dileu o gof ei disgynyddion', meddai Morgan Lewis, yr hen gadfridog ei hun. Llywydd y noson oedd William Miles a manteisiodd yntau ar y cyfle i gyfarch Gwilym ab Ioan: 'Iechyd Gwilym ab Ioan, Caerefrog Newydd – y Bardd Cymreig gonest a difalch'. Cyn i'r noswaith ddirwyn i ben crwydrodd y llwncdestunau o fod yn berthnasol i'r achlysur: 'Coffadwriaeth Syr Dafydd Gam, y dewraf o'r dewrion, a gwympodd yn Agincourt'.

Yn 1840 sefydlwyd Cymdeithas Ddirwestol Gymreig Caerefrog Newydd. Cyfarchwyd y gymdeithas ar ddathlu Dydd Gŵyl Dewi yn 1842 gan fardd o lais gwahanol iawn, Gwilym Fardd:

A ninau, Ddirwestwyr, yn wych,
Yn fynych cawn edrych yn ôl,
A choffa yn siriol ein gwen,
    Am ddiwedd yr hen Alcohol...

'Alltudiwyd y gwin', meddai penawd un adroddiad ond nid dyma'r unig newid yn ôl adroddiad arall:

Ac y mae yn llawenydd annhraethol genyf allu hysbysu, ddarfod i effeithiau anwrthwynebol Dirwest fod yn foddion, am y tro cyntaf yn y wlad hon, i attal yr ymarferiad dinystriol o yfed diodydd meddwol yn ein Gwledd Genedlaethol, a gymerodd le ar y cyntaf o'r mis hwn, sef dydd Gŵyl Ddewi Sant, a thrwy hynny, agoryd y ffordd, a rhoddi derbyniad cyflawn a chroesawgar i'n boneddigesau, y rhai trwy eu prydferthwch a rhagoroldeb eu hegwyddorion, ydynt fywyd, gogoniant, a harddwch ein gwleddoedd a'n cymdeithasau – ac a barasant, trwy eu presennoldeb hyfrydawl, i'r wledd hon fod yr un fwyaf anrhydeddus a phrydferth a gynnaliwyd erioed yn mhlith ein cydgenedl; a dymunem fod i'r Undeb a'r cariad oedd yn llywodraethu yn y Wledd gael ei feithrin byth, yn mynwesau holl feibion a merched Gomer.

Yn 1842 dechreuwyd cynnal cystadlaethau llenyddol, gyda'r ymgeiswyr yn cyflwyno'r gwaith i'w feirniadu bythefnos cyn Dydd Gŵyl Dewi. Mewn un gystadleuaeth gofynnwyd am gân i '[G]roesawu yr Ymfudwyr Cymreig i America' a'r buddugwr oedd y Parch. Erasmus Jones o Utica. Flynyddoedd yn ddiweddarach daeth ef yn adnabyddus yn sgil darlith boblogaidd yn olrhain ei brofiadau fel caplan i gatrawd o filwyr du yn ystod y Gwrthryfel. Yn 1843, gofynnwyd am gyfres o englynion yn ymwneud â'r gymdeithas ei hun. Yn fuddugol roedd Eos Glan Twrch a dyma dri o'i englynion:

Enw'r Sant, addurniant sydd arni, – ei waed
Fu'n brydiaw i'w chodi;
    A'i feibion, llawn haelioni,
    Yw ei haml golofnau hi.

Yn awyr Caerefrog Newydd – y daeth
I'r Gymdeithas Gynydd;
   Ac yma'i thrysorfa sydd,
   Os heibio daw deisebydd.

Nodded rhydd i Lenyddiaeth – o'i chalon,
A choledd Farddoniaeth;
   Tlysau beirdd yn heirdd a wnaeth,
   Ei dwylaw, i'n gwlad helaeth.

Er mor ddylanwadol oedd y gymdeithas hon, nid hi oedd unig gymdeithas Gymreig y ddinas. Sefydlwyd yr 'Ancient Britons' Benefit Society' yn 1805. Dyma ddisgrifiad ohoni gan un o'r aelodau yn 1853:

Sefydlwyd y Gymdeithas [Fudd yr Hen Frythoniaid] yn y ddinas hon Mai 5, 1805 gan 35 o aelodau... Y rhif lleiaf a fu ynddi er ei sefydliad ydoedd 22, yn 1827; a'r rhif luosocaf Mawrth 1af, y flwyddyn hon [1853], sef 158, pryd hefyd y cynnygwyd 8 i ddyfod yn aelodau... Er pan ei sefydlwyd hyd yn bresennol, talwyd er budd a chladdu $12,133.20... Cynnaliodd y Gymdeithas ei 48fed wyl, neu gyfarfod blynyddol, i dderbyn y fynegiaeth, dewis swyddogion am y flwyddyn ddyfodol, &c, eleni, fel arferol, ar y 1af o Fawrth; ond er hynny nid oes rhwng y Gymdeithas un berthynas a neb o'r seintiau. Nid ydynt byth yn cael ciniaw na gwledd ar y cyfryw achlysuron... i wario eu harian am oferedd, er cael ciniaw gwych mewn tafarndy, gwyl na dawns... ond ar amser claddedigaeth un o'r aelodau, cerddant bob yn ddau, a dernyn o *grape* ar eu breichiau, yn addas i'r amgylchiad.

Ymhen ugain mlynedd, ac yn y flwyddyn yn union cyn 1 Mawrth 1874, talwyd allan $1307 gan y gymdeithas hon. Derbyniwyd taliadau o $1223 dros yr un cyfnod, gan adael $3792 yn ei chronfa. Yn yr un flwyddyn cyfarfu cymdeithas arall, y Saint David's Benefit Society, ar yr un pryd, ac yn yr un adeilad yn y Bowery. Yn ystod yr un cyfnod roedd y gymdeithas honno wedi talu allan $683 ar ôl derbyn $707. Mae'n ymddangos i'r ddwy gymdeithas fod yn ddigon boneddigaidd i gyfarch ei gilydd cyn symud i ddwy ystafell ar wahân.

311

Yn y 1840au sefydlwyd dwy gymdeithas arall, sef Cymdeithas Haelionus Dewi Sant a Chymdeithas Gymreig Caerefrog Newydd. Ymddengys mai anghytundeb rhwng aelodau Cymdeithas Dewi Sant a arweiniodd at ffurfio'r ddwy gymdeithas. Bwriad Cymdeithas Haelionus Dewi Sant oedd 'cyfranu i gyfreidiau y Cymry cystuddiol ac angheus yn y ddinas hon – yn enwedig y gwragedd gweddwon a'r plant amddifad'. Bwriad Cymdeithas Gymreig Caerefrog Newydd oedd:

> amddiffyn ymfudwyr Cymreig ar eu dyfodiad o Gymru i'r ddinas hon, rhag hocedwaith, dichellion, twyll a gormes dynion drwg. Mae dyeithrwch y rhan fwyaf o'n cydgenedl i'r iaith Saesneg, yn eu gwneud yn fwy agored i gael eu twyllo... cyfaryddir a hwynt ar eu tiriad gan yr ysglif-gwn gwenieithus... yna cyfarwyddir hwynt at dafarnwr anonest o'r gyfrinach, gan addaw iddynt fwrdd a lletu am bris rhesymol... a thwyllir hwynt i dalu am eu cludiad i Buffalo, &c., ac erbyn cyrhaedd Albany, neu Troy, bydd yn rhaid talu eilwaith...

Nid peth anarferol oedd clywed am dwyll fel hyn ac erbyn 1838, a chyn i'r gymdeithas ymrannu'n ddwy, roeddent yn ceisio arbed yr ymfudwyr rhag cael eu twyllo:

> ...Daeth llwythaid arall yn y Carroll, o Lynlleifiad, yn cynnwys dau gant a naw o Geredigioniaid gwridgoch, oll yn ddirwestwyr, o Swydd Aberteifi, a'u tynfa i ddolydd breision Talaith Ohio. Buom ar y llong-borth gyda'r olaf; ac afreidiol dywedyd ei bod yn orfoledd mynwesol genym eu gweled mor iach, cysurus a siriol – yr oedd yn wledd i'n teimladau weled cynnifer o'n cydgenedl annwyl wedi dianc o grafangau haiarnaidd tlodi – carcharau plwyfol, a sarrugrwydd annyoddefol crach-foneddigion Cymru... Cyd-dystient, y cabden a hwythau, yn unfrydawl, y boddlonrwydd a gawsant y naill yn y llall, mewn modd neillduol ac annghyffredin... Yr oedd gofal y boneddigion (pen forwyr) amdanynt wedi iddynt dirio, rhag eu twyllo a'u gormesu gan ddyeithriaid, a'u trafferth yn hwyluso eu mynediad yn mlaen i'w taith, yn teilyngu canmoliaeth nid bychan.

Anaml y clywid am y fath ofal. Gan amlaf roedd ymfudwyr yn agored i bob twyll dan haul, a hynny ar ôl holl ansicrwydd y fordaith ei hun. Nid pethdieithr oedd clywed am longau yn diflannu yn llwyr, a chyfeirir at hyn mewn llythyr gan Cadwalader Richards o Efrog Newydd a gyhoeddwyd yn *Y Cyfaill* ym mis Ebrill 1854:

> Ar yr 22ain o Ragfyr diweddaf, cychwynodd amrai longau
> mawrion o borthladd New York, sef y *Waterloo*, y *Leviathian*, y
> James Draker, a'r Constitution; ac ni chlybuwyd gair amdanynt
> hyd yma, fel y mae pob gobaith am eu diogelwch wedi darfod. Yr
> oedd yn y *Waterloo*, un Cymro o'r enw Thomas Williams; daeth
> yma o Cattaraugus a'r bwriad o fyned i'r Hen Wlad i ymofyn ei
> wraig a'i blant; ond er galar tebyg na welant eu gilydd hyd yr amser
> y bydd y môr yn rho'i i fyny ei feirw. Yr oedd hefyd ddau Gymro yn
> y *Leviathian*, ond gan nad oeddent dan fy ngofal, yr wyf yn methu
> cael eu henwau yma.

Roedd gan Gymdeithas Gymreig Caerefrog Newydd 'Bwyllgor Ymfudawl' ac yn 1842 agorwyd 'Swydd-gyfran Ymfudawl y Gymdeithas' ar Slip 28. Galluogodd hynny i'r gymdeithas gynnig cyngor 'am y llwybr goreu iddynt gyrhaedd eu hamcan, prisiau cludiad, &c., a chant bob gonestrwydd yn eu lletty ac ar eu taith, os dilynant ei gyfarwyddyd ef'. Nid y Cymry oedd yr unig ymfudwyr a gamarweiniwyd ac ar Ebrill 1848 ceisiodd Llywodraeth Talaith Efrog Newydd ddiogelu'r ymfudwyr na ddeallent Saesneg trwy greu Deddf Iaith. O ganlyniad roedd yn orfodol i bob lletty a gadwai ymfudwyr i restru'r taliadau mewn pum iaith. Wedi'i chydnabod ochr yn ochr â'r Saesneg, Ffrangeg, Almaeneg ac Isalmaeneg (iaith Amsterdam Newydd) oedd y Gymraeg. Felly, o'r amrywiaeth o fân-ieithoedd a ddefnyddid yn ddyddiol ar strydoedd Efrog Newydd, Cymraeg oedd yr unig iaith o'r fath a oedd yn gyfreithiol gyfartal â'r prif ieithoedd Ewropeaidd.

Papur Wythnosol

Yn 1851 roedd gan Gymry'r ddinas eu papur wythnosol eu hunain. Er y tueddir i gysylltu *Y Drych* gydag Utica a Milwaukee, sef y ddwy dref lle y cyhoeddwyd ef yn ddiweddarach, yn Efrog Newydd y gwelodd olau dydd am y tro cyntaf, ar 2 Ionawr 1851. Efallai mai trwy weld cynifer o Gymry yn cyrraedd y porthladd y sylweddolwyd bod galw am y math yma o bapur. Parhaodd yn bapur Cymraeg ei iaith am dros 80 mlynedd ond gorffennodd ei oes fel misolyn Saesneg a gyhoeddwyd o Minneapolis-Saint Paul.

Daeth *Y Drych* i fod cyn *Y Cymro* a'r *Faner* yng Nghymru. Ar ben hynny, gwelodd olau dydd wyth mis cyn i'r *New York Times* ymddangos ym mis Medi 1851. Daeth y *New York Times* yn un o bapurau mwyaf dylanwadol y wlad ac un o'i sylfaenwyr oedd gŵr o gefndir Cymreig, sef George Jones a fagwyd yn Vermont – ardal a ddaeth yn adnabyddus am ei chwareli a'r Cymry a dyrrai yno. Er mai yn Vermont y ganwyd ef, roedd ganddo ddau frawd a fagwyd yn Llanwyddelan. Trwy ei ddylanwad ef fel perchennog a golygydd datblygodd y papur i fod yr unig bapur o wybodaeth gyffredinol a ddarllenir yn eang o un pen i'r wlad i'r llall.

O gofio mai 'papur newydd' oedd *Y Drych*, mae'n anodd coelio na osodwyd yr un darn o ryddiaith ar dudalen flaen y rhifyn cyntaf. Yn lle hynny ceir un darn o gerddoriaeth gan J. M. Thomas, gŵr o Gasnewydd a gartrefai yn Efrog Newydd, a phedair cerdd gan feirdd gwahanol. Un o'r beirdd oedd Gwenffrwd a ystyrid yn un o feirdd mwyaf addawol Cymru cyn iddo ymfudo i Mobile, Alabama yn 1834 (a lle y bu farw o fewn blwyddyn). Awdur cerdd arall oedd B. Lewis, gŵr o Efrog Newydd a hiraethai am fro a fodolai mewn atgof erbyn hyn:

> Yn nyddiau mwyn plentyndod llon,
> Pan oedd y fron yn fywiog,
> Pa le y ceid ein chwareu fan?
> Mewn dol ar Lan Clywedog...

Ond Och! y loes, y dwfn aeth,
Am brath fel aneth hedegog,
Pan gofiwyf na ddaw byth i'm rhan
Ail weled Glan Clywedog...

Y gŵr oedd â'r weledigaeth i gychwyn *Y Drych* oedd John M. Jones, un â'i wreiddiau yn Llanidloes. O fewn dwy flynedd i'w gyhoeddi, penodwyd John William Jones yn olygydd. Pan ddaeth yn amser argraffu un rhifyn yn 1854, darganfuwyd nad oedd ganddynt bapur na digon o arian i brynu rhagor. Llwyddwyd i achub y papur o'i drafferthion ariannol trwy gytundeb gyda nifer o Gymry blaenllaw'r ddinas a dim ond eu haelioni hwy a'i cadwodd ar ei draed. Erbyn diwedd 1858 yr oedd y golygydd, John William Jones, wedi ei brynu. Yn 1860, ar ôl naw mlynedd o gyhoeddi yn Efrog Newydd, symudodd hwnnw gyda'r papur i Utica.

Nid oedd gan John William Jones fawr o brofiad fel golygydd. Yn enedigol o Lanaelhaearn ger Pwllheli, daeth i'r wlad am y tro cyntaf yn 1845 ac am flynyddoedd lawer bu'n crwydro o un lle i'r llall. Ar y dechrau enillai ei fara menyn fel gwas fferm ar wahanol ffermydd yng nghyffiniau Racine yn Wisconsin. Pan ddiflasodd ar hynny treuliodd gyfnod yn torri camlas ryw ugain milltir o Chicago. Yna penderfynodd deithio i Mississippi a bu am gyfnod yn New Orleans. Pan ddychwelodd i'r gogledd fe'i cyflogwyd dros dro mewn gweithfeydd briciau yn Rochester, Efrog Newydd. Yno y clywodd am y tro cyntaf am yr ardal Gymreig yn Utica, ac yno yr aeth a chael gwaith fel saer dodrefn a derbyn rhywfaint o addysg ffurfiol mewn ysgol leol. Trwy ysgrifennu ambell bwt i'r *Drych* datblygodd gysylltiad â'r papur. Arweiniodd y cysylltiadau hyn ef i Efrog Newydd yng nghyfnod cyntaf y papur.

Yn ogystal â pharhau i gyhoeddi'r *Drych* pan ddychwelodd i Utica o Efrog Newydd yn 1860, bu'n gweithio ar *Yr Athrawydd Parod*, llyfr a gyhoeddwyd cyn diwedd 1860. Ar y dudalen flaen dywed fod *Yr Athrawydd Parod* yn 'Hyfforddydd Anffaeledig i Ddarllen ac Ysgrifenu Cymraeg yn nghyda Rheolau

Barddoniaeth Gymreig ac Elfenau Rhifyddiaeth wedi ei casglu
gan J. William Jones, Golygydd y Drych'. Ar ben popeth arall
arferai ddarlithio ar amryw bynciau: seryddiaeth, ymfudo,
gwleidyddiaeth, a hanes ei deithiau. Yn 1864, ac yntau'n
awyddus i ymweld â Chymru, penododd J. Mather Jones i
olygu'r papur yn ei absenoldeb. Er iddo werthu'r papur i Mather
Jones y flwyddyn ganlynol, parhaodd i gydolygu'r *Drych* ac i
gyfrannu iddo hyd at ei farwolaeth yn 1884. Ar ei fedd mae
colofn sy'n pwyso rhwng pedair a phum tunnell a gyflwynwyd
gan oddeutu 600 o'i edmygwyr:

Ioan oedd esgud hunan addysgydd –
Heb hawl golegawl bu'n deg olygydd:
Cawr oedd o anian, cywir wyddonydd,
A'i enw oesa fel gwir hanesydd!
Haul ei ddawn oleua i ddydd – llenyddiaeth
Ac i weriniaeth bu'n gu arweinydd.

Cylchgronau Misol

Er gwaethaf problemau ariannol John M. Jones, perchennog
gwreiddiol *Y Drych*, ni chollodd ei awydd i gyhoeddi yn y
Gymraeg. Ym mis Gorffennaf 1853 dechreuodd gyhoeddi
Y Cylchgrawn Cenedlaethol a fyddai'n ymddangos hyd Ebrill
1856. Yn y rhifyn cyntaf eglurodd mai ei bwrpas oedd 'dal
cymundeb gwresog a'r oes lenyddol sydd wedi mynd heibio,
drwy drosglwyddo i'w dudalennau y rhosynau ceinwych o
eiddo prif awdur *yr hen wlad*, y rhai a geir yn wasgaredig yn
y gwahanol gyhoeddiadau…' Serch hynny, byddai materion
cyfoes a gwaith awduron addawol Americanaidd yn hawlio'u
lle yn y cylchgrawn:

Nid ydym yn anghyfarwydd nac annheimladol o'r ffaith, fod yn ein
gwlad fabwysiedig foncyffion a blagurion enwog yr hen Omeraeg
ar wasgar yn y gwahanol Daleithiau, y rhai y mae eu mynwesau
yn dwyn tuag ati. At y dosbarth cyntaf ymhweddwn yn hyderus
am eu cyfraniadau llenyddol, naill ai mewn rhyddiaith odidog neu

farddoniaeth nefol-swynaidd; a sicrhawn i'r olaf y bydd i Olygydd hybarchus y rhan barddonol o'r *Cylchgrawn* eu hattegu yn eu dringiad pryderus i fynydd Parnasus.

Byddai ambell englyn yn cael lle os oedd angen llenwi bwlch ar waelod tudalen. Dyna a wnaed gydag englynion Iolo Mynwy. Hyd yn oed os na ddaeth y gair 'glawlen' i arferiad cyffredinol, nid yw'n anodd dyfalu ei ystyr:

Glawlen

Offeryn hardd a pharod, – buan do
　　Uwch ben dyn yn gysgod;
　　Cyfaill yn ngwyneb cafod,
　　Llen a bach 'does gwell yn bod.

To sidan tew osodaf, – uwch fy mhen,
　　Gwych fy myd lle rhodiaf,
　　Aethus hin, mwy na thes haf,
　　Na dafnau gwlaw, nid ofnaf.

Pittston Ferry, Pa.
Iolo Mynwy

Gan fod bwriad i ymdrin â materion cyfoes yn *Y Cylchgrawn*, nid anghyffredin oedd dod ar draws erthyglau megis 'Omer Pasha, pen cadfridog Twrci'. A phwy a feddyliai fod galw yn Efrog Newydd i drafod algebra trwy gyfrwng y Gymraeg? O dan y pennawd 'Elfenau Alsawdd', ar ôl cyflwyno termau fel 'cyfartaleb' (=) a 'cyfartalrwydd' (*equation*), aethpwyd ati i drafod y pwnc mewn modd sy'n rhyfeddol o naturiol a'r un mor eglur â'r hyn a geir yn aml yn Saesneg:

C. A oes gwahaniaeth pa lythyrenau o'r egwyddor a ddefnyddir?
A. Yn fynych fe ddefnyddir y llythyrenau blaenaf i osod allan faintioli, neu ddognedd gwybyddus; a'r llythyrenau olaf a ddefnyddir i ddynodi cyfansymau anhysbys.

C. Mae gan John nifer o bunau yn ei logell, ond pe ychwanegai haner y nifer hefo ei drydydd rhan ac un yn 'chwaneg byddai ganddo yr un faint ac sydd gan Robert. Pa faint yw y rhif?

A. Amlwg yw nad yw y gofyniad yn mynegi pa nifer sydd gan yr un yn ei logell, ond ni a osodwn x i gynrychioli y rhif gofynedig, ac fe saif fel hyn: $x / 2 + x / 3 + 1 = x - - -$ yr hyn sydd yn dangos mai 6 yw y rhif gofynedig.

Olynwyd *Y Cylchgrawn Cenedlaethol* yn Efrog Newydd gan *Y Traethodydd yn America* a gyhoeddwyd yn chwarterol o 1857 hyd 1861. Ni cheir fawr o ddeunydd o'r Unol Daleithiau ynddo ac i raddau dibynnai'n ormodol ar fenthyciadau o'r cyhoeddiad cyfatebol yng Nghymru. Eto rhoddai gyfle i'r darllenydd ddilyn materion o bwys yng Nghymru. A phan gymharwyd cyhoeddiadau o'r fath gan *Yr Arweinydd* (cylchgrawn arall o Rome, Talaith Efrog Newydd) derbyniodd *Y Traethodydd yn America* fwy o ganmoliaeth na'r un ohonynt: 'Mae hwn yn fachgen graenus, caled ei gnawd a hardd ei wysg... Edrych yn well na'i frawd yng Nghymru'.

Byr fu oes un arall o gyhoeddiadau Efrog Newydd, *Y Beread*. Cychwynnwyd hwn ar ran y Bedyddwyr yn 1842, mewn ymateb i gylchgronau cyffelyb gan y Methodistiaid a'r Annibynwyr. Bu ei olynydd, *Y Seren Orllewinol*, yn fwy o lwyddiant i'r enwad. Er mai man cychwyn *Y Seren Orllewinol* oedd Utica, fe'i cyhoeddwyd yn Efrog Newydd o fis Gorffennaf tan fis Medi 1845, cyn i gartref y cylchgrawn symud yn barhaol i Pottsville, Pensylfania.

Nid dyma unig gylchgronau Cymraeg Efrog Newydd. Ym mis Rhagfyr 1868 dechreuwyd cyhoeddi *Yr Ysgol* ar gyfer plant. Oherwydd marwolaeth y cyhoeddwr ni chadwyd at ei gyhoeddi yn hwy na rhyw flwyddyn. Olynwyd hwn gan *Blodau'r Oes a'r Ysgol* a gyhoeddwyd o Utica, a dyma'r cylchgrawn mwyaf graenus a llwyddiannus i blant. Fe'i cyhoeddwyd rhwng 1872 a 1875, gyda'r eisteddfodwr adnabyddus, ap Madog, yn un o'i ddau olygydd. Dilynwyd hwn gan gylchgronau eraill i blant fel *Y Lamp* o Wisconsin (1897–1903) ac yna yn 1906, *Y Trysor* o Columbus, Ohio.

Fel y soniwyd eisoes, ceisiodd John M. Jones gadw'r

Cylchgrawn Cenedlaethol ar ei draed er gwaethaf ei drafferthion ariannol gyda'r *Drych*. Ym mis Mehefin 1856, cyn i'r *Drych* symud i Utica, cododd dipyn o stŵr gyda phapur wythnosol arall, *Y Cymro Americanaidd*. Ceisiodd John M. Jones ei drawsnewid yn bapur dwyieithog. Cymaint fu'r gwrthwynebiad i'r dwyieithrwydd nes y bu'n rhaid i John wneud tro pedol: 'Nid oes nemawr ddiwrnod wedi myned dros ein penau er pan gychwynasom *Y Cymro* nad oes un neu ragor o lythyron yn ein cyrraedd oddiwrth hen gefnogwyr yn deisyf arnom droi *Y Cymro* yn Gymro trwyadl...' Er cael gwared â'r Saesneg, daeth y papur i ben ym Mehefin 1859. Wythnosau cyn hynny roedd argoelion ei fod ar fin dod i ben. Y gorau y medrid ei wneud o'r sefyllfa oedd llenwi'r dudalen flaen gyda rhyw erthygl sychlyd Saesneg. Ac yntau'n gweithio'n gyfan gwbl ar ei ben ei hun, mae'n debyg i'r gorchwyl fynd yn ormod i John M. Jones.

Mor wahanol oedd pethau o'u cymharu â dyddiau cynnar y papur, yn enwedig o'u cymharu â dyddiau Cuhelyn fel is-olygydd. Yn gymeriad heb ei ail, rhifai Cuhelyn ymysg ei gyfeillion wŷr fel Talhaiarn yn Ffrainc a'r 'Carw Coch' a arferai gynnal eisteddfodau yn y dafarn o'r un enw ger Aberdâr. Roedd Cuhelyn yn boblogaidd ymysg ei gyd-lowyr ym Mhensylfania hefyd. O'r ganolfan ddur yn Johnstown derbyniai newyddion gan Gadwgan Fardd, cyn-ddisgybl fel yntau i'r hen fardd Brychan yn Nhredegar. Yn Ironton, Ohio roedd un arall o'i gyfeillion, sef Ab Gwilym. Ef a ysgrifennodd yr englyn hwn i gyfarch ei gyfaill:

> Cyw hwylus yw Cuhelyn, – i ferched
> Dihafarchawl lencyn;
> Gŵr llawn dysg, gwar, a llên ddyn –
> Ei faeddu 'rhawg ni faidd 'r un.

Nid 'cyw hwylus' mohono pan ddaeth i'r *Drych* dan olygyddiaeth John William Jones. Perthynas genfigennus oedd gan y ddau ar y gorau, a dirywiodd pethau gymaint nes i Cuhelyn fygwth lladd ei 'elyn', er bod John William Jones yn ŵr na ddymunai unrhyw ddrwg i unrhyw un. Ymddengys fod y NYPD (heddlu Efrog Newydd) wedi cadw llygad ar Cuhelyn am gyfnod, ond nid yw'n hollol glir pa mor helbulus fu pethau arno. Mewn un adroddiad awgrymir iddo gael ei osod 'dan rwymau y gyfraith', a dyna mae'n debyg achos ei ymadawiad o'r ddinas. O'i golli ni fu'r *Cymro Americanaidd* fyth yr un fath.

Llyfrau'r 1850au

Yn ogystal â'r papurau a'r cylchgronau, câi nifer o lyfrau eu cyhoeddi yn Efrog Newydd, gyda'r rhan fwyaf yn ymddangos yn y pumdegau. Un o'r cyntaf i gael ei gyhoeddi yno oedd *Angau yn y Crochan* gan William Rowlands yn 1836, ryw ddwy flynedd wedi iddo ymddangos am y tro cyntaf yng Nghymru. Adargraffiadau o lyfrau o Gymru oedd llawer o'r cyhoeddiadau. Un a chwaraeodd ran bwysig ym myd cyhoeddi llyfrau Cymraeg oedd John M. Jones, y gŵr hwnnw a gychwynnodd *Y Drych* ac yna'r *Cymro Americanaidd*. Ef oedd yn gyfrifol am ailgyhoeddi *Gramadeg Caledfryn* yn ogystal â *Drych Barddonol* gan yr un awdur. Ailgyhoeddodd hefyd *Hanes Bywyd y Parch. Morgan Powell* yn 1853. Cyfieithwyd llyfr adnabyddus Richard Williams Morgan, Tregynon, o'r Saesneg a'i gyhoeddi o dan yr enw *Hanes yr Hen Gymry* yn 1860. Ymysg cyhoeddiadau eraill y pumdegau roedd *Cysondeb y Pedair Efengyl*, cyfieithiad o waith E. Robinson, hyfforddwr mewn athrofa ddiwinyddol yn Efrog Newydd.

Yr un mor weithgar â John M. Jones ym myd argraffu oedd y partneriaid Richards a Jones ar Heol Nassau. Gŵr o Ddolgellau oedd Robert Richards, a dywedid bod ei bartner, Richard Jones, yn ymfalchïo o gael ei adnabod fel 'Dic Sir Fôn'. Yn ôl y sôn gallai gyfieithu'n effeithiol wrth osod y llythrennau ar y peiriant argraffu. Hwy hefyd oedd cyhoeddwyr y cylchgrawn

Y Traethodydd yn America, ac yn 1857, *Lamp y Cysegr*, llyfr 72 tudalen gan David Williams o Columbus, Ohio. Yn 1856, cyhoeddwyd *Cyfarwyddiadau eglur i'r Cymmunwr Ieuanc*, llyfr a gyfieithwyd o'r Saesneg yn Efrog Newydd gan un o'r enw Benjamin Lewis. Hefyd yn 1856 cyhoeddwyd *Hanes y Rhyfel yn y Dwyrain*, llyfr sy'n ymwneud â thrafferthion y Crimea ac a seiliwyd ar yr adroddiadau o'r *Times*. Wedi'i ychwanegu at yr argraffiad o'r llyfr yng Nghymru roedd 'Rhagdraith i'r argraffiad Americanaidd', lle y dywedir:

> [ein] gobaith a'n gweddi ydyw, nad yw y dydd yn mhell, pryd y gwelir cenedl y Cymry wedi ymrhyddhau oddiwrth y cadwynau sydd yn ei chaethiwo yn bresenol, ac yn gallu chwythu trwy ei hutgorn ei hun – ANNIBYNIAETH A RHYDDID i'w hiliogaeth!

Cyhoeddwyd llyfrau gan H. J. Hughes hefyd – casgliad o emynau, *Y Delyn Aur*, a *Caru Priodi a Byw* yn 1868. Seiliwyd *Caru Priodi a Byw* ar ddarlith boblogaidd gan Rhys Gwesyn Jones, gŵr o Ferthyr Tudful a ymfudodd i Utica. Ailgyhoeddwyd y llyfr yn Llanidloes yn 1868 hefyd. Cymdeithas arall wedi ei lleoli yn Efrog Newydd oedd Y Gymdeithas Draethodawl Americanaidd, a fu'n hynod weithgar yn cyhoeddi testunau crefyddol yn y Gymraeg. Er bod nifer ohonynt yn gymharol fyr (dim ond rhyw 16 o dudalennau a geir yn *Croes Crist*) roedd llyfrau eraill fel *Taith y Pererin* yn sylweddol. Yn y 1850au, ailgyhoeddwyd *Y Beibl* gan y gymdeithas o leiaf chwe gwaith. Roedd gwahanol argraffiadau o'r *Testament Newydd* ar gael hefyd ac mewn ambell argraffiad mae'r Saesneg yn ymddangos gyferbyn â'r Gymraeg.

Gan fod y Cymry mor weithgar ym myd cyhoeddi, cyfyd y cwestiwn, Faint yn union o Gymry a gartrefai yn y ddinas? Heidiodd y Gwyddelod i Efrog Newydd, yn wir arferwyd dweud bod mwy ohonynt yn Efrog Newydd nag yn Nulyn. Amcangyfrifwyd fod oddeutu 400,000 o Wyddelod yno a 200,000 o Almaenwyr. O'u cymharu â'r Gwyddelod a'r Almaenwyr, bychan oedd nifer y Cymry. Credai William

Rowlands fod oddeutu 4,000 o Gymry yno yn 1836 a thybiai nad oedd eu hanner yn arddel eu Cymreictod. Amcangyfrifodd Iorthryn Gwynedd fod rhwng 7,000 ac 8,000 o Gymry yno yn 1872. Mewn erthygl a anfonwyd i'r *Cambrian* yn 1888 dywedir bod rhwng 5,000 a 10,000 o Gymry yn y ddinas. Os 10,000 o Gymry oedd yno ar y mwyaf , mae'n rhyfeddol eu bod wedi dangos y fath awch at gyhoeddi ac fe ddylid cymeradwyo eu hymdrechion.

Cefnogwyr Cymdeithas Dewi Sant

Yn barod i arddel eu cefndir Cymreig ac yn gefnogol iawn i Gymdeithas Dewi Sant yr oedd nifer o Gymry adnabyddus yr Unol Daleithiau. Yn 1892 cafodd yr Anrhydeddus Ellis H. Roberts, cyn-ysgrifennydd y Trysorlys, dderbyniad gwresog gan y Gymdeithas am ei araith ddifyr a gwawdlyd am yr 'Anglo Saxon Hobby'. Yn 1893 gwahoddwyd ef i ddod yn llywydd ar y Gymdeithas. Dr Parker Morgan, gweinidog y 'Church of Heavenly Rest' oedd y llywydd cyn Ellis, gŵr a bregethai yn y Gymraeg o dro i dro. Ymwelodd Dean Howells â'r gymdeithas yn 1895: ef oedd golygydd dylanwadol yr *Atlantic Monthly* ac un o nofelwyr Americanaidd mwyaf adnabyddus ei oes. Gyda'i dad yn hanu o Frycheiniog, anerchodd y gymdeithas ar y testun 'The Native Land of Fancy'. Ymwelodd hefyd â Chymru, gan deithio ar y trên o Lundain i Aberystwyth. Gwelodd le i siarsio ei ddarllenwyr a fynnai bod y Gymraeg yn anodd ei hynganu:

> ...but if the jaw aches at the thought of pronouncing them, it is our own wilful orthographical usage [in English] that is at fault; the words, whose sound the letters faithfully render [in Welsh], are music, and they largely record a Christian civilization which was centuries old when the Saxons came to drive the Britons into the western mountains and to call them strangers in the immemorial home of their race.

Yn 1896, flwyddyn ar ôl ei anerchiad, roedd Dean a'i wraig ymysg 300 o'r gymdeithas a ddaeth ynghyd i ddathlu Dydd

Gŵyl Dewi. Hefyd yn bresennol roedd Daniel L. Jones, Ellis H. Roberts, Mrs D. P. Morgan, y Parch. Parker Morgan a'r Cadfridogion J. M. Varnum a W. S. C. Wiley. Gŵr arall oedd yn gefnogol i'r gymdeithas oedd Edwin Williams, awdur 15 o lyfrau poblogaidd â'u testunau yn amrywio o hanes i deithiau'r oes (megis y daith wreiddiol i Begwn y Gogledd). Er bod ei deulu wedi ymfudo i'r Unol Daleithiau ers 1640, roedd wrthi'n paratoi llyfr am gymeriad a natur y Cymro pan fu farw yn 1854.

Cynhaliwyd Eisteddfod gyntaf y ddinas mewn capel ar 13th Street yn 1875. Yn 1881 cynhaliwyd Eisteddfod arall mewn neuadd o'r enw Chickering Hall a chadeirydd cyfarfod y bore oedd y Barnwr Horatio Gates Jones o Philadelphia. Un o'i gyndeidiau oedd David Jones, caplan i'r Cadfridog Wayne yn ystod y Chwyldro. Yn cadeirio cyfarfod yr hwyr, pan rannwyd y wobr o $300 rhwng Côr Lackawanna (Scranton) a'r Manhattan Choral Union, roedd un o aelodau cabinet yr Arlywydd Garfield, sef Postmaster-General James. Mae'n amlwg fod yr eisteddfod wedi gwneud tipyn o enw iddi ei hun oherwydd yn 1884 derbyniodd lythyr o gefnogaeth gan y Seneddwr Jones o Nevada. Cadeirydd cyfarfod yr hwyr yn 1884 oedd Henry Ward Beecher, un o bregethwyr enwocaf yr oes a brawd Harriet Beecher Stowe, awdures *Caban F'Ewythr Twm*. Cyfeiriodd at wreiddiau'r teulu yng Ngheredigion. Un o destunau llefaru y flwyddyn honno oedd detholiad o *Y Storm* gan Islwyn, ac roedd ap Madog yn cloi'r noson gyda chân.

Er nad oedd holl gystadleuwyr yr eisteddfod yn hyddysg yn y Gymraeg, llwyddwyd i gadw Cymdeithas Dewi Sant yn ddwyieithog hyd ddechrau'r 20fed ganrif. Mae'r hysbyseb ganlynol yn cyfeirio at drefniadau'r gymdeithas wrth iddi ddathlu'r Ŵyl Lafur yn 1910:

Diwrnod o Rialtwch – Seindorf yr Agerlong Lusitania yn Gyflogedig. Dawnsio, Mabol-gampiau, Bowlio a Rhwyfo Cychod. Cymerwch yr Agerlong o South Ferry am St George, S. I., yna ewch gyda'r Staten Island Rapid Transit Railroad i Grassmere. Y Campiau i Ddechrau am Ddeg o'r Gloch y Bore.

Drwy adroddiad yn y *New York Times* canfyddir bod y Gymdeithas wedi ymgynnull ar Staten Island am y pumed tro yn 1871, sy'n brawf fod adloniant fel hyn yn boblogaidd ar ôl y gwrthryfel. Mae'n debyg i gymdeithas arall o'r enw *Sons of Cambria* gyfarfod yn Brooklyn ar 8 Medi 1870 ac roedd y 14th Regiment Band a'r Gwalia a'r Glyndwr Glee Clubs yn diddanu eu haelodau.

Un o'r cofiannau Cymraeg olaf i gael ei gyhoeddi yn Efrog Newydd oedd cofiant y Parch. Howell Powell a dreuliodd flynyddoedd lawer ym Mhensylfania ac Ohio cyn symud i Efrog Newydd yn 1870 i ofalu am Gapel 13th Street. Ceisiodd annog mwy o Gymry'r ddinas i ymuno â'r capel trwy argraffu cannoedd o gardiau oedd yn nodi ei leoliad, amser y cyfarfodydd a'i gyfeiriad ef a'r diaconiaid. Ymysg y lleoedd gwahanol yr âi i bregethu i'r Cymry roedd ysgoldy yn Brooklyn a fenthyciwyd yn ddi-dâl drwy garedigrwydd Henry Ward Beecher. Yn ogystal â phregethu, ysgrifennodd gofiant i William Rowlands. O'r 36 o gofiannau pregethwyr a gyhoeddwyd yn yr Unol Daleithiau, y cofiant gan Howell Powell oedd un o'r goreuon. Ynddo mae'n cyfeirio at un o ddadleuon y plentyn, Bili'r Sais, yn Llangeitho: 'Pe buasit ti mewn llong, a dy gyfoeth gyda thi, ac iddi fyned yn llongddrylliad, ac i tithau allu dianc, pa un ai dy gyfoeth yn y llong neu'r dysg yn dy ben gymeret gyda thi i dir?' Dyma'r math o resymu a roddodd fod i'r *Cyfaill* a thrwy ei arweiniad yn bennaf y llwyddodd y Gymraeg i ddod yn iaith gyhoeddedig ar y cyfandir.

Atodiad 8.1

Cwestiwn a ddanfonwyd i'r *Drych* a'r ateb gorau a dderbyniwyd:

> Dymunaf wrth ofyn gael ateb yn ôl
> O'r Llythyr at Timoth', 'sgrifenwyd gan Paul.
> Yr adnod o'r Llythyr yw'r olaf ond un,
> Ni welais ond 'chydig o'r hanes fy hun.

Claudia yw'r gwrthrych wy'n feddwl yn awr,
Rhyw fenyw yn Rhufain, a'i rhinwedd yn fawr.
O ba iaith a chenedl yr oedd y ferch yma -
Rhowch wybod, hil Gomer i WILYM AB ADDA

Un o'r Atebion a dderbyniwyd gan *Y Drych*:

Yn ôl darllen hanesion, mwyn gofion mewn gwir,
Rhwydd ydyw rhoddi ateb i fardd Ynys Hir:
O genedl y Brython, un llon Bran ap Llyr*
A'i fachgen Caradog hoff enwog a phur,
A ddygwyd i Rufain, o Brydain ein bro,
Ac wedi i Ryfeiniaid am yspaid hir, mal
Plant Israel yn Babel, yn dawel eu dal,
Bu farw Caradog odidog – a'i dad
A'i hil eto hwyliai, ymlwybrai i'w wlad.
Ond Claudia, yno rywfodd arosodd ar ôl
I wrando'r efengyl bregethid gan Paul,
Yn hytrach na morio idd bro gyda Bran,
Aros efo'r Eglwys fynai'r lwys feinir lan.
Mun ddiwair o duedd, ddoeth, lonwedd, a thlos,
Gweinyddai'r Crist'nogion o fore hyd nos;
Bun o had bonedd, gem o rinwedd, Cymraes,
Caredig ferch Caradog oedd fywiog ar faes.
A hyna am Claudia, i Wilym Adda lymiwrch,
Os derbyn yr EOS GLAN TWRCH.

*Bran Fendigaid.

Atodiad 8.2
Englynion Byr-fyfyr
(ar i un o'r cwmni gwympo i gysgu)

Ow Gwilym! a wyt ti'n gwla? – a'i cur
    Ynte cwsg a'th ddala?
  Wych was, pa beth achosa
  It fel hyn, y dynyn da?

A'i dewrllais dechreuai ddarllen – hunodd
    Cyn hanner gorphen!
  Yn ddifrif ar ei 'sgrifen,
  Mewn cwys dwys, rhoes bwys ei ben.

E chwyrnawdd, gwrandewch arno – y mwynfardd
    Y mae E'n fyw eto,
  Fy mrawd call, fe allai fo'
  Fardd odiaeth i freuddwydio.

Gwilym Aman

Mae Gwilym yn pendrymu, – yr hoff frawd,
    Deffrowch ef i ganu,
  A doed a rheswm o'i du,
  Ac esgus dros ei gysgu.

Ioan Machno

Ateb Gwilym ab Ioan ar ddeffro

Na wawdiwch, gyfeillion, nid breuddwyd cyffredin,
Ond mawr weledigaeth a welais yn syn...

9

Eisteddfodau Bach a Mawr

Gymry Gwlad ein Tadau, am unwaith yn hanes ein cenedl, ac ar
ôl achlysur mwyaf nodedig a manteisiol, derbyniwch wahoddiad
calonog Cymry yr Amerig i gyd gynnal yn Chicago, yn 1893,
Eisteddfod Fawreddus...

DYNA'R GWAHODDIAD A ddaeth o lwyfan Eisteddfod Genedlaethol
Abertawe yn 1891 a manteisiodd nifer o eisteddfodwyr brwd
y cyfnod ar y gwahoddiad – Hwfa Môn a Dyfed, i enwi dau
yn unig. Wrth drafod eisteddfodau o bwys hanesyddol, tueddir
i gyfeirio at Eisteddfodau Aberteifi, Caerfyrddin a Chaerwys.
Cynhaliwyd Eisteddfod Aberteifi, 1176 dan nawdd yr Arglwydd
Rhys ac yn Eisteddfod Caerfyrddin, 1451 ad-drefnodd Dafydd
ab Edmwnd fesurau Cerdd Dafod; yn Eisteddfodau Caerwys,
1523 a 1567 aethpwyd ati i roi trefn ar feirdd Cymru trwy
sustem o drwyddedau. Yn ei ffordd ei hun mae'r eisteddfod a
gynhaliwyd yn Chicago, gyda chystadleuwyr o'r ddwy ochr i'r
Iwerydd, yn haeddu cael ei hystyried yn eisteddfod yr un mor
nodedig ag eisteddfodau Aberteifi, Caerfyrddin a Chaerwys.

Mynychodd Cymry a gartrefai yn ninas Chicago a Chymry
gweddill y wlad Eisteddfod Chicago. Ond cyn manylu ar yr
eisteddfod hon dylid bwrw golwg ar y llefydd y cartrefai'r
Cymry ac ar yr amrywiaeth o eisteddfodau lleol a drefnwyd
ganddynt.

Un arwydd o bresenoldeb sylweddol y Cymry yn yr Unol
Daleithiau oedd i bris adrannau Beibl Peter Williams gael ei
nodi mewn doleri yn ogystal â sylltau Prydeinig. Erbyn y 19eg
ganrif, roedd yr ymfudo o Gymru yn gyson, gyda llawer o'r

ymfudwyr yn ymsefydlu naill ai yn ardaloedd diwydiannol
Pensylfania neu mewn ardaloedd amaethyddol o Ohio hyd
at y Môr Tawel. Pan ddaeth Wisconsin yn dalaith swyddogol
yn 1848, cyhoeddwyd ei chyfansoddiad yn Gymraeg yn
ogystal ag yn Saesneg. Nid oedd hynny'n syndod am fod y
dalaith hon yn frith o gymunedau Cymraeg. Yn ôl Swyddfa
Ysgrifennydd Wisconsin, y Parch. David Jones oedd yn gyfrifol
am y cyfieithiad. Mae'n debyg mai ef oedd y David M. Jones o
Lanelli a ymfudodd yn 1831 ac a bregethodd ymhob cwr o'r
dalaith am 28 mlynedd.

Ar draws y wlad cododd y Cymry bron i 600 o gapeli, nifer
llawer uwch na'r 110 o gapeli Cymraeg Lloegr yn yr 1880au.
Rhestrwyd y rhan fwyaf o'r capeli Americanaidd ar ddiwedd
y llyfr *Americans from Wales*. Cyfrifodd yr awdur, yr Athro
Edward Hartmann, fod saith capel Cymraeg yn Chicago yn
unig. Mewn adroddiad a luniwyd yn 1892 enwir pump ohonynt,
sef Hebron (M.C.), Capel Cymraeg y South Side, Sardis (A.),
Bethania (W.), a Humbolt Park (M.E.). Mae'n debyg mai ar ôl
1892 y sefydlwyd y ddau gapel arall.

Cynhaliwyd gwasanaeth cyntaf Sardis ar 4 Ionawr 1880,
ond capel Cymraeg cyntaf y ddinas oedd Hebron a sylfaenwyd
rhwng 1844 a 1848. Ar Awst 1872 daeth y Parch. M. Williams
o Chicago, y Parch. W. Hughes o Racine, Wisconsin a Dr C. L.
Thompson, gweinidog y 5th Presbyterian Church, i ordeinio'r
Parch. Harris, gynt o Columbus, Ohio. Teimlai'r *Chicago
Tribune* fod gan y Parch. M. Williams a'r Parch. W. Hughes
fantais aruthrol dros Dr Thompson: 'They had the advantage
of him in that they could praise God in two languages, while he
could only in one'. Cafodd y gweinidog newydd groeso mawr:
yng ngeiriau y *Chicago Tribune*, 'Chicago was the place above
all others where Christian ministers were needed. There was
no city where there was more wickedness than in Chicago...'

Yn ystadegau'r 'Hen Gorff' a gyhoeddwyd yn 1893, canfyddir
pa mor wasgaredig oedd capeli'r enwad. Rhestrir isod y nifer
o gapeli oedd ymhob rhanbarth, nifer yr aelodau oedd yn
blant, y nifer a fynychai Ysgolion Sul a'r nifer a dderbyniai *Y*

Cyfaill, cylchgrawn misol yr enwad. Oherwydd y pellteroedd mae'n debyg na fyddai pob capel yn brydlon yn darparu'r manylion, felly mae'n siŵr y byddai'r niferoedd yn uwch mewn gwirionedd:

	RHIF CAPELI	DEILIAID YSGOL SUL	DERBYNWYR PLANT	*Y CYFAILL*
EF.N./VERMONT	27	1825	537	224
PENSYLFANIA	40	2426	1109	102
OHIO	23	2379	900	209
WISCONSIN	43	3211	892	39
MINNESOTA	22	1600	524	176
GORLLEWIN	18	767	457	63

Y duedd pan ddatblygwyd sefydliad o'r newydd oedd cydaddoli fel Annibynwyr nes eu bod yn ddigon niferus i ymwahanu fel Methodistiaid a Bedyddwyr. Ychydig iawn o Saesneg oedd gan nifer dda o ymfudwyr ac yn y Gymraeg y cyhoeddwyd papurau wythnosol, cylchgronau misol, a thros 300 o lyfrau. O Chicago yn 1877 y cyhoeddwyd *Blodau'r Gorllewin* o waith Rhisiart Ddu o Fôn, ac ynddo yn ogystal â'i gerddi y mae traethawd sylweddol sy'n trafod cynganeddu. Trefnwyd eisteddfodau beth amser cyn Eisteddfod Chicago er mwyn parhau â'r hen draddodiadau. Fel y capeli, roedd yr eisteddfodau'n cynnig cysur i'r Cymry wrth iddynt geisio ymgartrefu mewn gwlad newydd. Er eu hawydd i fanteisio ar gyfleusterau addysgol y wlad, nid oedd hynny'n rheswm i gefnu ar yr iaith:

> Chwi Gymry mwyn Amerig,
> Eich gallu rhowch ar waith,
> Cewch fudd, cewch glod, cewch bleser,
> Wrth feddu llawer iaith:
> Manteision gewch i'w dysgu
> Yn rhad gan Uncle Sam,
> Ond nid oes i chwi ryddid
> I wadu iaith eich mam.

Gallai nifer o bobl oedd yn enedigol o'r Unol Daleithiau siarad Cymraeg. Adroddai cyfaill o'r enw Arthur Lloyd a dyfodd i fyny ym Mhensylfania am y ffordd yr anfonai ei fam ef i nôl rhywbeth neu'i gilydd o siop gyfagos a gedwid gan Gymro. Cyn gadael, arferai'r siopwr ei holi ymhle yr oedd ei dad-cu a'i famgu. Os ymatebai â'r geiriau 'dros y dŵr mawr' câi hufen iâ am ddim. Hyd yn oed i fachgen ifanc yn Pensylfania gallai fod o fantais i allu sgwrsio yn yr iaith.

Eisteddfodau Ardaloedd Diwydiannol

Cynhaliwyd nifer o eisteddfodau cynnar yr Unol Daleithiau yn ardal lofaol Pensylfania ac yn ôl un bardd, nid oedd angen ymddiheuro drostynt i neb:

> Ein gwlad Fabwysiedig, – Ni ddigia ein Duw
> Am gadw hen wyliau y Brython yn fyw,
> A chynal Eisteddfod yn nodded y gwir,
> Dan fendith y nefoedd yn nghanol ein tir;
> I siarad iaith Gomer, a'i chanu'n ddifrad
> Un dydd o bob blwyddyn er mwyn y Wen Wlad,
> Ar fynwes Amerig – cartrefle mawrhad.

Mewn eisteddfod yn Mahonoy City yn 1869 enillodd Morgan Evans, gynt o Gwynfe, Caerfyrddin ar bryddest i'r 'Glöwr'. Yn fuddugol yr un flwyddyn yn Eisteddfod Hyde Park, Scranton ar awdl i'r cerflunydd Ffrengig, Giribaldi, yr oedd Eos Glantwrch. Ers ei sefydlu yn 1854, roedd Eisteddfod Scranton wedi hen ennill ei phlwyf. Mewn hysbyseb fel hon o 1855, ceisiwyd denu Cymry o bob cwr o'r wlad i'r Eisteddfod:

> Bydded hysbys i feirdd a llenorion y Taleithiau Unedig, ynghyd
> â chantorion, adroddwyr, dadleuwyr, ac ysgrifenwyr, y bydd
> ail gylchwyl Cymdeithas Lenyddol Cymry Scranton Pa., i gael
> ei chynnal ar y 4ydd o Orphenhaf, 1855, pryd y gwobrwyir yr
> ymgeiswyr buddigol ar y testunau canlynol...

Roedd y testunau yn amrywio o gân ddigrif ar y testun 'Dic Sion Dafydd' i bryddest ar y testun 'Rhagluniaeth'. Mae rhan agoriadol y bryddest fuddugol gan Dewi Emlyn wedi'i chynnwys fel atodiad ar ddiwedd y bennod ac mae neges y bryddest yr un mor berthnasol i Gymru heddiw!

Y rhai sy'n cael eu cydnabod yn gyffredinol fel sefydlwyr cyntaf yr eisteddfod yn yr Unol Daleithiau yw'r glowyr hynny o Fynwy a ymsefydlodd yn Carbondale yn y 1830au. Yn yr ail o'u heisteddfodau yn 1853 testun y bryddest oedd 'Washington' a thestun y traethawd oedd 'Rhagoroldeb Dyn ar Bob Creadur Arall'. Yr un oedd testun y traethawd y flwyddyn ganlynol pan gipiodd Benjamin Lewis o Efrog Newydd y wobr. Rhwng beirniadu a llywyddu, cymerwyd rhan yn y drydedd o eisteddfodau Carbondale (ar Ddydd Nadolig 1854) gan bump o weinidogion. Cipiwyd y wobr am gerdd ar 'Jonah' gan y chweched un, ond yn wahanol i'r pryddestau hirfaith, yr oedd byrder y gerdd, gyda'i chwe phennill, yn ddigon i gadw'r darllenydd, os nad Jonah, heb ddiflasu yn llwyr. Yn ogystal â'r gerdd hon y mae'r englyn buddugol o'r ail eisteddfod yn Carbondale ar 26 Rhagfyr 1853 yn dal ar gael:

Gwêl, gwêl y capel ceinion – tŷ y mawl,
    Teml hardd y Duw cyfion;
Tŷ gweddi y teg Dduw Iôn,
Neu dawel dŷ'r duwiolion.

Capelwr (sef Gwentydd Bychan)

Llai cyfarwydd yw'r ffaith i Minersville gynnal yr hyn a ymdebygai i eisteddfod yn gynharach na rhai adnabyddus Carbondale. Wedi'i threfnu ganddynt yn 1838, 16 mlynedd o flaen eu 'Hail Gylchwyl' yn 1854, yr oedd 'Ail Gylchwyl Cymdeithas Cymreigyddion'. Mewn cyfarfod a ymdebygai i eisteddfod a gynhaliwyd ar Ddydd Gŵyl Dewi yn 1838, cystadlodd tri ar y bryddest a phump ar y traethawd. Defnyddiwyd yr un testun, sef 'Gwanwyn', ar gyfer y ddwy gystadleuaeth a bu Dyfnwal Brydydd (Methusalem Rowland) yn fuddugol ar y bryddest a

Doe Glan Taf (Samuel ab Dewi) ar y traethawd. Yn wahanol i Efrog Newydd lle cynhaliwyd cystadlaethau ar farddoniaeth yn y 1840au, ni chyfyngwyd y 'gylchwyl' yma i lenyddiaeth yn unig: '... idd datgeiniad goreu, gwobr o wyth swllt. Pedwar ymgeisydd ydoedd; Eiddil Gwent ydoedd fuddygawl'.

O flwyddyn i flwyddyn gwelwyd cynnydd yn yr eisteddfodau yn yr ardaloedd glofaol ac yn 1875 cynhaliwyd Eisteddfod Genedlaethol Hyde Park, Pensylfania. Derbyniodd yr Eisteddfod gefnogaeth yr holl ardaloedd diwydiannol:

Yr oedd rhaffau wedi eu rhedeg ar draws yr heolydd, wrth y rhai y crogai banerau, ac ar eu godreu yr oedd arwydd-eiriau Cymreig, megis, *Oes y byd i'r iaith Gymraeg; Y gwir yn erbyn y byd; Calon wrth galon; Nid da lle gellir gwell; Tra mor tra Brython*, &, &. Yr oedd gorsafau y rheilffordd yn llawn o bobl, a cherbydau extra yn cludo pobl yn ôl ac yn mlaen; ac yr oedd yr iaith Gymraeg mewn bri mawr, yn y tai ac yn yr heolydd. Wrth edrych i fyny o Scranton yn nghyfeiriad Hyde Park yr oedd y babell wen fawr yn tynu sylw pawb... Dyma olygfa ardderchog; yr oedd y babell wedi ei gwneud yn y modd goreu, o lian main gwyn a glan; ac wedi ei gosod i fyny yn gadarn a chelfyddgar, ac yn ddigon eang i gynnwys rhwng pum a chwe' mil o bobl. O'r tu allan, yn yr amgylchoedd, yr oedd man bebyll a byrddau, lle y gwerthid ymborth, a diodydd dirwestol, yn nghyda phob peth angenrheidol i wneud dyeithriaid yn hapus...

Yn 1880, derbyniodd eisteddfod arall y dref sylw gan y *New York Times*:

The Welsh people of Scranton have just completed a building capable of accommodating 5,000 persons for the purpose of holding their coming Eisteddfod, or national musical and literary festival, which will take place here on June 23 and 24. In the midst of the political discord with which the air is filled it is refreshing to find a community, composed principally of working men who toil in and about the mines, so devoted to the cause of harmony and so anxious to promote the interest of literature.

Cyfansoddwyr yn yr Ardaloedd Diwydiannol

Soniwyd eisoes am y cerddor Joseph Parry a fu'n gweithio yn y melinau yn Danville. Mewn llythyr at eisteddfodwyr Scranton ar 15 Chwefror 1866, cydnabu ei ddyled i Gymry America am y cymorth ariannol a ganiataodd iddo ddatblygu ei ddoniau cerddorol ymhellach:

At Fy Anwyl Gyd-Genedl y Cymry yn America

Gyda teimladau mwyaf diffuant y dymunaf gyflwyno i chwi fy niolchgarwch am eich parodrwydd i fy nghynorthwyo i gymeryd mantais o gynygiad haelfrydig cynghor yr Eisteddfod Genedlaethol yn Nghymru, i fy ngosod yn y Normal College yn Abertawe am flwyddyn, a blwyddyn arall yn y Royal Academy of Music yn Llundain, yr hyn a fuasai yn an-mhosibl i mi ei fwynhau yn annibynol o'ch hewyllus da a'ch cefnogaeth. Ystyriwyf yn ddyledswydd arnaf i wneuthur fy ngoreu, mewn cysylltiad a'ch gweithrediadau, i gydnabod fy rhwymedigaethau i chwi am eich hymddygiad cenedlgarol, a dymunaf hysbysu fy mod yn awr wedi gosod fy hun mewn trefn i ateb y galwadau a dderbyniaf i gynal cyngherddau yn y gwahanol dalaethau. Bwriadaf fod yn nghyfarfod Pwyllgor yr Eisteddfod yn Hyde Park Gwyl Ddewi nesaf, er bod yn alluog i drefnu cyfarfodydd gyda'r cyfryw a dichon fod yno, a bydd yn gyfleus iddynt enwi yr amser yn flaenorol. Gan ymorphwys ar ffyddlondeb fy nghyd-genedl yn yr amcan hwn.

Ydwyf yr eiddoch yn ddiffuant.

Joseph Parry, Pencerdd America.

Tra bo Danville yn adnabyddus oherwydd ei gysylltiad â Joseph Parry, gallai Scranton a Wilkes-Barre, y ddwy brif ganolfan lo, ymfalchïo fod ganddynt hwythau gysylltiadau â chyfansoddwyr o fri. Yn Scranton yr ymsefydlodd Daniel Protheroe ac yn Wilkes-Barre y claddwyd Gwilym Gwent (William Aubrey Williams). Un o Ystradgynlais oedd Protheroe, a daeth yn fuddugol yn 14 oed ar yr unawd yn Eisteddfod Abertawe yn 1880. Cyflawnodd yr un gamp y flwyddyn ganlynol yn Eisteddfod Genedlaethol Merthyr. Bu'n arwain côr hefyd a hwy a ddaeth i'r brig yn Eisteddfod Llandeilo. Cyn ymfudo i Scranton yn 19 oed derbyniodd rywfaint o hyfforddiant gan Joseph Parry yn Abertawe.

Un o'i fuddugoliaethau mwyaf nodedig fel arweinydd côr oedd cipio'r wobr gyntaf gyda chôr o Scranton mewn cystadleuaeth gorawl yn Wilkes-Barre yn 1889. Gyda gwobr o $1,000 i'r buddugol a medal aur i'r arweinydd gorau, nid yw'n syndod i gorau mwyaf brwdfrydig Pensylfania gystadlu ac i'r gystadleuaeth ddatblygu'n un heb ei hail. Yn ogystal â chystadlu, gofynnwyd yn aml i Daniel Protheroe feirniadu a theithiodd unwaith ar draws y cyfandir i feirniadu mewn eisteddfod yn Denver. Yn 1896 diolchwyd iddo am ei gyfraniad i eisteddfodau'r wlad a bu'n ddigon cellweirus i gyfeirio ato'i hun fel hyn: 'talp cadarn o Gymro ydyw Proff. Dan Protheroe – seren sefydlog yn ffurfafen y byd Cymreig'.

Gweithiai Gwilym Gwent mewn pwll glo ger Wilkes-Barre a chymaint oedd yr edmygedd ohono fel yr arferid cyfeirio ato fel 'Mozart of the Coalfields'. Ef oedd arweinydd cyntaf band pres y dref ac er na dderbyniodd unrhyw hyfforddiant ffurfiol bu rhai o'i gyfansoddiadau, megis *Y Clychau* a *Yr Haf* yn hynod o boblogaidd yn eu dydd. Yn enedigol o Dredegar, dechreuodd gystadlu o ddifrif ar ôl symud i Aberdâr ac ar ôl iddo ymfudo daeth yn fuddugol yn eisteddfodau Pensylfania sawl gwaith gyda'i gyfansoddiadau. Ystyrir cantata o'i eiddo a wobrwywyd yn 1878 yn un eithriadol o swynol. Mae'n dweud y cwbl fod 5,000 o bobl wedi ymgynnull i weld dadorchuddio cofgolofn ar ei fedd yn 1895 ac mae'r llu o englynion coffa yn dyst o'i boblogrwydd:

Gwilym Gwent, dalent hwylus, – fu arnom
　　Yn feirniad deallus;
　　Prif awdur a mydrwr medrus,
　　A'i enwog waith heb wall nac us.

Cleveland, Ohio
Trefryn Roberts.

Am Gwilym Gwent mae galar – y gwirddoeth
A'r prif gerddor llachar;
A phrudd ei doi a phridd daear,
Yn y gro yr hen Gymro gwar.

Cadwgan Fardd.

Tad cerddorion i'n lloni – a'i ganig
Awenol uchelfri;
Ond wylwn oll! Mae'n Handel ni
O dan y tywod yn tewi.

Utica, Talaith Efrog Newydd (Tan 1942)

Yn nofel T. Gwynn Jones, *John Homer*, caiff John siom wrth gystadlu yn eisteddfodau Cymru. Ar ôl cystadleuaeth aflwyddiannus, mae'n dechrau ystyried croesi'r Iwerydd: 'ond mi faswn yn cael cychwyn o'r newydd ac yn cael chware teg yn yr America'. Gŵr arall a brofodd sawl siom yn eisteddfodau Cymru oedd Hugh Parry, ac yn wir fe aeth ef ar draws yr Iwerydd. Ar ôl dod yn ail ar yr awdl yn y Fenni (*Dinystr Derwyddion Môn*, 1852), Llangollen (*Maes Bosworth*, 1858) ac Aberdâr (*Cenedl y Cymry*, 1861), enillodd ar yr awdl i *William Penn* yn Eisteddfod Utica 1870.

Tref fechan yng ngogledd Talaith Efrog Newydd yw Utica ac yn ystod y 19eg ganrif roedd mwy o gapeli Cymraeg yn y cylch nag oedd ym Manceinion yng nghyfnod Ceiriog. Yn Utica y cychwynnwyd *Y Cenhadwr Americanaidd* gan Dr Everett, ac i Utica y daeth golygydd *Y Cyfaill*, William Rowlands a golygydd *Y Drych*, John William Jones wedi cyfnodau yn Efrog Newydd. Nid rhyfedd felly i'r dref gynnal cymaint o eisteddfodau. Cynhaliwyd ail Eisteddfod Utica ar Ddydd Calan 1857. Testun yr awdl oedd 'Milflwyddiant'; 'Cymry yn America' oedd testun y bryddest, a thestun yr englyn oedd 'Yr Ysgol Sabothol'. Erbyn y drydedd eisteddfod yn 1858, cyhoeddwyd cyfansoddiadau ac ynddynt adroddwyd: 'agorwyd drysau y Neuadd Fawr am 12 ½ , ac ymhen yr awr, yr oedd tua 1,500 o bobl yn bresennol'. Beirniaid y cyfansoddiadau oedd Dr Everett a'r bardd lleol Eos

Glan Twrch. Fel yr awgryma ei enw barddol, gŵr o ardal afon Twrch yn Llanuwchllyn oedd yr Eos a ymfudodd i dyddyn ger Afon Mohawk y tu allan i Utica.

Yn 1854 cyhoeddwyd *Llais o'r Llwyn*, cyfrol o farddoniaeth Eos Glan Twrch, a diolch iddo ef a'i gyd-eisteddfodwyr aeth eisteddfodau Utica o nerth i nerth. Yno i annerch y gynulleidfa yn 1871 a 1874 roedd yr Anrhydeddus Ellis H. Roberts, gŵr a benodwyd yn Ysgrifennydd y Trysorlys gan yr Arlywydd Garfield. Yn enedigol o'r Bryniau ger y Bala, ymfudodd gyda'i rieni yn 1817/1818 ac mae un o'i anerchiadau wedi ei gynnwys heb gyfieithiad yn yr *Utica Morning Herald*. Arweinydd yr eisteddfod yn 1882 oedd y Parch. Erasmus Jones a aned yn Llanddeiniolen, ond cyn pen y flwyddyn collodd ei glyw yn gyfan gwbl. Yn ystod y Gwrthryfel bu'n gaplan i gatrawd o filwyr du a gofynnwyd iddo'n gyson i ddarlithio am ei brofiadau o'r cyfnod hwnnw. Bardd y gadair yn 1884 oedd Iorthryn Gwynedd, awdur y llyfr poblogaidd am Gymry America a gyhoeddwyd yn 1872.

O ddarllen yr englynion a adroddwyd wrth agor yr eisteddfod yn 1885 (gweler atodiad 9.5) gwelir bod y cystadleuwyr yn dod nid yn unig o leoedd cyfagos fel Floyd ond hefyd o daleithiau eraill fel Vermont a Phensylfania.

Yr oedd gwleidyddiaeth yn codi ei phen ar lwyfan yr eisteddfod o dro i dro. Yn ystod cyfnod un etholiad yn y chwedegau, ailgyneuwyd yr ysbryd gwladgarol o gyfnod y Gwrthryfel. Fe welir yr ysbryd hwnnw yng ngherdd goffa Dewi Dinorwig o Williamsburg, Iowa i William Morris, Slate Hill, Pensylfania (bu'r ddau yn byw yn Utica ar un adeg). O gofio bod y gynulleidfa yn gefnogol i'r Blaid Weriniaethol, roeddent wrth eu bodd pan etholwyd Grant yn hytrach na Horatio Seymour yn Arlywydd:

Pwy geir o hyn allan ar ddydd yr Eisteddfod
   I drefnu y corau ac arwain eu cân?
'Roedd ef yn alluog bob amser a pharod,
   I wneud a'i ganiadau'r holl dyrfa yn dân;

Ei gerdd ar Wladgarwch, ar ymdaith trwy Georgia,
A gofir gan ganoedd yn Utica'n awr,
Dan nerth ei dylanwad cydfloeddiodd y dyrfa,
Grant enwog i fyny, rho'wch Seymour i lawr.

Grwgnach Ynghylch y Drefn

Mae'r traddodiad o farddoni ar y cyfandir yn rhagflaenu'r eisteddfodau a phryddestau fel yr un am Ragluniaeth yn Scranton. Dyddio o'r 1840au a wna'r farddoniaeth a ysbrydolwyd gan y cystadlaethau llenyddol a gynhelid yn flynyddol yn Efrog Newydd. Ond cynharach fyth oedd *Cywydd yr Adfail* a gyhoeddwyd yn y Bala gan y *Gwyliedydd* yn 1823. Gwelodd y gerdd hon olau dydd eilwaith ar dudalennau Y *Cyfaill* yn 1852, a hynny yn fyr o chwe llinell. Wedi ei nodi o dan y gerdd y mae'r geiriau 'Yn y Goedwig dywyll hon, ar lan yr afon fawr Susquehanna, a'i Cant, Mai 30, 1819'. Mae'r afon ysblennydd hon yn dirwyn ei ffordd drwy ganolbarth Pensylfania, a'r bwysicaf o'r trefi a ddatblygwyd ger ei glannau yw Harrisburg, y dref lle cynhaliwyd Cymanfa Ganu Ryngwladol Yr Unol Daleithiau a Chanada yn 1995 a 2002. Un a gartrefodd ger yr afon ar ôl ymfudo yn 1793 oedd Abraham Williams, bardd o Gwm Glas, Llanberis, a chyn-athro Dafydd Ddu Eryri. Ac yntau'n ymwybodol fod ei oes yn dirwyn i ben, mae ei gerdd yn ymdrin â henaint.

Ganrif o'i flaen cafwyd cywydd gan Huw Gruffydd, sef yr un y cyfeiriwyd ato wrth ymdrin â Chrynwyr yr 17eg ganrif. Rhwng enghreifftiau o'r fath mae'n ymddangos y ceid traddodiad o farddoni sy'n rhagflaenu dyddiau'r eisteddfodau. Ac erbyn i'r eisteddfodau ddod i rym, fe geid bardd lleol yn fwy na pharod, nid yn unig i gofnodi genedigaeth neu golli un o'r gymuned, ond hefyd i gystadlu. A thra gellid ennill cydnabyddiaeth a chlod drwy ddod yn fuddugol, braidd yn uchel eu cloch y gwelwyd hwy gan un a anfonodd lythyr o gŵyn yn Ionawr 1857 at y papur wythnosol, *Cymro Americanaidd*: 'Chaps budr o hunanol yw'r cloncwyod beirdd a gawn yn rigmarolio o wythnos i wythnos, gan gredu mai y nhw yw arglwyddi y

greadigaeth...' Ddwy flynedd ynghynt gwelodd un arall, a oedd
yn fardd dawnus ei hun, le i dynnu sylw at un o wendidau'r oes:
'Dirmygus i'r eithaf fyddai clywed y fran yn ceisio dynwared yr
eos; ond nid yw mwy dirmygus na gweled ambell i ysgogyn o
Gymro wedi cael ychydig o ysgol yn ceisio dynwared Milton.'
Dyna farn Ionoron a enillai ei fywiolaeth yn chwareli Vermont
ac yn 1892 cwynodd cyd-chwarelwr iddo am y modd y cynhelid
yr eisteddfodau:

Gwedd bregethwrol i'r eithaf a geir ar y nifer fwyaf o eisteddfodau
ein gwlad yn y dyddiau hyn. Mae rhai pobl yn credu nas gellir
gwneud unrhyw ddaioni yn y byd llenyddol heb gynorthwy a
chydwelediad gwyr y cadach gwyn. Hefyd, y mae cymaint o ysfa
ac awydd am glod arnynt, fel y maent yn ymwthio i geisio llenwi
pob swydd a gynygir iddynt. Rhaid cael pregethwr yn feirniad, gan
nad beth fyddo ei gymwysder, oherwydd mae ef yn rhinwedd ei
swydd bregethwrol fel rhyw hollalluog bychan, yn ddiysgog dros
gyfiawnder! Y canlyniad hefyd yw fod y Parch. Hwn a Hwn yn
nhrefn yr arfaeth yn cipio pob gwobr -
Can di bennill mwyn i'th nain / A chan dy nain i tithau.

Canolbarth y Wlad

Ar y cyd â chyfansoddiadau Utica yn 1858 cyhoeddwyd
Cyfansoddiadau Cerddorol Eisteddfod Wisconsin. Cynhaliwyd yr
eisteddfod hon yn nhref Racine, sydd ar lannau Llyn Michigan,
a gŵr o'r enw J. P. Jones oedd yn gyfrifol am olygu'r gyfrol. Pan
gynhaliwyd eisteddfod arall yn y dref ar Ddydd Nadolig 1888,
dywedwyd bod oddeutu 2,000 yn bresennol. Yn eu plith yr oedd
500 o Chicago a'u côr meibion hwy a enillodd y wobr o $100,
gan guro corau o Milwaukee a Racine. Yn y gystadleuaeth i
gorau merched, côr Racine ddaeth i'r brig. Wedi llwyddiant
yr eisteddfodau blaenorol, roedd y gwahoddiad i gystadlu yn
1891 yr un mor groesawgar ag erioed:

Holl Gymry gwlad Columbia,
Gwnech gofio *bod yn un*,

Am ddod yr wsnos nesa i gyd
    I Steddfod fawr Rashin,
Cewch glywed côr Milwoci,
    Shicago, hip hwre;
Bydd Lewis Ifan heb ei got
    Yn ledio côr y lle...

Nid yn 'Rashin' yn unig y cynhaliwyd eisteddfodau Wisconsin. Yn 1897 cyfeiriodd gŵr o'r enw Thomas Roberts at y modd yr arferai'r Cymry ddathlu 4 Gorffennaf hefyd, a hynny ger Llyn Winnebago:

During the Rebellion [y Gwrthryfel], in the 60's and from that time until today a kind of literary conventions have been held once a year, and usually on the 4th of July, the national holiday. In these meetings there is competition in reading, lecturing, debating, essay writing, translating, composing poetry, composing tunes and singing by choirs, groups and single people... by means of these literary conventions there is diversion of a high and elevating nature for the young people. Only the dregs of the Welsh communities go to the city, to spend the day in half-pagan revelry...

Yna awgrymodd gŵr o Cambria, Wisconsin y dylid cael un eisteddfod a fyddai'n cynrychioli'r wlad gyfan. Yn *Y Cymro Americanaidd* ar Awst 1856, cyhoeddwyd y syniadau hynny:

(1) i gymdeithasau llenyddol drefnu, ymysg pethau arall, ddarlith sylweddol bob tri mis neu'n amlach
(2) i Gymry pob talaith gynnal eisteddfod daleithiol bob blwyddyn
(3) y dylid trefnu Eisteddfod Genedlaethol i'w chynnal bob tair blynedd
(4) i bob talaith ddanfon un dyn i Eisteddfod Daleithiol Wisconsin yn 1857 i ffurfio Pwyllgor Eisteddfod Genedlaethol

Cyhoeddwyd y syniadau hyn ddwy flynedd cyn i Eisteddfod Genedlaethol Cymru gael ei sefydlu, ond ni chytunwyd ar ddyddiad i gynnal Eisteddfod Daleithiol Wisconsin ac o

339

ganlyniad gohiriwyd yr eisteddfod. Cynhaliwyd eisteddfodau yn Chicago hefyd, nid nepell o Racine. Adroddwyd ychydig o hanes yr Eisteddfod yn y *Chicago Tribune*, 1890:

> In solos, in quartets, and in choruses, from the piano and the harp, music floated over the heads of thousands who filled every seat in the hall. At intervals the refrain was caught up by the audience, and the volume of sound which rose to the dome of the hall would make the Auditorium look to its laurels.
>
> A song by Hen Wlad y Menig Gwynion (Mr Maldwyn Evans) evoked rapturous applause, and the rule which forbade encores was relaxed in favor of this singer. In the competition for the tenor solo prize, however, this tenor was not so fortunate... In the last three bars he had the misfortune to fall off a little in tone, and the accompanist wisely refrained from continuing the music at the piano. This pitch, however, did not escape the ear of Prof. Mason, the judge, and he declared him out of the race...

Siomwyd y gynulleidfa hefyd pan ddyfarnwyd nad oedd yr un o'r wyth ymgeisydd yng nghystadleuaeth y gadair yn deilwng ohoni. Yng nghyfarfod yr hwyr roedd y Central Music Hall yn orlawn ar gyfer cystadleuaeth y corau. Yn cystadlu am y wobr o $500 roedd Côr Racine, Côr Western Avenue, Côr y Minneapolis Philharmonic Society a'r Scotch Choir. Côr Racine aeth â hi: 'The professor's verdict (Prof. Mason) giving the prize to Racine Choir was greeted by cheers from thousands of throats, which testified that in this regard at least the adjudicator had struck the popular wish'.

Nid y Cymry yn unig oedd yn mynychu'r eisteddfodau ac fe geir nifer o fân gyfeiriadau sy'n awgrymu bod eraill yn barod i droi atynt am adloniant. Wrth gyfeirio at ddawn gerddorol y junco (un o'r amrywiaeth o adar brodorol y dalaith) mae hyd yn oed y llyfr *Birds of Ohio* (1903) yn cymryd yn ganiataol bod y darllenwyr yn ymwybodol o'r eisteddfodau:

> When the first warm days of March bring up the Bluebirds and Robins, the 1903 Juncoes get the spring fever. But they do not rush

off to fill premature graves in the still snowy north. The company musters instead in the tree tops on the quiet side of the woods, and indulges in a grand eisteddfod. I am sure the birds are a little Welch and this term is strictly correct. All sing at once a sweet little twinkling trill, not very pretentious, but tender and winsome...

Un o arweinwyr mwyaf poblogaidd yr Eisteddfod oedd Ednyfed, sef y Parch. Frederick Evans. Yn enedigol o Landybïe, ymfudodd yn 1866 a bu'n weinidog ar y Bedyddwyr yn Hyde Park. Er iddo droi at gapeli Saesneg, gan orffen yn Milwaukee, parhaodd yn boblogaidd ymysg y Cymry oherwydd ei barodrwydd i arwain eisteddfodau. Fel arweinydd gallai droi o'r dwys i'r digri heb unrhyw anhawster ac yn ôl un gŵr nid oedd ei debyg: 'In this position he [Ednyfed] was incomparably the master of all others'. Wedi ei farwolaeth yn 1896, cystadlodd 29 ar y bryddest goffa iddo. Mae dau bennill agoriadol y bryddest fuddugol (gweler atodiad 9.7) yn adrodd hanes ei fordaith i Gymru a'i farwolaeth tra oedd ar ymweliad â thŷ ei dad yn Llandybïe.

Ychydig fisoedd cyn marwolaeth Ednyfed, yn Eisteddfod Milwaukee a gynhaliwyd Ddydd Calan 1896, cystadlodd Brighton Park Illinois Choir, Musical Society Hammond Indiana, Cambrian Choral Union Chicago, Racine Chorus, Waukesha Chorus a'r Milwaukee Chorus yn y gystadleuaeth i'r corau. Côr Waukesha aeth â hi. Meddai'r *Chicago Daily Tribune* am y gystadleuaeth:

It was held in the Academy of Music, and the big theater was packed with fully 2,500 people. In every respect it was one of the most successful festivals ever held in the Northwest, and there was scarcely a section of the State that was not represented. The delegation of 300 singers from Chicago and vicinity came up on a special train, as also did 200 from Racine and Waukesha. Intense excitement prevailed during the various contests and before the judges announced results. All in all it was a great day for the Welsh, and for the nounce the singing Germans of Milwaukee were compelled to take a back seat and acknowledge that the sturdy

sons of Wales and their wives and sweethearts could make it
interesting for any Sangerfest ever held in this city.

O'r eisteddfodau a gynhaliwyd ar draws Wisconsin, o Racine
a Milwaukee yn ei dwyrain, hyd at Dodgeville ac Oshkosh
i'r gorllewin, priodol yw troi at y rhai a gynhaliwyd fwy fyth
i'r gorllewin, wedi croesi'r afon Mississippi i Minnesota.
Cynhaliwyd Eisteddfod gyntaf y dalaith hon yn Judson yn
1865. Mewn capel cyffion y cynhaliwyd yr eisteddfod yn 1867,
ac mae'n amlwg felly na chafwyd yno dyrfaoedd tebyg i'r rhai
a gafwyd yn Milwaukee. Yn 1871 roedd un o eisteddfodwyr
amlwg y cyfnod, Llew Llwyfo, yn bresennol. Yn 1868
cyhoeddodd gasgliad o'i farddoniaeth yn Utica dan y teitl
Gemau Llwyfo, llyfr y gwrthodwyd ei gyhoeddi yng Nghymru
nes sylweddoli maint ei boblogrwydd yn yr Unol Daleithiau.
Mae'r gyfrol yn gyflwynedig i'w 'annwyl rieni tra ar fy nhaith
yn myd y gorllewin pell', ac uwchben y gerdd 'Elias y Thesbiad'
y mae ymddiheuriad am fod 'yr unig gopi cyflawn a chywir o'r
Bryddest yn meddiant yr Eisteddfod Genedlaethol, ac nid oes
genyf fi ond fy ngof ac ambell scrap i'm galluogi'.Mae'n gyfrol
swmpus, oddeutu 300 tudalen, ac fe ddefnyddiwyd nifer o'r
cerddi fel darnau llefaru yn eisteddfodau'r wlad.

Fel Llew Llwyfo, treuliodd Mynyddog beth amser yn yr Unol
Daleithiau a defnyddiwyd ei gerddi yntau fel darnau llefaru.
Dyma'r darnau a osodwyd ar gyfer eisteddfod a gynhaliwyd ar
Ddydd Nadolig 1875 yn Dodgeville, Wisconsin:

I'r ferch dan 12 oed, a adrodd yn oreu'n *Lili a'r Rhosyn;*
I'r ferch dan 15 oed, a adrodd yn oreu'n *Y Tŷ, y Cyfaill a'r Gan;*
I'r ferch dan 20 oed, a adrodd yn oreu'n *Ellen Wyn,* yn dechrau
gyda penill 16 a diweddu gyda penill 22.

Er bod y tair cerdd wedi eu cynnwys yng nghyfrolau
cyhoeddedig Mynyddog, ymddengys ei bod yn anodd i gael
gafael arnynt:

Wrth wrando ar y cwyn barhaus ar hyd y blynyddau oherwydd...
y drafferth fawr a geid wrth ddethol Darnau Adroddiadol...
barnodd Cymdeithas Athronyddol Hyde Park y buasid yn gwneud
cymwynas i'r byd llenyddol trwy gasglu y Darnau Adroddiadol hyn,
a'u cyflwyno yn llyfryn cryno at eu gwasanaeth.

Yn eu heisteddfod yn 1864 cynigid gwobr am gasgliad o'r
fath, a chyhoeddwyd yr un buddugol dan y teitl *Yr Adroddiadur
Americanaidd*. Mae'n gyfrol o 239 tudalen, gyda cherddi o waith
tua 60 o wahanol feirdd a'r rheiny wedi eu trefnu dan yr is-
benawdau Darnau Addysgiadol, Desgrifiadol [*sic*], Teimladol,
Serch, Chwedlau [Aesop], Digrifol. Ceir ynddi fwy o gerddi gan
Ceiriog na'r un bardd arall ond mae beirdd Americanaidd fel
Gwenffrwd, Dewi Emlyn, Eos Glan Twrch, Ionoron, Ieuan Ddu
a Cuhelyn yn cael lle hefyd.

Yn 1868 siomwyd llawer pan sylweddolwyd na fyddai
Llew Llwyfo ar gael i lywyddu Eisteddfod Fawr y Gorllewin –
eisteddfod ar gyfer Cymry Illinois, Wisconsin, Minnesota, Iowa,
a Missouri. Cenfigennai gŵr o St Louis at eisteddfodwyr Utica:
'hwyrach nas gafwn ddisgwyl presenoldeb Brenin y Goedwig
sef y Llew am ei bod hwy yn Utica wedi ei sicrhau yn barod'.
Ond daeth newyddion da: cynigiodd y Chicago, Milwaukee
& Saint Paul Railroad docynnau trên hanner pris ar gyfer
teithwyr i'r eisteddfod – yn ôl y sôn roedd un o swyddogion y
cwmni yn eisteddfodwr brwd!

Y Gorllewin Pell

Nid oedd hanes Madog a'r posibilrwydd o ddarganfod rhai o
ddisgynyddion ei ganlynwyr wedi diflannu'n llwyr o feddwl
llawer. Nid y Cymry oedd yr unig rai a fu'n dyheu i'w canfod.
Yn wir yn ystod oes Elizabeth I ceisiwyd defnyddio'r hanes
i gadarnhau mai Lloegr yn hytrach na Sbaen oedd â'r hawl
dros diroedd y cyfandir. Yn yr *American Weekly Mercury*
(Philadelphia, wythnos cyn Dydd Gŵyl Dewi 1734) ceisiodd
un Cymro ddyrchafu Madog i'r un gogoniant â Dewi Sant:

Content no longer with one Champions Name,
Let Cambria's Sons this hero's Feats proclaim,
And to Saint Davids joyn Prince Madoc's Fame

Ddiwedd y 18fed ganrif dilynodd John Evans o'r Waunfawr Afon Missouri tua'i tharddiad yn y gobaith o ddod o hyd i ddisgynyddion Madog. Teithiodd gannoedd o filltiroedd, gan fynd cyn belled â North Dakota, ond ni welodd yr un enaid byw a fedrai ei gyfarch yn Gymraeg. Er methiant Evans, anfonodd gŵr o'r enw Wmffre Dafydd lythyr at y *Cenhadwr Americanaidd* yn 1855 yn mynegi ffydd yn eu bodolaeth:

Y mae llawer yn sicrhau bodolaeth y llwyth annwyl yma, er nad oes neb yn sicr iddynt weled yr un ohonynt. Efallai ei bod yn siarad ein iaith annwyl ac yn cadw eisteddfodau dan lwyni ardderchog y gogledd orllewin. Pwy na wyr nad ydynt yn chware eu telynau, fel yr hen Dderwyddion gynt, yn yr anial pell...

Nid Wmffre Dafydd oedd yr unig un a oedd yn dal yn ffyddiog y deuid o hyd iddynt. Aeth y Mormoniaid ati i chwilio amdanynt yn Utah ac mewn un eisteddfod yn Colorado aethpwyd mor bell â gwahodd Indiad, a oedd wrth reswm yn methu siarad gair o Gymraeg, i ganu o'r llwyfan. Ac er y cynhaliwyd eisteddfodau eraill ger cartrefi brodorion y cyfandir, dyma'r agosaf a ddaethpwyd at greu cysylltiad â hwy.

Un o eisteddfodau mwyaf anghysbell y wlad oedd yr eisteddfod a gynhaliwyd wrth odre Mynyddoedd y Sierras yn ystod cyfnod aur California. Denwyd nifer o Gymry i California yn y gobaith o ddarganfod aur. Mae'n debyg i rai ohonynt orffen yn yr un sefyllfa anobeithiol â'r rhan fwyaf o'r mwynwyr: 'y mae miloedd o'r cloddwyr yma yn dinystro eu hunain wrth yfed, chware [siawns], gwario eu harian, ac esgeuluso eu iechyd'. Un o'r ychydig na syrthiodd i'r un rhigol â'r mwynwyr oedd Isaac Owen, gŵr o deulu Cymraeg yn Vermont. Ef a gychwynnodd y papur Cristnogol *California Advocate*. Dywedwyd i Owen a'i debyg fynd i'r 'gambling hells', 'and Preached Jesus and the Resurrection to gangs of half-crazed cut throats and adventurers'.

Er gwaethaf yr awyrgylch, cynhaliwyd Eisteddfod yn North San Juan ar 4 Gorffennaf 1860. Teithiodd Cymry iddi o'r gweithfeydd cyfagos naill ai mewn wagenni neu drwy ddilyn llwybrau mynyddig ar gefn ceffylau. Yn yr ardal ers cwta flwyddyn ar ôl hwylio o Efrog Newydd yng nghwmni 13 o Gymry ar yr agerfad *Illinois* oedd Cuhelyn, un o gymeriadau mwyaf lliwgar meysydd glo Pensylfania. Pan adawodd Gymru gyntaf hiraethai un o Flaenau Gwent amdano: 'Dy hen wlad anwylaf sy'n bruddaidd o golli / Planhigyn mor enwog a bywiog fel Bardd...' Ar ôl iddo gyrraedd Pensylfania, ymwelodd â Pittston ac 'agorwyd y cyfarfod gan Cu... efe oedd enaid y cwrdd'. O ganlyniad i anghytundeb rhyngddo a'r *Drych* pan oedd yn gyd-olygydd ar y *Cymro Americanaidd*, mae'n debyg iddo fynd i drafferthion ariannol, neu dyna a awgrymir yn 'I Ioan Glan Dar am Anrheg o Pum Dolar' sy'n ymddangos uwch ben englyn a anfonodd at hwnnw yn 1857:

Ioan Glan Dar, car i 'Cu', – diail wyd
　　Gwnest fy awen ganu
　　Nid oes ar y ddaiar ddu
　　Dy well yn ôl dy allu.

Beth bynnag am ei sefyllfa ariannol, yr oedd ganddo'r gallu i greu'r un awyrgylch ag a wnaeth yn Pittston. Ef fyddai'n beirniadu'r areithio a'r bryddest, ac os am wir brofiad o hiraeth, beth yn well na mynd i un o fannau mwyaf anghysbell y byd i glywed cystadleuaeth ar yr unawd 'Hiraeth Cymro am ei Wlad'?

Yr hyn a gadwai'r mwynwyr rhag digalonni o ddydd i ddydd oedd y gobaith am y cyfoeth a fyddai'n siŵr o ddod drannoeth. Dyna a ddigwyddodd i John Jones o Aberystwyth a ganfu aur pan oedd gyda rhyw ddwsin arall yn y cylch. Yno'n cloddio erbyn trannoeth yr oedd hyd at 400, a chan i hyn ddigwydd ym mis Ionawr, daeth yn arferiad i gyfeirio ato fel January Jones.

Jones arall a ddarganfu aur oedd Evan Jones o Bont-y-pŵl a fu mor ffodus â chanfod darn o aur gwerth $400. Ond ni fu'r Cymry i gyd yr un mor ffodus. Canodd Taliesin o Eifion fel hyn:

Aur! Aur!
Chwilio wyf am aur
O forau hyd hwyr mae'r llafur yn llwyr
Yn chwilio, yn cloddio am aur.

Yna daw'r hanes am ŵr o Flaenannerch oedd yn crwydro dros y clogwyni am filltiroedd ac yn cario caib, blancedi, padell ffrio a phot coffi ar ei gefn. Yn dra isel ar gefn un o'i gymdeithion yr oedd anferth o badell, a phan lithrodd iddi ni fu'r morio yng nghân Dafydd Iwan ddim tebyg i'w orchwyl! Wrth iddo fynd dros eira'r llechweddau hyd at odre'r mynydd cafodd yr hen badell ddu ddisgleirdeb o'r newydd. Yn 1855 cyfeiriodd gŵr o'r enw William Powell o Frycheiniog at y modd y gwnaeth gytundeb:

...i helaethu cyfran o'r clawdd sydd yn cael ei wneud i gario dwfr o'r Yuba trwy y cloddfeydd aur, ac i'r bryn hwn, lle yr wyf finnau wedi pwrcasu chwech claim; ond mae y tunnel heb ei orffen trwy y graig i mewn at y gravel, i'w olchi allan. Cloddfeydd dyfnion sydd ar y bryniau yma. Mae yma le iachus a dymunol iawn...

I ŵr arall a adawodd ei deulu yn Ohio am Galifornia, profodd ei hiraeth yn drech na'i lwyddiant:

Ond yma fel alltud yr wyf yn ddiau,
Yn casglu'r llwch melyn o'r pridd ac o'r clai;
Ac er gweithio yn galed mewn daear a dwr,
'Dyw'r wobr ond 'chydig, er cymaint yw'r stwr.

Crafu bywoliaeth fu hanes y rhan fwyaf o ymfudwyr California a hynny ar ôl taith hirfaith i gyrraedd y meysydd aur. Bu'n daith y tu hwnt o anodd i Elinor Williams, yr ieuengaf o ddeg o blant i deulu o Gaerceiliog, Môn. Priododd ar ôl ymfudo i Kansas a phan gollodd ei gŵr dilynodd ei brodyr i'r meysydd aur. Dechreuodd y daith drwy hwylio gyda'i thri phlentyn i Panama lle ar un adeg y byddai cymaint â 6,000 yn disgwyl llong i Galifornia. Cymerodd y fordaith dair wythnos iddi, a chan fod dau o bob tri o wŷr San Francisco wedi diflannu am y meysydd aur methodd â chanfod un o'i brodyr yno. Ar ben hynny fe'i gorfodwyd i gymryd mordaith ychwanegol ar afon dros 120 o filltiroedd i Sacramento. Yna ar long lai o faint teithiodd 54 milltir i Marysville i ddal y goets fawr i Camptonville. Ar ôl dod o hyd i un o'i brodyr a redai felin lifio penderfynodd ymgartrefu yno gan ennill bywoliaeth yn rhedeg yr unig lety dirwestol.

Yn cystadlu yn yr eisteddfod honno yn North San Juan yr oedd côr lleol ynghyd â chorau o Camptonville a Monte Cristo. Cystadlodd y tri chôr yng nghyngerdd yr hwyr. Rhwng y corau ag unawdau fel *Fy Annwyl Fam fy Hunan* aeth y noson yn hir ac wrth iddynt droi tuag adref ymunodd pawb i gyd-ganu 'We are all Nodding'.

Yn Camptonville, ddeng milltir o North San Juan, y cynhaliwyd ail eisteddfod California. Codwyd pabell a daeth corau o Port Wine a Monte Cristo i gystadlu yn erbyn y côr lleol. Y gystadleuaeth a swynodd y gynulleidfa yn bennaf oedd y gystadleuaeth i bedwar llais, gyda'r pedwarawd o Camptonville yn rhagori a phob un ohonynt yn arddel y cyfenw Jones.

Daeth hanner cant o blant i Eisteddfod Port Wine, felly mae'n amlwg fod nifer o deuluoedd yn yr ardal. Ond unwaith y darfu'r aur, byddai'r teuluoedd yn diflannu. Aeth Cuhelyn er enghraifft tuag Afon Fraser yng Nghanada pan glywodd si fod aur yno. Bwriadodd ymweld â Chymru ond bu farw'n ddisymwth ar gyrraedd Efrog Newydd. Ymysg y rhai i dalu teyrnged iddo oedd 'Y Mwynwr Euraidd', sef William A. Davies a oedd yn nai i Gwallter Mechain ac a gartrefai ym Mhensylfania. Edmygai Cuhelyn yn bennaf oherwydd ei barodrwydd i sefyll dros iawnderau ei gydweithwyr:

Yn iach, Cuhelyn, annwyl fardd:
    Yr awen orfydd, er dy fri,
A mwy na hyn nid allaf ddweud,
    Mai gwir ddyngarwr oeddit ti.

Un arall a gefnodd ar y meysydd aur oedd William o Fôn a fu yn California ers i'r Forty-Niners gyrraedd yn 1849. Yn cyd-deithio ag ef roedd 12 o Gymry, gan gynnwys dau frawd o Carbondale, mab yr argraffwr E. E. Roberts o Utica a mab yr argraffwr R. Jones o Ddolgellau. Ar ôl byw yn San Francisco symudodd William i Camptonville lle bu'n teithio'r ardal yn pregethu i'r Cymry. Yna yn 1869 yr oedd William ymysg y rhai a aeth ar y trên cyntaf i groesi'r cyfandir am y dwyrain.

Cynhaliwyd eisteddfod olaf aur California, 'Eisteddfod ar Drothwy'r Lleuad', ar gopa un o fynyddoedd y Sierras ar 4 Gorffennaf 1875. Agorwyd yr eisteddfod trwy adrodd:

Mae gwledydd maith afrifed
    Yn y dyfnderoedd draw,
A'r ser fel hardd dduwiesau
    Yn gwenu ar bob llaw;
A'r oll yn gorfoleddu
    Wrth wel'd y dyrfa fawr
O Gymry mewn Eisteddfod
    Uwch holl ofidiau'r llawr.

Yn gyfrifol am y gerdd oedd Obedog a gymerodd ei enw barddol ar ôl ei gyn-gartref yn Rhos-y-bol, Môn. Yn un o'i gywyddau eraill sonia am 'Y Llew a minnau yn llanc'. Gellir casglu felly ei fod ef a Llew Llwyfo yn ffrindiau bore oes. Cyn cynnal yr olaf o'r eisteddfodau mynyddig ymwelodd Obedog ag Emigrant Gap, man sy'n llawer uwch na Mynydd Parys, a welai'n ddyddiol pan oedd yn blentyn:

Wn i ddim a ydyw yn weddus ai peidio i mi ddal cymundeb a thrigolion y gwastadedd o'r elevation yr wyf fi ynddo yn bresennol. Peth lled bwysig ydyw bod bum' mil a thri chant o droedfeddi yn uwch na gwastadedd y môr; ond y mae un peth yn rhoddi boddineb nid bychan i mi sef fy mod yn nes i'r nefoedd nag y bum erioed.

Yn y diwedd ni fu hyd yn oed hynny'n ddigon i'w gadw rhag ymadael â'r cylch:

Good bye i fyw ar fynydd –
    Y dref a'r stwr i mi,
Caiff neb a fyno'r coedydd
    A llyncu'r grisial li';
Rhow'ch imi gegin fechan,
    A rhyw gyffredin saig,
Yn ninas San Fransisco...

Bywyd Cymraeg Chicago

Un o'r pethau cyntaf a ddaw i'r meddwl wrth drafod Chicago yw'r tân anferth a ddifethodd ran helaeth o'r ddinas yn 1871. Ar 7 Hydref, 1871 cyneuodd tân a ddifethodd 25 o erwau. Ond roedd gwaeth i ddod gydag ail dân y diwrnod wedyn:

Gwelais lawer o danau mawr o'r blaen yn New York, ond ni welais... dan i'w gyffelybu a hwn. Yr oedd yn rhedeg drwy squares cyfan o'r adeiladau mwyaf yn y dref mewn o 15 i 20 munud – ac er fod yma tua 18 o'r steam fire engines, o'r fath oreu, yr oedd y fflamiau fel yn chwerthin am eu penau, ac yn yfed dwfr fel pe buasai olew – yr oedd y gwres mor angherddol fel ag yr oedd yn anmhosibl i ddim dynol, anifeiliaidd na llyseuol ei ddal. Gorfu i'r firemen adael rhai o'r fire engines i losgi yn y goelberth, a dianc am eu bywydau... llosgwyd tua 2500 o erwau o'r ddinas neu 4 milltir sgwar, 6 o elevators ynghyd a'u hystor o yd, gwerth 2 filiwn o lumber, miloedd o dunelli o lo (ni wyddom eto pa faint oherwydd ei fod eto yn llosgi), chwech o bontydd dros yr afon, y Gas Works a'r glo oedd ynddo, y Court House a Records Cook Co., y Post Office yn cynwys tua dwy fil filiwn o ddoleri yn arian, 13 o dai ysgolion, 3 Railway Depot – 5 neu chwech o freight houses – tua hanner cant o gapeli, tua 15 o'r hotels goreu ynghyd a lluaws o rai llai, yr holl fankiau ond dau, yr holl wholesale stores o bob math yn llawn o fwydydd, dilladau &c.

Un fu'n dyst i'r cwbl oedd Evan Lloyd, trysorydd eisteddfod Ffair y Byd. Collodd y cyfan o'i eiddo ac eithrio'i Feibl ond erbyn yr eisteddfod yr oedd yn berchen un o brif siopau'r ddinas. Tua diwedd ei oes dychwelodd i Lan-non, Ceredigion, pentref ei blentyndod, lle daeth yn berchen ar ddwy fferm, Maesgwyn a Phenlon. Er iddo gael ei adnabod fel 'Millionaire Maesgwyn', ym Mhenlon y cartrefai ac mae'r ddwy fferm yn ffinio ger afon Peris. Ar gof ambell bentrefwr mae'r hanes amdano yn gwerthu llo i gigydd yn Aberystwyth. Pan ddychwelodd y gwas gyda deg swllt yn hytrach na'r hanner gini y cytunwyd arno, aeth Evan ar ei union i Aberystwyth i gael eglurhad. Ei ymateb pan gyfeiriodd y cigydd at yr arfer o 'rowndio bant' oedd y byddai wedi ei saethu yn y fan a'r lle pe buasai yn Chicago yn hytrach nag Aberystwyth! O ystyried y fath ymateb, mae'n siŵr nad oedd neb gwell i fod yn drysorydd ar Eisteddfod Ffair y Byd!

Gan fod Brookyn heb ymuno eto ag Efrog Newydd, Chicago oedd dinas fwya'r wlad ac o'i phoblogaeth o ddwy filiwn barnwyd bod tua 4,000 yn Gymry. Yno ers cyn dyddiau'r Ffair fe geid Cyfrinfa Madog yr Iforiaid, a hefyd y Cambrian Benevolent Society a sefydlwyd ynghynt eto. Pan gyfarfu'r olaf yn 1898, dywedyd ei bod wedi bodoli ers 45 mlynedd. Ar 1 Mawrth 1860, saith mlynedd o'i chychwyn, medrai ei llywydd ymfalchïo yn y ffaith 'that since the organisation of the society no Welshman in Chicago has ever been suffered to depend upon public charity for support'. Gan ddechrau yn 1869, daeth yn draddodiad i gynnal picnic yn Claybourn Park, ac yn gysylltiedig â hyn yr oedd eu mabolgampau blynyddol. Un wedd ar yr achlysur hwn ar 24 Gorffennaf 1891 oedd ras ar gyfer 'dynion tew'!

Yn 1878, gwahoddwyd ap Madog i arwain eisteddfod ar Ddydd Nadolig. Cartrefai ar y pryd yn Utica, Efrog Newydd ond oherwydd storm eira yn Buffalo, rhwystrwyd ef rhag cyrraedd mewn pryd (mae'r dref hon yn destun gwawd am ei lluwchfeydd hyd heddiw). Yn ei le, arweiniodd y Parch. R. L. Herbert o Geneva, Wisconsin ac yn bresennol yng nghyfarfod y bore roedd Gwybedyn Gwent, Gwilym Eryri, Moriog, Risiart

Ddu o Fôn, Dwyor a Gomer Ohio. Y darn gosod ar gyfer y corau oedd 'He watching over Israel' o *Elijah* gan Mendelssohn a chôr Milwaukee aeth â hi. Swynodd y pedwarawd o Racine, Wisconsin y gynulleidfa a synnwyd hwy eto gan Miss Jennie Owens o Milwaukee yn canu 'Clychau Aberdyfi'. Un o Gymry mwyaf adnabyddus Chicago oedd ap Madog. Ymgartrefodd yn y ddinas ar ôl derbyn swydd yn hyfforddi cerddorion yn 1889. Cyrhaeddodd yr Unol Daleithiau gyda Llew Llwyfo yn 1868 ac erbyn 1872 roedd yn un o gyd-olygwyr *Blodau yr Oes*, cylchgrawn ar gyfer plant. Yn Boston bu'n difyrru'r Cymry mewn cyngherddau a gynhaliwyd i ddathlu Dydd Gŵyl Dewi yn 1877 ac 1882. Gyda'i wallt melyn cyrliog yn ymestyn dros ei ysgwyddau, dywedwyd ei fod yn ymdebygu i'r anfarwol Buffalo Bill. Flwyddyn ar ôl iddo ymfudo talodd deyrnged i Granogwen pan ymwelodd hithau â Johnstown, Pensylfania:

> Cranogwen merch y nefawl gân
> Merch brydferth yr athrylith,
> Mae nerth dy areithiol dân
> Yn gwerfru'n gwlad â bendith...

Gwahoddwyd ap Madog i feirniadu yn eisteddfod fawreddog Chattanooga, Tennessee yn 1891. Ac yn ôl y sibrwd roedd gan Gwilym Eryri o gwmni Chicago, Milwaukee & Saint Paul Railroad gynllun arbennig ar gyfer taith y ddau:

> Deallwn y bydd Ap a Gwilym yn cyd-ddyfod i'r wyl, gan ganu deuawdau perswynol yn mhob gorsaf o Chicago i Chattanooga. Gan fod Gwilym yn gymaint o awdurdod ar y prif reilffyrdd, y mae y cwmniau wedi erchu *special car* iddynt; hwnnw i fod y car olaf o'r tren, a llwyfan ychwanegol ar y pen olaf i hwnnw. Yn mhob gorsaf, bydd areithiau a deuawdau yn cael eu gwasgaru yn afradus ar hyd y wlad, oblegyd y mae holl Gymry Tennessee, Kentucky, Virginia, Alabama a Georgia yn dod i'r wyl.

Manteisiodd y Cymry ar gynnig cwmni trên arall, yn wir

cafodd Cymry o orllewin Pensylfania 'cerbydes Gymreig neulltuol i gludo y Pittsburgh Cambrian Glee Society, a'r Cymry yn gyffredinol, yn ogystal a'u cyfeillion Americanaidd i'r uchel wyl yn Chicago'. A phwy na fyddai'n genfigennus o drefniadau Daniel Ddu a gartrefai yn Scranton?

> Myfi, ynghyda a deg o foneddigesau ieuanc, ac un bachgen
> ieuanc, a gytunasom fyned gyda'n gilydd i Ffair y Byd... dyna
> ni ar ôl 33 o oriau yn cyrraedd Dearborn Depot yn Chicago...
> dranoeth daeth Rees Morgan (Brychan glan Senny) o Wilkes
> Berry i'n gweled... daeth Camber Evans hefyd, diweddar o Hyde
> Park, wedi hynny myfyriwr yng Ngholeg Oberlin. Mae ef wedi
> bod yn ffodus i gael safle weinyddol yn y Ffair drwy dymor ei
> Vacation. Daeth Mr Lloyd, un o fasnachwyr cyfoethog Chicago,
> ac un sydd wedi hynodi ei hun trwy roddi mil o ddoleri at yr
> Eisteddfod, i'n gweled. Bachgen o Lambedr, Sir Aberteifi, ydyw
> ef. Bechgyn braf yw ef a'i frawd. Mae gyda hwy amryw stands
> yn y Fair Grounds, y rhai sydd yn tynnu y *rhai bychain* i fewn yn
> gyflym.

O Lan-non yr oedd y ddau frawd, nid o Lanbed fel y cofnododd Daniel Ddu. Pan ddychwelsant i'r pentref bu un o'r brodyr, Tom Lloyd, yn athro Ysgol Sul i fam awdur y gyfrol hon.

Er mwyn denu pobl i'r ffair credwyd bod angen atyniad cyffelyb i Dŵr Eiffel ym Mharis. Dyna a symbylodd George Washington Gale Ferris gynllunio y 'Ferris Wheel' a fedrai gario 60 oedolyn mewn 36 cerbyd. Yn y ffair y chwaraewyd y 'New World Symphony' am y tro cyntaf a dyma lle y gwelwyd 'shredded wheat', 'hamburger' a 'carbonated soda' am y tro cyntaf. Huw Huws o Feddgelert oedd yn gofalu am erddi'r ffair a bu wrthi yn eu paratoi am ddwy flynedd cyn i'r ffair agor: 'Yr oedd y Midway Plaisance yn brif atyniad y Ffair oblegyd yno yr oedd amrywiaeth – taith o filltir o hyd dros yr holl fyd – y byd yn ei wareiddiad ac hefyd ei anwareiddiad...'

Cafwyd arddangosfa gan hanner cant o wledydd ledled y byd. Neilltuwyd diwrnod arbennig i bob gwlad dderbyn holl sylw'r ffair. Rywsut llwyddodd y Cymry i fynd gam ymhellach drwy neilltuo pedwar diwrnod iddynt eu hunain ac o 5–8 Medi 1893 cynhaliwyd yr eisteddfod arbennig hon. Ffurfiwyd un ar ddeg o bwyllgorau i ofalu am y trefniadau a chymerwyd gofal o anghenion arbennig y menywod gan dri phwyllgor arall. Yna yn ystod yr eisteddfod ei hun ceid gweithgarwch tebyg i'r eiddo Col. Jones o Zanesville, Ohio: 'yr hwn a wnaeth wmbredd o ddaioni ar ddyddiau yr Eisteddfod heb gydnabyddiaeth o gwbl'.

Eisteddfod y Ffair

Ymysg y Cymry a dderbyniodd 'wahoddiad calonnog Cymry yr Amerig' yr oedd côr Chwarel y Penrhyn. Gofidiai ei wraig gymaint am ddiogelwch un o'r aelodau, Jacob Williams o Graiglwyd, fel iddi geisio ei rwystro rhag mynd. Daeth yntau i ben â'i chysuro drwy addo iddi y byddai, tra'n croesi'r Iwerydd, yn dod i'r lan i gysgu'n ddiogel bob nos. Trwy haelioni'r trysorydd Evan Lloyd cynigid gwobr o $1000 a daeth cyfle'r côr i gystadlu ar y diwrnod cyntaf. Y ddau ddarn gosod oedd 'Cambria's Song of Freedom' a 'The Pilgrims' (gan Joseph Parry) ond yn anffodus ail oedd côr Chwarel y Penrhyn. Y gyfeilyddes druan oedd ar fai am iddi fethu â throi tudalennau'r gerddoriaeth yn ôl y galw. Ni ddychwelodd y côr i'r wlad nes 1993, tebyg iddi gymryd canrif gyfan cyn i gyfeilyddes arall gytuno i fynd ar y daith!

Er y siom, mwynhasant eu hymweliad, yn enwedig pan fanteisiwyd ar gyfle i gael golwg ar syrcas Buffalo Bill. Teithiodd y syrcas hon drwy Ewrop. Yn wir aeth i Gaerfyrddin a hyd heddiw mae cae yno o'r enw 'Cae Buffalo Bill'. Pan aeth y syrcas i Aberystwyth manteisiodd tad-cu yr awdur ar y cyfle i weld perfformiad. Yn ystod ail ymweliad y côr â Chicago yn 1993 ymwelwyd â'r hen gylch llechi yn Vermont ac yno i fwynhau eu cyngerdd yr oedd nifer oedd â'u gwreiddiau yn ymestyn yn ôl i'r chwarelwyr a ymfudodd yno ganrif a hanner ynghynt. Hefyd yn gyfagos, ond tu draw'r ffin yn Nhalaith

Efrog Newydd, ceir pentref o'r enw Middle Granville, ac ar un adeg bu yno chwarel o'r enw Penrhyn.

Agorwyd Eisteddfod 1893 trwy wneud i'r orsedd ymgynnull o flaen pafiliwn yr Unol Daleithiau. Cymerodd Hwfa Môn ei le priodol ar y Maen Llog ac wrth ei ochr yr oedd Dyfed, ei olynydd fel Archdderwydd Cymru. Yn ystod ei daith ar draws yr Iwerydd bu Hwfa Môn wrthi yn cofnodi ei brofiadau ar gyfer *Y Dysgedydd* a gellir casglu o'r disgrifiad mai hon oedd oes aur ysmygwyr:

> Y mae ystafelloedd hyfryd i'r ysmocwyr wedi ei trefni yn y modd mwyaf deiniadol. Ac er mwyn gwneud yr ysmocwyr yn hapus, ceir digon o boerflychau gerllaw, fel na raid i un ysmociwr halogi ei boeryn ym mhoeredd y llall.

Daliwyd ei sylw hefyd gan gyffro'r gwylanod pan waredwyd y 'casgiau mawrion o weddillion ymborth':

> Yn llewyrchion haul llachar – gwyl wenai
> Y gwlanod chwareugar;
> Hyd y lli, heb ofni bar,
> Ymrodiai y môr adar.

Gan iddo gyrraedd y wlad rai wythnosau cyn yr eisteddfod cafodd gyfle i deithio, gan bregethu a darlithio mewn sawl cwr o'r wlad. Yn arferol wrth agor eisteddfodau byddai'n adrodd awdl fer. Roedd ei awdl yn Eisteddfod Chicago yn llawn cyfeiriadau at y mannau y bu'n ymweld â hwy. Mae ei bedwar englyn i Raeadr y Niagara yn dyst o'r mwynhad a gafodd yno. Ar ddiwedd ei awdl cyfeiria at luosogrwydd y coedwigoedd a llynnoedd y wlad, rhywbeth sy'n parhau'n rhyfeddod i ymwelwyr o Gymru sy'n mentro i gefn gwlad:

> Amerig fedd goedwigoedd – dirif,
> Dorant wanc teyrnasoedd;
> Medd ddyfnion lawnion lynoedd – fel grisial
> Dŵr iach anhafal, – drychau y nefoedd!

Ymysg yr 13 i gyfarch o'r Maen Llog yr oedd Cilcennin o Bensylfania ac Ifor Cyndir Parry o South Dakota. Yna gorymdeithiwyd i'r Festival Hall ac yno i'w croesawu drwy chwarae 'ymdaith fawreddog ar yr organ fawr' roedd un o'r beirniaid cerdd, sef yr Athro John H. Gower o Denver. Dilynwyd ef i'r llwyfan gan yr Athro John P. Jones o Chicago a arweiniodd y gynulleidfa i ganu 'America' a 'Hen Wlad fy Nhadau'.

Cystadlodd unigolion o'r ddwy ochr i'r Iwerydd ar yr unawd ac yn fuddugol ar yr unawd i'r bariton roedd gŵr o Wilkes-Barre, Pensylfania. Enillydd yr unawd i'r tenor oedd gŵr a gartrefai ar draws yr afon o Wilkes-Barre yn Kingston. Rhai o Gymru a ragorai ar yr unawdau i'r merched. Merch o Lanfair-ym-Muallt oedd yn fuddugol ar yr unawd contralto ac Emily Francis, merch o Gaerdydd, oedd yn fuddugol ar yr unawd i'r sopranos. Côr Clara Novello Davies (mam y cyfansoddwr Ivor Novello) oedd y côr buddugol, a llwyddasant i guro côr y 'Cecelians' o Wilkes-Barre.

Rhoddwyd y gwobrau gan rai o bob rhan o'r wlad; daeth y wobr i'r ddeuawd fuddugol o Seattle, y wobr i'r contralto o Los Angeles, i'r tenor o Lima (Ohio) a'r wobr am ganu'r delyn o Chicago ei hun. Gwragedd Denver a roddodd y Goron a rhoddwyd $500 gan Gymry Philadelphia ar gyfer cystadleuaeth y gadair. Ymysg yr unigolion i gyfrannu i'r eisteddfod yr oedd mab David Thomas, y gŵr cyntaf i ddefnyddio glo yn hytrach na siarcol i boethi ffwrneisi haearn Pensylfania. Anfonodd gweddw Henry Ward Beecher a chwaer yng nghyfraith i'r awdures Harriet Beecher Stowe, lythyr o gymeradwyaeth i'r eisteddfod ac ynddo soniodd fel y byddai ei gŵr, cydwybod y wlad yn ystod y Gwrthryfel, yn ymfalchïo yn ei gefndir Cymreig.

Ar ben ei ddyletswyddau fel ysgrifennydd mudiad Llywodraeth Crefyddau'r Byd byddai'r Undodwr Jenkin Lloyd Jones yn mynychu pwyllgorau'r eisteddfod. Ar ddiwrnod olaf yr eisteddfod areithiodd yn ddwyieithog ar ogoniant eisteddfodau. Ar yr ail ddiwrnod, pan oedd yn traddodi'r feirniadaeth ar y nofel (pump ymgeisydd), torrwyd ar y tawelwch gan ryw sŵn byddarol o gefn y neuadd. Wedi iddi dawelu ychydig bloeddiodd un o'r gynulleidfa 'Dacw Caradog'. Gymaint oedd yr edmygedd ohono ar ôl buddugoliaeth ei gôr yng nghystadleuaeth y Crystal Palace nes i'r gynulleidfa dorri ar draws popeth a chodi i ganu 'Hen Wlad fy Nhadau'.

Ymhlith yr eisteddfodwyr yr oedd T. L. James ac Ellis Roberts – dau a fu'n aelodau o'r cabinet ac a oedd yn hen gyfarwydd ag ymdrin yn uniongyrchol â'r Arlywydd. Yn ystod ei dymor fel Postfeistr Cyffredinol yr Unol Daleithiau llwyddodd yr Anrhydeddus T. L. James i leihau colledion y Swyddfa Bost fel y bu modd gostwng pris stamp o dair i ddwy cent. Cadeirydd y dydd ar ddiwrnod cyntaf yr eisteddfod oedd yr Anrhydeddus Ellis Roberts a fu'n Ysgrifennydd y Trysorlys. Yr oedd yn hen gyfarwydd â siarad o lwyfan yr eisteddfod gan iddo annerch Eisteddfod Utica yn 1871 ac 1874. Ac mae disgrifiad gohebydd y *Chicago Tribune* o seremoni'r orsedd yn darllen fel pe bai wedi ei gynghori gan Iolo Morganwg ei hun:

On a big white stone in the center of the government plaza when the sun was at meridian stood an old man, He came from far-off Wales and he bore in his hand a parchment signed by Dafydd Gryffydd, the Archdruid of the World...

> Caerog Orsedd y cewri – â yrrwyd
> I'r Amerig 'leni,
> > Fe ddaeth drosodd heb foddi
> > A Hwfa Môn hefo hi.
> Dewi Glan Dulas.

Ar y Maen Llog ar fore Iau daeth miloedd ynghyd i weld urddo unigolion o Oshkosh a Milwaukee yn Wisconsin ac eraill o'r sefydliadau Cymreig a geid ar draws taleithiau fel Iowa, Pensylfania, Illinois a South Dakota. Cynhaliwyd seremoni'r cadeirio yn y prynhawn a dywedwyd bod llwyfan Festival Hall wedi ei addurno â changhennau coed a blodau haul:

Blodeyn melyn mawr – ar gywirsyth
Hir gorsen ddellenfawr,
   Liw dydd saif fel heulblad awr
   O dwf aur, difai oriawr.

> Howard, S. Dakota. Ifor Cynidir Parry

Daw'r disgrifiad isod o'r cadeirio o'r llyfr *America* gan William Davies a gyhoeddwyd yn 1894 ym Merthyr:

Yn awr deuwyd at brif ddygwyddiad yr Eisteddfod, sef y ddefod o gadeirio y bardd buddugol ar destyn y gadair – Iesu o Nazareth... Cododd dadganiad godidog y gân hon (Gwlad fy Ngenedigaeth) y gynulleidfa i deimladau cenedlaethol a gwladgarol, y cyfryw nas teimlwyd erioed o'r blaen... Darllenodd Hwfa ei sylwadau mewn llais clir ac hyglyw. Daeth pump o awdlau i law... *Lazarus* yn oreu... a chyhoeddwyd Dyfed yn Fardd Cadeiriol Eisteddfod Golumbaidd Gydgenedlaethol y Byd, ac yn fardd Cymreig anrhydeddusaf yr oes.

Cyfarchwyd ef gan 21 bardd gan gynnwys Cynonfardd a chwaraeodd ar y ffugenw 'Lazarus':

Ein Lazarus rymusol, – Hen arwr
   Ni erys yn farwol;
   Atom ni ddaeth eto'n ôl,
   Yn Ddyfed awen Ddwyfol.

Ymgeisiodd un a alwai ei hun yn *Philo* ar yr englyn Saesneg:

Hurrah to our chaired hero – Dyfed,
   Divinely favored Cymro;
   Brains in sweet strains have borne thee through
   Unchequered in Chicago.

Y Parch. Erasmus W. Jones o Utica oedd yn fuddugol ar y traethawd, 'Byr-hanes Beirdd Gymreig, &, o 1560 hyd at

Gwilym Hiraethog'. Bu'r Parch. Erasmus yn gaplan ar uned o filwyr du yn ystod y Gwrthryfel ac ef hefyd oedd awdur nofel Saesneg o'r enw *Llangobaith*. Testun traethawd arall oedd 'Celtic contributions to England's Fame & Power' ac er bod gwobr o $300 barnwyd nad oedd neb yn deilwng. Ar y llaw arall, derbyniwyd dau gyfraniad eithriadol o dda ar y testun 'Welshmen as civil, political, and moral factors in the formation and development of the United States Republic'. Rhoddwyd yr ail wobr i'r Parch. W. R. Evans o dde Ohio a ddadleuodd na fyddai'r wlad wedi ennill ei hannibyniaeth ar y pryd oni bai am gyfraniad y Cymry. Yn gyntaf roedd E. Edwards, gweinidog y Bedyddwyr yn Minersville. Rhwng y $300 a'r buggy, ef a dderbyniodd y wobr fwyaf ar gyfer unigolyn. Cydnabod ei gamp a wna'r englyn isod:

> Aeth Eben a phen y Ffair – da ei waith
>   Diwyd a digellwair;
>   Cerbyd, esmwythgryd, sy'n grair
>   Yn gyd werth dwy gadair.

Ieuan Ddu, Pennsylvania

Y gystadleuaeth olaf oedd cystadleuaeth y corau cymysg. Teithiodd Côr Tabernacl y Mormoniaid 1,500 o filltiroedd i gyrraedd Chicago. Roedd cysylltiad y côr â Chymru yn mynd yn ôl i ddyddiau'r Capten Dan Jones a'r llong oedd dan ei ofal ar y Mississippi. Wrth gludo rhai o ffyddloniaid yr enwad ar yr afon ymunodd â hwy, gan ddychwelyd a chenhadu drostynt yng Nghymru. Yn y llyfr *The Call of Zion* gan ddisgynnydd iddo, Yr Athro Ronald Dennis o Brifysgol Brigham Young, ceir hanes amdano'n arwain tua 250 o'i gyd-Gymry i borthladd New Orleans yn 1849. Oddi yno dilynwyd y Mississippi nes cyrraedd St Louis ac yna'r Missouri hyd at Council Bluffs. Eto o'u blaen yr oedd tri mis o daith gyda wagenni. Wedi iddi nosi arferent ddod ynghyd i gymdeithasu a chydganu. Yn eu plith, roedd William Morgan a wirionodd ar fwynder y canu:

Clywais ganu da yng Nghymru, ond nid tebyg mewn nerth a melysder i'r gân ddiweddaf a glywais gan fy nghyd frodyr a chwiorydd teithiol ar y tir Honuhous. Gofynodd rhai i mi pa le yr oeddynt wedi bod yn dysgu, a phwy oedd eu hathro? Dywedais mae mynyddoedd Cymru oedd yr ysgoldy, ac mae Ysbryd Duw oedd yr athraw...

Pan glywodd Brigham Young fod pobl wedi eu cyfareddu gan y côr, gofynnodd i'r arweinydd, John Parry, ddechrau côr parhaol yn Ninas Salt Lake. Ym mis Tachwedd 1891 cadarnhawyd bod y côr am gystadlu yn Chicago:

Cafwyd sicrwydd o Ddinas y Llyn Halen fod côr mawr yr Eglwys Formoniaid yn bwriadu dyfod i'r eisteddfod. Mae y côr hwn yn gyfansoddedig o rai ugeiniau o Gymry gwladgar, ac yn Formoniaid defosynol a selog. Mae yr arweinydd yn gerddor o radd uchel, ac yn Gymro pybyr o'r enw Stevens. Lwc dda i gôr y Tabernacl.

Yr arweinydd dan sylw oedd Evan Stephens, y degfed plentyn i deulu o Alltfechan, Pencader a ymfudodd yn 1866 pan oedd yn ddeuddeg oed. Dysgodd ei fam ef i ddarllen ac wrth ei ochr pan fugeiliai defaid ei dad yn Utah yr oedd naill ai *Cydymaith y Cerddor* neu *Telyn Cymraeg*. Daeth yn un o emynwyr blaenaf yr enwad a chanrif ar ôl y cystadlu yn Chicago y mae 16 o'i donau ac wyth o'i emynau yn dal ar gael yn llyfr emynau yr enwad. Llywydd yr Eglwys Formonaidd yn 1893 oedd Wilford Woodruff, a ddywedodd fel hyn am y profiad: 'A shepherd boy came down from the mountains and is here today to contest in this great competition'. Meddai'r *Chicago Tribune* am y gystadleuaeth:

Before noon every seat in the great Festival Hall was taken. It was the greatest audience Festival Hall had held since the opening of the Fair... Most of the women wore white gowns crossed with either blue or pink scarfs to distinguish the sopranos from the contraltos... It was a relief that the honorary Presidents were absent, and therefore a large part of the preliminaries could be omitted...

Daeth y côr yn ail. O flaen cynulleidfa o 10,000, côr o Scranton gipiodd y wobr gyntaf. Yr oedd gan Scranton ei thraddodiad corawl ei hun a bron i 40 mlynedd ynghynt, yn Awst 1856, cynhaliodd un o orau'r dref gyngerdd i godi arian fel 'cymorth i weddw ac amddifad y diweddar Mr Phillips, yr hwn a gyfarfu a'i angeu yn ddamweiniol yn un o'r gweithfeydd glo gyfagos'. Fel y soniwyd eisoes, yr oedd eisteddfodau yn rhan o draddodiad Scranton ac yng nghystadleuaeth y corau yn 1875, methodd y tri beirniad â chytuno, gyda'r tri yn dewis côr gwahanol. O ganlyniad gofynnwyd i'r corau ail-ganu yng nghyngerdd yr hwyr:

> Daeth y tri chôr yn mlaen i dynu torch eto ar ganu *Rise up, Arise* ac ar ôl cystadleuaeth boethlyd enillodd côr Mr Robert James, Hyde Park [Scranton]. Yn nesaf, cystadleuodd yr un corau ar *Swiftly from Mountain's Brow* ac eto bu côr Mr Robert James yn fuddugoliaethuol. Gwobr $50; felly enillodd y côr hwn y swm hardd o $250 a medal aur gwerth $30. Creuwyd y fath gynwrf pan aeth Mr James yn mlaen i dderbyn y gwobrau, fel nad yw ond oferedd ceisio disgrifio yr olygfa...

O gofio bod côr Scranton yn gôr profiadol, nid rhyfedd i'r cefnogwyr wirioni ar eu buddugoliaeth yn Chicago:

> Côr enwogion Scrantonia, – a'i foes
>   I fiwsig ymdafla,
>   Ffair y Byd i gyd goda
>   Egni doeth ei ganu da.
>
> Tip top, fechgyn, nid 'Poper' – o ryw gôr
>   Gura hwn un amser;
>   Na, na, boys, rhaid cael cân ber
>   Guro'i lu, a gwyr lawer.

Disgrifiodd William D. Davies, gŵr oedd yn hanu o Scranton, y gystadleuaeth fel hyn:

Ni bu y fath olygfa o fewn y Festival Hall o'r blaen – y gynulleidfa enfawr wedi ei gorchfygu gan frwdfrydedd fel y canai y naill gôr ar ôl y llall, a'u cymeradwyaeth yn siglo y lle. Hon oedd y wobr fwyaf a roddwyd erioed mewn unryw gystadleuaeth – 5,000 o ddoleri, ac ail wobr o 1,000 o ddoleri, gyda bathodau aur i'r arweinyddion buddugol. Canodd yr holl gorau [pedwar] yn odidog, a chafwyd gwledd o'r fath fwyaf enaid-gynhyrfol, y gyfryw na cheir ei chyffelyb yn fuan yn y wlad hon.

Croesawyd y Scranton Choral Union adref gan dorf o 30,000. Yn Eisteddfod Ffair y Byd 1904, a drefnwyd fel rhan o ddathliad y 'Louisiana Purchase Exposition', bu'r côr yn fuddugoliaethus eto. Cynhaliwyd yr Eisteddfod yn St. Louis ac yn gysylltiedig â'r ffair hon y mae'r gân adnabyddus 'Meet me in St Louis'.

Siomwyd Owen D. Jones o Wilkes-Barre, Pensylfania na ddaeth ei frawd Daniel, oedd yn byw yng Nghymru, i'r eisteddfod: 'cefais fy siomi am na fuasa ti wedi dyfod yma i weld Ffair y Byd yn Chicago 1893 fel ag yr oedd Ellen yn dweud ac hefyd disgwyl mawr am danoch ond trodd y cwbl yn siomedigaeth'. Hyd yn oed i rai a gartrefai yn Wilkes-Barre ei hun, byddai'r daith yn profi'n ormod. Eto rhoddwyd cyfle iddynt weld seremoni'r coroni, gan i'r goron a enillwyd gan Watcyn Wyn fynd dan ofal ei gefnder Tegynys yn Wilkes-Barre. Cafodd hwnnw ei 'goroni' ar 20 Hydref 1893, ac ymysg y rhai a oedd yn bresennol yr oedd Cynonfardd, Bagilltyn, Ystalferyn, Gwilym Callestr, Rhys ap Ioan, Dewi Porth, Ioan Melinydd, Arthur Wyn a Dafydd ap Dewi. Un o'r rhai a gyfarchodd y cefnder oedd D. Melindwr Jones:

> Wat annwyl, gwnest hit o enaid – hit dda,
> Hit ddoeth, hit a'i lloniad,
>> Nid wit a what, ond hit o haid,
>> O hitiau hoff yr hen Watiaid.

Anwybyddu Diwylliant

Er mor sylweddol oedd yr ymfudo o Gymru yn ystod y 19eg ganrif, bychan iawn ydoedd o'i gymharu â'r ymfudo o wledydd eraill Ewrop. Trwy gynnal yr Eisteddfod yn ystod Ffair y Byd cafodd y Cymry gyfle i ddangos i weddill y wlad fod ganddynt hwythau ddiwylliant cryf. Dyma'r oes pan anwybyddwyd yr ieithoedd Celtaidd yn gyfan gwbl. Yn achos y Wyddeleg, byddai nifer y siaradwyr yn disgyn o sawl miliwn ar ddechrau'r ganrif i hanner miliwn erbyn ei diwedd. Yn 1881 dechreuwyd cyhoeddi cylchgrawn o'r enw *The Cambrian* yn Cincinnati. Ynddo mynegwyd mai prin oedd y gefnogaeth i'r Gymraeg hefyd: 'We are sorry to believe that the leading literati in Wales do even less, if possible, than is done in this country to perpetuate such a venerable and beautiful language'. Yr oedd yr eglwys sefydledig hefyd yn wrthwynebus ac mewn cynhadledd eglwysig yn Abertawe yn 1879 cyfeiriodd un offeiriad deallus o'r enw R. Williams at bwysigrwydd yr iaith, rhywbeth a esgeuluswyd bron yn llwyr gan yr enwad:

> There is one tenant farmer in Welsh Wales whom I know well who wields [by his pen] a mightier political influence than the four Bishops, four Deans, and ten Archdeacons of Wales put together. The united forces of the hierarchy cannot sway the will of the nation – with the magic that the one Welsh tenant farmer can... Bishops and barons leading the van, with a motley crew of country squires and clerical expectants in the rear, have expelled the Welsh language from their drawing-rooms...

Un o'r rhai a deimlai'r angen i gywiro'r sefyllfa oedd Iorthryn Gwynedd ac er mor werthfawr yw ei lyfr *Hanes Cymry America* (1872), yr un mor bwysig oedd ei dystiolaeth i ymchwiliad y Llyfrau Gleision. Cyn iddo ymfudo, pan oedd yn weinidog ifanc yn Llanfaircaereinion, ef oedd bron yr unig un yng Nghymru i gynnig tystiolaeth o safbwynt hollol Gymreig:

There are some people of the Welsh nation that are in the habit of speaking English with their children from their infancy, and, consequently, there are many children of the Welsh people that cannot speak their mother-tongue. We consider this a very bad practice, because those children can speak no language properly, and generally cannot enjoy the privileges of our Sunday-schools, because they are conducted in the Welsh language. Every child has a right to know the language of his parents. To deprive them of that is an insult to our nation, language, and country. We greatly abhor this practice, but it is the case generally on the borders of England, and this is one reason why Offa's Dyke is like Sodoma and Galilee of the Gentiles in ungodliness and ignorance I have the honour to be, Gentlemen.

Yours, very humbly,

Robt. Dafydd Thomas

Penarth, Llanfair, 26 January 1847

Difyr hefyd yw'r ymateb a dderbyniodd y dramodydd Derwenydd Morgan pan benderfynodd dreulio cyfnod yn America. Ar fwrdd y llong i gynorthwyo ymfudwyr o gyfandir Ewrop yr oedd cyfieithydd a phan ofynnwyd iddo a fedrai Gymraeg, dywedai nad oedd angen oherwydd fod y Cymry yn deall Saesneg. Dywedai ymhellach, 'Os ydych am i'r Gymraeg fyw gwnewch fel y maent yn gwneuthur ar y cyfandir, peidiwch dysgu'r un iaith ond un eich hun i'r plant'. Beth bynnag am hynny, dal i leihau mae'r nifer sy'n hyddysg yn yr Iaith ac nid yw'r cyfan o'u siaradwyr yn fwy niferus na phoblogaeth trefydd o tua'r un maint a'r Lerpwl gyfagos. O'r 50 o fân ieithoedd Mexico i'r 250 o fân ieithoedd Indonesia, yr un yw'r bygythiad. Os am barhad o'r Gymraeg bydd yn angenrheidiol i droi y Saesneg yn raddol i iaith llyfr fel y Lladin gynt. Llawn mor bwysig yw i'r Cynulliad gymryd at yr awen trwy resymu a datgan mai y Gymraeg yn unig fydd yn dderbynol iddi o fewn cwarter canrif.

Er yr holl glodfori a fu ar gysylltiad Cymreig Coleg Iesu, Rhydychen, nid adnoddau ysgolheigaidd y sefydliad hwnnw ond gweithgarwch rhai heb fanteision addysg a fyddai'n adfywio diddordeb yn niwylliant Cymru yn ystod y 19eg ganrif. Un a fu'n cadw siop am 30 mlynedd ym Môn oedd Robert John Pryse ('Gweirydd ap Rhys',1807–89), a ysgrifennodd *Hanes y Brytaniaid a'r Cymry* (1872–74) a *Hanes Llenyddiaeth Gymreig 1300–1650* (1876). Fferyllydd ym Merthyr oedd Thomas Stephens (1821–75), awdur *The Literature of the Cymry* yn 1849 ond gwrthodwyd ei wobrwyo am ei draethawd yn Eisteddfod Genedlaethol Llangollen yn 1858 oherwydd iddo ddadlau nad Madog a ddarganfu America. Eto ar ei farwolaeth yn 1875 cydnabuwyd dyled Cymru iddo yn Scranton, pan ofynnwyd am gyfres o englynion coffa iddo yn eisteddfod flynyddol y dref.

At y ddau yma gellir ychwanegu Charles Ashton (1849–99), plisman yn Ninas Mawddwy a gyhoeddodd lyfr am yr Esgob William Morgan yn 1891 ac yna *Hanes Llenyddiaeth Gymraeg 1651–1850* ddwy flynedd yn ddiweddarach. Yn Eisteddfod Ffair y Byd Chicago gwobrwywyd ef am draethawd yn ymwneud â *Hanes y Prif Eisteddfodau o Eisteddfod Fawr Caerdydd, o dan nawdd y Tywysog Gruffydd ap Nicolas, yn y 15fed ganrif i 1892.* Ef hefyd a olygodd y casgliad o waith Iolo Goch a gyhoeddwyd yn 1896 ond nid tan ar ôl ei farwolaeth y cyhoeddwyd *Llyfryddiaeth Gymreig o 1801 i 1810* (1908). Yn Nhachwedd 1872 ceisiwyd rhoi darllenwyr papur y *Chicago Tribune* ar ddeall nad Prydeinwyr arferol oedd y Cymry a'u bod yn rhan o'r diwylliant yr ysgrifennwyd amdano gan y tri uchod:

> While John Bull delights himself and amuses his countrymen with horse racing and athletic amusements, his neighbours, John Jones and Taffy, devote themselves to literary and musical entertainments and festivals. And in this country, whenever a sufficient number of Welshmen have settled together, they have as a rule held their literary meetings and eisteddfodau... The society called the *Cambrian Literary Society* has now been fully established... The entertainments will be held weekly, at Room 54, Davy's Building, to commence the 26th inst.

Un o bynciau llosg y cyfnod oedd yr ymdrech dros gael prifysgol yng Nghymru. Manteisiodd nifer o Gymry'r Unol

Daleithiau ar gyfleusterau addysgol y wlad ac yn achos Paddy's
Run yn Ohio bu'n rhaid newid enw'r lle oherwydd iddo fynd
yn destun gwawd y rhai a aeth i goleg. Cyfeiriwyd eisoes i Elias
Morgan o dde Ohio fynd i goleg o ardal sy'n dal mor wledig â
Cheredigion ei deulu gynt. Byddai chwe Chymro arall, i gyd a'u
cefndir o'r un ardal, yn graddio o'r un coleg yn yr un flwyddyn
ag yntau. A thybed beth fyddai tynged un arall a aned ym
Mhumpsaint yn 1856 pe bai heb ymfudo yn 16 oed? Heb air
o Saesneg pan gyrhaeddodd, ei brif ddiffyg ef oedd sut orau i
roi terfyn ar ei addysg. Ar ôl derbyn M.A. a Ph.D o golegau yn
Ohio, daliodd ati nes ennill D.D. o goleg yn Tennessee, a Ll.D.
o goleg yn Wisconsin. Os bu iddo or-wneud ei yrfa addysgol,
dyna'r fath adnoddau y dymunai Cymry'r wlad eu gweld yng
Nghymru ei hun:

O fryniau Meirion cloddir aur,
   O Arfon llechu drud,
Mwn haiarn yn Morganwg gair,
   A phres yn Môn o hyd:
Ond addysg gloddia drysor mwy
   O'n hysgoleigion mad:
Trysorau celf a dysg – hwynt-hwy
   Wnant anfarwoli'n gwlad.

Flwyddyn cyn i Elias Morgan ddechrau ei ddyddiau coleg yn
1865 daeth y system addysg yng Nghymru i sylw *Y Cenhadwr
Americanaidd*:

Mae Tywysogaeth Cymru wedi ei hesgeuluso yn fawr gyda golwg
ar foddion addysg o'r radd uchaf. Tra y mae tri choleg Brenhinol
a Phrif Ysgol Frenhinol yn yr Iwerddon, a thra y mae pedair o
Brif Ysgolion yn Ysgotland, lle y mae 4000 o'u meibion yn derbyn
addysg ddyddiol o'r cymeriad uchaf, yn Nghymru nid oes un Brif
Ysgol mewn bod...

Yn Chicago byddai llawer o'r eisteddfodwyr yn ymwybodol
o gyfraniad eu cydgenedl at ddatblygiad adnoddau addysgol

y wlad. Ar ddechrau'r 19eg ganrif pan etholwyd y Cadfridog Morgan Lewis yn llywodraethwr Talaith Efrog Newydd, dyma'r peth cyntaf a osododd ger bron y llywodraeth: 'Literary information should be placed within the reach of every description of citizens, and poverty should not be permitted to obstruct the path to the fame of knowledge'. Dilynwyd ei arweiniad drwy drefnu ymateb i dreuliau'r ysgolion yn barhaol. Llywodraethwr talaith Utah ar ddiwedd y 19eg ganrif oedd Arthur L. Thomas, un a siaradai Gymraeg, a'r peth cyntaf a arwyddwyd yn gyfraith ganddo oedd mesur a osodai ysgolion y dalaith o fewn cyrraedd pawb.

O flaen datblygiadau o'r fath, chwaraeodd Samuel Davies ran allweddol pan sefydlwyd Prifysgol Princeton a hefyd Morgan Edwards o Bont-y-pŵl pan sefydlwyd Prifysgol Brown. Blaenllaw iawn pan sefydlwyd dwy o ysgolion meddygol gwreiddiol y wlad oedd dau arwr o gyfnod y Chwyldro, sef y meddygon John Morgan a John Jones. Trwy eu hymdrechion hwy yn arbennig y rhoddwyd bod i adrannau meddygol sy'n rhan o Brifysgolion Pensylfania a Columbia erbyn hyn. Yn agosach at amser yr eisteddfod yr oedd Evan Pugh, a benodwyd yn llywydd gwreiddiol Coleg Amaethyddol Pensylfania yn 1859. Yn ystod ei bum mlynedd wrth y llyw rhoddodd y coleg ar ben ffordd i ddatblygu'n brifysgol flaenllaw 'Penn State' fel y'i gelwir heddiw. Ac i athrawon presennol y coleg nid oes dim mor anrhydeddus â chael eu dewis i lanw un o'r cadeiriau arbennig dan enw Evan Pugh. Yna ym Mhrifysgol Rochester mae'r Rush Rhees Library sydd wedi ei henwi ar ôl un o ddisgynyddion Morgan John Rhees. Atynt oll medrir ychwanegu Dr D. W. Phillips, gynt o Sir Gaerfyrddin, a gafodd y weledigaeth yn ystod y Gwrthryfel o sefydlu'r Nashville Institute ar gyfer addysgu'r caethion ar ôl iddynt gael eu rhyddhau. Un mlynedd ar ddeg cyn i'r Cymry ymgynnull yn Chicago nid oedd gan un o Goleg Marietta, Ohio fawr o amheuaeth ym mhle y gorweddai dyletswyddau rhieni Cymry'r wlad:

Mae'r byd yn gofyn beunydd
   Am ddynion mawr eu dysg,
A mynnu gweled Cymry
   Wnawn ninau yn eu mysg...

Gellir deall felly pam fod yr ymdrech dros gael prifysgol i Gymru wedi derbyn cryn sylw yn Chicago. Nid dyma'r unig beth bendithiol y ceisiwyd ei gefnogi o'r Unol Daleithiau a dengys hysbyseb am y New York City Eisteddfod yn 1886 i wobr sylweddol gael ei chynnig am draethawd ar 'Y Trefniant goreu er cael Safon Orgraff Unffurffiol yr Iaith Gymraeg'. A phe bai gan Gymru ei phrifysgol ers canrifoedd fel pawb arall mae lle i gredu y byddai hyn wedi ei ddatrys ymhell cyn dyddiau John Morris-Jones. A Chymru o'r diwedd ar fin cael ei phrifysgol, cynhaliwyd cyfarfod arbennig i drafod hyn cyn ymadael â Chicago, a phenderfynwyd anfon llythyr o gymeradwyaeth at Brif Weinidog Prydain, sef Gladstone:

That the Welsh people of America, assembled at the International Eisteddfod of Chicago, desire to express their gratitude to the Prime Minister and Government of Great Britain for conceding to the demand of the Welsh people for a National University; and they, also, congratulate the people of the Fatherland on the promised fulfilment of their aspirations in connection with education.

Er mor bwysig oedd cael prifysgol (rwygedig erbyn hyn), cyfyd rhywfaint o amheuaeth ynghylch fel y mae wedi datblygu. Er i lawer dderbyn addysg na fyddent wedi ei chael hebddi, nid yw'r brifysgol wedi arwain at gyfoethogi'r ardaloedd sy'n amgylchynu eu cholegau. Mewn cymhariaeth, yn ôl astudiaeth o'r 1980au gan yr Athro James Gibbons o Brifysgol Stanford, California sy'n ymwneud â thalaith Massachusetts, ymddengys fod dros hanner cyfoeth blynyddol y dalaith yn dod o'r hyn nad oedd unwaith ond breuddwyd ym meddyliau'r rhai a fynychai M.I.T. (Massachusetts Institute of Technology). Er bod hyn yn gyfraniad anghyffredin o uchel, dengys yr hyn y gall prifysgol ei gyflawni dros ei chylch. Mor drist yw gweld mai y gorau y medr prifysgolion Cymru ei wneud yn aml yw esmwytho'r ffordd i'w myfyrwyr disgleiriaf ymadael â'u gwlad. Nid y fath allfudo o'r un gymdogaeth ar ôl y llall, a mewnforio dieithriaid i'r iaith yn eu lle, oedd mewn golwg yng ngobeithion eisteddfodwyr Chicago nac yng nghefnogaeth ceiniogau prin chwarelwyr Arfon.

Yn achos prifysgolion fel Harvard, Princeton a Brown, fe'u datblygwyd trwy ehangu sefydliadau nad oeddent unwaith ond colegau diwinyddol. Pe byddid wedi datblygu sefydliadau fel y Coleg Coffa, Aberhonddu neu Athrofa Caerfyrddin – sefydliadau yr oedd iddynt naws Gymreig – mae'n debyg y byddai prifysgolion Cymru mewn llawer gwell sefyllfa i wrthsefyll dieithrwch anghymreig y mwyafrif o'r rhai sy'n hyfforddi'r myfyrwyr. Ac am arweiniad i brifysgolion Cymru yn nyddiau datblygiad y Gymuned Ewropeaidd nid drwg o beth fyddai troi i'r cyfandir am rai a chanddynt brofiad o weithredu mewn cymdeithas ddwyieithog. Gyda phrifysgolion Cymru ar ddechrau ail ganrif eu bodolaeth gobeithio nad hwy fydd gelyn pennaf y diwylliant y maent yn honni eu cynrychioli. A'r un mor anfaddeuol ag erioed yw'r cam a dderbyniodd cenedlaethau o ieuenctid Cymru am na chawsant yr un cyfle addysgol ag eraill drwy Ewrop.

Eisteddfodau Nodedig Eraill

Er y byddai'r brwdfrydedd dros gynnal eisteddfodau yn gwanhau yn ystod y ganrif ddilynol, ni ddigwyddodd hynny dros nos a thebyg i ap Madog gyda'i daith drwy'r sefydliadau gorllewinol ysgogi rhai yn y parthau hynny i ddal ati i'w cynnal. Tynnwyd sylw at ei amcanion gan y *Chicago Tribune* yn rhifyn 1 Gorffennaf 1895:

> Prof. Apmadoc will leave the city tomorrow on a tour through the Welsh towns and settlements of Iowa, where during July, he is to meet the leading Welshmen of Oskaloose, Ottumwa, Hiteinau, Des Moine, and Red Oak in the interest of forming societies and

festival committies to hold annual and semi-annual gatherings
of song and oratory and to discuss measures for the general
welfare of the Cambrian people. During August Mr Apmadog
is to visit Auburn, Omaha, Wymore and Lincoln, Neb., for the
same purpose, and then Denver and other cities in Colorado [and
Utah].

Fel 'intellectual olympic games' y gwelwyd yr eisteddfod gan
yr un papur ac mor llewyrchus â'r un oedd y Rocky Mountain
Eisteddfod a gynhaliwyd yn Denver yn 1896. Cawn rywfaint o
wybodaeth amdani yn erthygl T. S. Westermeier am 'Colorado
Festivals' yn y *Colorado Magazine*:

Some of these foreign born settlers [yn Denver] limited their
festivities to religious, marriage, burial and special holiday
observances amongst themselves, others staged their national
festivals on a large scale and, as much as possible, in the manner
of the fatherland. Outstanding among the latter is the Welsh
Eisteddfod... and in 1896 a Rocky Mountain Eisteddfod was held
in Denver. Out-of-state attendance numbered over a thousand
from Salt Lake, Philadelphia, Scranton, and New York; large
crowds were expected, and seating capacity for 10,000 people was
arranged. The city extended a hearty welcome to the hundreds
of strangers; in compliment to the important occasion the store
windows were decorated with the Welsh colors and insignia...

The Eisteddfod was carried out in the Welsh language... Prizes
were awarded not only for poetry, music, and literature but also
for painting, embroidery, wood carving, knitting, crocheting,
tatting and even household inventions! The prize winning
invention was a window bead fastener, *an arrangement whereby
a window may be taken from its socket by a spring, a veritable
treasure to the housekeeper who must clean upstairs windows on
the outside.* The final and greatest event was the awarding of the
historic bardic chair and three hundred dollars to the writer of the
best poem.

Yr un mor llewyrchus eto oedd y gyfres o eisteddfodau a
gynhaliwyd yn Ninas y Llyn Halen yn 1895–98. Nid dyma'r
gyntaf o eisteddfodau'r ddinas hon: trwy weithgarwch un y

cyfeiriwyd ato fel Gwilym Ddu trefnwyd i gynnal un mewn ysgoldy yn y 14th ward ar 2 Mawrth 1863. Er iddi rewi trwy gydol y dydd, daeth tua 200 ynghyd. Yna yn 1893 rhoes y *Deseret News* sylw i eisteddfod arall a gynhaliwyd i'r de o Ddinas y Llyn Halen mewn tref o'r enw Spanish Fork:

> St David's Day is being celebrated here amid great enthusiasm by the largest delegation of Welshmen ever assembled in this Territory. Representatives are in attendance from nearly every county in Utah, Salt Lake in particular, many coming a great distance to participate in the day's festivities. Business is entirely suspended and the principal buildings are beautifully decorated. The Spanish Fork brass band met the visitors and treated them to some excellent music. Promptly at eleven o'clock the exercises of the day commenced.
>
> At two o'clock the Eisteddfod was held and prizes were given for choruses, solos, essays, poetry and instrumentalist. The music was grand, and especially when the vast assemblage sang in unison the Welsh anthem. The afternoon's exercises concluded with addresses from D. L. Davis and W. Williams and the carrying out of Welsh customs. Tonight a concert will be given with short addresses by prominent Welshmen.

Mwy uchelgeisiol eto oedd eisteddfodau Dinas y Llyn Halen ei hun, gan ddechrau â'r un y trefnwyd i'w chynnal o 1 hyd 3 Hydref 1895. Y Cambrian Society a gadeiriwyd gan Arthur L. Thomas, cyn-lywodraethwr y dalaith, oedd yn gyfrifol am ei threfnu, a dywedwyd bod yno lawer mwy na'r 12,000 a gafodd fynediad. Yno i arwain yr oedd Apmadoc, gyda Daniel Protheroe yn feirniad cerdd a Chynonfardd yn feirniad llenyddiaeth. Amlwg hefyd oedd presenoldeb yr Athro Evan Stephens, cyfansoddwr a cherddor blaenaf y Mormoniaid. Gyda chyfanswm y gwobrau yn $4,000, nid rhyfedd i ddirprwyaethau Cymreig gael eu denu o gyn belled i ffwrdd â Denver, Colorado a Butte, Montana. Yng nghystadleuaeth y corau cymysg o dan 125 o leisiau, cipiwyd y wobr o $1000 gan gôr Denver. Bu Denver yn llwyddiannus hefyd ar y pedwarawd i ferched. Ac er i'r ddau a enillodd ar y ddeuawd i ddynion ddod o Colorado yn wreiddiol, yn Durango ac nid yn Denver yr oeddynt yn byw pryd hynny. Cymerodd 22 gantores ran yng nghystadleuaeth yr unawd soprano a dyfarnwyd mai Edna Evans o Ddinas y Llyn Halen oedd orau. Ar yr ochr lenyddol, gofynnwyd am 12 o englynion am Theodore Roosevelt, pryddest am Owain Glyndŵr, a cherdd Seisnig am 'The Overland Pony Express'.

Un a ymwelodd â Salt Lake City yn 1898, gan fwynhau ei ymweliad i feirniadu mewn eisteddfod arall, oedd Joseph Parry:

> Cynhelir yr eisteddfod yr wythnos gyntaf yn yr Hydref, yn ystod ein cynhadledd. Y mae o 10 mil i 15 mil yn bresennol. Y mae pump o gyfarfodydd eisteddfodol. Cystadleua chwech côr ar ddatganu fy nghanig *Ar Don* – canu da, fel wythnos o Gymry yn y Rockies... Siaredir Cymraeg ar y strydoedd fel ym Merthyr ac Aberdar. Y mae darluniau (da iawn) ohonof ar hyd y ddinas i gyd, ac am unwaith yn fy mywyd, myfi yw arwr bach y ddinas, a threfnir gwledd fawr i'm anrhydeddu... Y mae fy hen gyfaill annwyl Judge Edwards [awdur y ddrama, *Mordocai a Harman* a gyhoeddwyd o Scranton yn 1869] a'i briod siriol wedi cyrraedd, efe yw arweinydd yr eisteddfod, a gwyr pawb yno y fath arweinydd yw.

Nid Chicago a St Louis oedd yr unig leoedd ychwaith i gynnal eisteddfodau Ffair y Byd ac yn y llyfr *THE STORY OF THE EXPOSITION – To Commemorate the Discovery of the Pacific Ocean & the Construction of the Panama Canal* (1921), tynnwyd sylw gan un o'r enw Frank Morton Todd at y modd yr ymgynullodd yr orsedd mewn eisteddfod a gynhaliwyd yn San Francisco yn ystod 27–30 Gorffennaf 1915:

> The vocal and poetry competitions were held in the Exposition Auditorium, but that ancient Welsh rite, the bardic Gorsedd, which was old when Caesar described it, and from which the Eisteddfod developed, occurred in two sessions in a dewy glade of Golden Gate [Bridge] Park, on fresh and and sparkling July mornings... There were easily a thousand spectators that had arisen early and

betaken themselves to the park to see this quaint and beautiful
scene. The tongue was the oldest history knows, of all those
that have been spoken in the British Isles... and which had been
preserved in purity while Latin was becoming a dead language and
English was growing from transplanted roots of Danish and Saxon
and Norman French.

O'r $25,000 a gynigid mewn gwobrau, gellid ennill $250
am draethawd ar y testun 'The Social and Political Relations
between the North Welsh and South Welsh, and their
respective attitutes towards England in the 12th Century'. Yn
achos cystadleuaeth y corau meibion, curwyd yr un o Tacoma,
Talaith Washington gan un o Chicago. Yn y brif gystadleuaeth
gorawl rhannwyd y wobr o $10,000 rhwng Côr Haydn Union
Chicago a Chôr Eisteddfodol Oakland (ar draws y bae o San
Francisco). Yn yr hwyr unwyd y corau i gyd i greu côr o 1,200
i ganu *Messiah*. Gyda 80 yn y gerddorfa a 7,000 o wrandawyr,
nid rhyfedd i'r perfformiad dderbyn cymaint o ganmoliaeth:

> It was generally considered to be the greatest choral singing
> ever heard on the Coast... it is not too much to say that the
> music rendered by the competitive choirs set the standard for
> choral singing on the pacific Coast for many years to follow, and
> furnished an inspiration of lasting value.

Rhwng y fath ymateb, ac yna'r niferoedd annisgwyl o uchel
a fynychai eisteddfodau Milwaukee, Chicago, Denver (1896,
gyda 2,000 o'r 10,000 heb fod yn Gymry), a Dinas y Llyn Halen
(1898, gyda hanner yr 8,000 ym mhob sesiwn ddim yn Gymry),
gwelir bod rhai ar wahân i'r Cymry yn barod i fwynhau'r
adloniant. A thrwy ragoriaeth debyg i eiddo côr y brifysgol yn
Emporia, Kansas y mae dylanwad yr eisteddfodau gynt yn dal
yn amlwg. Ar gynnig hyd heddiw yn Adran Saesneg Prifysgol
Brigham Young (Utah) mae '$300 prize and miniature carved
chair for the best ode and $300 and a crown for the best lyric
poem'. Teithiodd ambell gôr Americanaidd i gystadlu yng
Nghymru hefyd a daw'r adroddiad isod gan un o dras Gymreig

o'r cylchgrawn *Locomotive Engineers Journal* (1903, t. 174) a gyhoeddwyd ar ran Brawdoliaeth Peirianwyr Trenau:

> For years I have conducted a chorus of ladies and in every contest but one in America we have been successful, and I have six gold medals of which I am very proud. These successes spurred us on to such an extent that we had a great desire to attend a national contest in Wales... we entered the contest at Bangor, Wales. Seven other choirs sang against us. I was told they were the very best of England and Wales. When my thirty-five American girls stepped out on the platform we received an ovation from that vast audience that I shall never forget... no chorus there excelled mine in any point, but we were not given first prize. Being from America we could not expect it... I believe my Sisters all over the land will rejoice with me and be proud to know that an engineer's wife can excel in some things besides washing overalls and baking for the bucket...

Un a gollodd ei gyfle i gystadlu mewn eisteddfod arall yn San Francisco (1898) oedd Edwin Richards o Lynceiriog. Derbyniodd gopi o'r rhaglen pan ddigwyddodd daro ar gyd-Gymro, ond gan eu bod ymysg y lluoedd a wynebai'r eira a'r oerfel wrth ddringo i fyny'r Klondike, y gorau y medrai ei wneud oedd anfon neges am ei fethiant i gystadlu:

Mae'r awen wedi rhewi,
   Drwg enbyd er ein lles:
A gwaeth, ni wna feirioli
   Nes daw yr haf a'r gwres;
Os bydd 'Steddfod eto,
   A gwybod genych gâf,
Mi dreaf ar y testun
   Os digwydd yn yr haf.

Rhan o'r tyfiant anghyffredin a geir ar dir hanner-diffaith rhan dde-orllewinol y wlad yw'r hyn a elwir 'planhigyn canrif' ac am flynyddoedd lawer (ond nid cyhyd â chanrif yr enw) nid yw ond llwyn isel o ddail hirfain. Yna'n ddirybudd, ar ôl 15 neu ragor o flynyddoedd, gwthia coeden gyfan ohono, gan gyrraedd taldra adeilad deulawr o fewn dyddiau'n unig. Rhyfeddach eto yw'r blodyn anferth sy'n tyfu ar y brig uchaf, ond ar ôl y fath gyfnewid nid oes gan y planhigyn y nerth i'w gadw ei hun rhag gwywo bron mor ddisymwth. Gyda'r un cyflymdra daeth eisteddfodau'r Cymry i sylw'r wlad, ac er mor ogoneddus oeddent dros droad y ganrif, collwyd golwg ohonynt bron mor gyflym â diflaniad y planhigyn anarferol yma.

Yn Ninas Mawddwy bythefnos cyn Eisteddfod Ffair y Byd yn Chicago ganed un a gafodd fyw dros flynyddoedd lawer o eisteddfodau Utica, cyn i brinder rhyfel ddod â hi i ben yn 1942. Yr hynaf o wyth o blant, collodd ei dad pan nad oedd ond naw oed, ac er lles y plant penderfynwyd mynd â hwy at berthnasau yn Utica. Yn ystod y fordaith ddeng niwrnod dioddefasant o salwch môr yn amlach na pheidio, ac unwaith iddynt gyrraedd Boston fe'u cludwyd ar drên y Boston & Maine dros ran olaf y daith. Yno yng ngorsaf Utica i'w croesawu yr oedd rhwng 15 ac 20 o ffyddloniaid Capel Bethesda ac o'u cyfraniad hwy o ddarn o ddodrefn yr un fe grëwyd aelwyd o'r newydd.

Ar noswaith ei enedigaeth ofnwyd na fyddai fyw tan y bore. Cafodd oes hir a bu fyw i'w nawdegau, gan weithio i gwmni rheilffordd am hanner can mlynedd. Am ran orau ei oes bu'n rhan o gymdeithas hynod o Gymreigaidd a thrwy gydol ei fywyd bu'n selog i'r eithaf yng ngwaith y capel a gynorthwyodd y teulu ifanc yn eu tlodi. Ymysg ei gyfeillion newydd yr oedd un yn enedigol o'r ardal na fedrai Saesneg tan iddo ymdrechu i'w dysgu ar dderbyn ei swydd gyntaf. Dyma'r gymdeithas y bu Mynyddog a'i ganeuon ysgafn yn rhan ohoni a'r un y bu i'r emynydd Elfed bron ymuno â hi pan oedd ar ymweliad oddeutu 1910. Nid peth anarferol fyddai cael un o wleidyddion amlycaf y wlad i annerch eu ciniawau, rhywbeth a wneid drwy gyfrwng y Gymraeg yn aml. Byddai glowyr Pensylfania yn fuddugol gyda'u corau yn yr eisteddfod flynyddol, a hynny ar ôl iddynt logi trên cyfan ar gyfer y daith.

Ac eithrio un cyfnod o 37 mlynedd llwyddodd i ymweld â Chymru sawl gwaith. Hen gyfarwydd iddo ar ei ymweliadau oedd y tair milltir yr arferai eu cerdded wrth ddirwyn ei ffordd i'r ysgol, a hynny gan fynd heibio i Gapel Hermon yng Nghwm Cerist. Nid anghofiai ychwaith am y tro pan fu raid iddo wynebu'r wialen am sibrwd gyda chyfaill, ac ar ôl yr ergyd gyntaf bygythiodd dorri'r ffon a hynny trwy ddefnyddio'r Gymraeg i herio'r drefn ymhellach. Dal ar ei gof hefyd yr oedd yr orymdaith i'r fynwent ar gladdedigaeth ei dad pan fu raid i'r gweinidog siarsio dieithryn di-barch a ddisgwylai iddynt oll gilio i'r naill ochr fel y medrai ei fodur fynd heibio'n ddi-oed. Fel y llu a groesodd Fôr Iwerydd o'i flaen, Cymro ydoedd a gafodd y fraint o fyw heb orfod dioddef yr hen orthrymderau.

Atodiad 9.1
Hanes Y Naw Cymro Cyntaf

Wele haner can mlynedd wedi myned heibio er pan oeddwn i [Robert Roberts], ac wyth o'm cyfeillion, yn teithio tuag yma [Oshkosh, Wisconsin] i gychwyn y Sefydlad Cymreig hwn. Erbyn hyn [1897] mae yr oll oedd yn y llwyth hwnw ond myfi wedi meirw – – –

Yn y flwyddyn 1846 yr oeddwn i a dau Gymro arall yn ardal Waukesha (ger Milwaukee) yn siarad gyda golwg ar fyned i Swydd Winnebago (fwy ogleddol) i gychwyn sefydlad Cymreig. Barnasom mai doeth oedd i ni oedi y peth, hyd nes y deuai ychwaneg o deuluoedd Cymreig o'r Hen Wlad: yr hyn a gymerodd le yn yr haf dilynol.

Felly y mis Gorphenaf, 1847, cychwynasom, o Cilmaenen, ty Mr a Mrs John Hughes, diacon gyda'r Methodistiaid Calfinaidd. Ein prif arweinydd ydoedd David Hughes, cariwr, perchenog y wagen a'n cludai ar y daith. Yr oedd un o'r fintai, David E. Evans yn nhref Waukesha, oddeutu pedair milltir o dy Cilmaenen, heibio yr hwn y galwasom. Cyfleid ni yn y wagen fel y canlyn: ar y sedd flaenaf eisteddai David Hughes ac Abel Williams: ar yr ail, Owen Hughes a David E. Evans: ar y drydedd, William Williams, land surveyor, a Robert Roberts; ar y coffr eisteddai James Lewis; ac ar y sedd olaf, Peter Jones a John Williams.

Teithiasom o Wuakesha i Waterville; yna i Summit; yna i

Watertown, pentref y pryd hwnw; yna i Oak Grove. Pan yn y lle hwnw, gofynodd David E. Evans yn mha gyfeiriad oddi yno oedd Welsh Prairie. Atebwyd ef gan David Hughes fod ein ffordd yn fforchi ychydig yn mlaen, y naill ar yr aswy yn arwain i Welsh Prairie, a'r llall ar y dde yn arwain i Winnebago. Dywedodd Mr Evans yr hoffai efe gael golwg ar 'hen hogiau y chwarel.' Dywedodd Abel Williams, y gallem ond odid, pe yr elem yno, brynu tir ail law: ac y byddai hyny yn rhatach, yn y pen draw, na thir hollol newydd, erbyn ei ddiwyllio. Dywedodd Peter Jones, mai lle felly fuasai oreu ganddo ef. Dywedodd Owen Hughes hefyd, yn yr un teimlad, y gallai efe brynu tir ail law cystal a neb ohonom. Yna David Hughes, yr hwn oedd fel llywydd arnom, a roddes y peth i bleidlais, gan ddywedyd, 'Pawb sydd dros fyned i Welsh Prairie coded ei law.' Cododd pedwar eu dwylaw. Llefodd Abel Williams, fod y mwyafrif dros fyned i Welsh Prairie. Dywedais inau, os oeddynt am fyned i Welsh Prairie y trown yn fy ôl.

O'r diwedd penderfynwyd myned yn mlaen tua Winnebago. Yr oeddym wedi cyraedd yno nawn Sadwrn, ac arosom yno dros y Sabboth.

Rhyw Sabboth rhyfedd ymddangosai hwnw i ni. Yr oedd dynion yn gyru minteioedd o wartheg, fel pe ar ddydd gwaith. Aeth y rhai hyny i ruthro eu gilydd, a darfu i un tarw ladd tarw arall yn farw.

Pan ar gychwyn oddiwrth dy Mr Hughes, Cilmaenen, Waukesha, daethai Mrs Hughes allan, gan ddywedyd, 'Aroswch, gwrandewch! Y mae bocs yn y wagen, ac ynddo y mae Beibl. Cofiwch am y Beibl pan ewch i fyny, i gadw Ysgol Sul'.

Y prynhawn Sabbothol hwn, dywedodd Abel Williams mai arferiad y Cymry ydoedd cynal Ysgol Sabbothol, ac am i ni oll bob un ddyfod i gynal ysgol ar y pryd. 'I ba le yr awn ni?' ebe William Williams. 'O, Nyni a awn i'r ty, ebai y lleill.' Aethom i'r gwesty a dywedasom yr hoffem gael lle i gynal tipyn o Ysgol Sul – – –

Bore y dydd Llun canlynol, cychwynasom i edrych y wlad, a dewis ein tiroedd. Aeth Peter Jones gyda David Hughes, a dewisodd efe 160 erw, ar section 6, ym mhlwyf Eldorado – - –. Boreu dydd Mawrth, aethom oll yn llwyth i Oshkosh. Nid oedd dim trefn o ffordd, nac un bont dros yr aberoedd – - – Ac wedi cyrraedd at afon y Fox, ger Oshkosh, nid oedd ond ysgraff i'n cludo drosti. Wrth yr afon oedd mintai o Indiaid yn gwersyllu; ond ni geisient beri un aflonyddwch i ni.

Mor wahanol ydyw pethau yn awr! Y mae Oshkosh yn ddinas gyda 30,000 o drigolion; pedair o bontydd i ddynion a cherbydau, a dwy i'r trains, i groesi yr afon: a'r ffyrdd o'r ddinas i'r Sefydliad yn lluosog a llyfnion.

Erbyn hyn, wele obeithion y brodyr hyny wedi eu sylweddoli. Naw oedd y fintau honno, ac erbyn hyn y mae naw o eglwysi, gydag addoldai gwerthfawr gan bob un, wedi eu sefydlu genym ni. Hefyd y mae llawer mwy na naw o weinidogion cymwys y Testament Newydd wedi ei codi yn ein plith.

Atodiad 9.2

Athrofa y Pencerdd Parry

Cychwynodd fy nghyfaill, Benjamin Williams, Fairhaven, Vt., a minnau (Wm. M. Owen) o Utica, N. Y., y 9fed cynfisol (Ion 1874), i dalu ymweliad a'r adnabyddus Pencerdd America. Cyrhaeddasom yno yn hwyr. Boreu dranoeth aethom i'r Institute a llonwyd ni yn ddirfawr. Saf mewn lle cyfleus yn y dref. Cawsom roesawiad caredig a chynes. Y mae yn yr Institute amryw ystafelloedd eang a chyfleus, offerynau a phob manteision perthynol i'r gelfydd o ganu wedi cyd-gyfarfod. Dengys yr ysgolheigion arwyddion amlwg o gynnydd, diwylliant ac yni yn eu holl ymarferion. Mr Mason sydd a gofal y dosbarth ieuangaf, a'r Pencerdd yn cymeryd ei ddisgyblion ef, wedi y dysgont yr elfenau. Mae y rhai ydynt wedi ymdaflu i'r gwaith ac yn rhoddi eu holl amser ato, yn dyfod yn mlaen yn ardderchog. Adnabyddwn Quincy B. Williams yn hir cyn iddo fyned at y Pencerdd, a rhyfeddais yn fawr ei weled wedi cynyddu cymaint, yn enwedig fel chwareuwr ar y berdoneg.

Idea ardderchog oedd ffurfio y Glee Club, dylanwad yr hwn sydd eisioes yn amlwg, ac yn ddangoseg o'r hyn a fedr athraw da, a disgyblion ffyddlawn wneyd gyda eu gilydd. Cawsom rehearsal gwir dda ganddynt. Yr oedd eu canu tu hwnt i'r disgwyliad. Caffaeliad mawr i Gymry y gwahanol Dalaethiau fyddai eu cael i roddi cyfres o gyngherddau ar hyd a lled y wlad. Byddai hyny yn gynorthwy ac yn ymarferiad iddynt hwy, yn ogystal ag yn fendith ac yn adfywiad yn mhlith y Cymry yn gyffredinol. Myner eu clywed yn y gwanwyn a'r haf dyfodol, ac efelycher hwynt gan ganoedd o Gymry ieuanc y sefydliadau Cymreig.

– - - nis gallwn lai na datgan y farn gyffredin mai colled fawr

i ni fel Cymry y Talaethau fydd colli Joseph Parry os a i Gymru i
ymgymeryd a phroffeswriaeth gerddorol Prif Athrofa Cymru – –
– .

Atodiad 9.3

Rhagluniaeth

Mewn pentref bychan hardd yn nhalaeth fras Ohio,
Preswyliai Elwyn Fardd, y doeth frwdfrydig Gymro;
Ei dy ar dwmpath teg a safai'n nghongl y berllan,
Lle roedd afalau chweg mal taslau aur yn hongian;
Roedd blodau heirdd yn berth o flaen ei ddrws yn gwrido,
Ar fin y rhodfa serth ddisgynai oddiwrtho.
Er fod ei anedd fwyn gan dlysni'n gylchynedig,
O'i fewn yr ydoedd swyn oedd filwaith fwy gwynfydig,
Sef, serch ei briod Gwen a'i ddwy ferch lawen ddifrad;
Dwy eneth hardd dros ben, sef Gwladys ac Angharad.
O fewn ystafell hardd 'r oedd llyfrgloer ar y pared,
Ac ynddo lyfrau'r bardd yn rhesau hir i'w gweled;
Ab Gwilym lawn o serch a Llywarch Hen a'i brudd-der;
Holl waith Taliesin erch, yn nghyd a llyfr y Ficer:
Awduron Cymru gu, pob un mewn gwisg fonheddig;
Ac hefyd o'r naill du'r oedd amryw awdyr Seisnig.
Ac yno lawer awr pan ruai rhewlyd stormydd,
O flaen ei dan coed mawr y trachtiai lyn Awenydd;
Gwin melus Goronwy Môn a llefrith Dafydd Ionawr;
Gan ganu ambell don o waith hen Gymry clodfawr;
A gwedyd weithiau dru, O na bai yn fy ngholwg
Hen lwybrau Dafydd Ddu; neu Iolo fawr Morganwg!

Yn nghanol coedydd plan, mewn distaw gongl o'r pentref,
Roedd eglwys brydferth gan y Cymry, meibion tangnef;
A Gwen a'i dwy ferch gain ofwyai hono'n fynych,
I wrando'r hyfryd sain am ddwyfol rad o'r entrych,
A chofio ing y groes, a gwawdio a'r trwyanu;
Ond Elwyn dreiliai'r oes yn mhell o gwmni'r Iesu!
Ni hoffai Sion hardd; Parnassus ac Eryri
Oedd dewisfanau'r bardd, lle cai ei ysprydioli,
Ni fynai grefydd ond rhyw grefydd oer, athronol;

Athroniaeth wag a'i llond o eisin rheswm cnawdol:
Rhyw benbleth oedd ei farn, rhyw ffydd anffyddol 'smala;
A thraithai ambell ddarn o honi fal canlyna...

Eisteddfod Scranton, Gor. 4ydd, 1855   Dewi Emlyn, Ohio

Atodiad 9.4
Golwg ar Feusydd Aur Califfornia, 1854
Good Year's Barr, Califfornia. Ab Gefell

Ar noswaith tra hyfryd yr wyf fi yn awr,
Mewn bwthyn tylodaidd, heb ffenestr na llawr;
Heb neb i'm cysuro'n ôl dyfod o'r dwr,
Ond llygod tra chwantus sy'n cadw mawr stwr.

Fel hyn wrth fyfyrio, a meddwl yn ddwys,
Daeth hiraeth, do arnaf, a'm calon dan bwys,
Wrth gofio am amser y bum i cyn hyn
Yn gwledda yn ddifyr ar swn pen y bryn.

Ond yma fel alltud yr wyf yn ddiau,
Yn casglu'r llwch melyn o'r pridd ac o'r clai;
Ac er gweithio yn galed mewn daear a dwr,
'Dyw'r wobr ond 'chydig, er cymaint yw'r stwr.

Ohio'r wlad hyfryd, Ohio'r wlad wiw,
Yn Ohio dymunwn fod eilwaith yn byw,
Canys yno y treuliais i fwyaf o'm dydd,
Lle hefyd y'm disgwyd yn ngeiriau y ffydd.

Fy mam hoff sydd yno, a'm chwaer yr un wedd,
Ac eraill berth'nasau sy'n ngwaelod y bedd;
A dau frawd sydd gennyf fi yno yn byw;
Ond arall un ddryllia fy ngalon yn friw.

'Does yma i'w ganfod gan bob llwyth ac iaith,
Ond anfoes arferion ar Sabboth, sy'n faich;
A dynion annuwiol ac uchel eu bri,
Sy'n cablu trugaredd a'i Hawdwr mawr hi.

Y Sabboth a dreuliant yn ddiwrnod eu ffair,
Ac arno'r holl fasnach o bob math a wneir;

Y gamblo a'r dawnsio, ac yfed y gwin,
A chyn i'r wledd ddarfod bydd llawer yn flin.

Atodiad 9.5
Anerchiadol agor Eisteddfod Utica, Ion. 1, 1859.

Anfonodd Pennsylvania – ei chôr,
    I chwareu'n Oneida; -
    Chwareu teg a chariad da
    Neu ddim fydd iddi yma.

O Vermont yn fawr a man, – y daethant
    I deithio i'r Calan,
    A lloni wnant holl anian,
    I gyd, wrth arfer y gan.

Gyrai Ffloyd gôr a phlant, – ddigonedd
    I ganu heb fethiant;
    Cyn y nos canu a wnant,
    Ac yn y nos ein cynesant.

Mae Brython ddigon a ddaw, – i'n hanerch,
    Tra b'om ninau'n gwrandaw,
    Aed hil Hengist yn ddistaw,
    I gil drws, neu i'r gongl draw.

Synwyf wel'd Saxones, ie hogen
    Llawn gwagedd yn feistres; -
    Mawreddig bendefiges – uchel waed
    O dan ei thraed; wel dyna athrones.

Minnau a roddaf, am anwaith, – fy ngwaedd,
    Fy ngweddi, a'm gobaith,
    Na welwyf Galan eilwaith,
    Wedi wneud i wadu'n hiaith.

Atodiad 9.6
Cywydd Yr Adfail

Ydwyf gandryll, hyll a hen;
Fe rewodd y ferr awen:
Cwla iawn ddrych, mae'r Clyw'n ddrwg
A gwaeledd yw y Golwg:
Pallodd, enciliodd y Cof,
Du wedd ing, deuodd angof:
Y troed fu 'rioed ar redeg,
Yn awr, daeth yn ara' deg:
Tafod, pan oedd yn tyfu,
Llyfn y caid iaith y llafn cu;
Ei eiriau sydd yn arwach
Na mynglyd iaith gryglyd gwrach:
Dwylaw, fu hylaw eu hynt,
Odiaeth anystwyth ydynt:
Y dannedd, a fu dynnion,
Yn awr, 'does fawr ond rhyw fon;
A'r bon nid ydyw i'm Pen:
Aeth y Gwrid, ofid afiach
Ac etto byw, Guto bach.
Gwaed, y Traed, a'm natur i,
Synn arwydd sy ! yn oeri.
Yn awr mae'r Corff ar orphen
Ym myd, ei waith a'i daith denn.
Poenau henaint, Penwynni,
O hyd, yw mywyd i mi.
Mae'r corff yn myn'd i orphwys
I fol ei fam ddinam ddwys,
Cyn hir bryd, o'r byd i'r bedd:
Caf yno le cyfannedd.
Duw'n blaid i'r Enaid, da ran,
A diweddiad mwy diddan.

Atodiad 9.7
Pryddest Goffa Ednyfed

Yr oedd yr haul tuhwnt i'r bryniau'n codi,
A'i belydr fel afonydd o oleuni
Rhyngom a'r nef; yr oedd un afon hir
Yn dod hyd ataf ar y dyfnder clir
Oddiwrth yr haul, yn heol o ddisgleirdeb
Fel heol gweddi tua thragwyddoldeb;
Y mor a ymgorai ger fy mron,
A llithrai yr ager-long dros y don,
Fel breuddwyd esmwyth, i'w dwyreiniol hynt,
Ai hwyliau, fel angelion yn y gwynt
Yn cludo'm cyfaill pur yn ôl i'w wlad,
Yn ôl i farw – i farw yn nhy ei dad.

Ednyfed hoff ! fel hyn y ciliaist ti
Om golwg byth; edrychais dros y lli'
Yn hir, yn hir, ar ôl i ni ffarwelio,
Yn methu symud cam, yn methu wylo!
'Raed llawer fel fy hunan ar y lan,
O hiraeth dwys, yn methu troi o'r fan,
Ond syllu yn freuddwydiol lle ddiweddaf
Y gwelsom ni y llong yn hwylio'n araf
Fel cwmwl yn y pellter; Ah pe gallem
Glywed calonau'n siarad, sicr y clywem
Weddiau dyfnach serch y bore hwnnw,
Ar edyn hiraeth gyda swn y llanw,
Yn mynd i'r nef, i guro fry, wrth ddor
Yr hwn dawelodd gri y gwynt a'r mor
Ar donau Galili – am iddo roi
Ei air i'r eigion enfawr, gan ei gloi
Mewn dwfn dawelwch, i gludo'm brawd i'w wlad
Yn ôl i farw; i farw yn nhy ei dad!

D. P. Griffiths

Atodiad 9.8
Coleg Beloit (Wisconsin)

Ymwelais a dinas Beloit y nawfed o'r mis hwn, yr hwn oedd ddydd "Conmencement". Y moddion oedd fel y canlyn:

1. Cerddoriaeth gan y City Band.

2. Gweddi gan Lywydd y Coleg – Dr Chapin.

3. Cerddoriaeth, fel o'r blaen.

4. Araith yn Lladin, gan David Owens o Ogledd Cymru. Dangosodd ei fod yn deall ac yn feistr ar ei waith. Yr oedd ei draddodiad yn rhwydd, ei agwedd yn naturiol, a'i ysbryd yn ymddangos yn hollol ddiddychryn, mewn gair yr oedd yr areithiwr a'r araith yn odidog gampus. Yr oedd yn ei gwrando dair neu bedair mil o bobl. Y cyfryw, amryw o honynt, yn brif ddysgedigion talaeth Wisconsin ac Illinois. Ni welais eto yn y West dorf o bobl gyda'u gilydd mwy talentog, dysgedig a boneddigaidd, – a mab i weddw amddifad o Gymru, yn estron, heb fawr o arian yn ei logell, ond cronfa o ddeall yn ei ben ac ymdrechi diflino a di-ildo yn ei galon, – wele ef o'r diwedd yn awr yn esgyn i fyny mewn mawrglod i'r esgynlawr eang ger bron y President, y Proffesors a'r D. D.'s, a'r lluosog dorf, yn agor prif foddion y dydd mewn araith Lladin, – a chyn terfynu rhoddodd iddynt dipyn bach o Engraifft o Athrylith Gymraeg goethedig (specimen of Welsh talent refined) er mawr syndod a boddlonrwydd iddynt.

5. Araith – Egwyddor a Theimlad,- gan Francis W. Case, o Whitewater, Wis.

6. Araith – "Conmencement ", – gan Frederick A. Lord, Chicago, Ill.

– – – -

12. Araith gan David Owens o Gymru, ar y Beirdd Cymreig, ("The Welsh Bards"). Cododd yr areithiwr y llen yn odidog fedrus oddiar Feirdd a barddoniaeth Gymreig, nes oedd gwynebpryd llawer American dysgedig yn dysglaerio mewn llawenydd a syndod, wrth weled gwir a gwreiddiol enwogrwydd Beirdd y Cymro yn cael eu dangos mor gampus ger bron y dorf.

– – – – -

17. Urddoni (Degrees conferred).

Dover, Wis., Gorph. 14, 1856.   D. Jones

383

Atodiad 9.9
O Arvonia, Kansas i Denver

I fanteisio ar y gostyniad yr oedd y cwmni rheilffordd wedi wneud yn mhris y cludiad i Denver yn amser yr Eisteddfod, aethom yno gyda y Santa Fe. Y mae y daith yn llawn o ddiddordeb byw i'r teithiwr a fedr fwynhau golygfeydd natur a gwaith llaw gelfyddydol dyn. O Emporia hyd Great Bend, Kansas y mae yr amaethwyr drwy blanu coed, adeiladu pentrefi, a thrin y ddaear, wedi prydferthu y wlad yn anghyffredin, ac y mae yno lawnder o angenrheiddiau cynhaliaeth i ddyn ac anifail. O Great Bend i La Junta, Col., ceir golwg dlodaidd iawn ar y gwastadeddau sydd yn ymestyn yn ddiderfyn i bob cyfeiriad. Teithir am ugeiniau o filltiroedd gydag ymylon afon lonydd yr Arkansas. Cuddia hyny o ddwfr sydd ynddi yr adeg yma yn ei gwely tywodlyd. O bob tu i'r afon gwelir yn fynych ddiadellau heb rif o wartheg, ac maent yn gwneud yn hynod o dda ar yr ychydig o borthiant sydd yn tyfu yno – – – .

Un o'r pethau cyntaf a dynodd fy sylw wedi cyrraedd Denver ydoedd yr afrifed olwyn-feirch oedd yn carlamu blith draphlith ar hyd yr ystrydoedd. Ni ystyrir neb yn ddyn cyflawn nac yn ddynes o ran hyny yn Denver, oddieithr eu bod yn alluog i farchogaeth y ceffylau hyn. Mae eu poblogrwydd i'w briodoli yn benaf i nad oes perygl iddynt gael 'stuck in the mud' yn heolydd y ddinas, na'r wlad o gwmpas – – – .

Oddi ar y State House ar Capitol Hill ceir yr olygfa fwyaf mawreddog ar ysblander y Mynyddau Creigiog. Ymestynant yn gadwyn ddyrchafedig ac amrywiog o bob ffurf, maint a lliw, oddiwrth ben moel a chawraidd Pike's Peak yn y deau hyd at Black Hills, Wyoming, yn y gogledd, yn cynwys oddeutu 200 o filltiroedd. Ymddangosant fel pe yn ymyl, ond eto draw. Ymgodai mynydd uwchlaw mynydd, a chyfres ar ôl cyfres, i bellteroedd y gorllewin, nes gwneyd yr olygfa yn ogyneddus...

Yr oedd yr adeilad lle cynalwyd yr Eisteddfod y peth tebycaf a welwyd erioed i babell circus, ond fod y rhan fwyaf o'r gwrandawyr yn gorfod dringo i fyny a myned i fewn drwy y to. Digrifol iawn ydoedd gwrandaw ar yr areithiau fflamllyd a draddodwyd ar y Gymraeg. Dywedodd y Barnydd H. M. Edwards, oddiar awdurdod dda, mai Cymro oedd Adda...

D. Protheroe, 1896.

Llyfryddiaeth
(yn ychwanegol i bapurau/ cylchgronau Cymraeg y wlad)

Crynwyr

Armor, William Crawford, *Lives of the Governors of Pennsylvania*, 1874.

Browning, Charles H., *Welsh Settlement of Pennsylvania*, 1912.

Bunting, S. J., *Meriom Meeting House 1695–1945*.

Clark, G., 'Swallo', *Earth*, 34, 1995.

Cooke, M. Ll., *Morris Llewellyn of Haverford 1647–1730*, 1935.

Davies Richard, *Hanes, Argyhoeddiad, Trafferthion, Gwasanaeth, a Theithiau, yr hen was hwnnw o eiddo yr Arglwydd*, 1840.

Day, Sherman, *Historical Collections of the State of Pennsylvania*.

Edwards, O. M., *Beirdd y Berwyn*, 1902.

Banes, Charles H., *Annals of Miles Ancestry in Pennsylvania*, 1895.

Futhey, J. Smith & Cope, Gilbert, *History of Chester County, Pennsylvania*, 1881.

Glenn, Thomas Allen, *Merion in the Welsh Tract*, 1896.

Glenn, Thomas Allen, *Welsh Founders of Pennsylvania*, 1913.

Griffith, Edward, *Y Geninen*, 251, 1888.

Hagner, Charles V., *Early History of the falls of Schuylkill*, 1869.

Harvey, Margaret B., *American Monthly Magazine*, 528, 1895.

Geraint H. Jenkins, Thomas Wynne, *Crynwr Heddychwr a Chyfaill William Penn*, 1992.

Jenkins, Howard M., *Historical Collections relating to Gwynedd*, 1884.

Jones, Rufus, *Quakers in American Colonies*, 1911.

Levick, James J., *Pennsylvania Magazine of History & Biography*, 4, 301, 1880.

Lewis, Howard Benton, *The Welsh Sociey of Philadelphia*, 1926.

Lewis, Joseph J., *A Memoir of Enoch Lewis*, 1882.

Martin, John Hill, *Chester (and its vincinity) Delaware County in Pennsylvania*, 1877.

Myers, Albert C., *Naratives of Early Pennsylvania*, 1912.

Pastorius, Francis Daniel, *Circumstantial Geographical Description of Pennsylvania*, 1700.

Price, Eli K., *Centennial Meeting of the Descendants of Philip and Rachel Price*, 1864, t. 196.

Robert, Hugh, 'His Journal & a Letter to William Penn', *Pa Mag Hist* 18, 199, 1894.

Schields, David S., *Civil Tongues & Polite Letters in British America*, 1997.

Smith, George, *History of Delaware County, Pennsylvania*, 1862.

Thomas, Gabriel, *An Historical & Geographical account of Pensilvania & of West-New-Jersey*, 1698.

Thomas, H. E., *Y Geninen*, 309, 1883.

Watson, John F., *Annals*.

Bedyddwyr

Absalom, John a Williams, E. Llwyd, *Rhamant Rhydwilym*, 1939.

Bronson, W. C., *History of Brown University*, 1914.

Davis, J, *History of the Welsh Baptists, from the year '63 to the year 1770*, 1835.

Edwards, Morgan, Materials Towards a History of the American Baptists, 1770.

Evans, John, *Memoirs of the Life and Writings of the Rev. William Richards*, 1819.

Faris, John T. *Old Churches and Meeting Houses*, 1927.

Gillete, A. D. (ed.), *Minutes of the Philadelphia Baptist Association, from 1707 to 1807*, 1851.

Historical Sketch of the Welsh Neck Baptist Church, Society Hill, S. C., together with addresses at the One Hundred and Fiftieth Anniversary, April 21, 1888.

Historical Society of Delaware, *Records of the Welsh Tract Baptist Meeting, 1701 to 1828*, 1904.

Jenkins, T. a Evans, D. C., *Y Mynegair neu Gyfeiriedydd Egwyddorawl* (Utica, N. Y., 1859)

Jones, David, *A Journal of two visits made to some Nations of the Indians*, 1774.

Jones, H. Gates, 'The Rev. Abel Morgan', *The Pennsylvania Magazine of History and Biography*, 1882; 6, 3

Jones, Samuel, *A Century Sermon. October 6th, 1807* (1807).

Matthews, Hugh, 'Bedyddwyr Cymraeg a Chaethwasiaeth', *Y Traethodydd*, Ebrill 2004.

Morgan, Abel, *Cyd-Goriad Egwyddorawl o'r Scrythurau*, 1730.

Newman, A. H., *A History of the Baptist Churches in the United States*, 1894.

Owens, B.G., *The Ilston Book*, N.L.W., 1996.

Patterson, Robert M., *The Cambrian* (1896), cyfres o erthyglau am 'The Old Welsh Presbyterian Church of the Great Valley, Pa.'

Webster, Richard, *History of Presbytaerians*, 1858.

Chwyldro

Bloodworth, Mattie, *History of Pender County*, 1947.

Cadwalader, Richard McCall, *Observance of the 123rd Anniversary of the Evacuation of Philadelphia by the British Army*, 1901.

Delafield, Julia, *Biography of Morgan Lewis*.

McConkey, Rebecca, *The Hero of Cowpens, A Centennial Sketch*, 188.

Higginbotham, Don, *Daniel Morgan Refolutionary Rifleman*, 1961.

Jones, Alexander, *The Cymry of '76*, 1855.

Jenkins, John S., *Lives of the Governors of New York*, 1851.

Lossing, Benson J., *Field-Book of the American Revolution*, 1972.

Matloff, Mourice, (ed.), *The Winning of Independence*, 1985.

Morris, Richard B., (ed.), *Encyclopedia of American History*.

Pennsylvania Magazine of History and Biography (amrywiaeth o erthyglau).

Pennypacker, Samuel W., 'Anthony Wayne, Pa.' *Mag. of History and Biography*, 32, 257, 1908.

Savelle, Max, *George Morgan Colonial Builder*, 1932.

Smith, William, *Pregeth ar helynt bresennol America*, 1775.

Sprunt, James, *Chronicles of the Cape Fear River 1660–1916*, 1916.

Tiffany, Osmond, *A Sketch of the Life and Services of Gen. Otho Williams*, 1851.

Wright, George, 'U. S. Army Center of Military History report', *The Continental Army*, 1983.

American Military History.

Ohio

Chidlaw, B. W., 'An Historical Sketch of Paddy's Run, Butler County, Ohio', darlith yn 1876.

Davis, Evan Edward, *Industrial History Oak Hill, Ohio*, 1973.

Evans, William R., *Hanes Sefydliadau Cymreig Siroedd Jackson a Gallia, O.*, 1896.

Hughes, Henry, *Diwygiadau Crefyddol Cymru*, [1906].

Hughes, John, *Methodistiaeth Cymru*, Cyf. III, 1856.

Jones, Eirian, *Llyfr Hanes y Mynydd Bach*, 2013.

Jones, Wm. Harvey, 'Welsh Settlements in Ohio, *Ohio Archaeological & Historical Quarterly*, XVI, 1907

Keeler, Vernon David, An Economic History of the Jackson County Iron Industry', *Ohio Archaeological & Historical Quarterly*, 42, 133, 1933.

Knowles, Anne, *Calvinists Incorporated: Welsh Immigrants on Ohio's Industrial Frontier*, 1997.

Owen, Bob, Croesor, 'Ymfudo o Sir Aberteifi i Unol Daleithiau America o 1654 hyd 1860', Ceredigion, cyf. 2, 1955.

Parry, Mary, *Cofiant y Parch. Robert Williams, Moriah, Ohio*, 1883.

Thomas, Owen, *Cofiant y Parch. Henry Rees*, 1890.

Thomas, R. D., *Hanes Cymry America*, 1872.

Williams, Stephen Riggs, *The Saga of The Paddy's Run*, 1945.

A History & Biographical Cyclopaedia of Butler County, Ohio, 1882.

'History & Families of Jackson County', Ohio, *Ohio Genealogical Sociiety*, 1991.

Glo

Bining, Arthur Cecil, *Pennsylvania Iron Manufacture in the 18th Century*, 1938.

'David Thomas, the Father of the Anthracite Iron Trade', *New York Times*, 1 June 1874.

Foulke, Arthur Toye, *My Danville*, 1968.

Roberts, Peter, *Anthracite Coal Industry*, 1901.

Roberts, Peter, *Anthracite Coal Communities*, 1904.

Sellers, Colman, 'Oliver Evans and his Inventions', *Journ. Franklin Inst.*, July 1886.

Wallace, Anthony F. C., *St Clair, a 19th century Coal Town's Experience with a Disaster-Prone Industry*, 1987.

Gwrthryfel

Davies, Ebenezer, *American Scenes, and Christian Slavery: A Recent Tour of Four Thousand Miles in the United States*, 1849.

Jones, Jenkin Lloyd, *An Artilleryman's Diary*, 1914.

Jones, J. W., Morris, T. B., *Hanes y Gwrthryfel Mawr yn y Talaethiau Unedig*, 1866.

Morgan, James Morris, *Recollections of a Rebel Reefer*, 1918.

Roper, Moses, *Hanes Bywyd a Ffoedigaeth Moses Roper o Gaethiwed Americanaidd*, 1841.

Stowe, Harriet Beecher, *Caban F'Ewythr Twm* (cyfieithiad Hugh Williams), 1854.

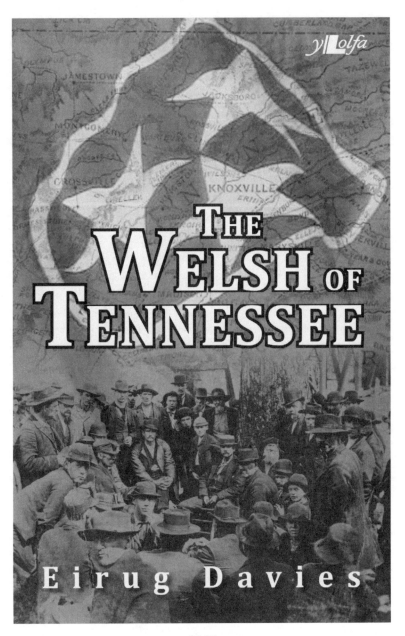

THE
WELSH OF
TENNESSEE

Eirug Davies

£8.95

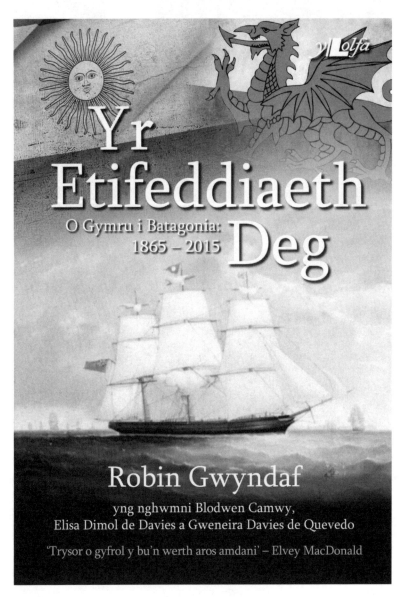

Yr Etifeddiaeth Deg

O Gymru i Batagonia:
1865 – 2015

Robin Gwyndaf

yng nghwmni Blodwen Camwy,
Elisa Dimol de Davies a Gweneira Davies de Quevedo

'Trysor o gyfrol y bu'n werth aros amdani' – Elvey MacDonald

£19.95
(clawr caled)

Hunangofiant
Elvey
MacDonald

£14.95

yLolfa

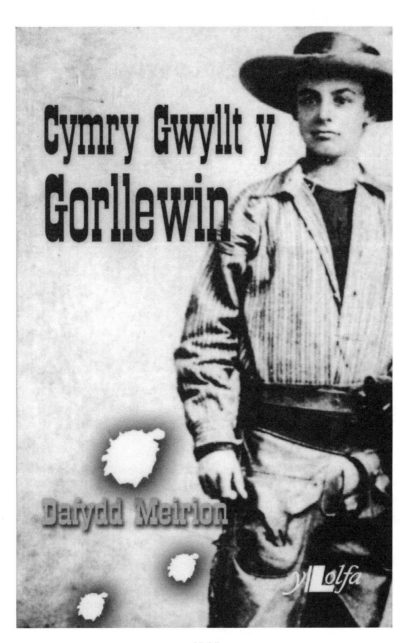

Cymry Gwyllt y Gorllewin

Dafydd Meirion

yLolfa

£5.95